TUDO TEM
UMA
HISTÓRIA

SAM WILLIS E JAMES DAYBELL

TUDO TEM UMA HISTÓRIA

DA BARBA AO CLIPE DE PAPEL, COMO OS MAIS INESPERADOS ASSUNTOS ESTÃO CONECTADOS A GRANDES ACONTECIMENTOS DO MUNDO

Tradução
Sonia Augusto e Gerson Ferracini

Benvirá

Esta edição foi publicada mediante acordo com Atlantic Books em parceria com sua agência, Villas-Boas & Moss Agência Literária

Título original: *Histories of the Unexpected: How Everything Has a History*

Preparação Tulio Kawata
Revisão Sandra Kato
Diagramação Nobuca Rachi
Capa Adaptada da original de Edward Bettison
Imagens de capa Shutterstock
Impressão e acabamento Corprint

Dados Internacionais de Catalogação na Publicação (CIP)
Bibliotecária responsável: Angélica Ilacqua CRB-8/7057

Willis, Sam
Tudo tem uma história: da barba ao clipe de papel, como os mais inesperados assuntos estão ligados a grandes acontecimentos do mundo / Sam Willis e James Daybell; tradução de Sonia Augusto e Gerson Ferracini. – São Paulo: Benvirá, 2019.
432 p.

Bibliografia
ISBN: 978-85-5717-302-6
Título original: *Histories of the Unexpected: How Everything Has a History*

1. História – Miscelânea 2. História universal I. Título II. Daybell, James III. Augusto, Sonia IV. Ferracini, Gerson

19-0947 CDD-902
CDU-94

Índice para catálogo sistemático:
1. História – Miscelânea

1ª edição, junho de 2019

Todos os direitos reservados à Benvirá, um selo da Saraiva Educação, parte do grupo Somos Educação.
Av. Dra. Ruth Cardoso, 7221, 1º andar, Setor B
Pinheiros – São Paulo – SP – CEP: 05425-902

SAC: sac.sets@somoseducacao.com.br

CÓDIGO DA OBRA 643346 CL 670868 CAE 654639

Tudo

TEM UMA
história
MESMO O MAIS
inesperado
DOS ASSUNTOS...

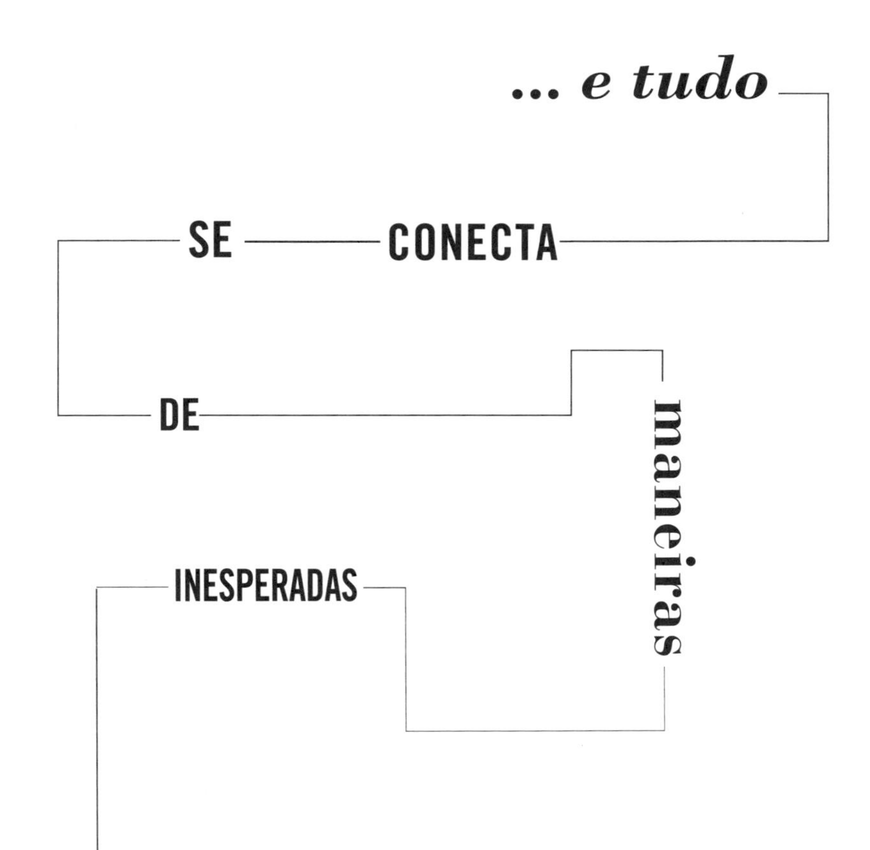
... e tudo
SE
CONECTA
DE
maneiras
INESPERADAS

Para Julia e Tors

Sumário

Introdução

Este livro se originou da nossa série de podcasts *Histories of the Unexpected*, que deu a nós dois, historiadores profissionais, mais diversão e estímulo intelectual do que qualquer coisa que já tínhamos feito. Ela mudou fundamentalmente o modo como pensamos sobre o passado – e o presente –, e esperamos que o mesmo aconteça com você.

A ideia é simples. Acreditamos que tudo – e queremos dizer *simplesmente tudo*, mesmo o assunto mais inesperado – tem uma história, e que essas histórias se conectam de maneiras inesperadas e muitas vezes mágicas.

Este livro pretende ser uma jornada de descoberta histórica que abrange alguns dos mais importantes temas – dos Tudor à Segunda Guerra Mundial, do Império Romano aos vitorianos –, mas por meio de assuntos totalmente inesperados.

Você vai descobrir aqui como a história da barba está ligada à Guerra da Crimeia; como a história dos clipes de papel tem tudo a ver com a Stasi; como a história da bolha de sabão (e também os gatos) está ligada à Revolução Francesa; como o *Titanic*, a destruição nuclear de Hiroshima e o Ground Zero, em Nova York, estão conectados e o que eles têm a ver com o livro *Grandes esperanças*, de Charles Dickens; você entenderá por que a história da cicatriz é tão importante; por que a história das chaminés é tão encantadora; por que a história da neve é tão inspiradora.

O passado ainda é, muitas vezes, apresentado como o estudo dos grandes homens e mulheres, acontecimentos, guerras e revoluções, movimentos culturais ou épocas que nos movem do mundo antigo e medieval para o mundo moderno. Alguns historiadores privilegiam diferentes aspectos do passado, como religião, sociedade, economia, gênero, política, assuntos militares ou ideias. Tudo isso é útil e traz diferentes perspectivas e *insights* ao nosso estudo do passado. Porém, a história como a conhecemos e entendemos hoje é excepcionalmente complexa e interconectada, e nenhuma perspectiva do passado é realmente adequada para revelar toda a sua inteireza.

Esperamos que *Tudo tem uma história* ajude a criar uma ponte entre a atitude acadêmica bem estabelecida que acolhe a complexidade – alcançada por meio de caminhos de pensamento revolucionários e pesquisa inovadora – e o apetite público por uma história digestível, mas significativa e que provoque reflexão.

Essencialmente, acreditamos que ler sobre o passado de um jeito previsível e linear não é satisfatório. A história é como um labirinto: para extrair o máximo, você precisa vagar por ele, perder-se nele – e depois ter esperança de encontrar o caminho de volta ao início. Foi EXATAMENTE assim que escrevemos este livro: cada capítulo se conecta ao seguinte, e o último com o primeiro.

Vamos começar com as suas mãos, que estão segurando este livro...

I

Mão

A história da mão tem tudo a ver com...
viagens no tempo, magia medieval, pinturas rupestres,
poder real, intimidade e desgosto.

Toc, toc...

Toc, toc...

O que suas mãos estão fazendo? As nossas estão batendo à porta de seu cérebro. Estão despertando você. Estão começando uma conversa – *esta* conversa. Como? Digitando. E as suas, presumivelmente, estão segurando um livro ou um *tablet*. De quantas maneiras diferentes você já utilizou suas mãos hoje? E de quantos modos as usará até amanhã? Provavelmente você se vestiu, cozinhou, se alimentou, lavou, pegou ou largou uma enorme variedade de objetos, teve contato consigo mesmo ao se tocar ou se comunicou com os outros ao escrever, digitar ou gesticular. Talvez tenha cumprimentado alguém com um aperto de mão, acenado adeus, erguido o punho com raiva ou feito sinal de "positivo" para sinalizar concordância.

Gestos do passado sobrevivem no presente de várias formas, mas talvez uma das mais impressionantes seja a da arte pré-histórica, de 40 mil anos atrás.

Pinturas das cavernas

As imagens de mãos são um elemento visual frequente na arte pré-histórica. Foram encontradas em sítios arqueológicos na França, na Espanha, na África, na Austrália, na Argentina e em Bornéu (consideradas as mais antigas de todas, com mais de 40 mil anos). Foram criadas soprando ou pulverizando tinta feita com carvão ou ocre (um pigmento avermelhado) sobre mãos espalmadas contra a rocha, deixando assim uma "sombra" vazia – o tipo mais comum das imagens que sobrevivem –, ou pressionando a palma contra a tinta para usá-la como um carimbo.

Em nosso passado evolutivo, a mão tornou-se marca significativa: o polegar em oposição, a motricidade fina e o uso de ferramentas tornaram-se características singularmente humanas, que distinguiram o *Homo sapiens* dos animais. As mãos também tiveram outros fins práticos na pré-história: contar com os dedos ou usar a mão aberta como unidade de medida. A altura dos cavalos também era medida em mãos. Não surpreende, então, que as mãos tenham sido uma das formas mais comuns de expressão visual em nossa história mais remota. Além disso, o impulso para criar arte é uma das poucas, mas decisivas, habilidades que nos definem como humanos, assim como a capacidade de pensar e planejar o futuro – e também (e eis aqui o historiador lhes escrevendo) a de lembrar e de aprender com o passado. Essas imagens de mãos, portanto, não são apenas parte da história da arte, mas evidenciam a evolução da mente humana moderna. São um capítulo da história mais antiga do *Homo sapiens*.

Desenhos rupestres pré-históricos e mãos impressas nas cavernas de Cueva de las Manos, Rio Pinturas, província de Santa Cruz, Patagônia, Argentina.

Acredita-se que essas imagens tenham sido criadas com alguma finalidade ritualística ou mágica. Sabemos que, em alguns locais, as impressões teriam sido extremamente incômodas para alguém fazê-las por conta própria, e que outras teriam sido impossíveis de fazer sem ajuda. Nessas estampas, portanto, residem algumas das primeiras provas de trabalho humano em equipe. Em alguns locais, há tantas dessas imagens reunidas que a obra teria requerido não só considerável tempo, mas também planejamento. Outro fato surpreendente é a variedade de formatos, tamanhos e padrões. Em muitas, curiosamente, parece haver dedos amputados, mas hoje entendemos que os dedos podem ter sido dobrados contra a palma – como se faz, por exemplo, no teatro de sombras –, para que a imagem resultante parecesse inusitada.

Isto, por sua vez, sugere que os dedos eram de alguma forma significativos na comunicação da época. Os pesquisadores até se indagaram sobre a autoria dessas impressões, mas as respostas permanecem incertas. Estudos mais recentes sugerem que três quartos das imagens de mãos neolíticas que sobreviveram em oito grupos de cavernas na França e na Espanha foram provavelmente feitas por mulheres. A conclusão se fundamenta no trabalho de um biólogo britânico que descobriu que homens e mulheres podem ser identificados pelos comprimentos relativos do dedo indicador e do anelar.

Uma pista histórica

Isto levanta a interessante questão da mão como um marcador histórico. Ao longo da história, as mãos podem ser "lidas" para revelar não só diferenças de gênero, mas também, e mais diretamente, de idade, raça e classe, com base no tamanho, cor e estado da pele. As mãos de trabalhadores, por exemplo, trazem tipicamente marcas de esforço manual, com calosidades ou dedos decepados – indícios dos perigos do trabalho, especialmente entre operários fabris. Elas se distinguem das mãos bem cuidadas do pianista ou do professor de história, e mesmo das mãos manchadas de tinta do escriturário de décadas atrás. Em 1871, no período vitoriano, o escriturário Benjamin Orchard escreveu com amargor sobre sua condição:

> Não somos homens de verdade. Não fazemos o trabalho de homens. Operadores de canetas – míseros operadorezinhos de canetas –, com nossos paletós pretos, dedos cheios de tinta e os fundilhos das calças bem lustrados – isso é o que somos. Imagine ficar cortando os *tês* e pondo pingos nos

is o dia inteiro. Não admira que os pedreiros e os motoristas de ônibus tenham desprezo por nós. Nem saúde temos.

Para o escriturário vitoriano, as manchas de tinta eram marcas da profissão, que o situavam em sua humilde posição na sociedade – como Bob Cratchit, o desafortunado personagem de Dickens. As mãos podiam ser deformadas, mutiladas em acidentes agrícolas ou quebradas e inutilizadas pela tortura. Quebrar mãos era uma das técnicas do ofício de torturador. Em sua autobiografia em latim, o padre jesuíta John Gerard descreve seu encarceramento no final do período elisabetano inglês e a tortura a que foi submetido por seu envolvimento com os que tramavam a Conspiração da Pólvora. Suas mãos foram tão mutiladas que, de início, ele não conseguia segurar uma pena:

> Mal dava para sentir que eu tinha algo entre os dedos. Meu tato não reapareceu por cinco meses e, mesmo então, não completamente. Até o momento de minha fuga, seis meses depois, tive certa dormência nos dedos.

As mãos quebradas, portanto, o impediam de escrever – exatamente a intenção dos torturadores: a escrita era uma das principais formas que os prisioneiros jesuítas usavam para se comunicar (em cartas secretas, usando tinta invisível) com o mundo exterior.

Olhe para suas mãos: elas podem traí-lo – não só para um historiador, mas também para a lei. A "mão criminosa" pode até nem estar mais presente: pode ter sido cortada como punição ou queimada a ferro como sinal público de criminalidade – uma identificação da qual era muito difícil se livrar. No período Tudor, na Inglaterra, um criminoso podia escapar da sentença de morte alegando "benefício do clero", ou seja, dizendo que era membro da Igreja (uma defesa que exigia meramente que ele lesse um trecho da Bíblia). A pena era trocada por uma queimadura no polegar, para impedi-lo de valer-se dessa brecha legal uma segunda vez. Quando Anthony Bourne, perdulário e mulherengo serial inglês do século XVI, incumbiu um francês de apunhalar sua esposa, Elizabeth, o candidato a assassino (o ato de violência fracassou) foi identificado como criminoso pelo fato de já trazer a "mão queimada".

As mãos também fascinam o historiador porque envelhecem. São documentos históricos por si sós, pois ficam marcadas por sinais da idade: manchas senis, arranhões, rugas – e sua pele perde elasticidade. Uma das mais belas representações disso está em uma pintura do americano Thomas Eakins

(1844-1916) chamada *The Writing Master* [O mestre de caligrafia] (1882) [*Fig. 1 do caderno de imagens*]. Trata-se da magnífica representação de um homem que dedicara sua vida a suas mãos, feita por um homem que também dedicava sua vida a suas mãos, mas de maneira diferente: Benjamin Eakins (1818-1899), o pai do pintor, era calígrafo e professor dessa arte. Observe como a luz incide tão belamente nas mãos desse venerável profissional em meio a seu trabalho. Se tivesse oportunidade de apertar a mão de Benjamin, você a sentiria tranquila e macia, como seda.

No retrato, Eakins segura uma caneta pela qual está se comunicando, mas as mãos têm uma longa história de servirem por si mesmas à comunicação, e muitos dos gestos que nos são mais familiares – o aperto de mão, o polegar para cima, o *V* de vitória, a continência, o *high five*, o soquinho amigável – estão bem impregnados de simbolismo. Outros gestos, como morder o polegar ou bater por baixo do queixo com o dorso dos dedos, são menos conhecidos e têm significados distintos conforme o país – e ainda há muito a decifrar nesse campo.

Luto

Catedral de Exeter Fundada em 1050 em Exeter, sudoeste de Inglaterra, foi reconstruída em estilo gótico no período de 1258 a 1400. Entre suas particularidades mais memoráveis estão as esculturas na fachada oeste, um relógio astronômico e o teto abobadado ininterrupto mais longo da Inglaterra.

Contemplemos agora o hábito de puxar a própria barba. Na fachada oeste da Catedral de Exeter, em Devon, encontra-se um dos mais notáveis elementos arquitetônicos da Inglaterra medieval. Iniciado em 1340 e concluído apenas 130 anos depois, esse painel com mais de cem esculturas marcou o fim de uma grande fase na história desse templo, quando a catedral normanda original (fundada em 1133) foi reconstruída em estilo gótico. As estátuas ocupam nichos em três fileiras e estão circundadas por relevos ricamente detalhados representando plantas, animais e anjos. Cobrindo quase um terço dessa fachada, o painel era originalmente colorido, mas o que vemos hoje, embora ainda impressione, é uma mera sombra da antiga glória do edifício – uma das vítimas da Reforma Anglicana.

Todas as esculturas medievais são de calcário local, um material perfeito para trabalhar, mas que também é suscetível à erosão. Um bom número delas perdeu muitas de suas feições, mas uma das peças destaca-se pela qualidade da execução, bem como pelo gesto bastante estranho que reproduz. Ali, bem ao lado da porta oeste, vemos um homem encurvado puxando a própria barba. A nossos olhos, parece inusitado, mas sabe-se que no período medieval esse gesto estava associado ao luto. Uma das representações mais vívidas desse hábito encontra-se no poema épico *A canção de Rolando*, do século VIII, que descreve o momento em que o imperador Carlos Magno vê o corpo de seu sobrinho no campo de batalha. Sua reação é intensa e incontida. Cercado de soldados que "choravam violentamente", o imperador "puxa a barba branca e arranca os cabelos com ambas as mãos".

Carlos Magno (742-814) Também conhecido como Carlos, o Grande, uniu a maior parte da Europa durante seu reinado. Tornou-se rei dos francos em 768, dos lombardos em 774 e do Sacro Império Romano-Germânico em 800.

O significado dessas esculturas de Exeter permanece um tanto misterioso e a identidade de cada uma delas é ainda debatida. Há também representações de apóstolos, profetas e evangelistas, bem como dos reis de Judá. O homem idoso que toca a própria barba é certamente um rei, por sua coroa e seu porte real, e, se estivermos procurando um rei inglês cujo reinado inteiro e posterior reputação tenham sido marcados pelo luto, chegaremos certamente a Henrique I (1068-1135), cujo filho único morreu em um naufrágio em 1120, levando a Inglaterra a uma longa e sangrenta guerra civil. Consta que, ao receber a notícia, o rei desmaiou. E nunca mais sorriu. Esta é provavelmente a estátua do mais infeliz dos reis ingleses.

Esse gesto de puxar a barba é íntimo, emocional e instintivo e faz parte de um repertório histórico de gestos que incluiu todo tipo de movimento corporal, desde levantar-se, caminhar e sentar-se até beijar, saudar levantando o chapéu e curvar-se em reverência. O corpo humano em movimento é, em si, uma narrativa histórica singularmente valiosa.

Poder real

No decorrer da história, a mão também desempenhou papel importante nas cerimônias – por exemplo, quando se unem em um casamento ou quando se ergue uma delas ao prestar juramento. Particularmente interessante, porém, era o "toque real", em que o monarca fazia imposição cerimonial das mãos para curar doenças, particularmente um incômodo problema de pele chamado escrófula. Ligada à tuberculose, a escrófula se manifestava como grandes lesões no pescoço, resultantes de infecção dos gânglios linfáticos. Em casos mais graves, as lesões inchavam e se rompiam, deixando feridas purulentas. Com o declínio da tuberculose na segunda metade do século XX, o problema

Carlos II da Inglaterra aplicando o toque real, gravura de Robert White (1684).

tornou-se menos comum. Ao longo da Idade Média, na Inglaterra e na França, acreditava-se que a eficácia do toque real em curar a escrófula (por isso então chamada "mal do rei") estava ligada ao direito divino dos soberanos ao trono e à crença supersticiosa popular no poder quase mágico da monarquia medieval. Os reis ingleses e franceses souberam aproveitar as crenças populares para se legitimar no poder, atrelando esse carisma à força militar e fiscal para fortalecer sua posição.

As primeiras menções aos milagrosos atributos curativos do toque real datam do século XI, em que suplicantes recebiam a "moeda real" de membros do círculo mais próximo do monarca – com provável plateia para essa mostra de poderes sobrenaturais. A prática se estendeu aos séculos XVI e XVII, e mesmo até mais tarde. Consta que Elizabeth I (1533-1603) impôs mãos a mais de mil de seus súditos em uma única sessão. O extravagante rei francês Luís XIV (1638-1715), embora avesso à prática de tocar os infectados, atendeu mais de 1.700 enfermos em um mesmo dia, enquanto o monarca inglês Carlos II (1630-1685), então recém-reempossado, teria tocado mais de 100 mil súditos nesses rituais de cura, ainda que a Igreja desaprovasse a prática por ser supersticiosa e retrógrada. A proximidade às figuras reais permitida às pessoas comuns nessas ocasiões talvez sobreviva hoje em dia nas populares perambulações públicas da família real britânica ou nas festas que periodicamente fazem em seus jardins.

Intimidade

A significância histórica das mãos também tem tudo a ver com o que a mão nua – em vez de enluvada – representa. As ocasiões em que era aceitável mostrar a própria mão eram determinadas por regras de etiqueta. Como norma geral, os subordinados não podiam usar luvas na presença de seus superiores, e a permissão para usá-las era concedida com mais frequência às mulheres. Na Inglaterra do século XVII, era costume ter as mãos nuas na presença da realeza e também nas igrejas e tribunais. Também era de bom tom não usar luvas ao comer ou ao cumprimentar com aperto de mão, pois a mão nua demonstrava receptividade e amizade – a menos que estivesse fazendo um frio insuportável. Na sociedade polonesa do século XVII, o subordinado deveria beijar a mão do superior. A atitude educada era que o recebedor do beijo oferecesse a mão nua. Cobri-la expressava desagrado, como o fez o rei Ladislau IV Vasa (1595-1648), em 1644, ao estender a mão enluvada para que um burguês de

Cracóvia a beijasse – gesto de suprema desaprovação monárquica. Mãos nuas, em suma, eram sinal de respeito.

Ao longo da história, as mãos também tiveram "gênero" – ou seja, mãos de homens e mulheres eram vistas de maneiras diferentes. As femininas eram idealizadas como representações sensuais da beleza do gênero. Em seu manual de boas maneiras do século XVI, o cortesão e escritor italiano Baldassare Castiglione (1478-1529) abordou a questão:

> O mesmo vale para as mãos: se forem delicadas e belas, e ocasionalmente deixadas nuas quando há necessidade de usá-las, e não para ostentar sua beleza, suscitam intenso desejo de vê-las ainda mais, especialmente se voltam a ser enluvadas; pois quem as cobre parece não se ocupar muito em pensar se serão vistas ou não, e parece tê-las mais belas por sua própria natureza do que por esforço ou esmero.

Nos costumes populares de casamento na Inglaterra pré-moderna, era tradição que a noiva não usasse luvas, para simbolizar pureza e intimidade, ao passo que as mãos do noivo podiam estar enluvadas. O erotismo do entrelaçamento de mãos masculinas com femininas – o ato de dar as mãos – é explorado por Shakespeare em *Romeu e Julieta* (ato I, cena V) quando Romeu, tomando a mão de Julieta, declara:

> Se com minha mão indigna eu profanar
> tão sagrado santuário, tênue pecado este seja;
> e que meus lábios, dois peregrinos enrubescidos, de pronto acorram
> para abrandar tão rude toque com um terno beijo.

Aqui, a mão "sagrada feminina" de Julieta é contrastada com a mão profana e rude de Romeu, o que levanta a questão muito importante do que acontece quando se encobre a mão – e conduz à história inesperadamente fascinante das luvas...

2

Luvas

A história das luvas tem tudo a ver com...
Sacro Império Romano-Germânico,
presentes, venenos e masculinidade.

James tem um fetiche histórico por luvas. Isso é algo recente, mas nos últimos anos ele desenvolveu uma obsessão por luvas – objeto que os alemães chamam deliciosamente de *Handschuh* (sapato de mão) e os anglo-saxões conheciam como *glof*. Parte disso tem a ver com a complexa beleza das luvas do passado – o trabalho habilidoso com couro e seda, o incrível bordado e o *design* –, mas, acima de tudo, o mais encantador é a íntima e tangível conexão que as luvas têm com o passado. Esses objetos já cobriram as mãos daqueles que fizeram história. Estudá-los é o mais próximo de ser realmente capaz de tocar o passado.

O Sacro Império Romano-Germânico

Veja, por exemplo, esta magnífica luva imperial ornamentada, parte de um par que data do período imediatamente anterior a 1220 [*Fig. 2 do caderno de imagens*]. Provavelmente feita em Palermo, na Sicília, ela fazia parte da vestimenta cerimonial do imperador romano-germânico, e é a luva histórica mais espetacular que nós dois já vimos. Pense em Michael Jackson... só que com mais brilho. As luvas são feitas de seda vermelha e decoradas com um deslumbrante número de pedras preciosas, pérolas, placas de esmalte (ou broches) e fio de ouro. Na frente – o lado da palma da luva –, uma águia com asas abertas, símbolo do Sacro Império Romano-Germânico, é representada em um intricado trabalho de ouro, e o padrão detalhado continua na parte de trás da luva, com dois pássaros representados no punho. É possível que sejam as luvas reproduzidas pelo talentoso artista alemão Albrecht Dürer (1471-1528) em um retrato de Carlos Magno (742-814), que agora é exibido no Museu Nacional Germânico, em Nuremberg [*Fig. 3 do caderno de imagens*]. Nesse ponto particular na história, parece claro que nada indicava tanto o poder imperial como a luva. Essas luvas ornamentadas com pedras eram parte de um traje coordenado e glamuroso usado pelo imperador, e sua opulência simbolizava magnificência, *status* e grandeza. Elas devem ter custado uma pequena fortuna para serem feitas, e o complicado trabalho com pedras e o bordado foram uma obra de amor realizada por artesãos habilidosos.

Shakespeare

Essa questão de como as luvas eram feitas nos leva a uma oficina de luvas, talvez até mesmo à do pai de William Shakespeare, John Shakespeare (1531-1601), um fabricante de luvas de Stratford-upon-Avon, em Warwickshire. Na época, além de realmente fazer as luvas, ser um fabricante dessas peças incluía preparar as peles e curtir o couro, um trabalho intenso e repulsivo, que deve ter sido uma parte significativa da vida de William Shakespeare quando criança. Não é de surpreender, portanto, que referências à fabricação de luvas surjam regularmente em suas peças e tragam à vida essa curiosa indústria.

No ato IV, cena IV de *Conto do inverno*, os personagens Mopsa e Autolycus fazem referência às luvas perfumadas no festival de tosquia; em *Trabalhos de amor perdido,* Biron jura "Por esta luva branca" (ato V, cena II, linha 411), enquanto luvas são citadas como medidas em um desafio ao combate por Henrique V e pelo rei Lear. Em *As alegres comadres de Windsor* (1602), Shakespeare associa as ferramentas de trabalho com o couro a um personagem masculino, Mestre Slender: "Ele não usava uma grande barba redonda, parecida com um trinchete de luveiro?".

O trinchete de luveiro[1] era um item extraordinário, uma ferramenta de corte circular, afiada e pesada, com um cabo de madeira, que era usada no processo extenuante de preparar as peles, das quais o sangue, os pelos e a gordura seriam raspados antes do processo de curtimento. Só depois de o couro ter sido tratado é que ele poderia ser cortado para corresponder ao tamanho e aos contornos da mão. Esse trabalho pesado e sujo geralmente era realizado

1. Um bom exemplo ainda existe no Shakespeare Birthplace Trust em Stratford.

pelos homens. As mulheres eram empregadas como bordadeiras, para acrescentar os elementos decorativos e os desenhos à luva. O ofício era regulamentado pela guilda medieval da Worshipful Company of Glovers [Venerável Companhia de Luveiros], fundada no século XIV e ainda atuante, como uma parte importante das cerimônias e rituais de luvas e de sua fabricação.

Rituais e relíquias

A própria luva era imbuída de rituais e simbolismo. Luvas eram usadas para propósitos litúrgicos em Roma a partir do século X, e em outras regiões ainda mais cedo. Muitas vezes tricotadas, com intricados bordados de imagens religiosas, esses belos acessórios sagrados ainda existem em museus de todo o mundo, testemunhando uma prática medieval relacionada a luvas que ainda hoje continua nas altas cerimônias da Igreja Católica quando se celebram missas pontifícias solenes, mas que, após a Reforma, se tornaram obsoletas nos países protestantes.

Reforma Uma cisão na cristandade ocidental que começou em 1517, na Alemanha, e se transformou em uma rebelião cultural disseminada que levou à ascensão do protestantismo e alterou a Europa para sempre.

No centro dos rituais de uso litúrgico das luvas estava o desejo de separar o sagrado do mundano, de preservar a pureza abençoada da hóstia e de evitar a contaminação das mãos "humanas". Uma tapeçaria originária do sul da Holanda e datada de 1400-1410 representa vários bispos em vestimentas religiosas que incluíam luvas. No Victoria and Albert Museum, em Londres, há um belo par de luvas eclesiásticas proveniente da Espanha do século XVI, tricotadas em seda vermelha e amarela, fechadas por uma faixa prateada e com o monograma cristão IHS[2] no alto.

Da mesma forma, as luvas tinham um papel importante nas cerimônias da monarquia britânica. As rainhas Elizabeth I (coroação em 1558) e Elizabeth II (coroação em 1952) encomendaram pares de luvas ornamentadas, feitos pela

2. Iesus Hominum Salvator (Jesus Salvador do Homem).

Glovers Company, para comemorar e desempenhar um papel central em sua coroação. As luvas foram usadas para carregar o globo e o cetro do Estado, objetos santificados. Na vida civil, prefeitos e vereadores usavam luvas do cargo e, muitas vezes, eram retratados usando essas peças, um testemunho visual de seu poder. As luvas também faziam parte de uma série de rituais e cerimônias conectada com ritos de passagem: elas eram presenteadas aos convidados de casamentos como lembrança, e nos funerais dos séculos XVII e XVIII, entregavam-se pares de luvas negras para os enlutados como símbolo de respeito. As luvas claramente faziam parte dos costumes cerimoniais de todas as classes de pessoas.

Luvas associadas a figuras históricas famosas podiam assumir um *status* sagrado, como relíquias, depois da morte de seu dono. Existem luvas que supostamente foram usadas por Maria da Escócia (1542-execução 1587) e Carlos I (1600-execução 1649) na forca. A luva de Maria era uma luva em couro com um lindo bordado de um pássaro em voo e cujas bordas eram ornadas com contas pendentes de prata, enquanto as luvas do rei Carlos, que estão na Biblioteca do Palácio de Lambeth, em Londres, e datam de aproximadamente sessenta anos depois, eram grandes luvas de couro, bordadas com metal e debruadas em seda. Diz-se que as luvas de Carlos tinham manchas do sangue real derramado em sua execução. Essas luvas agora assumiram o *status* de relíquias reais ligadas a monarcas executados, bastante diferente daquele que teriam se tivessem servido apenas como luvas usadas por uma mulher e um homem em momentos menos dramáticos. Elas demonstram claramente como as luvas podem vir a significar coisas diferentes no decorrer de seu ciclo de vida: luvas práticas usadas para proteção ou moda podiam ser dadas como presente, passadas como herança ou mantidas como uma relíquia valiosa lembrando alguém que as usou.

> **Biblioteca do Palácio de Lambeth** Fundada em 1610, é a biblioteca dos arcebispos de Canterbury e um dos principais arquivos da história da Igreja da Inglaterra.

Sexo

Os diversos significados das luvas em diferentes contextos mostram que o que se *fazia* realmente com uma luva era importante. Durante a era medieval e o início do período moderno e depois, se um homem batesse em outro com uma luva, isso era considerado um insulto ou um desafio ao combate, ao passo que se uma mulher deixasse cair uma luva na frente de um homem ou se fosse pintada com uma só luva caindo, era um sinal de disponibilidade sexual. Um exemplo maravilhoso encontra-se em um retrato de uma das damas de honra de Elizabeth I, Anne Vavasour, atribuído a John de Critz, aproximadamente em 1605, que a representa em um vestido bordado, muito na moda, com uma luva calçada e a outra pendurada nos dedos de sua mão esquerda – um sinal da disponibilidade sexual dela. Assim, não é surpresa que ela tivesse uma vida romântica suspeita, tendo se envolvido em um caso de adultério com o campeão da rainha, *Sir* Henry Lee, e em um casamento bígamo em 1618.

Usar luvas na corte real permitia que uma mulher tocasse outro cortesão ou que dançasse com um homem, já retirar uma luva era um gesto que podia ter certa carga erótica, como na famosa cena da luva da peça *The Changeling* [A troca] (1622), de Thomas Middleton, em que Beatrice Joanna deixa cair uma luva esperando que o belo Alsemero a encontre, mas em vez disso ela é recolhida pelo detestado servo De Flores. Ao descobrir quem estava com a luva, Beatrice joga fora a outra, desejando descartar ambas pelo fato de a primeira ter sido tocada. A resposta de De Flores é selvagemente sexualizada, fazendo um trocadilho com a própria pele que está sendo curtida e violando as luvas de Beatrice ao forçar os dedos para dentro delas:

> Sei que ela preferiria usar minha pele curtida
> Em um par de sapatos para dança em vez de eu poder
> Enfiar meus dedos nos buracos dela.
> Eu sei que ela me odeia, mas não posso fazer nada além de amá-la.

Thomas Middleton (batismo 1580-morte 1627) Escritor de peças para teatro contemporâneo de Shakespeare e filho de um pedreiro. Algumas de suas peças são *The Honest Whore* [A prostituta honesta] (1604), *The Roaring Girl* [A garota que ruge] (1611, com Thomas Dekker), *A Chaste Maid in Cheapside* [Uma casta empregada em Cheapside] (1613) e *A Game at Chess* [Uma partida de xadrez] (1624).

Dar presentes

Jogar as luvas fora aqui representa uma rejeição de alguém detestado, mas o oposto também é verdadeiro, e há uma história distinta em que luvas eram dadas como presentes. Vejamos a Inglaterra na época Tudor elisabetana, em que as luvas estavam intimamente ligadas ao costume de dar presentes na corte real e estão discriminadas nas fascinantes listas de presentes de Ano-Novo. Estas são maravilhosas fontes históricas; rolos de pergaminho com 3,5 metros em que em um lado são registrados todos os presentes oferecidos à monarca e do outro todos os presentes com que ela retribuiu. Assim, essas listas registram não só a elaborada e ritualizada troca de presentes no núcleo do regime político de Elizabeth, mas também quem estava nas graças da Coroa em cada ano específico, pois era uma honra ter acesso à pessoa da monarca. Entre os muitos tipos diferentes de presentes listados há dezenas de luvas ornamentadas dadas à rainha por homens e mulheres. A lista de 1579, por exemplo, registra a seguinte entrada: "Do sr. William Russell, um par de luvas enfeitadas com ouro e pequenas pérolas".

As mulheres dos aposentos reais também eram figuras importantes como intermediárias políticas, e a entrega de presentes – entre eles as luvas – era uma parte importante dessa complexa troca política, como registrado por Frances *Lady* Cobham em uma carta ao *Lord* Burghley, na qual relata que "Sua Majestade recebeu suas luvas, gostou muito delas e me pediu que lhe agradecesse em seu nome", acrescentando que os botões e a seda que as ornavam "muito lhe agradaram". Muitos dos pares de luvas presenteados à rainha eram, na verdade, perfumados, entre eles, em janeiro de 1578, "De *Lady* Mary Sydney, um par de luvas perfumadas, com 24 pequenos botões de ouro e, em cada um deles, um pequeno diamante". Perfumar as luvas com fragrâncias exóticas dava às peças um toque refinado e exclusivo, mas também era útil para mascarar o forte cheiro do couro.

O fato de que a rainha recebeu luvas perfumadas é especialmente interessante, pois levanta o problema olfativo que os historiadores enfrentam ao recriar uma "paisagem de cheiros" do passado. É interessante saber que Elizabeth recebeu luvas perfumadas, mas seria *maravilhoso* saber qual era o perfume delas. Receitas para perfumar luvas apareceram em manuscritos e na imprensa durante os séculos XVI e XVII, incluindo a receita de perfume de luvas do escritor Gervase Markham em seu *English Housewife* [Dona de casa inglesa] (1615), que era seguida por uma recomendação claramente sexualizada de que as mulheres deviam deixar que as luvas perfumadas "sequem em seu colo e, depois disso, usá-las a seu prazer".

Para perfumar luvas

Para perfumar bem as luvas, pegue óleo de amêndoas doces, óleo de noz-moscada, óleo de benjoim, um dracma de cada; de âmbar-gris, um grão; de gordura de almíscar, dois grãos: misture tudo e triture sobre uma pedra de pintor e, depois, passe a mistura nas luvas. Porém, antes de fazer isso, umedeça as luvas com água de rosas damascenas.

Veneno

A entrega de presentes ao monarca era algo feito pessoalmente, um ato íntimo que exigia acesso à figura real e que, portanto, estava repleto de problemas de segurança. A luva perfumada, na Inglaterra elisabetana – quando o acesso à rainha era estritamente controlado –, era uma arma muito mais efetiva de assassinato do que a faca, já que o perfume estava intimamente ligado ao veneno. Luvas envenenadas dadas como presente não eram desconhecidas, a ponto de serem dramatizadas na peça *Massacre at Paris* [Massacre em Paris] (1593), de Christopher Marlowe, na qual o personagem da Velha Rainha fatalmente aceita as luvas envenenadas, dizendo

Acho que as luvas têm um perfume muito forte,
Cuja fragrância faz doer minha cabeça...
... o veneno fatal
Dentro do meu coração: meu cérebro se rompe,
Meu coração falha, eu morro.

Christopher Marlowe (batismo 1564-morte 1593) Escritor de teatro inglês, poeta e agente do governo. Filho de um fabricante de sapatos. Morreu esfaqueado em uma casa em Deptford.

Em vez de ser absorvido pela pele ao usar a luva, o veneno era administrado pelos vapores de seu perfume. O reinado de Elizabeth I é notável pela ameaça de assassinato quase constante que pairava sobre ela. Logo em seu início, em 1563, precauções escritas por William Cecil, secretário de Estado, em relação a "vestimenta e alimentação" da rainha recém-coroada a alertavam para não aceitar "roupas ou mangas" ou "luvas" de nenhum estranho, por receio que "estivessem imbuídas de algum vapor", em outras palavras, no caso de o perfume das luvas ser venenoso.

William Cecil (1520/1521-1598) Um dos mais importantes estadistas da época Tudor. Pajem na câmara de Henrique VIII, se tornou o principal conselheiro de Elizabeth I.

Masculinidade

Essa ideia de as luvas representarem um perigo a quem as usava levanta a importante questão de seu oposto – uma história em que as luvas forneciam proteção a quem as usava e o que isso pode nos dizer sobre a cultura em que elas eram produzidas e usadas.

As luvas eram utilizadas para proteção em uma grande gama de atividades, cada qual com sua própria história extraordinária, desde o uso de luvas de borracha para limpeza doméstica com substâncias químicas até o uso de luvas de crianças – o que quer dizer luvas feitas de pele de crianças, por suas qualidades peculiares – para proteção contra incêndios súbitos em modernos navios de guerra.

As luvas de beisebol, em particular, são uma janela fascinante para o passado. Agora elas são um ícone do esporte e dos Estados Unidos, mas, no início, os jogadores de beisebol não usavam luvas. O jogo, que tem origens incertas no final do século XVIII, mas se tornou popular nos EUA durante a Guerra Civil (1861-1865), inicialmente era jogado em baixa velocidade e todos os lançamentos eram feitos por baixo do braço. No entanto, gradativamente, a velocidade, o vigor e a frequência do jogo aumentaram até que, por volta de 1879, calos e ossos quebrados passaram a ser a marca de um jogador de beisebol. Eles também eram, nessa era pós-Guerra Civil da Revolução Industrial, a marca de um homem, um símbolo de masculinidade. Nesse contexto, a luva foi adotada para a posição *fielding* no beisebol.

A origem exata do uso da luva no beisebol é incerta, mas sabe-se que um dos pioneiros foi Charles C. Waite, homem da primeira base do New Haven de Connecticut, que usou uma luva em um jogo contra o Boston, em 1875. A dele era uma luva sem dedos e sem o trançado que caracteriza a luva de beisebol moderna, mas, crucialmente, era de cor "bronzeada" marrom--clara – a mesma da pele dele. Waite escolheu essa cor pela única razão de que seria difícil para os espectadores enxergarem a luva: havia uma história de vergonha no uso da peça, e assim ele escolheu a cor para preservar sua masculinidade. Mais tarde, outro jogador, o famoso lançador A. G. Spalding, perguntou-lhe sobre a luva. Waite admitiu a Spalding que estava "um pouco constrangido" por usá-la e tinha sido esse o motivo de ter escolhido essa cor. Sua tentativa de ocultar a luva fracassou, e ele foi alvo de provocações e zombarias dos espectadores e dos colegas de time.

Entretanto, a ideia começou a ter alguma adesão e, cerca de um ano depois, Spalding fundou uma empresa de equipamentos esportivos e começou a fabricar e vender luvas para beisebol. A reputação de Spalding ajudou a luva a superar o estigma. As peças que ele vendia eram quase pretas; elas se transformaram de algo oculto em um símbolo orgulhoso do esporte, que a luva de beisebol ajudou a definir e a desafiar as percepções de masculinidade dos norte-americanos.

Proteger o passado

Mas o que dizer do outro lado desta história? E as pessoas que usam luvas para proteger *os objetos que estão segurando* em vez de proteger suas mãos? Esta é uma questão intimamente ligada à própria História e à prática de ser historiador, especificamente ao manusear objetos históricos, em especial manuscritos.

Todos já assistimos a documentários históricos em que o apresentador folheia um livro antigo ou toca um manuscrito raro usando um par de luvas brancas, uma imagem com o objetivo de inspirar no espectador um senso de reverência por esses sagrados remanescentes literários do passado. Porém, as luvas são um truque usado pelo diretor do documentário para provocar esse senso de reverência; no mundo dos arquivos, sabe-se bem que o uso de luvas pode, na verdade, ser prejudicial para os manuscritos. Os especialistas concordam que, em vez de usar luvas, o leitor ou "tocador" deve lavar e secar bem as mãos antes, removendo assim todos os óleos que poderiam potencialmente danificar o manuscrito. Mãos limpas e secas são infinitamente preferíveis na maioria das situações. Usar luvas ao manusear livros, manuscritos ou papéis frágeis pode colocar em perigo o item que está sendo visto, pois elas reduzem a destreza manual e a sensibilidade do tato, aumentando a tendência a agarrar. Além disso, as fibras de algodão das luvas podem levantar ou deslocar pigmentos, tintas ou outros materiais na superfície, e o algodão pode enroscar com facilidade surpreendente nas bordas das páginas. As luvas têm seu lugar nos arquivos, mas só em circunstâncias muito específicas, como o manuseio de lacres de chumbo ou fotografias antigas.

A prática de usar luvas brancas entre os historiadores é, na verdade, um fenômeno relativamente recente que data do século XIX, provavelmente iniciado pelos fotógrafos que queriam proteger os negativos de digitais gordurosas. Daí o uso da luva de algodão se espalhou para salas de leitura de livros raros e arquivos. Os arquivistas agora estão se levantando contra as luvas. Em 1999, o uso generalizado e impensado de luvas provocou uma avalanche de reações de especialistas. O curador de livros raros do Smith College, em Massachusetts, escreveu: "Eu exijo que meus leitores NUNCA usem nenhum tipo de luvas, exceto ao manusear fotografias. Qual é a lógica de fazer as pessoas usarem uma coisa mal adaptada que as deixa mais desajeitadas e reduz a sensibilidade do tato?". Esse é um ponto importante para qualquer historiador que pretenda "ler" um objeto, pois isso deve ser feito com as mãos tanto quanto com os olhos, seja uma luva ou um documento escrito, porque o tato é uma ferramenta histórica profundamente valiosa. O principal a lembrar, se você for manusear documentos, é que é preciso lavar bem as mãos primeiro, para garantir que não tenham substâncias químicas – o que levanta a importante questão da história do perfume...

3

Perfume

A história do perfume tem tudo a ver com...
memória, bicos de lula, a Reforma,
gatos, napalm e peste.

Memória

Há uma relação inesperadamente intensa entre aromas e memória. Em sua obra *Em busca do tempo perdido* (1913), o romancista francês Marcel Proust (1871-1922) deixou uma famosa descrição do olfato como mecanismo-chave para a evocação de lembranças distantes.

> Mas, quando de um passado longínquo nada subsiste, depois da morte dos seres, depois da destruição das coisas; sozinhos, mais frágeis, porém mais vivazes, mais imateriais, mais persistentes, mais fiéis, o aroma e o sabor perduram ainda longo tempo, como almas, a recordar, a aguardar, a ansiar, em meio à ruína de todo o resto; a sustentar, sem dobrar-se, em sua gotícula quase impalpável, o edifício imenso da lembrança.

Pense nos diferentes períodos de sua vida. Que aromas específicos reacendem em você antigas lembranças? Uma infância evocada pelo perfume da mãe; o gramado recém-cortado; os limoeiros na Grécia; as alfazemas na Provença; ou talvez o aromatizante do vaso sanitário em que vomitou em seu primeiro porre na adolescência. Tais lembranças olfativas são profundamente pessoais e desencadeiam associações e significados de outras épocas.

A razão disso, dizem os cientistas do olfato, é que minúsculas células receptoras localizadas no nariz transmitem ao cérebro informações que associamos a cheiros "bons" e "ruins", que ficam ali registradas para uso futuro. Sabemos isso graças a Richard Axel e Linda B. Buck, ganhadores do Prêmio Nobel de Fisiologia e Medicina de 2004, e à sua impressionante pesquisa intitulada "Odorant Receptors and the Organization of the Olfactory System" [Receptores de odorantes e a organização do sistema olfativo]. A súmula oficial do comitê de premiação explicava que:

> Um aroma singular pode desencadear memórias específicas de nossa infância ou de momentos de emoção – positiva ou negativa – muito tempo depois. Um único marisco estragado que nos intoxique é suficiente para deixar uma lembrança que levaremos por anos a fio e nos impedirá de ingerir qualquer prato, por mais delicioso que seja, que contenha mariscos. Perder o olfato cria uma séria deficiência: perdemos a percepção das diferentes qualidades dos alimentos e já não conseguimos detectar sinais de alerta, como o cheiro de fumaça de um incêndio.

É assim que entendemos os cheiros hoje em dia, mas esse conhecimento também tem uma história: é a história de como os aromas foram diferentemente compreendidos em distintos locais e períodos. E a história dos cheiros, por sua vez, está ligada à história dos sentidos e da conexão destes com partes do corpo: tato (a mão), paladar (a língua), audição (os ouvidos), visão (os olhos) e, claro, o próprio sentido do olfato (o nariz).

Aromas históricos

Escrever a história do perfume ou, em essência, a do olfato (a história olfativa do passado) é um desafio, já que os odores de séculos remotos dificilmente deixaram rastro. Só em raríssimos casos os aromas sobrevivem à história, e tal raridade lhes dá um valor histórico descomunal.

Dois exemplos significativos provêm de naufrágios em que o navio, por alguma razão, permaneceu selado, como uma cápsula do tempo. No verão de 1545, o navio de guerra *Mary Rose*, de Henrique VIII da Inglaterra, foi a pique em batalha no porto de Portsmouth, afundando com tamanha força que seu casco penetrou por completo na lama do rio Solent, a qual o manteve envolto em um invólucro anaeróbico por 437 anos. A embarcação foi içada em 1982, revelando todo um mundo do período Tudor. Uma das áreas do navio que ficou preservada foi a cabine do médico. Em sua arca de remédios foram encontrados inúmeros frascos contendo unguentos e ingredientes medicinais, e, quando os arqueólogos desarrolharam um dos frascos, foram brindados com o aroma de mentol do século XVI.

> ***Mary Rose*** Navio de guerra inglês lançado à água em 1511, no reinado de Henrique VIII, e que se tornaria uma das embarcações de maior interesse histórico do mundo. Esteve em serviço por 34 anos em guerras contra a França e a Escócia, antes de afundar em 1545 perto de Portsmouth em uma batalha contra os franceses. Foi içado em 1982.

Outro exemplo provém de um naufrágio nas Bermudas: o do navio *Mary Celestiar*, que afundou em 1864 e foi localizado em 2011. Preservados em sua proa, foram encontrados vários frascos de perfume, nunca abertos, da famosa perfumaria londrina Piesse & Lubin, fundada em 1855. Há vasto material histórico sobre esses sócios intrépidos e engenhosos que transformaram a história da perfumaria. W. G. Septimus Piesse, particularmente, teve um lance de gênio ao criar o conceito de "notas": uma escala usada para classificar os aromas de um perfume, à qual deu o nome de "*odaphone*". A empresa Piesse & Lubin criou algumas das fragrâncias mais famosas do período vitoriano – um marco de sucesso na história do perfume, que também nos permite farejar o fascinante campo das estratégias de marketing vitorianas, em rótulos como:

Ambergris [Âmbar-Gris], em 1873
Hungary Water [Água Húngara], em 1873
Kiss Me Quick [Beije-me Rápido], em 1873
Bouquet Opoponax [Buquê Opoponax], de 1875
The Flower of the Day [A Flor do Dia], de 1875
White Rose [Rosa Branca], de 1875
Frangipanni [Jasmim-Manga], de 1880
Kisses [Beijos], de 1880
Myrtle [Murta], de 1880
Frolic [Travessura], de 1894

Apesar da fama dos sócios, *nada* se sabia sobre esses aromas até o navio naufragado nas Bermudas ser descoberto. Em 2014, porém, a ciência e a história se deram as mãos: um dos frascos foi aberto, seu conteúdo foi analisado e o perfume foi reproduzido pela empresa Bermuda Perfumery.

Esse não é o único exemplo de uso de métodos de ponta para a coleta, catalogação e elucidação de aromas históricos por pesquisadores do patrimônio cultural. A técnica utilizada nas Bermudas, que tem o prodigioso nome "cromatografia gasosa com detecção espectrométrica de massa", também permitiu aos cientistas colher odores em livros, objetos e até edifícios antigos, utilizando "esponjas" de carbono que absorvem compostos orgânicos emitidos pelos materiais. Esses compostos são então analisados para mapear os componentes químicos de um aroma específico – ou seja, obter a receita para reproduzi-lo.

O "cheiro de livro antigo", por exemplo, é uma mistura de ácido acético, furfural, benzaldeído, vanilina e hexanol. É como estar farejando a história: não só cada aroma tem uma história, mas quem diria que a *história* tem seu próprio aroma?

Decompor os cheiros com esse método torna possível separar e depois voltar a reunir seus odores componentes, o que é de enorme utilidade para museus e locais históricos, bem como para historiadores que se interessam por aspectos odoríferos do passado. Imaginemos o potencial para recriar o aroma de pães frescos da padaria da Torre de Londres em 1078, ano em que foi construída. Menos apetitosa é a possibilidade de recriar inúmeros tipos de fedores famosos, embora também haja valor histórico neles.

Que tal o cheiro da gangrena de um soldado ferido na Primeira Guerra Mundial, ou do esgoto de fortalezas medievais, ou dos nada atraentes tanques de sebo das margens do rio Tâmisa, onde sebo e ossos eram cozidos para fazer velas?

The Worshipful Company of Tallow Chandlers [A Venerável Companhia dos Fabricantes de Velas de Sebo] Associação londrina fundada por volta de 1300 para proteger e regulamentar o comércio de sebo, então um valioso produto animal, rico em gorduras, usado para fabricar velas, óleos, pomadas, lubrificantes e conservantes.

Repulsivo talvez, mas importante. Os registros da época fazem frequente menção a maus cheiros, e dos piores tipos. O cheiro de carne humana queimada, por exemplo, tende a ficar gravado no cérebro. As lembranças sensoriais dos horrores de Auschwitz ou dos causados pelo *napalm* estão parcialmente ligadas aos horrores do olfato.

Esther Grossman, uma sobrevivente de Auschwitz, descreveu a experiência dantesca de viver no campo de concentração:

> Nunca mais consegui comer carne, por causa do cheiro de carne e cabelo queimados. Víamos as chamas, ouvíamos gritos, sentíamos o cheiro da carne e do cabelo queimando. Eram gritos a noite inteira. As chamas subiam alto. O céu, inteiro vermelho.

Mal se pode imaginar o horror de tal cheiro, tão específico de um tempo e de um lugar, e que ainda está indelevelmente estampado na memória dos que sobreviveram.

Ingredientes do perfume

Em alguns casos, recriar aromas é viável porque suas receitas sobreviveram – em manuais de ervas, em livros de jardinagem, em tratados religiosos e até em relatos sobre a peste. Consultando essas fontes escritas, que só falam aos olhos, podemos reconstruir algo que fale ao olfato.

Um receituário inglês do século XVII traz aromáticas instruções para "Um perfume para queimar", revelando os métodos com que se preparavam fragrâncias caseiras nesse período:

> Tomem-se 2 onças de pó de zimbro, benjoim e estoraque, 1 onça cada, 6 gotas de óleo de cravo, 10 grãos de almíscar. Bata-se tudo junto em ponto de pasta com uma pitada de goma de adraganto embebida em água de rosas ou de flor de laranjeira. Role-se a pasta formando ervilhas grandes, achatem-se-as, sequem-se-as em um prato ao forno ou ao sol e guardem-se-as. Para usá-las, pôr-se-ão sobre brasas e agradável aroma exalarão.

Os ingredientes exóticos usados em perfumes eram tão famosos que chegavam a ser mencionados para fins cômicos, como na peça *Como gostais*, de Shakespeare (ato III, cena II), em que dois personagens conversam sobre um equívoco cometido pelo pastor Corino ao entender que "as mãos dos cortesãos são perfumadas com almíscar", e zombam dele por ser simplório, ao mesmo tempo que ironizam a corte. A cena torna-se cômica quando o pastor fica sabendo que o almíscar é, na verdade, "o fluxo muito impuro de um gato" – a descarga de glândulas anais desse animal. O almíscar, no entanto, é de fato um ingrediente de perfumes – é um fixador. Como toda boa comédia, esta tem raízes em algo verdadeiro, mas aqui a veracidade tinha dois sentidos: por um lado, era verdade que os cortesãos perfumavam as mãos; por outro, era verdade que o perfume muitas vezes levava ingredientes um tanto inusitados e, por vezes, profundamente desagradáveis.

Talvez o mais famoso desses ingredientes fosse – e ainda é, em alguns perfumes modernos – o âmbar-gris, ou âmbar-cinzento. Os cientistas ainda não sabem exatamente o que ele é, mas sabem que é desagradável, para dizer o mínimo. Falando sem rodeios, o âmbar-gris é alguma coisa que se forma no intestino dos cachalotes. Esses animais se alimentam principalmente de lulas, e a descoberta de partes duras da lula – bicos, lentes oculares e também um órgão chamado gládio (ou pena, por seu formato similar a uma plumagem) – em meio ao âmbar-gris levou à conclusão de que esse material faz parte do processo de digestão, ou mais propriamente de ejeção do indigerível. O cachalote periodicamente regurgita essas partes duras da lula, mas ocasionalmente não o faz, e os bicos e lentes oculares passam para seu intestino, onde começam a converter-se em âmbar-gris. Trata-se, portanto, do resultado de uma falha no sistema digestivo do cachalote. Com o tempo, essa massa de bicos de lula solidifica-se, avoluma-se e acaba atuando como uma rolha, forçando o intestino a reter as fezes, que vão se acumulando. Exatamente de que modo o âmbar-gris é ejetado não se sabe – mas ou é excretado pelas vias normais ou, caso tenha formado blocos particularmente grandes, bloqueia o intestino do animal, provocando sua morte por ruptura interna, e só emerge, flutuando no oceano, quando o corpo do cachalote apodrece e é devorado por milhões de criaturas marinhas esfomeadas. Seja como for, o âmbar-gris é extremamente raro: estima-se que seja formado em apenas 1% dos cachalotes.

Uma vez liberto no mar, o âmbar-gris sofre outra transformação: é cozido pelo sol e prossegue vagando semissubmerso, às vezes por décadas. Só então é que está pronto para tornar-se o tesouro dos perfumistas, e, como todo tesouro, é um objeto profundamente histórico – é uma das poucas coisas neste mundo que só o tempo consegue formar e que só melhora com o passar dele. Mas sua história individual se perde para sempre, pois não temos como saber quando, onde ou por qual cachalote ele foi produzido. No final das contas, é um material inegavelmente histórico e, ao mesmo tempo, singularmente a-histórico: o âmbar-gris é, em suma, um perfeito enigma do tempo. Além disso, só é descoberto por acaso, quando alcança a costa e um banhista praticamente tropeça nele, ou quando é acidentalmente içado por barcos pesqueiros – e já foi encontrado até na barriga de um peixe: em 1909, o jornal *The Washington Post* noticiou que um pedaço de âmbar-gris foi achado em um peixe-espada apanhado perto de Boston. O valor dessa amostra foi estimado em 20 mil dólares – uma fortuna bastante inesperada para uma pescaria.

O âmbar-gris é valioso não só por ser tão raro, mas também por ter qualidades únicas para um perfumista. A primeira é seu aroma singular, que a humanidade, sem nenhum sucesso, vem tentando descrever desde que foi descoberto. Um artigo de 1844 publicado no *American Journal of Pharmacy* descreve um "odor semelhante ao esterco de vaca envelhecido", ao passo que o autor de um artigo do *The New York Times*, em 1895, no afã de encontrar comparações, descreveu o odor como "uma mistura de feno recém-cortado, da fragrância úmida e amadeirada de um bosque de samambaias e do perfume mais tênue possível da violeta". Tal dificuldade em encontrar palavras, no entanto, revela certa magia do material, pois o aroma de cada bloco de âmbar-gris é sutilmente inigualável: resulta do processo único que formou cada amostra. Complicando um pouco mais as coisas, e reforçando seu caráter quase mágico, uma mesma amostra de âmbar-gris pode ter odores diferentes dependendo de quem a cheira. A segunda característica singular para o perfumista é a de servir de fixador – o âmbar-gris dá "liga" aos componentes do perfume e reduz a velocidade de evaporação de seus aromas. Em uma época em que as fragrâncias eram elaboradas inteiramente com ingredientes naturais difíceis de combinar e que podiam evaporar rapidamente, dispor de fixadores era essencial para que os perfumistas praticassem sua arte, se não quisessem criar beleza que num instante sumisse no ar.

Versalhes

Para ser dominada, no entanto, a arte dos perfumistas exigia excepcional competência, e o perfume passou a significar riqueza, *status* social e individualidade, tendo como exemplo máximo o estonteante cenário de Versalhes na década de 1690: palco mundial e lar do "Rei Sol" Luís XIV e sua corte. Os jardins, corredores e salas do palácio eram, se quisermos nos fiar nos relatos da época, inebriantes de perfume. Até as *fontes* de Versalhes eram perfumadas, e os canteiros recendiam tão intensamente a rosas que, segundo o memorialista duque de

Saint-Simon (1675-1755), "ninguém conseguia deter-se no jardim". Versalhes era tão aromático que ficou conhecido como "a corte perfumada".

Palácio de Versalhes Castelo real situado próximo a Paris. Construído em 1624 por Luís XIII como pavilhão de caça, foi ampliado por Luís XIV para tornar-se um fabuloso palácio. De 1682 a 1789, foi o centro do poder político francês e a sede da corte.

Também sabemos que as damas da corte tinham seus próprios perfumes distintivos. A duquesa d'Aumont (1759-1826) preferia o coentro, a íris, os cravos, o ácoro[1] e a junça.[2] A fragrância preferida de Madame du Barry (1743-1793) levava óleo de nérole,[3] bergamota, lavanda, destilado de uva e alecrim. Já o perfume de Maria Antonieta, conhecido como *Sillage de la Reine* [Rastro da rainha], continha nardo,[4] flor de laranjeira, jasmim, sândalo, íris e cedro. Em outras palavras, cada dama da corte tinha sua própria assinatura olfativa. Não se tratava de fragrâncias compradas prontas, mas sim de delicadas preparações criadas sob medida para o deleite olfativo de quem as encomendava. O próprio rei exigia ter seus aposentos borrifados com um perfume diferente a cada dia, mas, no final de sua vida, até a mais leve fragrância causava-lhe enxaqueca, o que o levou a proibir o uso de perfumes em sua presença.

Uma finalidade importante para a quantidade de perfumes consumida na corte francesa era a de disfarçar o fedor dos cortesãos sob o peso de vestimentas pomposamente ornamentadas. A história do perfume é, portanto, uma história do odor humano, que por sua vez está intimamente ligada à história da higiene, do banho e do sabão, assuntos que têm suas próprias histórias intrigantes e borbulhantes.

Por muitos e muitos anos, os europeus viram o banho como prejudicial à saúde. No entanto, com as epidemias de cólera em meados do século XIX, buscou-se ampliar o acesso à água limpa, organizar a coleta de lixo e instalar sistemas de esgoto eficientes. O aumento da frequência dos banhos reduziu a necessidade de perfumes fortes para mascarar odores pungentes.

---

1. Planta aquática de regiões temperadas do Hemisfério Norte. [N. T.]
2. Erva da família do papiro. [N. T.]
3. Extraído das flores de um tipo de laranjeira.
4. Planta da família do agave, comum no sul da França.

Often a bridesmaid, but never a bride.

Edna's case was really a pathetic one. Like every woman, her primary ambition was to marry. Most of the girls of her set were married—or about to be. Yet not one possessed more grace or charm or loveliness than she.

And as her birthdays crept gradually toward that tragic thirty mark, marriage seemed farther from her life than ever. She was often a bridesmaid but never a bride.

* * *

That's the insidious thing about halitosis (unpleasant breath). You, yourself, rarely know when you have it. And even your closest friends won't tell you.

Sometimes, of course, halitosis comes from some deep-seated organic disorder that requires professional advice. But usually—and fortunately—halitosis is only a local condition that yields to the regular use of undiluted Listerine Antiseptic as a mouth-wash and gargle.

Being antiseptic, it checks food fermentation in the mouth—a cause of odours. Being also a germicide capable of destroying 200,000,coo germs in 15 seconds, it attacks mouth, nose and throat infections — another cause of odours. Then, it gets rid of the odours themselves, *not* by substituting some other odour, but by really removing the old one. The odour of Listerine Antiseptic itself quickly disappears, so that its systematic use puts you on the safe and polite side.

Obtainable at all Chemists in three sizes. 3-ounce Bottle **1/6**, 7-ounce **3/-**, 14-ounce **5/6.** It has dozens of different uses as a safe antiseptic. Read the pamphlet that comes with every bottle.

End halitosis with

LISTERINE

BRAND ANTISEPTIC

"Kills 200,000,000 germs in 15 seconds."

Anúncio de antisséptico bucal na revista *The Sketch*, 21 de maio de 1930.

Ansiedade higiênica

No final do século XIX, os Estados Unidos vivenciaram o que podemos descrever como uma revolução da higiene, em que os moradores urbanos, até então desconfiados do banho, como seus colegas europeus, passaram a apreciar chuveiros e escovas de dentes. É uma história reveladora em que as empresas de publicidade, assessoradas por departamentos de marketing, decidiram explorar o filão da insegurança feminina no campo da beleza e da atratividade. É, portanto, uma história que versa sobre um assédio impiedoso do ramo publicitário e sobre uma percepção da ansiedade feminina como um traço histórico. E é bem marcante.

O primeiro desodorante foi inventado na Filadélfia em 1888 e comercializado como Mum, palavra que, entre outras conotações, evoca o que popularmente chamaríamos de "boca de siri" – neste caso, o fim de possíveis comentários sobre o mau cheiro corporal. Essa marca de antiperspirante é ainda hoje encontrada nas prateleiras, mas na época era um creme um tanto gorduroso e ceroso para ser aplicado nas axilas. Em 1912, os anúncios do antiperspirante Odo-Ro-No tentaram convencer as mulheres americanas de que elas cheiravam mal e que ninguém lhes falava a verdade. Uma propaganda de 1930, na revista *The Sketch*, do antisséptico bucal Listerine, trazia o *slogan* "Sempre dama de honra, mas nunca noiva", sugerindo que a halitose pode deixar as mulheres na prateleira, a aguardar pretendentes, "enquanto seus aniversários se aproximam da trágica marca dos trinta anos".

Uma vez assegurada essa fatia feminina do mercado, as empresas voltaram seu olhar ao consumidor masculino, que logo descobriu ser igualmente assolado por odores corporais desagradáveis que poderiam prejudicar sua carreira ou suas chances de sucesso financeiro – as supostas ansiedades dos homens americanos na primeira metade do século XX. Nesse âmbito, a história do perfume é, portanto, a da invenção do conceito de cheirar mal. Embora o uso de perfumes na corte francesa se prestasse a mascarar odores penetrantes, a novidade agora era que o cheiro natural do corpo humano passava subitamente a ser repulsivo, e os executivos de marketing estavam ativamente empenhados em fazer as pessoas se sentirem mal com isso, exortando-as a usar desodorantes e se lavar com sabonetes com mais frequência – o que nos leva à importante questão da história da bolha...

4

Bolha

A história da bolha tem tudo a ver com...
inocência infantil, desespero, Revolução Francesa
e eremitas ornamentais.

Efemeridade

Existem bolhas por toda parte na história. É só saber para onde olhar. Elas apareceram em fontes visuais pela primeira vez em meados do século XVI, em gravações em madeira que representavam crianças soprando e caçando bolhas, mas também estão em outros lugares, ocultas. Qual é hoje o principal setor de bolhas? É o mesmo que tem sido há séculos: produção de pães. Quando um pão é assado, o fermento estoura bolhas microscópicas, o que permite que a massa cresça. De onde o gaio azul e o martim-pescador tiram sua cor? A resposta está nas bolhas de queratina de suas penas que dispersam a luz azul, dando a seu corpo um brilho quase iridescente. Com exceção de alguns poucos e únicos exemplos, entre eles penas de martim-pescador arrancadas e usadas no arranjo de cabeça de uma noiva chinesa do século XVIII e pães romanos preservados em Pompeia pela erupção do Vesúvio, não existem bolhas que sobrevivam do passado até hoje, e nisso reside sua atração. Elas são objetos de extraordinária beleza – radiantes em sua esfera translúcida com as cores do arco-íris e leveza perfeita enquanto sobem no ar –, mas também são efêmeras, somem em um instante com um estalido de espuma, e foi essa efemeridade que as tornou tão atraentes como símbolos para poetas, autores e artistas. Mark Twain, em seu livro de viagens de 1867, *A viagem dos inocentes*, escreveu: “Uma bolha de sabão é a coisa mais linda e mais requintada da natureza... Fico pensando em quanto custaria uma bolha de sabão se só houvesse uma no mundo".

Vesúvio Vulcão perto da cidade italiana de Nápoles, famoso pela erupção em 79 d.C. que enterrou as cidades romanas de Pompeia e Herculano debaixo de toneladas de cinzas. A erupção foi descrita detalhadamente pelo autor e político romano Plínio, o Jovem. As cidades, totalmente preservadas, só foram redescobertas em 1599.

Bolhas na arte

Que desafio maior existe, então, para o artista do que capturar para toda a eternidade uma coisa que só dura poucos segundos? Uma das mais belas imagens de bolhas é *Bulles de savon* [Bolhas de sabão], pintado em 1734 pelo artista francês Jean-Siméon Chardin [*Fig. 4 do caderno de imagens*]. Ele era fascinado pelo desafio de capturar a brincadeira das crianças de Paris na tela e se inspirou nos artistas holandeses do século XVII que já haviam enfrentado o desafio de representar a bolha. A imagem que ele produziu mostra um belo menino com cabelos cacheados, nem rico nem pobre, inclinado sobre o peitoril de uma janela, usando um delicado canudo para soprar uma bolha perfeita. A luz reflete na bolha. Um menino menor, talvez um irmão mais novo e com altura suficiente apenas para espiar por cima do peitoril, observa nas sombras. Ele e quem olha o quadro seguram a respiração, prevendo o momento em que a bolha cheia de ar fará um voo momentâneo, só para estourar e desaparecer para sempre.

Aqui, aparentemente, está um momento de inocência e alegria no mundo, mas é claro que foi influenciado e afetado pela época em que foi pintado e pela experiência pessoal do artista; e é aí que se encontra o mistério, pois esta não é uma imagem de alegria leve, mas de tristeza pesada. Chardin pintou o quadro enquanto estava de luto pela morte súbita de sua esposa e do filho que ela carregava. A alegria que ele sentira em partilhar a vida com eles havia estourado tão subitamente quanto uma bolha. Seu quadro, então, não é um espelho de sua alegria enquanto andava pelas ruas de Paris lembrando das épocas sem preocupações, mas uma representação de um homem em choque, ansiando por algo fugaz que foi levado pelos caprichos do mundo.

O quadro de Chardin também tem a ver com a Revolução Francesa. Aqui está o mundo da França uma geração antes da Revolução, tão frequente e perturbadoramente capturada pelos artistas nesse período como um retrato da frivolidade sem sentido e superficial. Aqui, então, os olhos do historiador podem fitar essa imagem e imaginar se essa criança, e os filhos dele, sobreviveram ao massacre que estava prestes a acontecer. Essa bolha, portanto, não é só um momento alegre de um menino ou o coração pesado de um artista, mas tem a ver com a autodestruição de uma nação, um grande abismo aberto na história do mundo.

O quadro se tornou famoso, e sabemos que Édouard Manet conhecia sua existência quando pintou *Les bulles de savon* [As bolhas de sabão] em 1867. Imagens de bolhas podem ser rastreadas até o quadro *Allegoria della Fortuna* [Alegoria da Fortuna] (*c.*1530), do artista italiano Dosso Dossi, representando a figura clássica da Fortuna sentada sobre uma bolha [*Fig.* 5 *do caderno de imagens*]; o quadro *Zwei Knaben mit Seifenblasen* [Dois garotos soprando bolhas] (*c.*1630), de Adriaen Hanneman; e o quadro de um menino soprando bolhas de sabão, pintado por Caspar Nertcher, datado de 1679. O uso de uma bolha como uma metáfora para a vida humana pode ser rastreado até o autor romano Marco Terêncio Varrão (116-27 a.C.), que começou seu tratado sobre agricultura *De Re Rustico* com "o homem é uma bolha". O quadro de Chardin, portanto, tem sua própria importância tanto na história mais ampla das bolhas quanto na história mais específica das bolhas na arte.

Publicidade

Durante os séculos XIX e XX, as empresas também usaram imagens de crianças soprando bolhas, mas dessa vez para vender sabão. Uma das melhores imagens da história da publicidade é a da famosa campanha publicitária feita pela empresa londrina A. & F. Pears, em 1886, que usou um quadro do artista e ilustrador inglês pré-rafaelita John Everett Millais (1829-1896) retratando uma criança brincando com bolhas. Nele, o querubim soprador de bolhas olha enquanto sua bolha sobe até as palavras "Pears Soap" [*Fig. 6 do caderno de imagens*]. Aqui, a bolha não só se conecta com a inocência da infância, mas também com os conceitos emergentes de frescor e limpeza, e se associa com banho, higiene pessoal e o negócio de lavagem de roupas do final do século XIX.

Na Inglaterra de meados do século XIX, desenvolveu-se uma ideologia de limpeza que atingiu as classes médias e ajudou a vender sabão como uma mercadoria que estava ligada à respeitabilidade. Embora a fabricação de sabão em pequena escala date dos anos 1780, foi em meados do século seguinte que se chegou à produção em massa. O anúncio "Ordem do Banho" (um trocadilho com uma ordem da cavalaria britânica de mesmo nome) da Pears Soap mirava um mercado de massa para incentivar o banho higiênico regular. Isso coincidiu com o desenvolvimento de infraestruturas de água encanada nas cidades europeias, e, no final do século XIX, os lares abastados nos Estados Unidos e na Europa desfrutavam de água quente encanada e banhos privados.

Infância

No cerne dessas explorações da bolha existe uma maravilhosa história de brincadeira infantil e o próprio ato de soprar bolhas, algo que ainda é infinitamente divertido para crianças e adultos, e que também é benéfico: nos dias atuais, o ato de soprar bolhas é usado regularmente como uma técnica em diversas terapias. Exemplos de elaborados cachimbos de argila e sopradores de bolhas de plástico encontram-se hoje nas coleções do Victoria and Albert Museum of Childhood, em Londres.

No entanto, essa era uma atividade de lazer que podia ser facilmente improvisada com nada mais do que um pedaço de arame torcido e um pouco de sabão, e que, portanto, era um passatempo eminentemente *democrático*: um *hobby* para todos, e essa acessibilidade tornou-se uma característica definidora de soprar bolhas. Em 1918, John L. Gilchrist, de Wilkinsburg, na Pensilvânia, criou um dos primeiros *designs* patenteados de um "cachimbo de bolhas" que seria "barato para ser fabricado e cujas partes estão associadas de tal forma que podem ser desmontadas, limpas e remontadas rapidamente por uma pessoa não qualificada". Essa inovação significou que o charme inocente de brincar com bolhas tornou-se uma das experiências definidoras da infância. Essa experiência tem sua própria história, conforme descrições que se originam em diversas épocas e diferentes locais. Um exemplo maravilhoso aparece em 1882, em *The American Boy's Handy Book: What To Do and How To Do It* [O livro prático do menino americano: o que e como fazer], de D. C. Beard. Nele, um capítulo inteiro, intitulado "Novidades em bolhas de sabão", fala sobre as bolhas e destaca a natureza surpreendentemente viciante de soprá-las.

Xilografia de crianças soprando bolhas no século XVI.

> É como um belo sonho; ficamos em transe enquanto dura, mas em um instante ela desaparece e não deixa nada para marcar sua existência, exceto a lembrança de seu encanto. Poucas pessoas podem apenas assistir a uma outra soprando bolhas sem serem tomadas por um desejo incontrolável de soprar uma também. Existe um charme ou prazer peculiar no próprio ato, que poucos dos que o conheceram chegam a superar.

Beard continua e descreve uma tendência recente de "festas de bolhas de sabão", nas quais os convidados, armados com cachimbos de argila, ficam ao redor de uma tigela cheia de sabão e sopram bolhas. Prêmios são concedidos para a maior bolha ou para a que voou no ar por mais tempo ou que chegou mais alto. Essas festas parecem ter se tornado bastante barulhentas. Ele escreveu:

> Como se pode imaginar, essas festas são muito divertidas, e todos, no início, tentam impedir que o vizinho seja bem-sucedido, até que, em meio a grande alegria e confusão, a anfitriã anuncia que, se os convidados esperam que os prêmios sejam distribuídos, deve haver uma regra que os obrigue a prestar mais atenção a seus próprios esforços e que os proíba de incomodar os outros.

Essa magia e encantamento das bolhas evoca um mundo de jogos infantis que imediatamente parece atemporal, mas também se estende a um mundo de jogos adultos, pois não são apenas as crianças que se fascinam com as bolhas, mas também cientistas e matemáticos.

Isaac Newton

Como objetos esquivos de encantadora perfeição geométrica, presentes extraordinários da natureza – e nisso a bolha é similar a outras maravilhas da natureza: o floco de neve, a teia de uma aranha ou os desenhos da geada em uma folha –, as bolhas também têm obcecado os cientistas pelo que podem nos contar sobre o mundo natural e também pelos desafios científicos que representam. Como, por exemplo, seria possível medir a espessura da parede de uma bolha? Esse é o tipo de pergunta que permite que o gênio cante do passado para nós. Tem alguma ideia de como fazer isso? Não? Bom, Isaac Newton teve.

Em 1704, ele usou bolhas de sabão para estudar a interferência da luz e, como parte desse processo, calculou – corretamente – que a espessura das bolhas de sabão varia: em seu ponto mais fino, elas têm 0,000001016 de um centímetro, ou seja, são 4 mil vezes mais finas do que um pedaço de papel. Foi Newton, em sua obra *Óptica*, quem primeiro descreveu os fenômenos que ocorrem na superfície de uma bolha, e ele usou as bolhas para desenvolver sua famosa teoria da luz, mais amplamente conhecida pelo uso de prismas para difratar a luz. A bolha continua a ser um assunto de intensa pesquisa científica, com Pierre Gilles de Gennes, físico vencedor do Prêmio Nobel, discutindo bolhas de sabão e surfactantes (substâncias químicas que reduzem a tensão de superfície) em sua palestra no Nobel, em 1991: "Os surfactantes", escreveu ele, "nos permitem proteger uma superfície de água e gerar essas belas bolhas de sabão que encantam nossos filhos".

Afastamento

Assim, a bolha aparece na história como objeto físico fascinante, mas também tem papel significativo como uma metáfora: a ideia de viver em uma bolha, afastado da realidade, distante da vida cotidiana, algo que tem implicações drásticas para alguns políticos e monarcas, cercados por bajuladores que só dizem "sim" e indiferentes à opinião e ao sofrimento do povo. Ainda hoje, a "bolha de Westminster" se refere à preocupação consigo mesmo dos políticos residentes em Londres, que percorrem os corredores do poder, mas estão fora do contato com o estado do resto da nação. Todas as bases importantes de poder político – Washington, Berlim, Paris, Tóquio, Beijing, Bruxelas – têm suas próprias bolhas, povoadas por elites políticas que só olham para o próprio umbigo.

Talvez o exemplo histórico mais famoso venha de Paris, nos anos que antecederam a Revolução Francesa, quando os oponentes políticos da monarquia de Luís XVI se concentraram no que consideravam como o comportamento descuidado, extravagante e frívolo da rainha-consorte, nascida na Áustria, Maria Antonieta, na bolha do Palácio de Versalhes. A resposta que lhe foi atribuída, quando lhe disseram que o povo não tinha pão, foi "que comam brioches", mas isso é pura fantasia – uma frase atribuída ao filósofo francês Jean-Jacques Rousseau, em sua autobiografia *Confissões*, de 1782. Não há evidências que conectem essa frase à esposa de Luís XVI, mas é interessante que isso tenha persistido ao longo dos séculos. A frase reside na consciência histórica popular e tem sido usada para caluniar a rainha francesa. De muitas maneiras, a verdade não tem consequências, pois o que importava para os inimigos republicanos da monarquia era que Maria Antonieta podia ser descrita como afastada das pessoas comuns, como se vivesse em uma bolha.

Maria Antonieta (1755-1793) Esposa de Luís XVI, foi a última rainha da França antes da Revolução Francesa, em 1789. Amplamente criticada por seus gastos com artigos luxuosos e pela oposição à reforma social, foi guilhotinada em 16 de outubro de 1793.

Governantes e líderes políticos têm se afastado da realidade das pessoas que governam e representam, mas em várias épocas na história, diversas pessoas ou grupos buscaram se afastar da sociedade convencional e criar o que podemos considerar como suas próprias comunidades insulares ou bolhas. Os acadêmicos envolvidos nos assuntos das torres de marfim são considerados na "bolha de Oxford", e outras instituições fechadas, como escolas, faculdades, clubes e associações, podem, intencionalmente ou não, promover um certo grau de isolamento.

Eremitas

Por toda a história, alguns grupos religiosos se afastaram da vida secular, preferindo levar uma existência mais ascética, longe do que viam como a complacência corrupta da vida cotidiana. A história inicial da Igreja cristã está pontilhada de exemplos de pessoas piedosas que se afastaram para viver com pouco ou nenhum contato com o mundo exterior. Santo Antônio (*c.*250-355) retirou-se para o deserto egípcio para viver como um eremita; Simeão, o Estilita (*c.*390-459), foi um santo sírio que viveu mais de trinta anos em cima de um pilar de dezoito metros; São Columba (521-597) chegou à pequena ilha escocesa de Iona em 563 com doze seguidores e construiu uma comunidade monástica e uma igreja.

Para a maioria das pessoas, esses atos de ascetismo eram uma inspiração, e para muitos eles se transformaram em um pressuposto significativo da cristandade. Desde o início do período medieval, vemos o desenvolvimento de conceitos cristãos de ordens de monasticismo comunitário, pelos quais homens (monges) e mulheres (freiras) vivem em ambientes de clausura e rejeitam os objetivos mundanos para levar vidas espirituais em mosteiros ou conventos.

A vida monástica seguia um conjunto estrito de princípios ou regras, por exemplo, a influente *Regra de São Bento*, do início da Idade Média. Parte do isolamento e da atmosfera dessas comunidades monásticas é transmitido pelo abade beneditino Guilherme de Saint-Thierry, do século XII, descrevendo o mosteiro francês de Claraval:

> À primeira vista, ao entrar em Claraval descendo a colina, você pode ver que é um templo de Deus; e o vale calmo e silencioso, a simplicidade modesta de suas construções representam a humildade genuína dos pobres de Cristo. Além disso, neste vale cheio de homens, onde nenhum tem permissão de ficar ocioso, onde todos estão ocupados com as tarefas que lhes foram atribuídas, um silêncio profundo como o da noite prevalece. Os sons do trabalho ou os cantos dos irmãos no serviço coral são as únicas exceções.

Enquanto para políticos viver em uma bolha pode ser interpretado negativamente, deixando-os fora de contato com o mundo real, uma falta de mundanidade era exatamente a essência do monasticismo: pureza de vida e de espírito, dedicação à prece e ao amor de Deus. Foram as bolhas metafóricas que fizeram isso acontecer.

Mosteiro de Claraval Mosteiro cisterciense no nordeste da França. Fundado em 1115 pelo abade francês São Bernardo e um punhado de monges resistentes que suportaram privações extremas durante a década de sua construção. O prédio original agora está em ruínas, mas continua a ser o primeiro exemplo do *layout* de um mosteiro cisterciense.

A versão secular de uma vida monástica é o eremita "ornamental" ou "de jardim" (literalmente, pessoas que vivem em seu jardim), cuja bolha era o eremitério, uma moradia espartana em que o eremita levava uma vida mais ou menos solitária.

Foi durante o século XVIII e o início do XIX que os eremitas ornamentais tiveram sua época, como figuras de interesse em jardins de casas de campo. O valor de curiosidade dessas figuras rústicas entre as elites sociais da Grã--Bretanha georgiana era tal que as pessoas anunciavam que eremitas podiam viver em seus jardins, quase como atrações para visitantes. Um anúncio veiculado na edição de 11 de janeiro de 1810 do *Courier* foi, na verdade, criado por um aspirante a eremita que buscava um eremitério. Nele estava escrito:

> Um jovem, que deseja se retirar do mundo e viver como eremita em algum local conveniente na Inglaterra, está disposto a se comprometer com um nobre ou cavalheiro que deseje ter um eremita. Qualquer carta deve ser endereçada a S. Laurence (postagem paga), a ser entregue ao sr. Otton no nº 6 da Coleman Lane, em Plymouth, mencionando que será concedida gratuidade e todos os outros detalhes, que serão rigorosamente cumpridos.

Não se sabe se esse pedido estranhamente intrigante foi respondido. Porém, parece que, além de um teto sobre sua cabeça, o eremita esperava receber um salário ou estipêndio.

Uma soberba descrição do eremitério na propriedade de *Sir* Richard Hill em Shropshire, Hawkstone, datada de 1784, oferece uma imagem clara do eremita residente, o nonagenário padre Francis, que, conforme nos dizem, vivia em um

> pequeno chalé bem planejado, que é a residência de verão de um eremita. Você toca um sino e é admitido. Geralmente, o eremita está sentado com uma

> mesa diante dele. Na mesa há um crânio, o símbolo da mortalidade, uma ampulheta, um livro e um par de óculos. O venerável padre descalço, cujo nome é Francis, (se desperto) sempre se levanta à aproximação de estranhos. Ele parece ter uns 90 anos, mas ainda tem todos os seus sentidos, admiravelmente. Ele tolera alguma conversa e está longe de ser mal-educado.

Hoje existem muito poucos eremitérios genuínos, mas um ótimo exemplo pode ser encontrado nos jardins de Bicton House, em Devon, Inglaterra. Construído em 1839, o eremitério fica em um local isolado no parque, rodeado por coníferas anãs e urzes, e foi restaurado em sua antiga glória em 2006 por artesãos rurais. Erguido em um leve declive gramado com degraus que chegam à porta da frente, o eremitério foi construído em madeira, com um telhado hexagonal inclinado; as paredes são recobertas com milhares de telhas de madeira em formato de "escama de peixe" e o chão é macabramente coberto por ossos de veado que foram empurrados para dentro da terra, com a extremidade de suas patas voltada para cima.

Claramente, os eremitas ornamentais eram figuras curiosas, mas é muito difícil reconstruir a vida desses indivíduos que passaram os dias em suas bolhas, porque eles deixaram pouquíssimos registros históricos. Os eremitas como figuras reclusas que viveram afastadas da sociedade ocuparam, muitas vezes, os cantos escuros e distantes, o que os torna fascinantes para o historiador e também levanta a importante questão da história das sombras...

5

Sombras

A história das sombras tem tudo a ver com...
eclipses, submundo, tratos com o Diabo,
passagem do tempo, universo e hábito de barbear-se.

Eclipse solar

As sombras ocupam lugar significativo na história pessoal de Sam, bem como em sua história familiar. Ele se lembra nitidamente do dia, 11 de agosto de 1999, no qual tudo o que estava ao alcance de seus olhos – e muitíssimo mais que não estava – ficou imerso na sombra de um eclipse solar.

Os eclipses totais do Sol são excepcionalmente raros. O de 1999 foi o primeiro visível no Reino Unido desde 1927, e antes disso não ocorrera nenhum por 201 anos. É bem provável que Sam seja o único membro de sua família a ter visto um eclipse total no Reino Unido desde pelo menos 1724. Dá até para se gabar. Quantas outras experiências na Terra são *tão* raras assim? Os felizardos que estiveram na Cornualha em 1999 fazem parte de uma geração marcada pelo eclipse: foram alcançados pela sombra da Lua.

Na verdade, os relatos em primeira pessoa sobre esse eclipse são tantos que se percebe que a experiência vivida por Sam não foi assim tão incomum. Ele teve a sorte de estar em um dos penhascos situados precisamente na parte da Cornualha em que as nuvens de repente se abriram no momento do eclipse. As cores se esmaeceram, a temperatura caiu e os animais começaram a exibir comportamentos tão incomuns quanto os daquele enxame humano que, instalado em pontos propícios da paisagem inglesa, esticava o pescoço mirando o Sol com óculos esquisitos. Chamou mais atenção o fato de que os pássaros se calaram brevemente e em seguida as gaivotas alçaram voo espiralado rumo ao mar, anunciando com gritos um falso alvorecer.

Esse comportamento anômalo é uma das características mais relatadas sempre que o Sol é ocultado pela Lua. E tem até sua própria história. Relatos sobre os eclipses totais de 24 de janeiro de 1544 e 21 de agosto de 1560 mencionam o comportamento estranho das aves, que "pararam de cantar" e, mais estranhamente, "tombaram ao chão". O comportamento de mamíferos, de insetos e até de plantas durante eclipses solares tem sido estudado há muito tempo. As formigas se paralisam. Durante o eclipse de 28 de julho de 1851, em Lilla Edet, na Suécia, formigas "que carregavam seus fardos detiveram-se e permaneceram imóveis até a luz reaparecer". Elas prontamente retomaram seu afã assim que a sombra se foi, mas as borboletas, curiosamente, não se mostraram tão rápidas – levaram tempo significativo para se readaptarem quando a luz retornou.

A primeira tentativa científica de estudar o comportamento animal durante um eclipse foi feita em 1932, nos Estados Unidos, quando foram colhidas as observações de 498 voluntários posicionados em dois estados: New Hampshire e Massachusetts. Talvez a experiência mais desagradável na ocasião tenha sido a de uma moradora de Lawrence, Massachusetts, cuja "despensa foi

Eclipse do Sol de 1842, retratado no livro *L'Espace céleste et la nature tropicale: description physique de l'univers* [O espaço celeste e a natureza tropical: descrição física do universo] (1866), de Emmanuel Liais.

inteiramente infestada de baratas". E talvez a mais incômoda tenha sido a de um homem em Stony Brook, Connecticut, que, durante os dois minutos do eclipse, foi "atacado por mosquitos", que em seguida sumiram de repente. Desde então, o comportamento de animais na natureza e em jardins zoológicos tem atraído cientistas interessados em elucidar fenômenos relacionados à sombra de um eclipse.

Datações

Rei Yi de Zhou Sétimo monarca da dinastia Zhou, que durou mais que qualquer outra dinastia chinesa. As datas exatas do reinado de Yi são, porém, incertas. Os historiadores acreditam que tenha governado de 899 a 892 (ou até 873) a.C. O início de seu reinado foi marcado por um eclipse solar, em 21 de abril de 899 a.C.

Os registros de eclipses chamam atenção não apenas pela abrangência geográfica e cronológica, mas também pela precisão. De 771 a.C. a 1368 d.C., há menções a cerca de 938 eclipses solares só na China. Graças à assessoria de astrônomos, esse extenso conjunto de registros tem permitido aos historiadores fazer datações de documentos e eventos. Quando a descrição de um eclipse especifica o local, mas não a data, esta pode ser calculada. Um antiquíssimo texto chinês, por exemplo, informa que "durante o primeiro ano de governo do rei Yi, no primeiro mês da primavera, o Sol nasceu duas vezes em Zheng" – e com isso pôde-se concluir que seu reinado teve início em 899 a.C. Do mesmo modo, a descrição de um eclipse no "primeiro dia do último mês do outono", durante o qual "os músicos cegos bateram tambores e os oficiais de baixa patente e o povo puseram-se a correr em alvoroço", permitiu situar o governo do rei Zhong Kang, quarto monarca da dinastia Xia – a mais antiga das famosas Três Dinastias dos primórdios da civilização chinesa –, no ano 1880 a.C. Antes de efetuados esses cálculos, a mais antiga data da história chinesa a ser calculada com exatidão – por Sima Qian, o grande historiador chinês da dinastia Han (145 ou 135 a 86 a.C.) – era 841 a.C., ano da ascensão da regência Gonghe ao poder. Cálculos semelhantes permitiram datar momentos marcantes da humanidade, desde a Babilônia pré-histórica até a Europa do século XVII. Esse uso dos eclipses para estabelecer datas é apenas um dos procedimentos empregados no ramo da cronologia histórica, um tipo específico de estudo que combina dados de um vasto repertório de fontes para reconstruir linhas do tempo – método inicialmente aplicado pelo estudioso e líder religioso francês Joseph Scaliger (1540-1609). Temos aqui, então, a história das sombras sendo utilizada para iluminar a história da humanidade.

Mensagens de Deus

Nossa compreensão sobre tais fenômenos celestes se modificou ao longo do tempo, e de maneira fascinante. As sombras projetadas sobre a Terra já foram entendidas como mensagens profundas, aparentemente enviadas pelos céus. Os eclipses solares estiveram associados com a crucificação de Jesus, e também com o nascimento de Maomé. Martinho Lutero, figura-chave da Reforma Protestante alemã, viu os eclipses como "presságios e agouros malignos, tais como nascimentos monstruosos" e notou que sua frequência crescia no início do século XVI, interpretando isso como sinal de que o fim dos tempos se aproximava. Quando o mundo não acabou, ele reconsiderou tais previsões com desdém. Em 1628, um eclipse lunar e outro solar levaram astrólogos italianos a prever a morte do papa Urbano VIII, que ficou tão alarmado com tal presságio que promulgou uma bula papal proibindo as previsões inspiradas pelo movimento dos astros. Sob orientação do frade dominicano Tommaso Campanella, procedeu-se a uma série de rituais em uma sala reservada – acendendo velas que representavam planetas benéficos, tocando música propícia, ingerindo e espargindo preparações líquidas –, tudo para contrabalançar os efeitos supostamente nocivos desses eventos que mergulhavam a Terra nas trevas.

Embora as sombras lançadas pelos astros pudessem ser interpretadas como agouros e sinais vindos de cima, as sombras corporais foram compreendidas de maneira bastante curiosa em algumas culturas do mundo. Na cultura aborígene australiana, pensava-se que, se um inimigo se apropriasse de qualquer objeto alheio, poderia usá-lo como um talismã para prejudicar ou fazer adoecer seu proprietário. Quando seguiam viagem, os aborígenes tinham o cuidado de não deixar nada para trás. Se encontravam pertences de um inimigo, entregavam-nos ao chefe. Tinham também grande cuidado para não deixar que sua própria sombra passasse por cima desse objeto, por medo de sofrerem consequências.

Martinho Lutero (1483-1546) Professor de teologia e monge alemão, foi figura central da Reforma Protestante, opondo-se a muitos dos ensinamentos e práticas da Igreja Católica de então. Em 1521, foi excomungado pelo papa por heresia e condenado como proscrito pelo imperador romano-germânico.

No século XIX, os magos da ilha de Wetar, na Indonésia, afirmavam poder fazer adoecer um homem esfaqueando sua sombra ou cortando-a com uma espada – métodos semelhantes ao de alfinetar bonecos de vodu. Na Grécia e Romênia do século XIX, vigorava a superstição de que enterrar a sombra de um homem sob os alicerces de uma casa a protegeria, mas o homem morreria dentro de um ano. Essa crença era tão disseminada que circulavam relatos de construtores sem escrúpulos que convidavam pessoas para ver as obras apenas para enterrar a sombra que elas inadvertidamente projetassem sobre as fundações; e da Romênia vieram histórias de vendedores de sombra, profissionais que as forneciam a arquitetos para garantir a robustez dos alicerces. Nesse sentido, as sombras foram prato cheio para superstições e crenças populares, sendo consideradas extensões do eu – tais como reflexos –, com misteriosas propriedades associadas ao corpo físico.

A alma

Os antigos gregos consideravam haver ligação entre uma pessoa ou animal e sua sombra – uma metáfora para a *psyche*, ou alma. As almas dos mortos eram comparáveis a sombras, e o Hades, o submundo grego, era a terra das sombras – ou seja, a terra da morte. Na mitologia grega, quem entrasse no santuário de Zeus, deus do céu e do relâmpago, no monte Liceu, estava fadado a perder a própria sombra e morrer dentro de um ano.

Essa ideia de uma alma-sombra reaparece ao longo da história em numerosas formas. Em algumas culturas ocidentais, havia a superstição de que, se o Diabo não conseguisse conquistar a alma de um homem, tentaria roubar sua sombra. Isto é retratado em forma literária no romance alemão *A história maravilhosa de Peter Schlemihl*, de 1814, do aristocrata de estirpe francesa Adelbert von Chamisso. Nela, o protagonista Peter Schlemihl é ludibriado pelo Diabo para ganhar uma bolsa sem fundo em troca da própria sombra. Disfarçado de idoso cavalheiro em trajes cinzentos, o proponente se aproxima e diz: "Perdão, senhor; perdoe este seu humílimo servidor... Peço sua permissão para apenas colher sua nobre sombra e acomodá-la em meu bolso". Ao entregá-la, Schlemihl descobre que um homem que não tem sombra é desprezado por toda a sociedade e rejeitado pela mulher amada. Estar sem sombra é ser tratado com desconfiança, ser apenas parcialmente humano. Refletindo sobre seu erro, ele clama:

> Minha emoção interior insinuou-me que, assim como neste mundo o ouro supera em valor tanto o mérito quanto a virtude, também uma sombra poderia valer mais que o próprio ouro; e que, pelo fato de em outras ocasiões eu haver sacrificado minhas riquezas em nome de minha integridade, eu agora cedi minha sombra em troca de mera riqueza. E o que deverá, o que poderá ser de mim?

Uma versão mais moderna e muito apreciada dessa ideia é o personagem Peter Pan, de J. M. Barrie, que perde sua sombra e precisa que Wendy a costure de volta.

As sombras, portanto, têm significados culturais peculiares relacionados a coisas intangíveis, como a alma e a vida pós-morte, mas também estão ligadas a aspectos bem mais físicos – isso sem falar da passagem do tempo.

Tempo

Quando Sam testemunhou o eclipse na Cornualha, percebeu que estar na Terra é estar sobre a face de um enorme relógio de sol. O movimento da sombra a seu redor marcava a passagem do tempo: dez minutos antes, não havia eclipse, mas agora sim, e aí temos um dos primeiros capítulos da história da sombra: a própria história do tempo.

A forma mais simples de dizer as horas com precisão consiste em fincar uma haste no chão e medir o comprimento da sombra que ela lança por volta do meio-dia. O instante em que esse comprimento se torna mínimo é precisamente meio-dia. É nesse exato momento que a latitude do local pode ser mais facilmente calculada, medindo-se o ângulo que o Sol forma com o horizonte. Assim, a história da sombra também está intimamente ligada à história da navegação e das longas viagens terrestres.

O uso de sombras para dizer as horas com exatidão em outros momentos que não o meio-dia é também uma prática antiga, e os primeiros "relógios de sombra", como eram então chamados, já existiam em 1500 a.C. entre os babilônios. Nos séculos seguintes, foram utilizados em inúmeros lugares e em uma variedade desconcertante de modelos. Os segredos de sua construção foram finalmente trazidos a público em 1570, quando o astrônomo italiano Giovanni Padovani publicou um tratado – com o rocambolesco título *Opus de compositione et usu multiformium horologiorum solarium, pro diversis mundi regionibus, idq(ue) ubique locorum tam in superficie plana* – que trazia instruções para confeccioná-los.

Mesmo antes, no entanto, a história do relógio de sol tinha dado um passo dramático rumo à democratização, com a invenção de uma versão de bolso. Com isso, os relógios de sol deixaram de ser privilégio dos abastados. Conhecemos um número surpreendentemente grande desses relógios de bolso graças a um acidente singular: o naufrágio do *Mary Rose*, navio de guerra de Henrique VIII, em 1545. Quando o içaram da lama do estreito de Solent quatrocentos e tantos anos depois, os arqueólogos encontraram em sua carcaça um micromundo Tudor perfeitamente preservado. Dentre os 26 mil artefatos e fragmentos de madeira (bem como restos mortais de muitos tripulantes) encontrados, alguns dos mais intrigantes foram, sem dúvida, os relógios de sol de bolso.

Instrumentos desse tipo continuaram a ter imensa popularidade até nada menos que o século XIX. E seus modelos se diversificaram. Um dos mais interessantes foi o relógio de sol "universal", criado especialmente para mercadores, peregrinos e outros viajantes que precisavam saber as horas em locais desconhecidos e em diferentes latitudes. Onde quer que estivesse, bastava ao viajante consultar um diretório geográfico incorporado ao dispositivo e usar os dados ali encontrados para inclinar o mostrador no ângulo devido e, assim, ver o horário correto. Esses instrumentos ficaram também conhecidos como relógios de sol dípticos de marfim, por serem geralmente feitos de duas placas desse material que se abriam como um livro.

Um dos melhores exemplares pertence ao Acervo de Instrumentos Científicos Históricos da Harvard University. Há 82 exemplares nessa coleção, cada um deles único e intrigante. Um dos mais belos foi feito em 1636, em Nuremberg. O modelo é um verdadeiro retrato da sociedade multicultural e internacional dos viajantes de então, muitos dos quais não deixaram rastro histórico por não disporem de endereço permanente e por deixarem mínimos registros. Os 32 pontos da rosa dos ventos meteorológica, gráfico que indica a velocidade e direção dos ventos predominantes, trazem abreviaturas em alemão; os ventos têm nomes em italiano; um mostrador informa as durações do dia e da noite, tanto em horas italianas (com a contagem das 24 horas começando ao pôr do sol) quanto babilônicas (começando no alvorecer); as fases da Lua são nomeadas em alemão; e o diretório geográfico traz as latitudes de 24 cidades europeias. Houve até espaço para acomodar um pequeno cata-vento, que permitia ao usuário contemplar em que rumo sopraria sua próxima etapa de viagem.

Copérnico

> **Revolução Copernicana** Conjunto de ideias com que se formulou um novo modelo do universo, em que o Sol – e não a Terra – passou a ocupar o centro do sistema solar. Tal "revolução" teve início com a publicação do livro *De revolutionibus orbium coelestium* [Das revoluções dos corpos celestes] (1543), do matemático e astrônomo Nicolau Copérnico.

No século XVI, além disso, ocorreu uma mudança crucial na compreensão do que esse relógio de sombras verdadeiramente mostrava. Por milênios, entendeu-se que o deslocamento da sombra pelo mostrador reproduzia o movimento do Sol em torno da Terra – centro do universo. Isso começou a mudar em 1514, com a obra *Commentariolus*, de Copérnico, e com seu trabalho subsequente, *De revolutionibus*, de 1543, que demonstraram que o oposto é que ocorria: a Terra, na verdade, orbitava o Sol. Suas ideias foram adotadas por alguns dos mais destacados astrônomos da história: o dinamarquês Tycho Brahe (1546-1601), que aperfeiçoou significativamente os dados de observação em que Copérnico baseara sua teoria (embora discordasse deste em uma série de detalhes); o italiano Galileu Galilei (1564-1642), que, usando seu recém-inventado telescópio, observou que Vênus também orbitava o Sol, reforçando a concepção copernicana; e Isaac Newton (1642-1726), que explicou a física dos corpos orbitantes em termos da atração gravitacional. Na história da sombra, portanto, repousa a evidência de que os astros mais brilhantes desta nossa erudita história dedicaram tempo significativo a esse tipo específico de sombra e, assim procedendo, descobriram, e conseguiram explicar, que a Terra orbitava o Sol – chave para entendermos nosso universo e, por isso, um dos avanços científicos mais importantes já alcançados.

Barba por fazer

Nossa história das sombras e do transcurso do tempo também está ligada a algo menos significativo do que a revolução copernicana, mas que também fascina a seu modo: a história da "sombra das cinco da tarde" – ou seja, aquela sombra de barba por fazer que vai surgindo no queixo masculino no final do dia. Embora a barba curta tenha se tornado moda na década de 1980 – principalmente entre os que queriam se parecer com George Michael ou com Don Johnson, do seriado *Miami Vice* –, a cara limpa foi padrão nos Estados Unidos durante a primeira metade do século XX. Deixar de apresentar-se perfeitamente barbeado tinha conotação de desleixo. Este foi um filão de ouro para as agências de publicidade que promoviam a venda de produtos de barbear. Um cartaz publicitário de 1937, da empresa americana Gem Micromatic Razors, incentivava os homens a "Evitar a 'Sombra das 5 da Tarde'", exaltando as qualidades de um produto cientificamente concebido:

> Tenha o rosto limpo usando Gem! Livre-se da "Sombra das 5 da Tarde" – aquele prematuro e desagradável restolho que resulta de instrumentos de barbear ineficientes que meramente "rastelam" sua barba. Uma Lâmina Gem, em um Aparelho Barbeador Gem, garante um barbear sem sombras até o final do dia mais longo!

Essa campanha publicitária foi um sucesso, sendo seguida dois anos depois por outra mais direcionada, que apostou nas ansiedades sociais masculinas. Valendo-se de *slogan* similar – "Não deixe que a 'Sombra das 5 da Tarde' dispare uma campanha de cochichos" –, o anúncio retratava duas mulheres atraentes rindo entre si enquanto apontam para alguém situado fora da cena, que com certeza é um homem mal barbeado. Antes que as fantásticas qualidades das lâminas Gem fossem anunciadas, alertava-se aos leitores: "Negligencie, por pouco que seja, sua aparência pessoal, e a natureza humana dos outros se incumbirá de deduzir que as coisas não estão indo muito bem com você!". Essa história um tanto quanto surpreendente da sombra levanta, por sua vez, a importantíssima questão da história da barba...

Anúncio da lâmina de barbear Gem, Estados Unidos, 1937.

6

Barbas

A história das barbas tem tudo a ver com...
assassinos, piratas, impostos, covardia,
Guerra da Crimeia e Reforma.

Quer você as ame ou odeie, as barbas têm uma longa e fascinante história, que as viu entrar e sair de moda em épocas diferentes, em locais diferentes e sempre por razões diferentes. Nós nos dividimos no *front* das barbas: Sam é um hirsuto pogonófilo (sim, existe uma palavra para definir quem ama barbas e também uma para ter medo delas: pogonofobia), enquanto James geralmente tem o rosto liso, pelo menos quando ele se dá ao trabalho de fazer a barba de vários dias. Nossas escolhas provavelmente são baseadas em preguiça, exaustão, vaidade, tendências de moda *hipster*, pressão de amigos ou preferências da pessoa amada: não é muito fácil beijar as barbas. Usar ou não usar barba, atualmente, é algo casual para muitos, mas obviamente não para todos: o Talibã, por exemplo, institui, nas áreas sob seu controle, uma política estrita de pelos faciais que força os homens a usar longas barbas ou sofrer punições. No passado, a motivação para usar uma barba muitas vezes estava ligada a eventos históricos significativos, o que torna a barba inesperadamente interessante e culturalmente importante para os estudiosos da história.

Usar ou não barba?

Em toda a história, as sociedades aprovaram e rejeitaram a barba. A barba foi especialmente popular na Grã-Bretanha no final da década de 1850, mas esteve menos em voga em outras épocas. Durante o século XVIII, porém, as barbas saíram de moda na sociedade georgiana educada e só eram usadas por bandidos, homens rústicos, idosos e religiosos. Com certeza elas não eram usadas pelos soldados, que representavam o Império Britânico globalmente e eram produto da ordem secular vitoriana e de sua autoridade, treinamento e temperamento. Apenas alguns regimentos recebiam dispensa especial, e só então usavam bigodes, que se tornaram uma característica distinta de sua identidade regimental. Na França, ao contrário, os membros do 10º Regimento de Hussardos de Napoleão eram conhecidos por suas marcas registradas – suíças e bigodes –, uma tendência que atravessou o Canal da Mancha para a Grã-Bretanha em 1806, quando o 10º Regimento de Dragões Ligeiros foi renomeado para 10º de Hussardos Reais e passou a usar bigodes, além de envergar peles e penas. Essas modas hirsutas logo foram adotadas por outros regimentos montados britânicos, inclusive o Life Guards e o Horse Guards. Essa foi uma tendência militar que se espalhou. Em 1854, o Exército Britânico decretou que nenhum soldado deveria raspar o bigode, seguindo a moda francesa e a ideia de que resultaria em assustadores soldados bigodudos, embora provavelmente só fizesse os soldados parecerem mais velhos.

A Guerra da Crimeia

A barba, entretanto, ainda estava proibida no Exército Britânico, mas isso mudou na Guerra da Crimeia (1853-1856). Durante o cerco a Sebastopol, em 1854-1855, *Lord* Raglan (1788-1855), comandante do exército na Crimeia, afrouxou as regras sobre pelos faciais e permitiu que os soldados usassem barbas, em resposta a pedidos dos próprios combatentes. Isso não só os poupou do cansativo problema de se barbear em condições adversas, mas também deu a eles um pouco de calor facial no clima terrível da Crimeia. Ao retornar à Grã-Bretanha depois da guerra, esses hirsutos heróis foram recebidos com reverência e respeito pelo público, e a barba se tornou um símbolo da masculinidade heroica, sendo adotada pelos civis. A visão desses soldados barbados foi tão impressionante que a rainha Vitória registrou uma entrada em seu diário em 13 de março de 1856, descrevendo-os como "a imagem de homens lutadores reais... Todos eles tinham longas barbas e carregavam grandes e pesadas mochilas".

Soldados da Guerra da Crimeia, "Noble, Dawson e Harper, 72º Regimento de Highlanders, do duque de Albany", Robert Howlett e Joseph Cundall, 1856.

Guerra da Crimeia (1853-1856) Travada entre a Rússia e as forças aliadas da Grã-Bretanha, França, Império Otomano e Sardenha. Entre suas diversas causas estavam os direitos dos cristãos na Terra Santa, que era controlada pelos otomanos. O Império Russo foi derrotado.

Religião

O uso de barba era e ainda é muitas vezes ligado à religião, e podia ser tanto um ato de conformidade e de pertencimento quanto de rebeldia e rejeição. No caso dos sikhs, o dogma oficial é deixar crescer uma barba natural cheia, se puderem, e isso é conhecido como Kesh. Essa prática é considerada um sinal de respeito pela perfeição da criação divina. Nas comunidades amish, os homens casados usam barba, mas raspam o bigode, o que está relacionado a uma época em que o bigode era associado aos militares, e os homens amish queriam se distinguir como pacíficos. Nas fés islâmicas, a barba também era uma parte importante da religião; os estudiosos shia estipulavam que o comprimento da barba não devia exceder a largura de um pulso: aparar a barba era permitido, mas tirar a barba era proibido. Por outro lado, as tradições sunitas consideram que aparar o bigode é essencial. Segundo as coleções muçulmanas *bukhari* e *hadith* (ou tradições proféticas), o profeta Maomé estipulou que "Cinco coisas são parte da natureza: ser circuncidado, remover os pelos abaixo do umbigo, aparar bigodes e unhas e remover os pelos da axila". É surpreendente que, em cada um desses exemplos, permitir que os pelos faciais crescessem naturalmente fosse uma parte importante da observância religiosa.

A barba era até, algumas vezes, compreendida como "obra de Deus". Escrevendo em 1653, o físico inglês John Bulwer considerou que barbear-se não era apenas indecente, mas também blasfemo, "mais inexpiável contra a Natureza e Deus o Autor da Natureza, cujo trabalho a Barba é". Em termos menos abertamente religiosos, T. S. Gowing, em sua *Philosophy of Beards* [Filosofia das barbas] (1875) acusou os que raspavam as barbas de "uma ofensa deliberada contra a natureza e a razão".

Para os padres da Igreja Católica no final da Idade Média, a norma era uma aparência barbeada, com a exceção de algumas ocasiões, como o luto, em que usar barba era permitido, mas ela foi adotada pelos reformadores europeus do século XVI, entre eles Martinho Lutero. A barba clerical dos reformadores era um gesto conscientemente anticatólico, uma marca visível de sua rejeição agressiva à Igreja estabelecida.

Nos séculos XVI e XVII, os papas usaram barba como sinal de autoridade religiosa. Vejamos, por exemplo, o grande retrato do papa Sisto V (1521-1590), no Museu do Vaticano, que o retrata com uma surpreendente barba branca [*Fig. 7 do caderno de imagens*]. Ele foi uma figura importante na Contrarreforma (tradicionalmente datada de 1545 a 1648), e esse retrato oficial, em particular, o mostra com uma expressão bastante severa, com as sobrancelhas franzidas e os lábios bem fechados embaixo dos pelos faciais brancos. Durante os anos 1580, o papa Sisto partilhou o palco político mundial com outro governante barbado, o rei Filipe II da Espanha (1527-1598), que, a julgar pelos retratos oficiais, usou barba por toda a vida. Em contraste com a barba branca e cheia de Sisto V – em si mesma uma marca da sabedoria patriarcal –, o monarca espanhol usava uma barba mais ordenada, aparada rente, mais similar às barbas usadas pelos cortesãos.

Covardia e civilização

Outras sociedades, no entanto, tiravam a barba por uma extraordinária diversidade de razões. O historiador romano Tácito, em *Germânia*, seu relato etnográfico sobre as tribos alemãs, escreveu que, para os catos, a barba era um sinal de covardia, uma falta de "espírito".

> Além disso, um costume, praticado na verdade em outras nações da Germânia... prevalece entre os catos por consentimento universal. Assim que chegam à maturidade dos anos, eles deixam que o cabelo e a barba continuem a crescer, só depois de terem morto um inimigo é que eles deixam de lado essa forma de contenção por voto sagrado ao valor. Sobre o sangue e os despojos de um inimigo, eles deixam a face nua... Sobre a falta de espírito, covardemente e sem luta, essa deformidade do rosto ainda permanece.

Na antiga Roma, a moda entre as elites urbanas era ser cuidadosamente asseado, e a norma era ser barbeado por um profissional. O autor e comandante militar romano, Plínio, o Velho (23-79 d.C.), em seu *História Natural*, disse que o imperador Augusto (63 a.C.-14 d.C.) se barbeava todos os dias. Essa sofisticação urbana contrastava diretamente com a aparência não barbeada e rústica dos habitantes rurais.

> **Plínio, o Velho (23-79 d.C.)** Escritor romano, filósofo natural e comandante militar mais conhecido por seu enciclopédico *História Natural*. Morreu na erupção do monte Vesúvio.

Para Pedro, o Grande, as barbas eram um sinal de atraso, tanto que ordenou que os russos raspassem a barba e, em 1705, criou um imposto sobre as barbas, em uma tentativa de tornar a Rússia – pelo menos na aparência externa – mais ocidentalizada, como seus vizinhos europeus.

Essa não foi a primeira vez que as barbas foram controladas. Na França, em 1535, o incrivelmente intitulado Édito das Barbas proibiu todos que usassem barba de entrar em um tribunal, presumivelmente porque os pelos faciais eram um sinal de incivilidade: qualquer um que quisesse justiça diante da lei precisava comparecer com o rosto barbeado.

Medo

Algumas vezes, a barba não era só algo a ser desprezado, mas também a ser temido. Essa história vem de um "panfleto" do início do século XIX, um tipo de livreto popular que foi o precursor do livro em brochura no mercado de massa. Muitas vezes, eles abordavam temas morais ou religiosos, e alguns eram muito alarmistas. Este exemplo é nada mais do que uma história de horror sobre um assassino em série, centrada sobre um homem com uma barba extraordinária. *The History of Blue Beard; or, The Fatal Effects of Curiosity & Disobedience* [A história de Barba-Azul; ou, Os efeitos fatais da curiosidade e da desobediência] foi publicada em Londres por volta de 1805. Ela se referia a um homem abastado, com uma barba azul "que o tornava tão assustador e feio que nenhuma das mulheres nos locais em que ele viveu se aventurara a sair em sua companhia". O Barba-Azul casou-se com uma jovem que, inicialmente temerosa da barba, depois de algum tempo na companhia dele considerou-a "não tão azul assim; e o homem que a possui é muito educado e agradável". O Barba-Azul logo teve de viajar. Ao partir, ele diz à esposa que existe uma sala em que ela não pode entrar ou sofrerá "a mais horrível das punições". A curiosidade a venceu, e ela encontra ali um horror inimaginável: uma sala repleta de corpos de mulheres mortas.

Assustada, ela derruba a chave, que se mancha com sangue, mas não consegue limpar o objeto. Quando o Barba-Azul retorna, vê a chave e descobre o que aconteceu. "Muito bem, senhora", declara ele, "como você gostou tanto desse aposento, você deve tomar seu lugar entre as mulheres que viu ali." Bem na hora em que ela estava para ser morta, no entanto, seus irmãos entram e matam o marido. Então, ela herda tudo.

É uma história e tanto e tem sua própria história. Na época em que essa versão foi produzida, ela já era bem conhecida havia mais de um século. Ela se originou na França, escrita em 1697 pelo autor Charles Perrault, que, segundo acredita-se, baseou-se em antigas histórias folclóricas. O tema principal – os efeitos potencialmente fatais da curiosidade feminina – é comum, o que também acontece com o tema mais oculto da atração do mal. O foco na barba também é bem conhecido – pense em Sansão na Bíblia com a relação entre cabelo, barba e força, ou em Merlin, nas histórias do rei Arthur, com a relação entre a barba e o domínio mágico e misterioso. No caso do Barba-Azul, a barba é um símbolo de sua força e da natureza bestial dentro dele, que nunca pode ser domada – mas sua cor é única nos contos folclóricos históricos. Isso pode ser explicado de várias maneiras: a barba tem uma cor não natural, portanto o homem, ser ou monstro que o Barba-Azul representa é também não natural; a barba azul é translúcida, vazia, gelada, cruel. Seja qual tenha sido a explicação ou o entendimento disso no passado, é pelo menos certo que a história permaneceu profundamente atraente por gerações e foi recontada sob várias formas por alguns dos melhores narradores de histórias, entre eles os Irmãos Grimm e Charles Dickens.

Essa não é a única história famosa de um personagem assustador com uma barba colorida. Outro barbado cuja história aterrorizou gerações de crianças, mas que foi uma pessoa real e também assustou pessoas na vida real foi o pirata Barbanegra.

Piratas

Histórias de piratas começaram a aparecer de forma impressa na segunda metade do século XVII e revelaram imediatamente uma paixão por aventuras de piratas entre o público leitor.

Barbanegra Edward Teach (*c.*1680-1718) era um pirata inglês que exerceu sua profissão ao redor das Índias Ocidentais e ao longo da costa leste das colônias da Grã-Bretanha na América do Norte. Ele é especialmente conhecido por formar uma aliança de piratas e reunir uma pequena frota. Sob a liderança dele, em 1718, eles bloquearam a valiosa cidade comercial de Charlestown, na Carolina do Sul, tomando navios à vontade.

Ilustração de Edward Teach (Barbanegra, o Pirata), gravura do século XIX.

Em 1724, um compêndio de biografias, *A General History of the Robberies and Murders of the Most Notorious Pyrates* [Uma história geral dos roubos e assassinatos dos mais famosos piratas], foi publicado, possivelmente escrito pelo autor e viajante Daniel Defoe. Um dos piratas retratados era Edward Teach, conhecido como Barbanegra. Esse capítulo, mais do que qualquer outra coisa, estabeleceu o nome de Barbanegra na história dos piratas.

Depois de vários parágrafos detalhando suas assustadoras aventuras, quase duas páginas inteiras são dedicadas a sua barba, "pois ela contribuiu muito para criar o nome dele nesses lugares" e era tão impressionante que o autor a compara, um pouco inesperadamente, a um cometa. Barbanegra, lemos, deve seu nome "àquela grande quantidade de pelos que, como um meteoro assustador, cobria todo o seu rosto, e assustou a América mais do que qualquer cometa que tenha aparecido ali durante muito tempo". Milhares de fãs de história desde então ficaram imaginando como um meteoro poderia "cobrir um rosto". O autor continua:

> Essa barba era preta, e ele a deixou crescer a um comprimento extravagante; ela chegava aos olhos dele; ele estava acostumado a prendê-la

> com fitas, em pequenas tranças, do modo usado em nossas perucas, e as colocava atrás das orelhas: Na hora da ação, usava uma faixa sobre os ombros, com três apoios para pistolas, segurando coldres como bandoleiras; e enfiava fósforos acesos sob seu chapéu, que, aparecendo de cada lado do seu rosto, com os olhos naturalmente ferozes e selvagens, o tornavam uma tal figura, que a imaginação não poderia criar uma ideia de uma fúria do inferno que fosse mais assustadora.

Isso era parte de uma exibição criada por todos os piratas. O objetivo deles não era destruir o navio atacado e matar sua tripulação, mas capturá-lo intacto e manter a própria tripulação em segurança. Eles faziam isso usando o medo como arma, com a intenção de fazer suas vítimas se renderem sem lutar. A reputação de um pirata era crucial para isso, e eles se tornavam distintos de algum modo: alguns pelas roupas, alguns pelas bandeiras, outros pelas ações. Teach fez isso cultivando conscientemente sua imagem como o próprio Lúcifer. Ele deixou o cabelo e a barba crescerem, trançava-os e, ao entrar em ação, prendia pequenos fósforos a eles. Se tivesse o azar de ser capturado pelo Barbanegra, mas sorte suficiente para sobreviver, você nunca esqueceria o rosto cheio de marcas e a barba que chegava aos olhos dele – e contaria a todo mundo que sabia tudo sobre ele. Desse modo, a barba do pirata era um cartão de visitas, um logotipo da marca dele e um motivo para ter muito medo.

Sexualidade feminina

Outro tipo de barba temida no passado era a encontrada no rosto de uma mulher, um medo que vinha das ansiedades patriarcais sobre a sexualidade feminina, pois pelos no rosto das mulheres claramente desafiavam os modelos ortodoxos de como deveria ser a aparência de homens e mulheres. Essa condenação de feminilidade hirsuta – de mulheres barbadas – recebeu sua manifestação mais mordaz do médico do século XVII John Bulwer, que escreveu que "a mulher é por natureza suave e delicada; e se ela tiver muitos pelos, ela é um monstro, como disse Epicteto, e o Provérbio a abomina [Uma mulher barbada deve ser recebida com pedradas a distância]".

Uma das primeiras referências a uma "mulher barbada" é encontrada no relato de viagens do filósofo francês Michel de Montaigne (1533-1592). Ele fala de uma jovem camponesa francesa de 15 anos, Marie-Germain, que, segundo a história, estava perseguindo seus porcos em um campo quando, no calor da perseguição, saltou sobre uma vala. A história continua dizendo que tal foi seu esforço ao cair que um par de genitais masculinos saiu de seu corpo e, depois dessa transformação, ela desenvolveu "uma barba grande e muito grossa". Marie-Germain foi examinada por médicos e, depois, batizada como homem, pois os genitais masculinos e a barba foram considerados aqui como definidores do gênero. Não sabemos se Marie-Germain era, de fato, um homem disfarçado, mas essa história sobre transexualidade na França do século XVI é outro exemplo do medo das barbas.

Biologicamente, o crescimento da barba está ligado ao estímulo dos folículos capilares por vários hormônios, que são mais pronunciados em algumas populações do que em outras e em homens adultos mais do que em mulheres. Algumas mulheres, porém, têm uma condição hormonal chamada hirsutismo, que leva a muitos pelos, incluindo, em alguns casos, o crescimento de pelos faciais e de barba. Vários membros da família de Petrus Gonzales, que viveu nas cortes francesa e italiana durante o final do século XVII e início do século XIX, eram afligidos por uma rara condição genética (agora conhecida como *hipertricose universal*) e tinham o corpo inteiro coberto por pelos, inclusive o rosto todo. Eles foram estudados por cientistas e médicos, pintados por artistas, e muitos de seus retratos incomuns existem até hoje [*Fig. 8 do caderno de imagens*]. Depois de visitar a família Gonzales em 1594, o cientista italiano Ulisse Aldrovandi escreveu sobre a filha mais nova de Petrus, Antonietta:

> O rosto da menina era inteiramente peludo, exceto nas narinas e nos lábios. Os cabelos na testa eram mais longos e grossos do que os que cobriam sua face, embora fossem mais macios ao toque do que os do resto de seu corpo, e ela tinha pelos na maior parte das costas, e muitos pelos loiros até o início de suas partes íntimas.

Gravuras de duas das filhas de Petrus e essa descrição foram mais tarde publicadas, depois da morte de Aldrovandi, em *Monstrorum Historia* [História de monstros] (1642), que era um volume enorme, como uma enciclopédia, que catalogava anormalidades humanas e animais. Essas irmãs incomumente peludas eram um fenômeno, mas, apesar do fascínio que exerciam, devem ter evocado algum grau de ansiedade masculina, pois desafiavam as normas de gênero da sociedade no início da era moderna. O passado, porém, está repleto de mulheres barbadas como elas, que muitas vezes eram incluídas em shows e espetáculos, e, no século XIX, mulheres barbadas eram uma atração comum em circos e feiras, para serem olhadas por espectadores pagantes que quisessem observar um show de bizarrices.

Saúde

As barbas há tempos têm sido causa de preocupação para pogonofóbicos, menos pelas pessoas estranhas cujos rostos elas disfarçaram e mais pela ansiedade de higiene ligada a pelos no queixo ou, mais precisamente, ao redor da boca.

Todas as crianças lembram da descrição que Roald Dahl fez, em 1980, da barba de Mr. Twit, cheia de comida, que era uma fonte de petiscos se ele ficasse com fome entre as refeições: "Se você olhasse de perto (algo que você não ia querer fazer), veria pedacinhos de ovos mexidos secos presos aos pelos, e espinafre e ketchup e iscas de peixe e fígado de frango e todas as outras coisas nojentas que Mr. Twit gostava de comer". Crianças (e adultos) também se deliciavam com o *nonsense* literário de Edward Lear no poema "Old Man with a Beard" [O velho com uma barba] (1920), que descobriu que "duas corujas e uma galinha, quatro cotovias e uma cambaxirra/ Todas fizeram seu ninho na minha barba!".

Edward Lear (1812-1888) Pintor de paisagens inglês, ilustrador e escritor, mais conhecido por sua poesia e prosa *nonsense*, especialmente seus poemas humorísticos. Seu poema mais famoso é "The Owl and the Pussycat" [A coruja e o gatinho] (1871).

Divertido, é claro, mas esse medo de a barba causar riscos à saúde tem a própria história. Um artigo no jornal *The New York Sun*, datado de 10 de maio de 1902, tinha a manchete "Perigo encontrado na barba. Declarada pelos médicos como sendo um vetor de doenças". Ele continuava alertando sobre os perigos de leiteiros com longas barbas derrubarem germes das barbas dentro do leite que carregavam, e sobre um cirurgião que permitira que sua barba tocasse e infectasse as feridas dos pacientes que estava operando. Esse não é só um exemplo isolado na história. Ele também é apoiado por um recente estudo científico, de 2015, feito pelo microbiologista John Golobic, que relata que as barbas prendem partículas fecais e abrigam mais micróbios do que um assento de banheiro.

"Havia um velho com uma barba, que disse: 'É bem como eu temia!/
Duas corujas e uma galinha, quatro cotovias e uma cambaxirra,/
Todas fizeram seu ninho na minha barba!'."

"Old Man with a Beard", de *A Book of Nonsense*
[Um livro de *nonsense*] (1846), de Edward Lear.

Isso não foi sempre assim, e, no passado, uma barba luxuriante era um sinal de saúde rude, ligada a masculinidade e também a virilidade. O sistema de medicina dos humores, que permeou o pensamento médico ocidental no século XIX, considerava que o corpo era formado por quatro humores distintos: sangue, fleuma, bile amarela e bile negra, e que o equilíbrio correto deles era um pré-requisito para um corpo saudável. Os pelos faciais eram vistos como uma forma de dejeto corporal, e se pensava que estavam conectados ao fígado e ao calor na área genital. Segundo o fisiognomista elisabetano Thomas Hill:

> A barba no homem... começa a aparecer no queixo... por meio do calor e da umidade carregados nela, extraídos dos genitais: o que atrai para eles, especialmente, o esperma desses locais.

Em outras palavras, usar barba era saudável e estava conectado à virilidade masculina e à potência sexual.

Respiradores

No período vitoriano, as barbas eram celebradas por suas qualidades ligadas à saúde, atuando quase como máscaras ou como "respiradores da natureza". De fato, com a Revolução Industrial a pleno vapor, com o ar nocivo e as prejudiciais nuvens de poeira, o que todos os trabalhadores precisavam era de um bom volume de pelos faciais para filtrar tudo que fosse prejudicial. Em 1854, o maravilhosamente intitulado Committee on Industrial Pathology on Trades which Affect the Eyes [Comitê sobre Patologia Industrial em Setores que Afetam os Olhos] argumentou que a barba e as suíças não protegiam o rosto, mas "prendiam... as partículas de poeira e sujeira nos pelos da barba e das suíças e assim [aliviavam] os olhos!". Presumivelmente, essa recomendação não se aplicava tão bem às mulheres que trabalhavam sob condições similares. No entanto, as propriedades médicas das barbas como filtros que impediam que nuvens de substâncias nocivas chegassem ao nariz e à garganta levou os médicos a recomendar o uso de barba aos pacientes masculinos que precisavam proteger a voz. Isso era particularmente verdadeiro no caso dos clérigos, cujos tons retumbantes eram necessários para os sermões de domingo. Essa conexão entre barba, saúde e Revolução Industrial levanta a importante questão da história de nosso ambiente e, em especial, a história das nuvens...

7

Nuvens

A história das nuvens tem tudo a ver com...
navegação, previsão do tempo, Demônio, urina,
guerra nuclear, gases invisíveis e cólera.

Deixar de reparar nas nuvens é a coisa mais fácil. A menos que você seja um daqueles que se descrevem como "observadores de nuvens", que têm tempo e prazer em investigar no céu os tipos de nuvens que o cruzam – cirros, cúmulos-nimbos, cúmulos e assim por diante, em uma atividade que tem sua própria e curiosa história –, é pouco provável que dê muita atenção a elas. Quem trabalha ao ar livre tem uma ligação bem mais forte com as nuvens do que quem passa o dia entre quatro paredes. Hoje, as experiências de mundo do funcionário de escritório e do agricultor se equiparam às do escriba medieval e do lavrador de então: um, preso à escrivaninha; o outro, exposto aos elementos e às estações. As crianças de hoje (e alguns adultos, com certeza) também se entretêm com a atemporal atividade de deitar-se de costas e observar o céu em busca de forma nas nuvens. Mas pergunte a si mesmo: você alguma vez já... *usou* uma nuvem? A pergunta pode hoje parecer estranha, mas há mais de dois séculos, qualquer que fosse a época, não teria parecido.

Navegação

Durante séculos, as nuvens foram usadas como instrumento de navegação. Elas se movem com o vento. Assim, se souber em que direção sopra o vento predominante no local em que você está, o movimento das nuvens poderá lhe servir de orientação. Se estiverem paradas, no entanto, nem tudo está perdido:

elas também podem proporcionar uma noção da direção do Sol, mesmo que ele já esteja abaixo do horizonte ou obscurecido por terreno alto. As nuvens ainda refletirão a luz solar, na forma de um brilho dourado em sua face inferior. As nuvens também refletem a água e o gelo em cores diferentes: o gelo, com uma brancura luminosa; a água, com um cinza fosco. Dessa forma, um manto de nuvens pode funcionar como um mapa refletido no céu. No mar, as nuvens podem indicar a presença de terra, ao se reunirem sobre pontos mais altos, como montanhas ou vulcões. Na maior parte das vezes, o primeiro vislumbre de terra pelos marinheiros após uma longa viagem foi uma nuvem em um horizonte inteiramente limpo. A nuvem, nesse caso, não era apenas um instrumento de navegação, mas um motivo de esperança, uma ocasião de felicitações, um símbolo de realização.

Capitão Cook

A mais rica coleção de exemplos de nuvens usadas para a navegação se encontra nos diários dos exploradores, dentre os quais talvez o mais fascinante seja o do capitão James Cook (1728-1779), que circum-navegou o globo duas vezes (em 1768-1771 e 1772-1775) e foi morto no Pacífico durante sua terceira viagem (1776-1779). Os diários de sua primeira viagem dão prova da enorme importância das nuvens para a segurança, o trabalho e o dia a dia de Cook e sua tripulação. A grande maioria de seus apontamentos traz as palavras "nuvem", "nuvens" e "nublado", usadas para descrever locais e tempo, ou mesmo em especulações sobre a existência de um "continente ao sul" da Nova Zelândia, antes que ele descobrisse a costa sudeste da Austrália em abril de 1770. Um trecho particularmente interessante sugere não só o apego dos exploradores às nuvens como indicadoras de terra firme, mas também o fato de Cook se dispor a questionar as ideias então vigentes. Quando esteve na Nova Zelândia no início de 1770 – pouco antes de descobrir a Austrália –, Cook analisou as evidências disponíveis sobre o novo continente ao sul. Isso incluía observações do explorador português Pedro Fernandes de Queirós, que em 1605-1606 conduziu uma expedição espanhola pelo Pacífico em busca de novos territórios. A partir do paralelo 26 meridional, Queirós viu "ao sul grandes nuvens pairando e um horizonte assaz espesso, além de outros conhecidos sinais de um continente". Cook, que tinha olho de explorador, respeito por seu precursor e desconfiança de historiador, duvidou desse relato, contrapondo que as nuvens que pairavam e o tal horizonte espesso...

> ... decerto não são sinais de continente – e tive muitas provas do contrário no decurso desta viagem... nem creio que Queirós tenha considerado tais coisas como sinais conhecidos de terra, pois, se o tivesse, certamente teria avançado rumo ao sul para satisfazer-se, antes de rumar para o norte, pois homem nenhum parece ter tido em seu íntimo maior ânsia pelas descobertas.

Em outros trechos de seus diários, ele duvidou da observação de seu terceiro-tenente, John Gore, que suspeitava haver identificado terras a sudeste da península de Banks, na Nova Zelândia, baseando-se na presença de nuvens no horizonte. Cook, ao contrário, tinha olho mais experiente e escreveu: "Eu, que estava no deque ao mesmo tempo, estava bem certo de que eram meramente nuvens, que se dissiparam quando o Sol nasceu".

Tais exemplos sugerem que explorar e navegar orientando-se pelas nuvens não eram atividades simples: havia toda uma especialização a adquirir com a prática. Um sinal muito mais evidente, que Cook regularmente utilizou, foi a nuvem de fumaça gerada pelo fogo, que ele repetidamente mencionou como primeira evidência de presença humana ao explorar a Austrália.

Previsão do tempo

A principal utilização das nuvens, tanto no mar como em terra, foi na previsão do tempo. Antes que o uso do barômetro (inventado em 1640) se difundisse e a previsão meteorológica científica estivesse prontamente à mão, gerações de marinheiros, viajantes, peregrinos, mercadores e pastores recorriam às nuvens como indicadoras das condições meteorológicas. Evidências desse uso sobrevivem tanto na história oral quanto escrita, na forma de inúmeros dizeres, provérbios e rimas da sabedoria popular que se prestam a prever se o tempo será bom ou ruim amanhã. Tal folclore que versa sobre nuvens (e chuva) é rico em dizeres como: "Chuvas de verão: depressa vêm, depressa vão", "Céu pedrento é chuva ou vento", "Sol e chuva: casamento de viúva. Chuva e sol: casamento de espanhol". O filósofo inglês Francis Bacon escreveu que "Nuvens gordas espalhadas denotam tempestades, mas nuvens repousando umas sobre as outras como escamas ou telhas pressagiam tempo bom e seco", e até mesmo o Novo Testamento cita o dito popular de que a nuvem que sobe do ocidente traz chuva.

Francis Bacon (1561-1626) Filósofo, estadista, cientista e escritor inglês. Deixou também prolífica produção de cartas. Ocupou importantes cargos públicos, como os de procurador-geral e grande-chanceler da Inglaterra. Graças ao método científico que desenvolveu, é conhecido como Pai do Empirismo.

A primeira tentativa de realmente explicar as nuvens como fenômenos naturais foi feita por Aristóteles em sua *Meteorologia*, escrita por volta de 340 a.C. – obra em quatro volumes que serviu de fundamento para nossa compreensão dos fenômenos climáticos e do mundo natural, como terremotos, trovões, relâmpagos, chuvas, furacões e nuvens. Nessa obra filosófica, Aristóteles baseou-se na observação empírica, mas o mais interessante em sua visão das nuvens é a forma como Bacon as estudou quanto ao que poderiam sugerir sobre os eventos naturais – tal como os sintomas indicam a doença. Em um trecho sobre terremotos, por exemplo, ele explica serem por vezes precedidos de nuvens "finas e alongadas".

Essa tradição de observação do mundo natural foi mantida por homens como o filósofo, sacerdote e erudito do século XIII Tomás de Aquino (1225-1274), que, influenciado pelas ideias aristotélicas sobre as nuvens, escreveu:

> Se, porém, entendermos por firmamento a região do ar na qual as nuvens se condensam, então as águas que estão sobre o firmamento são os vapores das águas que se elevam acima de uma parte da atmosfera da qual a chuva cai.

Grande parte do que entendíamos sobre o tempo e as nuvens provinha de Aristóteles, cujos escritos permaneceram influentes até por volta do século XVII, quando muitas de suas ideias foram derrubadas.

Classificação

No entanto, foi durante as primeiras décadas do século XIX que se lançaram bases mais sólidas para entendermos as nuvens como meio de prever cientificamente o tempo. Nesse ponto, a história das nuvens nos traz um jovem químico quacre e meteorologista amador, o inglês Luke Howard (1772-1864), cujo trabalho inovador conduziu à categorização sistemática das nuvens e tornou-se a base para um sistema internacional. Em dezembro de 1802, Howard ministrou uma palestra sobre a classificação das nuvens na Askesian Society, um grupo filosófico que se reunia quinzenalmente, e seu trabalho foi posteriormente publicado sob o título "On the Modification of Clouds, and on the Principles of their Production, Suspension and Destruction" [Sobre a modificação das nuvens e os princípios de sua produção, suspensão e destruição] na *Philosophical Magazine* (1803). Howard criou um modelo classificatório prático, usando terminologia latina – *stratus*, *cumulus*, *cirrus* e *nimbus* – para definir três grupos principais: "modificações simples (cirros, cúmulos, estratos), modificações intermediárias (cirros-cúmulos, cirros-estratos) e modificações compostas (cúmulos-estratos; cúmulos-cirros-estratos, ou nimbos)". Suas ideias despertaram notável interesse e ganharam apoio internacional na época, tanto que o poeta alemão Goethe elogiou seu trabalho por "dar forma ao sem forma" e propor "um sistema de mudança ordenada em um mundo sem limites", e até compôs um poema em sua homenagem, intitulado "Howards Ehrengedächtnis" [Em louvor a Howard], no qual enalteceu o sistema classificatório de nuvens. Considera-se que, além de estabelecer a meteorologia como um sério campo de estudo, a nova visão de Luke Howard sobre a paisagem aérea estimulou figuras como o pintor John Constable (1776-1837) e o escritor Samuel Taylor Coleridge (1772-1834) a pensarem criativamente sobre os céus.

Ao longo do século XIX, o trabalho pioneiro de Luke Howard (que se construíra sobre o do naturalista francês Jean-Baptiste Lamarck) abriria caminho para todo um campo de pesquisas meteorológicas por parte dos ingleses Clement Ley e Ralph Abercromby e do meteorologista sueco Hugo Hildebrand Hildebrandsson, que foram alguns dos que aperfeiçoaram a nomenclatura e classificação das nuvens.

Atlas de nuvens

Uma das principais invenções que emergiram desse trabalho foi o tipo de publicação conhecido como "atlas de nuvens" – um guia ilustrado das diferentes formações nebulosas que se tornou fundamental não só para a instrução de meteorologistas, mas também para se alcançar maior precisão na previsão do tempo. O *Cloud Atlas* [Atlas das nuvens], livro de Hildebrandsson de 1890, foi seguido em 1896 pela primeira edição do *International Cloud Atlas* [Atlas internacional das nuvens], título que vem sendo reeditado desde então e resultou de uma genuína cooperação internacional, com textos em inglês, francês e alemão, além de fotografias coloridas mostrando as diferentes formações de nuvens – recurso significativo em uma época em que livros com fotos em cores eram praticamente novidade. O preço também era acessível, o que significou que a obra foi amplamente utilizada. Alexander McAdie, autor da edição de 1923 do *Cloud Atlas*, declarou que o rápido desenvolvimento da aviação "exigiria e traria um detalhado conhecimento de todos os segredos da formação das nuvens", conhecimento este que foi de grande auxílio nas viagens, bem como em nossa compreensão do mundo natural.

Fotografia de nuvens "mamato-cúmulos", do *International Cloud Atlas* (Paris, 1896).

Mudança climática

Esse tipo de informação tende agora a existir apenas em jogos de perguntas e respostas ou na cabeça dos especialistas em história da navegação, mas já foi parte fundamental dos saberes de pessoas cuja vida e meios de subsistência dependiam do clima, tanto em terra quanto no mar. Hoje, porém, nossa habilidade em identificar nuvens não está totalmente extinta. Se você estudar as nuvens ao menos uma vez na vida, estude-as pelo que elas podem lhe dizer sobre a mudança climática. Sabemos agora que a nuvem é sinalizadora das alterações climáticas, um alerta escrito no céu, desde que saibamos onde procurá-lo. As nuvens têm sua própria história, no sentido de que estão mudando e sempre mudaram. Elas hoje não são as mesmas de um século atrás, e talvez nem de há cinquenta anos: estão mudando de aparência à medida que a Terra se aquece sob nossos pés. As pesquisas mais recentes indicam que as principais regiões de trânsito de tempestades nas médias latitudes de ambos os hemisférios (áreas oceânicas que as tempestades percorrem movidas pelos ventos) vêm se deslocando na direção de seus respectivos polos. Em decorrência, as áreas áridas subtropicais se expandiram e a altitude das maiores nuvens aumentou. Nesse sentido, as nuvens que vemos no céu de hoje não são meramente fenômenos naturais, como suporíamos. Pelo contrário, são agora moldadas pelo homem, e estamos vivendo um momento decisivo na história de nossas nuvens.

Nuvens feitas pelo homem

As nuvens feitas pelo homem têm uma história um tanto macabra. Durante a Primeira Guerra Mundial, a "nuvem de gás" apavorou as tropas de infantaria presas nas trincheiras do *front* ocidental e, em menor grau, do oriental. As baixas causadas por ataques de gás foram retratadas por John Singer Sargent em sua tela de 1919 intitulada *Gassed* [Asfixiados] [*Fig. 9 do caderno de imagens*]. Embora as Convenções de Haia de 1899 e 1907 tenham explicitamente proibido seu uso em guerras, o químico alemão dr. Fritz Haber, no inverno de 1914-1915, desenvolveu no Instituto Kaiser Wilhelm de Química, em Berlim, uma tecnologia que permitia envolver as tropas inimigas em uma nuvem de gás venenoso. A técnica utilizava cilindros de líquido altamente pressurizado que, quando liberado no ar, convertia-se em gás. O método foi usado pela primeira vez em abril de 1915 em Ypres, Bélgica, quando cerca de 5.730 cilindros de gás cloro, que haviam sido enterrados, foram abertos, liberando uma tênue nuvem cinza-esverdeada de vapores penetrantes que vagou pela terra de ninguém até alcançar as trincheiras dos Aliados. Essa operação abateu mais de sete quilômetros de tropas aliadas, mas os alemães, dispondo de poucos reforços e estando eles próprios temerosos do efeito do gás, não aproveitaram o impacto do ataque. O que isso prenunciava, no entanto, era o início de uma guerra química, em que ambos os lados empregariam nuvens de gás venenoso paralelamente a bombardeios convencionais, avanços da infantaria, tanques e operações aéreas. Desenvolveram-se apetrechos para lidar com tais ataques, um dos quais foi uma máscara de gás improvisada feita com um lenço embebido em urina, que se mostrou razoavelmente eficaz contra as nuvens de gás cloro.

Wilfred Owen (1893-1918) Poeta e soldado inglês, reconhecido como um dos mais importantes poetas da Primeira Guerra Mundial. No início da guerra, foi ferido por um morteiro e passou dois dias inconsciente, cercado pelos restos mortais de um colega de tropa. Foi condecorado com a Cruz Militar. Morreu em ação uma semana antes do armistício. Seus poemas surpreendem pela forma como mostram a brutalidade da guerra.

No entanto, o impacto psicológico das nuvens de gás revelou-se a verdadeira arma, como personificado no desconcertante poema *Dulce et decorum est* [Doce e honroso é], composto pelo poeta e soldado inglês Wilfred Owen em 1917, em que a descrição de um ataque de gás contrasta cruamente com a imagem patriótica da guerra que era veiculada pelo governo nos cartazes de recrutamento.

> Em todos os meus sonhos, frente a minha visão impotente,
> ele mergulha sobre mim, engasgado, sufocado, afogado.
>
> Se em alguns sonhos asfixiantes você também pudesse andar
> atrás da carreta em que o jogamos,
> e ver os olhos brancos a contorcerem-se em sua face,
> sua face pêndula, como um demônio exausto de pecado;
> se pudesse ouvir, em cada espasmo, o sangue
> jorrando em frêmitos dos pulmões roídos pela espuma,
> obsceno como o cancro, amargo como o vômito
> das pústulas vis e incuráveis em línguas inocentes

Em outra parte do poema, o gás é descrito como sendo uma "luz verde espessa/ como sob um mar verde", que sem dúvida descreve o uso de cloro contra as tropas britânicas. Um dos grandes inconvenientes das primeiras fórmulas de gás venenoso era o fato de ser prontamente detectável: podia-se cheirá-lo e – mais importante – vê-lo. Na guerra química de 1915-1918, a batalha tecnológica centrou-se no desenvolvimento e produção de gases mais eficazes, como o fosgênio e o gás mostarda. O uso do fosgênio foi proposto por químicos franceses e usado pela primeira vez em 1915, contra as linhas alemãs. Sua principal vantagem era que, ao contrário do gás cloro, era completamente incolor e por isso mais eficaz como arma química por ser difícil de detectar. Na história da guerra química, a Primeira Guerra Mundial tem, portanto, tudo a ver com a produção de nuvens invisíveis, feitas pelo homem.

Nuvens-cogumelo

Um novo capítulo na história das nuvens criadas pelo homem foi inaugurado em fins da Segunda Guerra Mundial. Desde o lançamento das bombas atômicas nas cidades japonesas de Nagasaki e Hiroshima, em agosto de 1945, as "nuvens-cogumelo" dominaram nossa visão da guerra total e do poder das armas nucleares modernas para aniquilar a vida no planeta. "Cogumelo" foi o termo usado para descrever o formato da nuvem gerada pela força da explosão à medida que o material do solo, o vapor d'água, uma bola de fogo esférica e uma onda de choque eram impelidos para cima e para fora.

O termo "cogumelo" popularizou-se na década de 1950, mas os primeiros a observar as explosões nucleares usaram outras palavras para descrevê-las. Aqueles que presenciaram o "Teste de Trinity", em julho de 1945, descreveram uma "nuvem multicolorida repentina", uma "coluna gigante", uma "coluna em forma de chaminé", um "grande funil" e até mesmo uma "framboesa". Em Hiroshima, alguém descreveu ter visto um "pilar de fumaça preta em forma de paraquedas", e uma testemunha ocular do teste no Atol de Bikini, em 1946, referiu-se a uma nuvem em forma de "couve-flor". Foi nos testes em Bikini, no entanto, que um repórter comentou sobre "o cogumelo, agora símbolo comum da era atômica".

Teste de Trinity A primeira detonação de uma bomba nuclear pelo exército dos Estados Unidos, em 16 de julho de 1945, em Jornada del Muerto, no deserto do Novo México. A bomba era do mesmo tipo da que seria detonada em Nagasaki em 9 de agosto daquele ano – a última vez que uma bomba nuclear foi usada em combate.

Fotografia do bombardeio atômico de Nagasaki, 9 de agosto de 1945.

Ao longo do século XX, essa nuvem peculiar expressou tão vividamente os horrores da guerra nuclear que o jornal russo *Pravda* veio a declarar que uma "nuvem em forma de cogumelo pairava sobre o futuro da humanidade". O espectro aflitivo da nuvem-cogumelo criada pelo homem tornou-se o temor dominante no período da Guerra Fria e, na verdade, ainda hoje paira sobre nós.

Doença

O medo de nuvens tem também sua própria história. No século XIX, acreditava-se que as nuvens – ou "névoas" ou "miasmas" – eram portadoras de doenças e, na compreensão da época, explicavam como a cólera se propagava. Típico dessa forma de entender foi um incidente ocorrido em outubro de 1831 em Nigg, aldeia de pescadores no norte da Escócia, em que os moradores declararam ter avistado uma "nuvenzinha amarela" abraçando o solo. O terror tomou conta da aldeia, pois os habitantes estavam convencidos de que a nuvenzinha representava a mortal doença cólera, até que uma alma corajosa, munida de um saco de linho, procurou "apanhar" a nuvem, fechando a abertura do saco com inúmeros alfinetes. Percebendo que o invólucro da nuvem estava agora mudando de cor, de branco para amarelo, o perspicaz aldeão concluiu que seria impossível prender seu conteúdo mortífero por muito mais tempo e decidiu enterrá-lo, marcando o local com uma pedra que ali permanece até hoje: a "Pedra da Cólera". Isso mostra como uma nuvem foi usada na época para explicar a propagação de uma doença letal, mas invisível. No pensamento do século XIX, a cólera foi reconfigurada como um objeto – uma nuvem de esporos mortíferos que podiam ser vistos –, o que por sua vez tornava a doença facilmente compreensível por todos.

Essa ligação entre as nuvens e as minúsculas partículas que disseminam doenças contagiosas levanta outra questão muito importante: a da história do pó...

8

Pó

A história do pó tem tudo a ver com...
invenção do microscópio, mortes misteriosas de egiptólogos,
Estados Unidos nos anos 1930, conhecimento perdido e Big Bang.

Pó é história. Uma manifestação física do passar do tempo, ele muda a aparência dos objetos como um indicador visível de negligência. Assim, anos de cuidados "sem colocar as mãos" nas raras coleções na Knole House em Sevenoaks, Kent, Inglaterra, o antigo lar dos arcebispos de Canterbury e dos monarcas Tudor, cobraram um preço sobre os móveis ornamentados e muito valiosos, que ficaram tão incrustados com pó que, segundo o consultor de conservação de tecidos do National Trust, havia "sobre eles um ar de cadáveres cinzentos caídos que precisam do beijo da vida".

O pó pode se depositar sobre um objeto, estragando sua aparência e exigindo limpeza, do mesmo modo que pode marcar o local em que um objeto já esteve: pode tanto ocultar quanto criar uma sombra de pó. Traz cheiros, fantasmas de odores de onde já esteve: uma urze queimada, a beira-mar. Ele é uma constante na história humana. Os seres humanos e o pó andam lado a lado. De fato, sabemos agora que o pó consiste basicamente de pele humana. Sempre que mastiga, você cria pó; sempre que bate palmas, anda, fica em pé, se senta, se veste, se despe, tosse, espirra, solta puns ou arrota, você cria pó.

Portanto, o pó está intimamente ligado à história humana – na verdade, a *qualquer* história humana –, e nosso relacionamento com ele, as maneiras como o entendemos ou reagimos a ele, também mudou com o tempo. Assim, o pó não é só um assunto inesperado para a história, mas também um assunto inesperadamente fascinante e importante.

Pequeneza

Primeiro, pense em seu tamanho, sua pequeneza. Por milênios, o pó foi a menor coisa que os homens conheceram em um período sem medidas e cálculos precisos. Nossa compreensão do pó e nosso relacionamento com ele estiveram associados com uma transformação na ciência e com o conhecimento do mundo natural a partir do século XV, quando ferramentas e técnicas para observar e medir o mundo que nos rodeia passaram do óbvio para o quase não visível e, depois, chegaram ao que era invisível a olho nu, uma trajetória que pode ser seguida na descoberta das partículas atômicas e subatômicas.

Essa observação do infinitesimal foi tornada possível pela invenção dos óculos, resultado de experimentos na produção de vidros em Veneza e em seus arredores no final do século XIV. Depois dos óculos veio o telescópio e, depois, na Holanda em 1590, ou talvez na Itália em 1610, o microscópio. Quarenta anos depois, o cientista holandês Anthony van Leeuwenhoek (1632-1723) conseguiu ampliar um objeto 270 vezes e foi o primeiro a ver e descrever as hemácias. Um século mais tarde, o padre católico italiano e biólogo Lazzaro Spallanzani (morto em 1799) comparou a profunda importância de suas descobertas dos mundos minúsculos sob a lente de seu microscópio à descoberta do Novo Mundo por Cristóvão Colombo em 1492. Entre muitas observações extraordinárias, Spallanzani descobriu que mesmo os menores seres vivos tinham pais, uma crença que ia diretamente contra a teoria aceita da geração espontânea. Na compreensão do mundo de Spallanzani podemos vislumbrar tanto a tecnologia quanto a estrutura intelectual de nossa compreensão contemporânea do pó, pois, se estudado ao microscópio, fica claro que os seres humanos são os pais do pó.

Medo do pó

A compreensão do pó trouxe com ela a revelação um tanto alarmante de que o pó consistia basicamente de pele humana, pelos de seres humanos e animais, e excremento e enzimas de ácaros, que excretam vinte vezes ao dia e produzem uma nova geração a cada três semanas. Essas pequenas criaturas habitam os cantos escuros, úmidos e quentes das casas, em especial em tecidos como cobertores e roupas. Eles são levados pelo ar só quando perturbados pelo movimento e podem ser origem de problemas se forem inalados. Os ácaros estão ligados à asma. Essas criaturas também se alimentam da pele morta de seres humanos. Ainda bem que não nos comem enquanto estamos vivos.

O pó também é formado por pólen, minerais do solo, fibras de tecidos e de papel. Nenhum dos ingredientes desse coquetel de pó, que em si mesmo é histórico e varia de local a local e de período a período, é especialmente atraente. Sua pele fica arrepiada quando você pensa em todos os insetos mortos e excrementos que ingere por causa do pó? A nossa fica, pois, como você, temos um pouco de medo do pó.

Algumas sociedades do passado temiam o pó, acreditando que ele era um inimigo da civilização, e não deixavam dúvidas de como essas crenças podiam ser extremas. A "limpeza" estava "de fato próxima à divindade", como o fundador do metodismo, John Wesley, exortou em um sermão sobre roupas em 1786. Portanto, a sujeira estava próxima... ao... inferno? Falência moral? Para Wesley, o pó estava próximo ao mal do "desmazelo", que, na opinião dele, não fazia "parte da religião". A limpeza era certamente um sinal de boas maneiras, prova de que você havia se elevado acima da lama dos trabalhadores. Água corrente, luz, eletricidade, educação, lei, finanças públicas e reforma moral também fazem parte deste capítulo sobre a história do pó. O pó e a sujeira eram perigosos, obstruíam o progresso; a escuridão que os escondia ou ajudava a causá-los era a antítese do ideal do Iluminismo. Luz, ar, limpeza, educação, maneiras – esses eram os ingredientes do progresso.

John Wesley (1703-1791) Clérigo da Igreja da Inglaterra e fundador do metodismo. Em 1738, ele experimentou uma conversão evangélica que "aqueceu estranhamente" seu coração e o levou a criar seu próprio ministério.

Revolução Industrial

No entanto, esse progresso, acelerado pela Revolução Industrial, trouxe formas inteiramente novas de pó em quantidades que irritavam os olhos. No século XIX, a própria natureza do pó mudou com a produção em massa. O pó de carvão e de tijolos se espalhava por toda parte, de fábricas, trens, minas e escavadeiras, levado pelos motores do capitalismo. Assim, também surgiu um impulso para inventar produtos de limpeza para removê-lo, e o aumento da popularidade de itens como tapetes e carpetes para esconder o pó. O estudo das doenças ocupacionais ou "industriais" nasceu nesse período, em especial no processamento de peles e de couro e nas indústrias de papel, e se tornou um assunto popular para os escritores contemporâneos e os reformadores sociais.

Em seu monumental livro *O capital*, Karl Marx descreveu o pó nocivo e prejudicial que era gerado na coleta de aparas, parte do processo industrial na produção de papel, e o pó infinito produzido em fábricas de algodão que envolvia todos os que trabalhavam sob essas condições, inclusive as crianças:

> A atmosfera das fábricas de linho, em que os filhos desses pais virtuosos e ternos trabalham, está tão carregada de pó e fibras do material bruto que é excepcionalmente desagradável ficar dez minutos nas salas de fiação, pois você é incapaz de fazer isso sem ter uma sensação muito dolorosa que se deve aos olhos, ouvidos, narinas e boca ficarem imediatamente cheias com as nuvens de pó de linho das quais não há como fugir.

***O capital* (1867-1883)** A obra em três volumes de Karl Marx *O capital: crítica da economia política* é um texto fundamental para entender suas teorias de filosofia materialista, economia e política. É um dos livros mais influentes da história.

O pó se tornou um ponto central nos escritos dos reformadores sociais do final do século XVIII e do século XIX. A investigação do médico e reformador georgiano Charles Thackrah, em 1830, a respeito dos ofícios e profissões quanto "aos agentes que produzem doença e encurtam a duração da vida", focava-se nos trabalhadores "cujos empregos produzem pó ou vapor decididamente prejudiciais". Esse interesse médico, por sua vez, levou a que, no final do século XIX, impressão, produção de linho e algodão, fabricação de roupas, acabamento em latão e marfim e fabricação de botões de pérola fossem regulamentados pela legislação. Nosso relacionamento com o pó havia deteriorado a ponto de legislarmos contra ele.

Coleta de pó

Com tanta preocupação em relação ao pó, durante o período vitoriano, havia todo um setor de coleta de pó, como retratado por Charles Dickens no livro *O amigo comum* (1865). Ele nos diz que a casa da família Wilfer ficava

> na região de Holloway, ao norte de Londres... Entre a Battle Bridge e aquela parte do distrito de Holloway em que ele morava havia um trecho do Saara suburbano, em que azulejos e tijolos eram queimados, ossos eram fervidos, carpetes eram batidos, lixo era jogado, cães eram expulsos e o pó era empilhado por empreiteiros.

O pó, que era efetivamente sinônimo de determinados tipos de lixo durante o século XIX, acumulava-se, segundo o reformador social inglês Henry Mayhew (1812-1887) em seu relato dos "varredores de Londres" em 1851, "em casa proveniente de diversas causas, mas principalmente do resíduo de fogueiras, cinza branca e cinzas, ou pequenos fragmentos de carvão não consumido que se acumulam em grande quantidade". As pilhas de pó eram separadas de pilhas de estrume; a coleta de fezes humanas era a ocupação dos coletores de excrementos, mais que do varredor.

VIEW OF A DUST YARD.

Separadores de pó vitorianos. *View of a Dust Yard* [Vista de um pátio de pó] (de um esboço feito no local), xilogravura publicada em *London Labour and the London Poor* [Trabalho londrino e pobreza londrina] (1851), de Henry Mayhew.

O pó tinha valor. Ele era peneirado, coletado, enviado a pátios de pó, processado e armazenado. Depois era reciclado e usado, entre outras coisas, para fabricar tijolos. R. H. Horne, em seu ensaio "Dust; Or, Ugliness Redeemed" [Pó, ou, Feiura redimida], de 1850, descreveu o processo pelo qual

> o fino pó de cinzas e as próprias cinzas são usadas na argila dos tijolos, tanto nos blocos vermelhos como nos cinzentos. As cinzas também são usadas como combustível entre as camadas de grupos de tijolos, que não podem ser queimados nessa posição sem elas.

Peneirar o pó trazia a esperança de encontrar tesouros ocultos: prata, joias e outros bens de valor descartados por engano e que poderiam ser revendidos. Havia dinheiro no pó. Essa foi a inspiração para o personagem de Dickens, Nicodemus Boffin, o *Golden Dustman* [Varredor de Ouro], cujo *status* de novo rico, que é alvo de zombarias no romance, veio de seu sucesso nos negócios de pó. A inspiração para o sr. Boffin era um rico filantropo, chamado Henry Dodd, que nos anos 1820 se estabeleceu como empreiteiro de pó, cuja empresa ficava em 14 Pump Row, Hoxton, Londres. Mais tarde, ele abriu uma filial em City Wharf e conseguiu lucrativos contratos de limpeza com várias paróquias de Londres, empregando centenas de varredores e cavalos. Quando morreu, em 1881, deixou uma fortuna de £113.000.

Esse era, porém, um setor perigoso e desagradável. As pilhas de pó sempre incluíam carcaças de animais mortos e acreditava-se na época que as pilhas eram incubadoras de doenças infecciosas agudas.

Desde essa transformação na produção de pó e na nossa atitude em relação a ele, donas de casa, faxineiros e conservacionistas se preocupam com o pó conforme ele aumenta em semanas, dias, ou mesmo horas, mas o que acontece se ele aumenta no decorrer dos anos, séculos ou... *milênios*?

Tutancâmon

Essa questão confrontou, pela primeira vez, os arqueólogos e editores de jornais nos anos 1920. As propriedades desconhecidas do pó antigo preocuparam os arqueólogos porque eles é que descobriram túmulos egípcios de luxo inimaginável, incluindo o do menino-rei Tutancâmon, que havia sido enterrado em 1323 a.C. Os editores de jornais ficaram intrigados porque várias das pessoas que haviam sido as primeiras a entrar nos túmulos morreram em circunstâncias incomuns. A princípio, culparam uma "maldição", uma história que fez manchetes dos dois lados do Atlântico. A história foi devorada pelo público e continua a ser um tema popular em livros e filmes. Porém, os cientistas logo voltaram seu olhar para o ar na câmara mortuária e para o pó que ela continha. Certamente, patógenos tóxicos antigos eram os responsáveis. Será que insetos, mofo e bactérias, de algum modo, tinham se nutrido com a comida com que os faraós eram enterrados? Será que gases venenosos se acumulavam dentro dos sarcófagos? Há muitas coisas aqui que falam do permanente medo do invisível. Nada de conclusivo veio das investigações do túmulo de Tutancâmon. Parece que esse pó não era o culpado, pelo menos não nesse caso específico.

Pesquisas recentes, porém, têm mostrado que todos os tipos de arqueólogos – não só os egiptólogos como Howard Carter que tiveram a sorte de entrar em túmulos lacrados há milênios – *correm* o risco do passado que estudam. Infecções bacterianas e virais podem se esconder no solo ou nos dejetos orgânicos que escavam, substâncias tóxicas da tecnologia histórica podem poluir sítios arqueológicos, corpos dos que morreram com uma doença ainda podem conter patógenos. Aqui, então, nosso medo de um tipo específico de pó – o pó histórico – se justifica: o passado é, sem dúvida, um lugar perigoso.

Tempestades de poeira

Desse modo, o medo do pó é totalmente sensível e racional. Com o tempo, as pessoas sentiram isso por razões muito diferentes. O pó doméstico desencadeia alergias; o pó do carvão provoca doenças respiratórias fatais; isso sem mencionar a poeira de precipitação radioativa. As tempestades de poeira são uma característica específica de áreas desertas áridas ou semiáridas, onde partículas finas de areia seca ou solo são levadas pelo vento, às vezes com consequências catastróficas. Grandes partes do planeta ainda hoje sofrem com tempestades desse tipo, um fenômeno exacerbado pela mudança climática, mas também causado pelo cultivo superintensivo e gerenciamento ruim das regiões secas. As tempestades de areia são uma característica dominante do Saara, e os cientistas demonstraram seu impacto negativo sobre a saúde, por estarem conectadas a problemas respiratórios e à disseminação de doenças contagiosas por meio de esporos de vírus enterrados no solo. O pó afeta a vida das pessoas comuns ao redor do mundo e tem efeitos sobre as economias locais e globais.

Fotografia do Dust Bowl, Dallas, Dakota do Sul, 1936.

Um dos eventos mais catastróficos que atingiram os Estados Unidos durante o século XX foi o Dust Bowl dos anos 1930, que, junto com a Grande Depressão, provocou muitas dificuldades para um número expressivo de cidadãos norte-americanos nos estados do Texas e Oklahoma, além de partes do Novo México, Kansas e Colorado. A região afetada se estendeu por mais de 240 mil quilômetros das planícies do sul. O fenômeno foi, ao mesmo tempo, uma catástrofe natural e um problema causado pelo homem.

Durante a Primeira Guerra Mundial, a demanda pelo trigo norte-americano para alimentar as tropas aumentou expressivamente, o que levou a incrementos imensos na produção, enquanto os fazendeiros eram estimulados pelos lucros. Respondendo a esse crescimento na demanda e aos preços recordes do trigo, os fazendeiros araram e cultivaram em excesso suas terras, auxiliados pela introdução de novos tratores a gasolina, como o popular Fordson, produzido em massa por Henry Ford, que dominou o mercado dos EUA. A dupla praga da seca e da Grande Depressão dizimou a indústria do trigo, que viu os preços caírem a níveis deploráveis. Conforme os hectares dourados de trigo secavam e murchavam no chão, as grandes extensões de grama das pradarias, que tinham sido substituídas, não estavam mais ali para ancorar a camada superior do solo e evitar que fosse levada pelos fortes ventos que sopravam nessas planícies do sul. Além desse problema, a região foi atingida por pragas quase bíblicas de lebres e gafanhotos que destruíam qualquer lavoura que crescesse nessa terra difícil.

O que mais permaneceu na consciência histórica popular foram as enormes tempestades de poeira que percorreram as pradarias. Elas estão admiravelmente registradas para a posteridade nas muitas fotos que ainda existem: imagens de construções de fazendas, caminhões e cercas enterrados em montes de areia, imagens de enormes nuvens escuras de poeira que bloqueavam a luz, de carros tentando escapar à tempestade com os ocupantes fugindo em busca de abrigo e segurança [*Fig. 10 do caderno de imagens*].

Esses acontecimentos perturbadores dos anos 1930, que deslocaram tantas famílias, são retratados no romance vencedor do Prêmio Pulitzer *As vinhas da ira* (1939), de John Steinbeck. Nele, a família Joad é forçada a deixar sua fazenda em Oklahoma (embora na realidade a maioria tenha permanecido em suas terras), onde morava havia anos, e mudar para a Califórnia para tentar começar uma nova vida. Steinbeck captura intensamente as condições do Dust Bowl: "A superfície da terra formava uma crosta fina e dura, e, quando o céu se tornava pálido, a terra também empalidecia, rósea na parte vermelha e branca na parte cinzenta", descrevendo depois dramaticamente uma tempestade de poeira (ou "nevasca negra"): "Pouco a pouco, o céu escureceu com a poeira misturada, e o vento caiu sobre a terra, soltou a poeira e a levou embora".

O impacto dessas tempestades de poeira não pode ser exagerado, nem em termos de tamanho, nem de força, nem quanto à destruição que causaram. Em 1934, a costa leste dos Estados Unidos testemunhou a chegada de uma tempestade de poeira com 3,2 quilômetros de altura que tinha viajado cerca de 3 mil quilômetros e deixou monumentos como a Estátua da Liberdade envoltos em poeira e detritos. O próprio ar estava tão carregado que estalava com eletricidade estática. Essas tempestades causaram danos permanentes ao meio ambiente e à saúde das pessoas. Uma mulher de Oklahoma entrevistada em 1940 descreveu ter sido pega em uma tempestade de areia em 1934 às 16h:

> Vimos uma enorme nuvem preta [que] parecia com a fumaça que sai da chaminé de um trem. A poeira veio rolando, e quando chegou à casa, todos ficamos com medo. Corremos para a casa da fazenda porque achamos que era uma tempestade. Acendemos a lâmpada, mas estava tão escuro lá dentro que não conseguíamos ver uns aos outros mesmo com a lâmpada acesa, e só ficamos sufocados e asfixiados.

Essas experiências foram vividas por inúmeros norte-americanos. É por isso que o pó tem um lugar importante na história dos Estados Unidos no início do século XX.

Historiadores

A própria História, como uma disciplina, há tempos está entrelaçada com o pó. O próprio ato de pesquisar e escrever a história exige que o historiador encontre o pó: arquivos, bibliotecas e salas de registros e documentos históricos são verdadeiros santuários do pó, que se acumula durante séculos sobre caixas de registros, livros e manuscritos antigos, papel couchê e papel velino. O historiador deve, então, soprar o pó desses remanescentes literários do passado para que respirem nova vida. Essa foi a abordagem de Jules Michelet, grande historiador francês do século XIX, em sua primeira visita ao Archives Nationales em Paris. Escrevendo no prefácio de sua *Histoire de France* [História da França], ele se dirigiu aos mortos anônimos cuja história estava em suas mãos:

> Devagar, caros amigos, vamos continuar em ordem, por favor. Todos vocês têm seu lugar na história... E, conforme eu respirava o pó deles, eu os via se levantarem. Eles se levantaram do sepulcro, um com a mão, outro com a cabeça, como no *Juízo Final*, de Michelangelo, ou na *Dança da morte*.

Examinando as riquezas dos arquivos, ele escreveu: "Estes papéis e pergaminhos, abandonados há tanto tempo, não desejam nada além do que ser restaurados à luz do dia". O trabalho com documentos antigos – como qualquer historiador confirmará – exige que realmente se respire o pó do passado: o pó que se acumulou em registros históricos, mas também o pó de sua própria desintegração.

Jules Michelet (1798-1874) Historiador francês famoso por sua *Histoire de France* (1855). O primeiro historiador a usar o termo "Renascença" para descrever o período na história cultural da Europa após a Idade Média.

Os historiadores encontram pó não apenas porque os documentos e livros acumulam pó com o tempo, mas também porque esses registros se desintegram em pó. Livros raros encadernados em couro após 1880 têm sua própria forma de deterioração – "podridão vermelha" ou "deterioração vermelha" –, na qual o couro, cada vez mais tratado com processos vegetais com base em tanino, simplesmente vira pó. O conservador de livros ou manuscritos raros, portanto, está em uma constante batalha contra a desintegração de documentos históricos em pó. Ao examinar um livro de contas do século XVIII, sob a cuidadosa supervisão da equipe de conservação no escritório de registros de West Country, James ficou atônito com a extrema fragilidade que algumas vezes os registros históricos realmente têm. O volume de manuscritos com folhas grandes, que precisou ser consultado em um laboratório de conservação, estava muito estragado por umidade, tanto que só podia ser lido com o uso de uma faca de papel para virar cuidadosamente as páginas. As primeiras cem páginas eram quase impossíveis de serem decifradas e estavam literalmente voltando ao pó. A história só pode ser escrita com base nas evidências que permanecem, e incontáveis histórias são perdidas por deterioração. Uma parte importante da história do pó, portanto, diz respeito à história da conservação de livros, à preservação de manuscritos e à consciência do conhecimento que foi perdido para o pó.

Livros

A sobrecapa – uma capa externa destacável com abas dobradas que a prendem à capa e à quarta capa dos livros – não tem quase nenhuma relação com a proteção dos livros contra o pó.

As sobrecapas datam dos anos 1830, quando os livros eram produzidos com encadernações em tecido (e às vezes em couro e seda) e serviam para proteger os livros quando eles saíam das impressoras, sendo descartadas depois. Antes disso, os livros eram vendidos sem encadernação, e os donos encomendavam a encadernação especialmente para seus volumes, muitas vezes em um estilo uniforme. Um dos primeiros exemplos que ainda existem é uma cópia de *Friendship's Offering* [Oferta de amizade] (1829), na Biblioteca Bodleiana, que é uma sobrecapa de papel para um livro encadernado em seda. Originalmente, as sobrecapas eram simples, mas depois as editoras e os designers viram que as sobrecapas também serviam para promover os livros, e assim começou a maravilhosa tradição de sobrecapas com belas ilustrações.

1. Thomas Eakins, *The Writing Master* (1882).

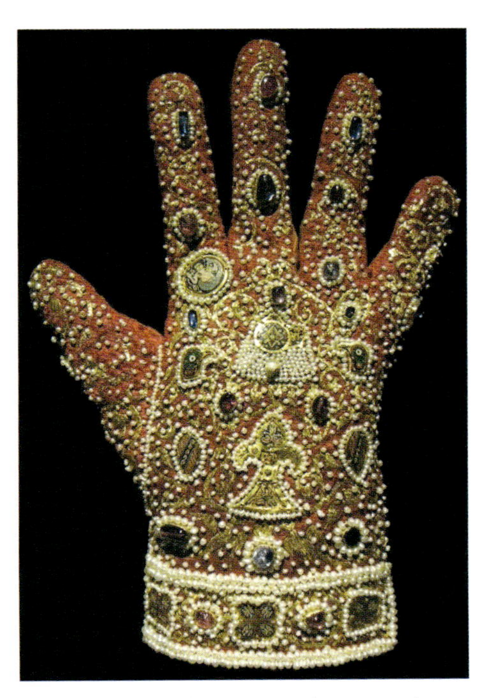

2. Luva imperial ornamentada com pedras de Palermo usada pelo imperador romano-germânico, c.1220.

3. Albrecht Dürer, *Imperador Carlos Magno* (1511-1513).

4. Jean-Siméon Chardin, *Bulles de savon* (1733-1734).

5. Dosso Dossi, *Allegoria della Fortuna* (1530).

6. John Everett Millais, *Bubbles* (1890) (anúncio do sabão Pears).

7. Retrato do papa Sisto V (r.1585-1590).

8. Lavinia Fontana, *Ritratto di Antonietta Gonzales* (1595).

9. John Singer Sargent, *Gassed* (1919).

10. Foto de uma tempestade de poeira no Texas, 1936.

Ironicamente, as sobrecapas muitas vezes são jogadas fora, especialmente em bibliotecas, onde os livros de capa dura são guardados sem elas. Grandes coleções de sobrecapas são mantidas em bibliotecas como a Biblioteca Britânica, de Londres, e a Biblioteca Pública de Nova York, e exemplos raros de sobrecapas são itens de colecionador. Um exemplar da primeira edição de *O cão dos Baskerville*, de *Sir* Arthur Conan Doyle, que normalmente valeria £3.000-£4.000, foi vendido por £80.000 em julho de 1998 – porque tinha a sobrecapa original.

Biologia

Traz humildade lembrar que não só produzimos pó, mas somos, na verdade, feitos inteiramente de pó, e de um tipo muito especial. Sabemos agora que tudo em nós se originou de explosões cósmicas há bilhões de anos. Nosso corpo é literalmente feito de poeira de estrelas. Temos no nosso corpo material que é tão antigo quanto o universo, e cerca de 40 mil toneladas de poeira cósmica caem na Terra a cada ano, e são absorvidas por nosso corpo conforme ele muda e envelhece. Nosso corpo está em um processo constante de deterioração e regeneração. A divisão celular é constante. Literalmente, não somos os mesmos que éramos há poucos segundos. Pisque, e você já mudou.

Essa é uma ideia importante que, na verdade, tem sua própria história, mais visível e famosa na Bíblia e no Alcorão, que estão repletos de referências ao pó. "E formou o Senhor Deus o homem do pó da terra, e soprou em suas narinas o fôlego da vida; e o homem foi feito alma vivente" (Gênesis 2,7), e "porquanto és pó e em pó te tornarás" (Gênesis 3,19). O Alcorão é igualmente específico: "Entre os Seus sinais está o de haver-vos criado do pó" (Sura 30,20).

Em última instância, então, todos nós descendemos do pó e ao pó retornaremos. Não somos "fixos". A vida é um processo, um padrão que pode ser mapeado. Portanto, o pó tem menos a ver com deterioração do que com circularidade, um contínuo. Em resumo, ele tem a ver com o persistente passar do tempo – o que levanta a questão muito importante da história dos relógios...

9

Relógios

A história dos relógios tem tudo a ver com...
aldeias nos Pireneus, oração, comida, Reforma (outra vez),
icebergs *e viúvas.*

Hoje podemos saber a hora exata onde e quando quisermos. Acatamos sem questionar o modo como os relógios marcam nossa vida diária. Por isso, nem nos ocorre dar atenção à extraordinária história desses objetos, mas consideremos as seguintes questões: como se media o tempo antigamente? E o que *significava* "tempo"? Como esses aspectos do tempo afetavam a vida diária das pessoas? Tais questões são fundamentais não só para todo historiador, mas até para a própria história como campo de conhecimento. A relação das pessoas com o tempo mudou visivelmente ao longo dos séculos – e, uma vez admitido esse fato, a história dos relógios abre para nós todo um mundo histórico que chega a ser mágico.

Escravidão

Durante a Revolução Industrial, os operários fabris eram regidos pelo tempo. Nas fábricas vitorianas do início do século XIX, o relógio de algibeira do capataz organizava as rotinas diárias dos que trabalhavam sob servidão salarial, ditando os horários em que deveriam pular da cama ainda exaustos, arrastar-se ao emprego, comer, trabalhar, ir ao banheiro e, por fim, dormir. O controle claustrofóbico e vigilante que vigorava nos cotonifícios britânicos é vividamente evocado nas palavras anônimas de um operário diarista que fiava algodão (1818):

> Os operários... são treinados para trabalhar desde os 6 anos de idade, das cinco da manhã às oito ou nove da noite... Observe a aparência esquálida das crianças pequenas e de seus pais tirados da cama tão cedo, em todo tipo de clima... Lá estão eles (e caso se atrasem alguns minutos, um quarto do dia lhes é descontado do salário), trancafiados até a noite em recintos mais quentes que o dia mais tórrido... e sem folga o dia inteiro, exceto três quartos de hora para jantar... O escravo fiandeiro inglês não desfruta da atmosfera aberta e das brisas do céu. Trancado nas fábricas... não tem descanso até que cesse o clamor do motor, e então volta para casa para refazer-se para o dia seguinte; sem tempo nenhum para um doce convívio com a família...

Eis aí uma descrição condenatória (ainda que polêmica) do impacto que os relógios podem ter na vida das pessoas comuns. Mas o mundo nem sempre foi escravizado pelos relógios. Houve época em que era pautado pelo ritmo das estações. Na Europa do século XVI, o ano se abria com as primeiras flores e o gradativo prolongamento dos dias. Somente para quem trabalhava com documentos oficiais – advogados e diplomatas – é que o ano começava em sua data oficial. O tempo rural não era rígido e regular, mas sim marcado pela imprecisão e pelos ciclos do ano agrícola.

O tempo no campo

> **Montaillou** Pequena comuna no departamento de Ariège, sul da França. Hoje em ruínas, foi na Idade Média um centro ativo da heresia cátara. Graças aos detalhados registros da Inquisição do período de 1294 a 1324, sabemos praticamente tudo sobre a vida cotidiana dos 250 habitantes desse local – desde seu cardápio até suas atitudes quanto ao sexo.

Conhecemos bastante sobre a natureza do tempo rural graças aos detalhes da vida dos agricultores, pastores e artesãos do vilarejo medieval de Montaillou, nos Pireneus, onde simplesmente não havia relógios e o tempo parece ter sido menos corrido. No entanto, com base nos testemunhos que deixaram ao serem interrogados por heresia por Jacques Fournier, inquisidor e bispo de

Pamiers de 1318 a 1325, sabemos como os habitantes dessa aldeia do sul da França contavam o tempo e o que falavam sobre ele. Utilizavam expressões vagas – "um curto momento", "uma breve pausa" – e valiam-se de pontos fixos para referir-se aos períodos do dia: horas das refeições, pôr do sol, noite, o cantar do galo. Havia, é claro, os sinos da igreja, que costumamos associar ao bater das horas, mas em Montaillou os sinos soavam apenas em ocasiões especiais, como os funerais e a consagração da hóstia, e não para marcar a passagem do tempo a intervalos regulares. Os aldeões tampouco trabalhavam obedecendo a uma agenda fixa e contínua. Os dias eram constituídos de longos intervalos irregulares e a maioria dos habitantes quase sempre encontrava tempo para conversas tranquilas, sem a pressão constante do relógio. A terminologia-padrão que prontamente associamos ao tempo – segundos, minutos, horas, dias, semanas, meses, anos – não era comumente empregada. Em vez disso, o calendário se baseava em fenômenos naturais, como as colheitas e as tarefas agrícolas, e em referências ao ano cristão: dias de celebração e dos santos, como o Dia de São Miguel (29 de setembro) ou o de São Martinho (12 de novembro). Esta era a realidade no período medieval na Montaillou rural. A única exceção a esse modo vago de contar o tempo era o padre da aldeia, único morador que possuía um calendário e tinha a incumbência de saber que dia do ano era.

Comércio e almas

No mundo pré-moderno, os mercadores e a Igreja interessaram-se pelo tempo por razões relacionadas ao comércio e às almas. Contar o tempo era primordial para a vida espiritual de muitos cristãos,[1] e, enquanto os que moravam no campo viviam de acordo com o "tempo rural", os que seguiam a vida religiosa viviam de acordo com o "tempo religioso".

Consideremos, por exemplo, os monges católicos beneditinos, cuja rotina diária era pautada por regras que, em conjunto, ficaram conhecidas simplesmente como *Regra de São Bento*. Sua vida era pontuada por uma sequência de orações que cobria as 24 horas do dia. A *Regra*, constituída na Itália por volta de 530, descrevia "Como o Serviço Divino será realizado ao longo do dia", explicando que:

1. Tal relevância se revela já na ideia de designar as datas como a.C. (antes de Cristo) ou, como também anda em voga, A.E.C. (antes da Era Comum) e como d.C. (depois de Cristo) ou E.C. (Era Comum).

> Como diz o profeta: "Sete vezes ao dia, assim Vos louvo". Este número sagrado de sete será portanto por nós cumprido se, nas matinas, nas horas prima, terça, sexta e nona, nas vésperas e no *completorium*, cumprirmos os deveres de nosso serviço; pois foi dessas horas do dia que ele disse: "Sete vezes ao dia, assim Vos louvo". Pois, quanto às vigílias noturnas, diz o mesmo profeta: "Levantava-me no meio da noite para Vos louvar". Rendamos portanto, nessas horas, graças a nosso Criador pelos juízos de sua justiça; ou seja, nas matinas etc. e à noite nos levantemos para O louvar.

A *Regra de São Bento* tornou-se o modelo básico da vida monástica em toda a Europa medieval, tendo o tempo como cerne de seu código de autoridade e de ascetismo. Para milhares de monges ao longo dos séculos, o tempo foi marcado por esse incessante ritmo das orações.

Regra de São Bento Conjunto de normas elaborado por Bento de Núrsia (*c.*480-550 d.C.) para monges que vivem comunitariamente em um mosteiro sob a autoridade de um abade. Essa forma moderada de monasticismo é até hoje seguida pelos monges beneditinos.

No cristianismo católico, a frequência à missa, os sacramentos e a confissão eram rituais rotineiros que estruturavam o ritmo diário, não somente para os monges enclausurados, mas também para os leigos. Esse arraigado interesse devocional por uma rotina diária de oração é notavelmente demonstrado pelas dezenas de livros de horas medievais que chegaram até nós. Tais livros devocionais manuscritos, muitas vezes ricamente ilustrados, continham salmos e orações que proporcionavam ao proprietário uma estrutura para sua vida diária. A rotina se baseava nas oito horas canônicas, que abrangiam desde as matinas, de madrugada, até as completas, última oração a preceder o leito, bem como em um calendário de festas religiosas. Esses volumes não só serviam como práticos livros de oração, mas eram também muitas vezes adaptados às necessidades específicas do proprietário. Há evidências de que eram produzidos para mulheres, sendo até oferecidos como presentes de casamento e repassados a herdeiros como artigos preciosos. Os proprietários deixavam em seus livros de horas anotações pessoais que incluíam registros de eventos ocorridos em datas particulares. Na folha de guarda de um livro de horas pertencente à família

Derham, de Crimplesham, Norfolk, Inglaterra, constam anotações de nascimentos que se caracterizam pelo zelo por detalhes astrológicos precisos: "Tomás, meu filho, nasceu no dia XII de janeiro do ano 1488 de Nosso Senhor, em uma terça à noite, entre VIII e IX: Deus o fez um bom homem: tal dia sendo chamado Dia de Santo Hilário". Essa anotação, que casualmente sobreviveu aos séculos, mostra um conhecimento das datas do calendário, bem como um profundo empenho pessoal em registrar um rito de passagem marcante para a história da família. Mostra também conhecimento da hora específica em que a criança nasceu – evidência da precisão com que as horas eram contadas há quase cinco séculos e meio.

A Reforma

A história dos relógios e da religião também está ligada à Reforma, que trouxe uma introspecção cada vez mais obsessiva com o tempo. Na Europa, a metade final do século XVI e o século XVII foram território de memorialistas espirituais que, preocupados com a salvação da própria alma, registravam minúcias de sua vida diária. Essa modalidade do que poderíamos chamar de "contabilidade espiritual" tomou impulso após a Reforma como um modo de monitorar se a vida que se levava era a de um bom protestante. *Lady* Margaret Hoby, fidalga profundamente devota, foi uma das primeiras inglesas a escrever um diário.

Nele, descreveu os detalhes cotidianos, e um tanto tediosos (tanto para ela quanto para nós), de uma monótona existência no norte da Inglaterra. O diário traz muito pouco em termos de sentimentos pessoais ou aspectos íntimos, e está a milhas de distância dos picantes relatos de um memorialista como Samuel Pepys. No entanto, traz algo bem interessante sobre sua devotada obsessão pelo tempo como forma de prestar contas de sua vida espiritual de boa cristã.

Uma anotação datada de 28 de agosto de 1599, uma terça-feira, é bastante típica:

> De manhã, após minha oração íntima, li a Bíblia e então bordei até as 8 horas, e então fiz meu desjejum; após o que, caminhei pelos campos até as 10 horas e então orei, e não muito mais tarde fui almoçar; e por volta da 1 hora colhi maçãs até as 4; então voltei para casa e bordei até quase as 6; e então fiz oração íntima e exame de consciência, o que agradou ao Senhor para abençoar-me; e supliquei ao Senhor, em nome de Cristo, que

> fortalecesse o poder deste seu espírito em mim, amém, amém; e até a hora da ceia ouvi o sr. Rhodes [seu conselheiro espiritual] ler Cartwright [Thomas Cartwright, o teólogo puritano] e logo após cear fui-me às orações, depois das quais escrevi ao sr. Hoby e, a seguir, dirigi-me ao leito.

Seu dia era pautado pela oração, pelo exame espiritual, pelo estudo e pelas refeições. Pode-se dizer, então, que o senso de tempo girava mais em torno da alma e do estômago do que propriamente do tique e do taque.

O relógio como posse

Embora na Inglaterra os relógios eclesiásticos e civis marcassem o tempo público, foi só no século XVIII que a posse de relógios como bens particulares se acentuou, como mostram os inventários, fontes maravilhosas para se estudar a vida cotidiana dos falecidos e seu consumo de bens materiais. Um levantamento comparativo de domicílios de Kent e da Cornualha nos séculos XVII e XVIII permitiu estimar que em Kent apenas 1% das famílias possuíam relógio nas primeiras décadas do século XVII, mas que, na década de 1740, mais de 78% já dispunham de um. Na Cornualha, ao contrário, registrou-se apenas um domicílio com relógio antes de 1650, mas somente 12% das famílias tinham um em meados do século XVIII. Esse estudo mostra que na Inglaterra os relógios só foram adotados em larga escala na virada do século XVIII e que o padrão variou de um local para outro.

Heranças

A menção nos inventários é particularmente interessante porque os relógios eram quase sempre artigos valiosos que podiam ser deixados como herança ou guardados como preciosa recordação de familiares e amigos. O tempo tende a ser um artigo precioso deliberadamente escolhido para marcar sua própria passagem; o relógio é, em essência, o mais histórico dos objetos. O relógio de pulso de Sam já havia sido de seu bisavô, que o recebeu (como oficial da Marinha e policial) de seus colegas; o relógio de James, herdado do pai, marca as horas com surpreendente exatidão.

Um exemplo histórico particularmente tocante de relógios como objetos de herança encontra-se no diário astrológico do mercador e dissidente Samuel Jeake (1652-1699), de Rye, em Sussex, Inglaterra. A anotação de 3 de outubro de 1690 traz um relato íntimo da morte de seu pai homônimo, por volta das oito da noite. A cena do leito de morte concentra-se na despedida entre ambos, e Samuel filho descreve o momento em que o pai lhe dá seu relógio, dizendo: "Entrego-te isto em nome de tudo o que possuo e antes não te dei, para que agora possas realmente tê-lo...". Quando o filho diz: "Adeus, querido pai", e beija seus lábios moribundos, o pai responde: "Adeus, meu cordeiro querido. O Senhor te abençoe e faça prosperar tudo o que fizeres". Nesse gesto singelo de legar um relógio a um membro amado da família, vislumbramos a complexa forma como as emoções podem estar ligadas a um objeto que marca o tempo e que atua como vínculo invisível entre dois seres.

Relógios congelados

Todos esses exemplos demonstram que, com a devida atenção (e, ironicamente, o devido tempo), os relógios se revelam não apenas como objetos funcionais, úteis por sua capacidade de dizer as horas, mas como objetos interessantes pelo que nos revelam sobre os conceitos de tempo – e isso levanta a questão muito curiosa sobre o que acontece quando um relógio de repente... empaca –, particularmente quando sua função como dispositivo de contar o tempo é transformada, por um acontecimento externo inesperado, em algo muito mais significativo.

Tais eventos costumam ser tragédias. O que aconteceu às 3h07 da manhã em 15 de abril de 1912? O que ocorreu às 8h15 em 6 de agosto de 1945? O que se passou às 10h04 em 11 de setembro de 2001? Cada um desses momentos representa um evento que reverbera ao longo da história; cada um desses momentos exatos foi capturado por mostradores de relógios que pararam; cada um desses relógios tornou-se peça de destaque em exposições que percorreram o mundo e teve, portanto, profundo impacto na percepção da história pelos milhares de visitantes que as viram.

O *Titanic*

O primeiro momento foi quando Robert Douglas Norman, um passageiro na segunda classe da viagem inaugural do mais famoso navio a vapor de então, submergiu. Robert estava na água porque seu navio, o *Titanic*, havia colidido com um *iceberg* e afundado. Os restos do *Titanic* foram descobertos em 1985 a uma profundidade de 3,8 quilômetros, e centenas de objetos, incluindo vários relógios, foram recuperados. Curiosamente, todos eles marcam horários ligeiramente distintos e, portanto, relatam histórias bastante diferentes e bem pessoais desse famoso desastre. Eles não marcam o instante em que o navio afundou, mas aquele em que o passageiro submergiu, e os dois não são de modo nenhum os mesmos. Alguns saltaram no mar logo de início; outros lutaram para subir em barcos salva-vidas enquanto a enorme nave afundava; alguns ficaram presos em seu interior; outros optaram por permanecer a bordo até o último momento dramático, quando, com a proa submersa e a popa saudando o céu pela última vez, as 46.328 toneladas de aço do gigantesco navio se partiram ao meio como um graveto.

Esses relógios são também um lembrete de que o naufrágio do *Titanic* foi um evento dolorosamente lento. O *iceberg* foi primeiro avistado às 23h39 e a colisão ocorreu meros minutos depois. Os preparativos para abandonar o navio não começaram antes de trinta minutos e duraram outros quarenta. Os barcos salva-vidas começaram a navegar uma hora depois da colisão e o último não partiu até as 2h05. Os últimos momentos do *Titanic* chegaram quinze minutos depois, às 2h20, quando sua proa mergulhou no mar e os passageiros que restaram a bordo não tiveram escolha senão saltar. Apenas uns poucos dos que foram obrigados a nadar no mar a –2 °C sobreviveram. Naqueles momentos, todos os relógios teriam parado, congelados no tempo pela água gélida, sendo seu tique-taque afogado pelo ruído descomunal de mais de mil pessoas na água. Um dos poucos sobreviventes recordou "um som lúgubre, lastimoso, que não esquecerei jamais, vindo daqueles infelizes que boiavam à volta suplicando ajuda. Foi pavoroso, misterioso, sobrenatural". Os relógios congelados no tempo permanecem entre os objetos mais valiosos resgatados do *Titanic* a aparecerem em leilões. Em todas as exposições de objetos do naufrágio, tais relógios têm sido peças de destaque [*Fig. 11 do caderno de imagens*]. Para muitos dentre os milhares de visitantes dessas exposições que já percorreram o mundo, a história do *Titanic* ficou para sempre ligada a um relógio que parou.

Hiroshima

O segundo momento foi quando Fukuichi Mikamo foi morto por um lampejo ofuscante. Seu filho, Shinji, descreveu o clarão como "uma bola de fogo gigantesca, pelo menos cinco vezes maior e dez vezes mais brilhante que o Sol, arremessando-se diretamente em minha direção. Uma chama fortíssima, de um amarelo claro, quase branco". A visão foi acompanhada pelo estrondo mais alto que ele já ouvira. "Era o som do universo explodindo." Seu corpo ficou em chamas. A casa desabou. Sua pele ficou pendurada aos pedaços pelo corpo, "como trapos". A carne exposta tinha uma cor amarela estranha, como a de um bolo que sua mãe fazia. Pouco depois, os ventos localizados, com força de tempestade, se combinaram formando um tornado que sugava os destroços. Shinji o descreveu como "um monstro sombrio".

Esta foi a experiência no local do bombardeio atômico americano da cidade japonesa de Hiroshima, em que morreram de 90 mil a 146 mil civis. Shinji estava a menos de 1,5 quilômetro do epicentro da explosão. Logo após o acontecimento, pai e filho se separaram, mas vários meses depois Shinji retornou ao terreno de sua casa. Ali, nos escombros, encontrou o relógio de bolso de seu pai: um disco de prata liso com a sombra do horário marcada para sempre em sua superfície. O relógio perdera os ponteiros, mas o calor da explosão gravara o horário no mostrador. Para Shinji, isso não era apenas um lembrete da explosão que destruíra seu mundo; era o momento em que ele se deu conta de que nunca mais veria o pai, constatação que o atingiu "como outra explosão atômica". Em 1955, Shinji doou o relógio para o novo Museu Memorial da Paz de Hiroshima. Em 1985, o objeto foi emprestado à sede das Nações Unidas em Nova York para uma exposição permanente, de onde em 1989 foi roubado, sem ser jamais recuperado.

O terceiro momento é responsável por uma das atrações mais importantes do Ground Zero Museum Workshop, museu de Nova York criado em 2005 para marcar o "período de recuperação" que sucedeu os ataques terroristas da Al-Qaeda que destruíram o World Trade Center em 2001. Trata-se de um relógio de parede que parou quando o edifício que o abrigava ruiu. É um dos objetos mais fotografados dessa exposição. Esses relógios congelados no tempo são pontes entre a história e os dias atuais. Eles deixaram de ser relógios que contam as horas, para se transformarem em portais do tempo.

Preservando um momento

A forte imagem proporcionada por esses relógios parados – a *ideia* de um relógio que se deteve – também tem sua própria história como um interessante recurso literário: sua frequente associação ao luto. Na Grã-Bretanha, o poema "Funeral Blues", também conhecido como "Parem todos os relógios", composto por W. H. Auden em 1936 como uma paródia ao poder, tornou-se componente habitual do serviço funerário moderno, por seus maravilhosos versos.

Mas a associação entre os relógios parados e o luto é mais antiga. A mais famosa de todas foi adotada por Charles Dickens no livro *Grandes esperanças*, de 1861, para a personagem *Miss* Havisham: um extraordinário ser fantasmagórico encerrado em sua própria prisão pessoal do tempo, na qual seus relógios se tornam seus carcereiros.

Pip, o protagonista e narrador do livro, registra em grande detalhe o momento em que percebe haver algo realmente errado com a casa em que ele está. "Foi quando fiquei na frente dela", escreve ele, "evitando seus olhos, que percebi em detalhes os objetos ao redor e vi que seu relógio parara vinte minutos antes das nove, e que um relógio da sala parara vinte minutos antes das nove... Foi então que comecei a entender que tudo na sala havia parado, como os relógios, muito tempo atrás..." Logo se revelou que 8h40 foi o horário em que, detendo-se enquanto se vestia para seu casamento, *Miss* Havisham recebeu uma carta informando-a de que seu noivo não se casaria com ela. Sua reação imediata foi congelar aquele instante, a ponto de calçar apenas um sapato e deixar o outro na penteadeira.

Parar os relógios foi uma medida desesperada de *Miss* Havisham para suspender o tempo ou mesmo negar a existência deste, como se houvesse chance de seu noivo mudar de ideia e voltar, mas para Pip, como observador, o impacto foi diferente, pois lhe mostra o passado influenciando o presente do modo mais profundo possível: os acontecimentos do passado moldaram o presente ao negarem a *Miss* Havisham toda uma vida desde o momento da traição. Dickens escolheu cuidadosamente esse simbolismo por seu efeito. Quando encontramos *Miss* Havisham, ela está vestida de noiva – "vestia-se com materiais ricos, cetim e renda e sedas, tudo branco... e algumas rendas para o busto" –, materiais deliberadamente escolhidos por Dickens para o casamento que eles inequivocamente simbolizam – o que levanta a importante questão da história da arte com tecidos...

10

Arte com tecidos

A história da arte com tecidos tem tudo a ver com...
crianças abandonadas, racismo, assassinato, invasão
e Heinrich Himmler.

Apartheid

A história da arte com tecidos é extraordinária. Ela pode espetar sua alma e até fazer você chorar.

Em 1996, a Comissão de Verdade e Reconciliação (TRC na sigla em inglês) foi criada na África do Sul para curar as feridas de um país que tentava lidar com o legado do *apartheid*. Uma das muitas coisas que ela identificou foi uma surpreendente ausência de vozes femininas negras na história da África do Sul. Desde então, foram feitas tentativas para corrigir isso, coletando e arquivando as narrativas de memórias visuais contidas nos "tecidos de memória" das mulheres, guardados no Amazwi Abesifazane [Museu das Vozes das Mulheres]. Nesses pedaços de tecido bordados pelas sul-africanas negras, a TRC conseguiu captar o testemunho das mulheres que sofreram sob o *apartheid*; eles registram os horrores de suas experiências: estupro, assassinato e violência. Um exemplo de um tecido de memória, bordado por Ntombi Agnes Mbatha, retrata uma cena violenta de um atirador abrindo fogo sobre a família dela, e é acompanhado por estas palavras:

> Em 1992, meu marido e eu íamos para a cidade. Nosso filho de 20 anos nos pediu para comprar sapatos para ele. Nós compramos, mas, quando voltamos para casa, nosso filho não estava lá, e então ficamos sabendo que ele tinha sido assassinado. Ficamos tão tristes...

Peças angustiantes e comoventes dessa natureza afastam qualquer ideia dos bordados como uma calma tarefa doméstica. Desse modo, mulheres que normalmente não tinham acesso a formas mais tradicionais de escrita puderem registrar a história da família e do país de uma forma diferente. Para elas, fazer colchas bordadas era nada menos do que uma forma de fala.

Este é só um modo como, quando você realmente pensa na arte com tecidos, a história se desenrola na sua frente em toda a sua complexidade de retalhos. Arte com tecidos é um termo amplo que se refere aos artesanatos que envolvem costura e artes têxteis, e abarca várias formas decorativas de costura, como bordado, *quilting* e aplicações, além de tricô, tapeçaria e tecelagem. E é fascinante. A arte com tecido pode ser considerada da perspectiva dos instrumentos e dos materiais, manufatura e produção, habilidade e forma empregados. Ela também era encomendada, produzida, consumida, exibida e passada adiante, e, muitas vezes, o motivo de a conhecermos hoje foi ter sido preservada para a posteridade pelas famílias ou como exemplar de *design* estético por museus, como o Victoria and Albert, de Londres, que, desde sua primeira aquisição de uma amostra em 1863, construiu uma coleção de mais de setecentos itens, datados do século XIV ao início do século XX. Isso significa que exemplares fabulosos de arte com tecidos foram preservados para que os admiremos e que esses objetos, se pensarmos neles de um modo criativo, podem abrir amplas janelas para uma grande variedade de histórias surpreendentes.

Apartheid O sistema de segregação e discriminação racial predominante na África do Sul entre 1948 e 1994. Esse sistema institucionalizado mantinha a supremacia branca, política, social e economicamente, reprimindo a população negra majoritária. Ele acabou com as eleições livres em 1994, vencidas por Nelson Mandela, que se tornou presidente.

Colchas norte-americanas

Considere a história da confecção de colchas norte-americanas, também chamadas de *quilt*. Uma forma de arte com tecido que tem diferentes tradições entre os povos nativos norte-americanos, escravos e famílias negras, e primeiros colonos norte-americanos, essa é uma prática passada de uma geração para outra e que continua presente nos Estados Unidos nos dias de hoje, muitas vezes com várias gerações de mulheres da mesma família costurando uma colcha de noiva para o leito nupcial. A política da costura comunitária dessa natureza apoia-se na prática da costura e de seu *design*, na transmissão de habilidades práticas, nos laços familiares fortalecidos nas horas passadas costurando juntas, no simbolismo emocional da colcha como um presente e no significado dessas heranças têxteis de família conforme elas são passadas na linha matriarcal.

Muitos desses tecidos ornamentados estão preservados na National Quilt Collection no Smithsonian's National Museum of American History, na cidade de Washington. Um exemplo é uma colcha que data de meados do século XIX e que pertenceu a Susan Strong, que estava entre os pioneiros que foram para Richland County, Ohio. Uma característica notável dessa colcha azul e branca é a adaptação aplicada e bordada do Grande Selo dos Estados Unidos, colocada no centro geométrico do tecido. O governo norte-americano usa esse brasão para autenticar documentos desde 1782, ano em que as colônias inglesas norte-americanas conseguiram sua independência e deram origem aos Estados Unidos da América. O aparecimento desse motivo patriótico – uma águia-de-cabeça-branca com as asas abertas – sugere um profundo senso de patriotismo nacional e é uma imagem decorativa comum em muitas colchas e outros objetos do século XIX que vemos hoje em dia. Que esse tema patriótico tenha sido costurado por uma mulher talvez seja admirável, mas também mostra mais amplamente o modo como a arte com tecidos desse tipo evidencia a disseminação do nacionalismo pelo país nas décadas posteriores à Declaração de Independência, em 1776.

Essa prática de confecção de colchas era forte entre as escravas e as afro-americanas e era uma técnica tradicional praticada nas tribos da África. Para essas sociedades, as colchas eram um modo de preservar histórias e acontecimentos familiares – literalmente bordando os ritos de passagem de nascimentos e casamentos, de lugar e religião, na peça. Uma dessas colchas únicas e com belos bordados foi feita durante os anos 1885-1886 pela fazendeira afro-americana Harriet Powers, de Clarke County, Geórgia. Harriet exibiu sua colcha na Athens Cotton Fair de 1886, onde a peça chamou a atenção da artista local Jennie Smith, que ficou tocada com sua originalidade. A colcha retratava uma série de cenas bíblicas, incluindo Adão e Eva no Jardim do Éden, Caim matando Abel, o batismo de Cristo, a Crucificação e a Última Ceia. Era uma admirável obra de arte, muito valorizada por Harriet, que, anos mais tarde, enfrentando tempos difíceis, precisou vendê-la pelo preço de 5 dólares.

Ansiedades masculinas

A prática de costurar e bordar colchas tinha um papel importante na contribuição feminina para a economia doméstica. Porém, durante o Renascimento e depois, comentaristas do sexo masculino muitas vezes recomendaram o uso da agulha em casa como um antídoto para as "mentes teimosas" das mulheres. Em seu livro publicado em 1631, *The Needles Excellency* [A excelência da agulha], John Taylor afirmou que as mulheres deviam "usar menos a língua e mais as agulhas". No entanto, a própria arte de trabalhar com tecidos era um campo minado para os primeiros escritores modernos, tão preocupados em policiar o comportamento feminino. Por um lado, a arte com tecidos promovia a castidade e confinava as jovens em casa, mas, por outro, também se temia que mentes ociosas pudessem bordar coisas inapropriadas que ou desafiassem a ordem social masculina ou enchessem as cabeças das mulheres com o que eram consideradas ideias românticas. Além disso, por meio da exibição pública de "amostras" – peças de trabalhos com tecidos com pontos diferentes que funcionavam como uma demonstração de habilidade –, a agulha era transformada em uma caneta e oferecia uma forma de expressão independente, o que alguns homens consideravam ameaçador. Especialmente os pontos refinados, que, embora fossem uma prova clara de impressionante habilidade artística, eram ainda mais vulneráveis a críticas por consumirem tempo e serem caros – uma forma de consumo evidente e moralmente suspeita. Assim, a arte com tecidos podia ser perigosa.

Aprendizagem

As amostras tinham um propósito complexo durante os séculos XVII e XVIII na Grã-Bretanha e nos Estados Unidos. Amostras de "marcação", como o processo era conhecido, ensinavam técnicas básicas de arte com tecidos para as meninas, além de alfabetização e matemática, habilidades que também eram úteis para marcar roupas de mesa, cama e banho com iniciais simples e números. Amostras com imagens mais decorativas exibiam um nível mais elevado de refinamento e técnica artística, que eram habilidades transferíveis para as tarefas domésticas e o mercado de casamento. Exemplos magníficos de amostras encontram-se em museus de todo o mundo, mostrando as técnicas e os usos associados a essa forma mais cotidiana de arte com tecidos. Um dos exemplos mais decorativos e antigos que existem encontra-se nas coleções do Victoria and Albert Museum, data de 1598 e foi confeccionado por Jane Bostocke. É uma amostra de ponto-cruz, ponto-atrás e de outros pontos mais complicados para comemorar o nascimento de sua prima Alice Lee dois anos antes.

Outro belo exemplo das mesmas coleções, mas datado de quase duzentos anos depois, foi produzido por Mary Ann Body, de 9 anos de idade. Nele foram bordadas as palavras "Querida mãe, eu sou jovem e não posso apresentar um trabalho como o que sua bondade merece. Aprecie e sorria com esta minha pequena tentativa. Empenhar-me-ei para aprender e sempre ser obediente". Aqui a amostra, feita como um presente para a mãe de Mary, funcionou como uma forma de aprendizagem que inculcou os modos submissos do comportamento filial e reforçou as restrições sociais sobre as meninas. Esse exemplo, portanto, é o oposto da arte com tecidos como uma plataforma para autoexpressão subversiva.

Política na era Tudor

No entanto, é como uma forma de autoexpressão que as primeiras artes com tecidos modernas alcançaram sua importância e potência, quando se aliaram a fins políticos e diplomáticos. Quando menina, a princesa Elizabeth, a futura rainha Elizabeth I, bordou manuscritos religiosos caligráficos como presente de Ano-Novo para sua profundamente piedosa madrasta Katherine Parr. Em 1544, quando tinha apenas 8 anos, a princesa traduziu *Le Miroir de l'âme pécheresse* [O espelho da alma pecadora], de Marguerite de Navarre, copiando à mão os poemas e as preces para produzir um livro manuscrito com que presenteou sua madrasta [*Fig. 12 do caderno de imagens*]. A capa do volume tinha um

Katherine Parr (1512-1548) Rainha da Inglaterra e da Irlanda, e sexta esposa de Henrique VIII. Conhecida por sua devoção religiosa protestante e como uma escritora da era Tudor. Após a morte de Henrique, desposou *Sir* Thomas Seymour (tio do rei-menino Eduardo VI) e se tornou guardiã da princesa Elizabeth.

complexo bordado em seda azul com um trabalho entrelaçado em dourado e prateado. Ele trazia as iniciais da rainha "K. P." na frente e nele lia-se a dedicatória manuscrita:

> Em Asheridge, o último dia do ano de Nosso Senhor 1544... Para nossa mais nobre e virtuosa rainha Katherin, Elizabeth, sua humilde filha, deseja felicidade perpétua e alegria duradoura.

Um segundo livro manuscrito e bordado foi dado pela princesa Elizabeth a Katherine Parr em 1545, dessa vez uma compilação das preces e meditações da rainha, intitulado *Prayers of Queen Katherine Parr* [Orações da rainha Katherine Parr], que tinha também uma capa decorativa. Em conjunto, esses dois preciosos volumes de arte com tecidos não só ilustram a habilidade da princesa com agulha e linha, mas também evidenciam sua competência política em uma idade tão tenra, ao tentar se alinhar com a madrasta, e representam seu aprendizado humanista e religioso ao traduzir textos sacros.

Maria, a rainha dos escoceses, também era uma exímia bordadeira, e seus trabalhos estavam cheios de mensagens políticas cifradas e de imagens que retratavam sua identidade e ambição políticas. Uma almofada dada por ela ao duque de Norfolk (1536-1572), que foi executado por traição durante o reinado de Elizabeth I, retratava uma mão podando uma vinha e era acompanhado por um ditado em latim que significa "a virtude floresce com o ferimento". A mensagem significava que Elizabeth era o ramo estéril a ser cortado para que Maria pudesse florescer e crescer, e o bordado foi admitido como evidência no julgamento de Norfolk. Enquanto isso, Bess of Hardwick (*c.*1527-1608), companheira de arte com tecidos da rainha escocesa durante seu período de prisão domiciliar, usava seu trabalho sob a forma de tapeçarias iconográficas luxuosas como um modo de autoengrandecimento enquanto ornamentava suas casas imponentes, como Chatsworth, com representações bordadas profissionalmente de cenas extraídas de textos clássicos.

A Armada

Se esse uso da arte com tecidos como uma representação de identidade ou lealdade política tem uma escala, bem no seu extremo situa-se uma série de tapeçarias feitas logo depois da maior crise nacional da era Tudor e uma das mais graves que as Ilhas Britânicas já enfrentaram: a Invencível Armada. Em

1588, a Inglaterra enfrentou uma ameaça de invasão em escala sem precedentes. O rei católico espanhol, Filipe II, planejava invadir a Inglaterra e tomar o trono da rainha protestante Elizabeth I. Para fazer isso, ele lançou nas águas do norte da Europa uma frota invasora diferente de qualquer outra vista até então. Mais de 130 navios transportavam mais de 30 mil homens. Atacada no Canal da Mancha pela Marinha Real e, depois, espalhada por um ataque de um *fireship* (barco cheio de combustível, deliberadamente incendiado e dirigido contra uma frota inimiga) e por uma batalha feroz em Calais, a Armada se dispersou e navegou para a destruição nas tempestades ao largo da Escócia e da Irlanda enquanto tentava voltar para casa. O fracasso da Invencível Armada – interpretado como uma campanha naval britânica bem-sucedida – foi comemorado em arte com tecidos. *Lord* Howard de Effingham (1536-1624), almirante da frota inglesa, encomendou a um famoso artista holandês e pintor de paisagens marinhas, Hendrick Cornelisz Vroom (1566-1640), que desenhasse não menos do que dez enormes tapeçarias, cada uma com mais de quatro metros de altura e com o dobro de largura, que foram tecidas em Bruxelas por Francis Spierincx (1549/1551-1630). "Suntuosas" é pouco para descrever essas tapeçarias. Cada uma delas focalizava uma grande cena da campanha, e ao redor de cada borda havia mais detalhes, entre eles retratos dos homens-chave. As imagens foram feitas com fios de ouro e prata, criados ao enrolar fios finos ao redor da seda. Elas custaram o equivalente a 87 anos de salários de um trabalhador em 1590.

Depois de concluídas, Howard ficou com as tapeçarias, mas depois vendeu-as ao rei inglês Jaime I, em 1616. Penduradas na Casa dos Lordes em 1644, elas foram o pano de fundo de alguns dos mais importantes acontecimentos das Ilhas Britânicas. A história dessas tapeçarias, portanto, tem várias camadas: ela inclui o acontecimento da Armada, a criação das tapeçarias e, depois, sua permanência sob o olhar nacional durante séculos. Ao longo de seu reinado, Jaime I as pendurou afrontosamente na sala de banquetes para receber o embaixador espanhol e, talvez surpreendentemente por causa de suas claras associações com a monarquia, os administradores de Oliver Cromwell as renomearam *The Story of 1588* [A história de 1588] e as penduraram no Parlamento durante a Comunidade da Inglaterra (1649-1660). Para Cromwell e para aqueles que ficaram a seu lado na execução de Carlos I e que então lideravam uma comunidade em um mundo dominado por monarquias, o tema comum era o de enfrentar poderes hostis.

A história dessas tapeçarias não termina nem mesmo em 1834, quando foram destruídas em um incêndio. Uma obra de arte tão magnífica em um local nacional tão significativo deixou uma marca indelével em nossa consciência histórica. Um projeto para trazer as tapeçarias de volta como pinturas foi iniciado em 2007 e terminado em 2010. As pinturas agora podem ser vistas no Gabinete do Príncipe, na Casa dos Lordes. Visite-as, pois, agora que sabe para onde olhar, você pode apreciar a história oculta da arte com tecidos disfarçada em tela e tinta a óleo.

1066

Essa ideia de uma peça individual de arte com tecido ter uma história pode ser explorada mais profundamente por meio de uma outra peça bordada e com ligações similares com identidade nacional, monarquia e invasão: a *Tapeçaria de Bayeux*. A história que ela conta é bem conhecida: a da conquista normanda da Inglaterra em 1066, quando Guilherme, duque da Normandia, embarcou com uma grande força de invasão, desembarcou em Sussex e, depois, derrotou o rei Haroldo na Batalha de Hastings. Essa é a *história* da tapeçaria e está contada na parte da frente do trabalho. Pesquisas modernas, porém, começaram a revelar história da *própria* obra, e essa é uma história contada no avesso, pelos nós que ficam na parte de trás da tapeçaria. Essa é uma das belezas de arte com tecidos como fonte histórica. Você pode reconstruir a criação do objeto em detalhes mínimos e, com isso, aprender muitas coisas.

Rei Haroldo (1022-1066) Um rei do século XI que governou a Inglaterra apenas por dez meses, de 6 de janeiro de 1066 até a conquista normanda. Morreu como o último rei anglo-saxão da Inglaterra, na Batalha de Hastings, lutando contra os invasores normandos, mas ainda não se tem certeza se realmente levou uma flechada no olho.

A primeira coisa que um estudo da parte de trás da tapeçaria revela é que essa não é uma tapeçaria, mas um bordado. Uma tapeçaria é tecida em um tear enquanto um bordado tem um "tecido de base" no qual fios são costurados ou bordados para formar uma imagem. Com um estudo aprofundado das técnicas envolvidas, também sabemos que os trabalhadores eram provavelmente bordadores profissionais, todos treinados em um nível uniforme com alguns requisitos mínimos de precisão técnica e uso econômico dos materiais. Ocasionalmente, o nível de habilidade varia na reprodução de uma cena, mas o padrão de acabamento não muda. Ao decodificar a ordem em que as cenas foram feitas, também é possível ver como houve um planejamento significativo, o que sugere um bordador experiente supervisionando o projeto e uma ou mais equipes trabalhando juntas para realizá-lo.

Como as tapeçarias da Armada, a *Tapeçaria de Bayeux* também adquiriu imenso valor político e de propaganda pela história que contava, uma história de uma invasão bem-sucedida da Grã-Bretanha por um povo descendente dos vikings. Napoleão, Himmler e Hitler a cobiçaram. Ela foi roubada, estragada, escondida, descoberta, levada para outro local, protegida, caçada e exibida durante séculos, tudo isso pelo que mostra e pelo modo como foi feita.

Esse bordado, portanto, tem o poder de abalar as bases das nações, mas outro aspecto da beleza da arte com tecidos como fonte histórica é que você também pode ver nele o aspecto mais pessoal, particular e emocional dos vínculos. Isso porque um capítulo na história da arte com tecidos revela como as amostras podiam formar o mais tocante dos laços em situações em que mães desesperadas eram forçadas a abandonar seus bebês por causa de pobreza, doença ou ruptura familiar que as levou ao limite.

Bebês abandonados

Entre 1741 e 1760, mais de 4 mil bebês foram deixados no Foundling Hospital, de Londres, um orfanato fundado em 1739 pelo filantropo Thomas Coram (*c.*1668-1751) para cuidar de bebês em risco de abandono. Ao deixar seus filhos na instituição, as mães cortavam um pedaço de tecido de sua própria roupa, ou da roupa do bebê, para funcionar como um tipo de lembrança, que era usado pelo hospital para identificar a criança. Então, isso era associado a formulários de registro e se tornava parte dos arquivos hospitalares, encadernados em livros.

Mais dolorosamente, porém, essas lembranças representam o momento de separação entre mãe e filho, e quando combinadas com os detalhes no livro biográfico do hospital, elas enviam ecos sussurrados dessas crianças para os séculos seguintes. Uma menina chamada Sarah Barber, por exemplo (número 2.584 no Foundling), foi admitida em 27 de outubro de 1756 e é identificada por um fragmento de um caro vestido florido datado aproximadamente de

1750. Ela morreu cinco anos depois, em 17 de março de 1761. Do mesmo modo, um grupo de quatro fitas de seda, com as cores amarela, azul, verde e rosa, e presas em um nó, foi encontrado em uma menina abandonada que se tornou o número 170 do Foundling quando foi admitida em 9 de dezembro de 1743. O hospital a chamou de Pamela Townley. Ela morreu quando tinha 3 anos, em 1º de setembro de 1746. O poder dessas amostras não está só em sua estética como uma inspiração para arte com tecidos, mas no que elas nos dizem sobre as histórias das crianças abandonadas.

Esses fragmentos de tecido também formam uma das maiores coleções de tecidos do século XVIII e são uma fonte admirável para estudar modas e padrões populares de vestimentas, o que nos leva à interessante questão da história do conforto e, em especial, à extraordinária história da coceira...

11

Coceira

A história da coceira tem tudo a ver com...
muco, penitência, infidelidade,
sífilis e pólvora.

Um marcador histórico

Você já sofreu aquela coceira irritante, que aparece do nada, em local difícil de alcançar, e que lhe dá vontade de se arranhar? Já foi picado por pernilongos, pulgas ou mesmo percevejos? Teve piolhos, sarna ou vermes? Na infância, aguardou pacientemente enquanto aplicavam loção de calamina nas manchas de catapora e obedeceu a seus pais, que lhe pediam para resistir à tentação de coçar-se todo? Ou já sofreu de algum problema dermatológico sério – eczema, dermatite de contato, urticária, líquen plano, psoríase, sífilis, foliculite, prurigem – e queria se coçar até ficar em carne viva? James teve sua experiência de coceira mais aterradora na adolescência, na década de 1980, em um hotel rural no norte da França, quando um ataque noturno de mosquitos o deixou parecendo o Homem-Elefante. Para Sam, a lembrança mais arranhadiça vem do início dos anos 1990, de uma reação alérgica a produtos químicos em uma piscina espanhola, que o deixou pulando por horas a fio, seguidas de semanas cuidando dos arranhões infectados. Esses casos aconteceram faz umas quantas décadas, mas não há como esquecer. Esse desconforto peculiar adere facilmente à nossa memória e torna-se um marcador histórico em nossa vida, mas a coceira tem também sua própria história inesperada.

Entendendo a coceira

A coceira é um fenômeno subjetivo e seus sintomas e experiências ao longo da história têm variado de um indivíduo para outro, mas vários esforços coletivos já foram feitos buscando compreendê-la e tratá-la. A história médica da coceira tem longa tradição, anterior ao século XIX, quando o campo da dermatologia surgiu, com sua abordagem científica moderna de classificar, diagnosticar e aplicar tratamentos. Embora na literatura médica anterior a esse período sejam raras as menções à coceira – por não se enquadrar facilmente na chamada classificação médica somatotópica, na qual toda e qualquer área do corpo tem uma correspondência ponto a ponto com um local específico no sistema nervoso central –, ela já era mencionada em manuais médicos da Antiguidade, da Idade Média e do Renascimento, nas seções de doenças localizadas ou nos capítulos sobre dermatoses. E o extraordinário é que a coceira já foi conceituada como algo ligado aos desequilíbrios humorais do corpo humano.

Um antigo texto médico grego, o *Corpus Hippocraticum*, compilado a partir do século V a.C., explicava que "a lepra, o prurido, a sarna, o líquen, o vitiligo e a alopecia surgem do muco e são meras máculas e não doenças". Ali, a coceira era explicada pela patologia humoral – em outras palavras, era causada por um desequilíbrio dos quatro "humores" que compunham o corpo humano. No caso da coceira, a culpa era atribuída a um desequilíbrio no muco. Mas o muco não era o único culpado pela coceira. Outra seção do livro põe a culpa na bílis amarela, pelo fogo que esta representava. Descreve-se um caso grave em que "fluidos serosos surgiram na pele. Ao coalescerem, aqueceram-se e fizeram coçar. Então irromperam como bolhas de queimaduras, parecendo arder lentamente sob a pele". A coceira era também uma forma de diagnóstico. Outro antigo texto médico grego, o *Coan Prenotions*, prognosticava que, em pacientes tuberculosos, a coceira precedida de constipação era mau sinal, e que "em todos os pacientes a coceira será seguida de fezes negras e vômito". Esse modo de entender a coceira como decorrente de um desequilíbrio humoral não deixou de ser questionado, mas persistiu ao longo do período bizantino e do medieval. No século X, o escritor islâmico 'Alī Ibn 'Abbās al-Majūsī (falecido em 994), cujo nome foi latinizado como Haly Abbas, considerava que a sarna e a coceira provinham de "uma mescla de muco salgado e sangue bilioso".

Tais teorias humorais sobre a causa da coceira levaram ao desenvolvimento de métodos de cura específicos. Um dos remédios para tais desequilíbrios era a sangria, que não foi, porém, um tratamento unanimemente recomendado, tendo entre seus mais ferozes críticos no Renascimento o médico e alquimista suíço Paracelso (1493-1541), que acreditava que as doenças estavam ligadas ao desequilíbrio químico e que os remédios, portanto, exigiam conhecimentos de química. Ele escreveu: "Quem quer que aspire a curar e aconselhar" os afligidos pela doença de pele que ele horripilantemente descreveu como "a sarna" não deve aplicar sangria, mas sim outros recursos, ou seja: os arcanos.[1]

> Contemplemos o que a sangria verdadeiramente significa: é como se alguém com sarna no couro cabeludo o coçasse e ele sangrasse na manhã seguinte. E qual a utilidade desse sangramento? Utilidade nenhuma, já que outra sarna logo surgirá no mesmo lugar. Assim, a sangria nada mais é que um sangramento que abre caminho para a sarna de amanhã quando se coça a sarna de hoje.

Corpus Hippocraticum Compêndio de antigos textos médicos gregos relacionados com o médico Hipócrates, conhecido como Pai da Medicina. Por sua diversidade de conteúdos e estilos, o livro pode ter sido obra de seus alunos e seguidores.

Tratando a coceira

Além dos grandes esforços para entender a coceira, os séculos estão abarrotados de receitas, tratamentos e pomadas para tratar seus sintomas. Escrevendo no século VI, Alexandre de Trales trouxe aos que sofriam com crostas e prurido na cabeça a recomendação de "esmagar arruda com alúmen no mel para ungir a cabeça raspada. Quando a pele descascar, ferver folhas de oliveira e aplicá-las com mel como cataplasma". Já um livro de receitas médicas de 1680 traz instruções para curar o que é ali descrito como "coceira recalcitrante". O tratamento, que leva salitre (um ingrediente essencial da pólvora), requer que o paciente fique despido em frente a uma fogueira e que sua roupa seja fervida – método um tanto extremo, decerto criado por alguém que conhecia na própria pele o tormento da coceira incessante.

1. A palavra tem aqui o significado de conhecimento de química.

Para a coceira recalcitrante

Junte-se a terça parte de uma onça de mercúrio branco em um quarto de galão de água de nascente com uma onça de salitre e um pequeno punhado de sal comum e deixem-se ferver lentamente por hora e meia. Durante a fervura, coloque-se mais água para manter a mesma quantidade. Faça-se o paciente permanecer despido em pé perto do fogo e aplique-se a preparação com um pano onde quer que coce, deixando-se secar. A usar-se a mesma camisa, ferva-se esta em panela de barro que se possa depois quebrar. Quebre-se também o frasco que abrigar esse veneno.

Nesse período, certamente cresceu a urgência em curar esse incômodo, pois passou-se a considerar que trazia risco de vida. As *Natural and Political Observations Made upon the Bills of Mortality* [Observações naturais e políticas sobre os dados de mortalidade] (1662), de John Graunt, mencionam a morte de um londrino em 1648 por "coceira", a qual ingressou na categoria das ameaças mortais, na qual já figuravam a letargia, o pesar, a loucura, o pavor e também o desmaio no banho. Uma das investigações mais sistemáticas da coceira foi *A Short Account of the Itch, Inveterate Itching Humours, Scabbiness and Leprosy* [Um breve relato sobre a coceira, os humores inveterados do coçar, a sarna e a lepra] (1718), de Thomas Spooner, que opinou que:

> A coceira é um desarranjo imundo que infesta universalmente as partes externas do corpo, mas mais particularmente as juntas e entre os dedos, comumente com erupções pustulosas que se elevam da cútis pelo inevitável coçar, por sua vez provocado por violenta coceira das partes. Dessas erupções pustulosas, ou pequenas bexigas, se rompidas, exsuda um fino humor cristalino, que ao tocar qualquer outra parte ainda não infectada, logo causará coceira incessante e, ao coçá-la, mais bexigas formar-se-ão.

Antes do século XIX, a coceira era medicamente interpretada de modos muito diferentes dos de hoje, o que revela mudanças no pensamento e na prática profissional ao longo das gerações de médicos. Tais mudanças de concepção tiveram também implicações culturais significativas e numerosas.

Conforto

A história da coceira tem a ver, de certo modo, com a história do conforto. Consideremos uma coceira causada pela vestimenta. Hoje, uma roupa que faz coçar traz desconforto ocasional, mas o que é esperado ou aceitável em termos de desconforto tem também sua própria história. O conforto – ou mais especificamente o conforto para as massas – é uma ideia surpreendentemente nova. Antes da Revolução Industrial, ou seja, antes que os materiais confortáveis e sua produção em massa para uso em roupas estivessem ao alcance de todos, o conforto era reduto de poucos – mas a coceira era o flagelo de muitos. Durante séculos, o tecido mais comum, para todas as classes, foi a lã, ao passo que o linho era o mais popular para a roupa íntima. O algodão, embora raro, era usado, e há evidências de seu cultivo no Paquistão e no Egito há 3 mil anos. A seda era exclusividade dos chineses até por volta do século I, quando começou a expandir-se para oeste ao longo das rotas comerciais que se tornariam conhecidas como a Rota da Seda. Mil e quatrocentos anos depois, já era produzida na Europa. Durante todo esse tempo, porém, e nos séculos que viriam, a seda continuaria a ser privilégio dos ricos. Na Europa do século XVI, a seda era um material extravagante que fazia parte da vida cortesã, militar e eclesiástica, como registrado pelo cônego lateranense Tommaso Garzoni (1549-1589):

> Não é evidente que a seda tudo adorna? Não é a seda que adorna os coches, as carruagens, as liteiras, as gôndolas marítimas, os cavalos dos príncipes, com adereços, com trajes, com borlas, com franjas, com cordões, com almofadados e mil outros belos ornamentos? A seda não enfeita as flâmulas, os estandartes, as insígnias, as alabardas orladas de brocados de veludo e franjas, as lanças embainhadas, os talabartes, as trombetas, os uniformes dos soldados em guerra? Não enfeita os para-sóis, os baldaquins, as casulas, os mantos, os quadros, os pálios, as sandálias, as batinas, as tunicelas, as luvas, os manípulos, as estolas e bolsas eclesiásticas, as palas que cobrem o cálice, o forro dos tabernáculos, as almofadas, os púlpitos e todas as demais coisas da Igreja?

Opulência à parte, é evidente haver ocorrido uma ampla expansão da seda na sociedade. Giovan Andrea Corsuccio, autor de *Il vermicello dalla seta* [O bichinho da seda] (1581), descreve que "qualquer um, por mais vil que seja", vestia-se de seda, "de modo que mesmo os charlatães, não dispondo de gorro ou gibão de veludo, não conseguirão atrair um séquito de ouvintes". Parte da razão para tanto foi a criação de novos tipos de tecido contendo pequeno teor de seda, que eram por isso mais baratos. Evidências físicas extraordinárias dessa difusão de materiais anteriormente luxuosos estão presentes nas coleções do Foundling Hospital de Londres. Os panos que envolviam as crianças enjeitadas permitem vislumbrar a história dos tecidos de determinado tempo e lugar. Tais amostras sugerem convincentemente que os tecidos de seda e algodão a preços acessíveis estavam ao alcance até dos segmentos mais baixos da sociedade.

Pulgas

Samuel Pepys (1633-1703) Administrador naval, membro do Parlamento e cronista que alcançou o cargo de secretário-chefe do Almirantado. Seu diário particular, escrito sem rodeios, mas inteiramente em código, abrange o período de 1660 a 1669. Testemunha ocular de grandes acontecimentos, Pepys assistiu ao Grande Incêndio de Londres, ocasião em que se ocupou em salvar seu queijo, e a coroação de Carlos II, passagem histórica em que encontramos o autor vomitando na sarjeta.

Mesmo para a elite, livrar-se da coceira era operação de sucesso relativo. As pulgas e piolhos rastejavam e picavam sem grande preocupação com a posição social da vítima [*Fig. 13 do caderno de imagens*]. Em 1664, Elizabeth Pepys, esposa do famoso cronista londrino Samuel Pepys, repreendeu sua empregada por não inspecionar se havia pulgas na cama, pois o marido acordara temeroso de haver sido picado no sono. No fim, como ele escreve, ocorrera "apenas uma mudança do clima de quente para frio, o que, como dois invernos atrás, obstrui meus poros, fazendo meu sangue formigar e coçar o dia inteiro por todo o corpo". Essa inseparável companheira das coceiras foi eternizada em obras de arte fascinantes, das quais as telas *Moça na cozinha* e *Mulheres tomando banho*, do pintor parisiense Nicolas Lancret, são dois primorosos exemplos, ambos retratando mulheres de extremos opostos da escala social que se ocupam da mesma atividade: a de se examinarem à procura de picadas de pulga. Uma solução adotada pela elite foi um engenhoso dispositivo conhecido como apanhador de pulgas. Um intricado exemplar, feito de marfim, está no Louth Museum, em Lincolnshire, Inglaterra. Com cerca de sete centímetros de comprimento e usado à volta do pescoço, era preenchido com sangue, gordura ou, às vezes, compota ou mel, materiais que se acreditava atraírem e aprisionarem as pulgas.

Autopunição

Todos esses exemplos apontam a coceira como uma maldição – algo a ser extirpado –, mas há também um fascinante conjunto de evidências sobre aqueles que *apreciavam* a coceira pelo simples fato de poderem controlá-la. A coceira voluntária tornou-se um meio de autoexpressão: vista a camisa de seda e sentirá uma suave textura a apaziguá-lo; mas vista a camisa de lã *grossa* e sentirá a aspereza a irritá-lo.

Vestir roupas que coçam tem uma longa história. A palavra "cilício" – uma camisa de lã áspera – se origina de Cilícia, região da Ásia Menor de onde proveio um tipo de pelo de cabra particularmente rústico e incômodo, portanto perfeito para roupas usadas por penitentes que queriam automortificar-se imitando o sofrimento de Cristo. Essa prática, de que há evidências já no século II, assumiu uma variedade de formas, nem sempre de aplicação individual. No final do século X, nas arquidioceses de Mainz e Salzburgo, os rituais públicos de penitência na Quarta-Feira de Cinzas e na Quinta-Feira da Semana Santa incluíam o uso coletivo de cilícios.

Julgamento moral

Para muitos, a coceira era mais que um mero incômodo indesejado ou bem-vindo: era sinal de algo seriamente ruim, por ser também um sintoma comum de doenças impactantes, desfigurantes e até mortais – entre elas, a sífilis [*Fig. 14 do caderno de imagens*]. A coceira, portanto, podia também ser considerada em termos morais. Um dos primeiros relatos das epidemias de sífilis que varreram a Europa renascentista está em uma carta de junho de 1495 do médico italiano Niccolò Squillaci, redigida enquanto estava em missão diplomática na corte espanhola.

> Há sensações de coceira e uma dor desagradável nas articulações; há uma febre que aumenta velozmente; a pele se inflama com crostas repulsivas e fica inteiramente coberta de inchaços e tubérculos, inicialmente de um

> vermelho pálido, tornando-se depois mais negros... Quase sempre começa nas partes privadas.
>
> Exorto-vos a prover algum novo remédio para eliminar esta peste do povo italiano... Nada poderia ser mais sério que esta maldição, este veneno bárbaro.

Sabemos hoje que o "veneno bárbaro" a que Squillaci se refere é a sífilis, que se dissemina pela atividade sexual.

A conexão entre sífilis e imoralidade foi particularmente enfatizada no período vitoriano, mas já estava presente no século XVIII. Vejam-se as gravuras de William Hogarth da série *A Harlot's Progress* [A carreira de uma meretriz] (1731-1732), que mostram a vida de Moll Knockabout, que vem do campo para Londres e embarca em uma carreira de prostituição. Na prancha 1, Moll, ao chegar à capital, é inspecionada por uma proprietária de bordel marcada por cicatrizes de varíola; a prancha 5 nos mostra uma Moll degradada e sifilítica, à porta da morte.

William Hogarth, *A Harlot's Progress*, prancha 5 (1731-1732).

A coceira sifilítica, como resultado físico e irremediavelmente visível de um comportamento imoral que pode ter causado a doença, tornou-se uma espécie de sinalizador moral, uma oportunidade para o julgamento alheio: "Essa pessoa está se coçando. Essa pessoa está enferma. Essa pessoa é imoral". Assim caminhava o pensamento.

William Hogarth (1697-1764) Pintor e gravurista inglês do século XVIII. Utilizou técnicas e meios variados, produzindo desde retratos formais até uma série de sátiras morais, como *A Harlot's Progress*, *A Rake's Progress* [A carreira de um libertino] e *Marriage à la Mode* [Casamento à la mode].

Infidelidade

Outra associação comum entre coceira e pecado envolvia a infidelidade. Um dos pecados mais hediondos – para a maioria das religiões do mundo – era a infidelidade conjugal. Ao longo da história, em muitas partes do mundo, a fidelidade no casamento era considerada alicerce da sociedade, decisiva para os sistemas patriarcais que restringiam a sexualidade. Na segunda metade do século XX, o desejo de aventurar-se enquanto casado ficou conhecido como "a coceira", como retratado em *The Seven Year Itch* ("A coceira dos sete anos", filme lançado no Brasil com o título *O pecado mora ao lado*), comédia romântica americana de 1955 protagonizada por Marilyn Monroe e baseada em peça homônima de George Axelrod, que relata o declínio do interesse no casamento ao cabo de poucos anos. O título original, porém, evoca uma queixa epidérmica de longa data. Personagens como a de Tom Ewell, que coestrelou o filme com Marilyn Monroe, que sucumbiram à tentação de coçar a frustração sexual e cometer adultério, têm uma história importante.

Na Inglaterra do século XVI, os tribunais eclesiásticos policiavam a atividade sexual fora do casamento. Homens e mulheres que fossem apanhados cometendo adultério eram publicamente humilhados, sendo os transgressores sexuais até obrigados a portar cartazes no pescoço no pátio da igreja paroquial no domingo, detalhando seus desvios. Tais sinalizações tão vergonhosas penduradas no pescoço eram muitas vezes acompanhadas de penitências formais, como a imposta em 1589 a Ursula Shepherd, cujo marido a acusara de adultério. O juiz concedeu a separação, não permitindo a nenhum dos dois se casar novamente, mas condenou Ursula à penitência pública. As palavras da penitente ficaram registradas nos autos:

> Bons fiéis: aqui, perante Deus e todos vós, confesso que, embora estando unida em matrimônio a Henry Shepherd por vinte anos, esquecendo-me de Deus e de meu dever para com meu marido, cometi adultério e me prostituí com Richard Mathewe, meu servidor, ora finado. E, pelo cometido, fui por ordem da lei divorciada de meu marido e ordenada a fazer minha penitência. Portanto, desejo que todos vós tomeis meu exemplo e prometais doravante levar vida casta. Esta penitência far-se-á no domingo próximo na igreja da paróquia de Santa Maria Woolchurch em Londres, à hora da oficiação.

Isso de fato constituía vergonha, vivenciada da forma mais pública possível, mas curiosamente faz indagar como teria esse adultério sido descoberto – o que, por sua vez, levanta a questão muito importante da história dos buracos...

12

Buracos

A história dos buracos tem tudo a ver com...
sexo, espionagem e privacidade,
perder coisas e lasers.

A história inesperada dos buracos tem tudo a ver com sexo, mas não do jeito que você está pensando. Tem a ver com a história da privacidade, do voyeurismo ou espionagem; tem a ver com o fato de que as moradias urbanas pré-modernas tinham paredes tão finas que os vizinhos que viviam lado a lado podiam espionar uns aos outros através de buracos nas paredes e relatar indiscrições, atos sexuais ilícitos e apetites carnais que cruzassem a linha do que a Igreja, ou mesmo a comunidade local, considerassem apropriado. O mundo do fascismo e de "o Grande Irmão está observando você" do século XX não está tão distante como se poderia pensar dos tentáculos da Igreja pré-Reforma e dos agentes de inteligência europeus que floresceram do Renascimento em diante.

Espionagem

Na Inglaterra, em 1666, Mary Babb e seu cunhado Richard Babb foram acusados de adultério e incesto no tribunal eclesiástico de York, pois a Igreja era responsável pelo policiamento dos comportamentos sexuais e morais ilícitos. Sexo fora do casamento era estritamente proibido nessa época, assim como os relacionamentos sexuais entre parentes próximos. A acusação nos tribunais da Igreja normalmente incluía algum tipo de penitência que envolvia vergonha pública. Isso podia incluir ficar de pé fora da igreja em um domingo, enrolado em um lençol branco no qual estava escrito o seu crime, como adultério. Um desses exemplos encontra-se nos Colchester Borough Records no Essex Record Office: é uma placa usada por "Briant Hedd por adultério com Alyce Samforde, viúva", datado de 1584. Essa forma ritualizada de humilhação pública dentro da comunidade tinha o objetivo de impor os códigos de conduta moral.

A evidência contra o casal incestuoso, Mary e Richard Babb, veio de Elizabeth Tullett, uma vizinha. Em seu depoimento, ela explicou que, "tendo apenas uma parede entre eles", ela "havia várias vezes visto e observado passagens muito incivilizadas entre eles". Em uma ocasião, espiando por um buraco na parede, ela observou "a dita Mary Babb passar na frente do mencionado buraco, com as roupas puxadas até o seio, não havendo ninguém na casa com ela", exceto Richard Babb. Em outra ocasião, ela descreveu o casal "no próprio ato do adultério ou incesto, de uma maneira muito animal, e a dita Mary segurava suas partes traseiras e estava com as roupas puxadas acima de suas partes íntimas, e ele enfiou no traseiro dela nove vezes". Os buracos aqui não são simplesmente orifícios, mas fendas e rachaduras pelas quais é possível espiar e observar. A história continua e a acusadora, Elizabeth Tullett, teve a companhia de duas outras pessoas, o sr. e a sra. Richard Vintin, que também testemunharam o ato indecente. Estimulados pelo que viram, eles "entraram rapidamente na casa", esperando pegar o casal no ato, mas, ao ouvir a chegada iminente deles, Mary e Richard Babb se vestiram, embora, quando acusado de indiscrições incestuosas, Richard tenha ficado "muito pálido e envergonhado" e não disse nada.

Buracos de padres

Os buracos também são bons lugares de esconderijo histórico para objetos e até pessoas. Depois de a rainha Elizabeth I ser excomungada pelo papa Pio V em 1570, a tolerância e aceitação dos católicos ingleses foram substituídas por medidas muito mais duras para multar e aprisionar aqueles que obstinadamente se recusavam a frequentar a Igreja Anglicana. Isso foi associado a tentativas de capturar, interrogar e executar os padres jesuítas que foram enviados à Inglaterra em número crescente para cuidar das necessidades espirituais dos católicos e que eram afastados pelo tipo de cristianismo que agora era pregado nas igrejas paroquiais locais. Os sacerdotes eram essenciais para os aspectos práticos do catolicismo como intercessores junto a Deus e eram importantes para ministrar os sacramentos, inclusive a eucaristia, durante a missa. No final da era elisabetana, então, os padres eram cruciais para sustentar e cuidar dos católicos, cuja religião estava formalmente banida. Levada para a clandestinidade, a prática católica *recusant* ficou centrada na casa, e existia uma rede comunitária católica clandestina (muitas vezes dependendo de mulheres que trafegavam sem suspeitas) que abrigava padres que cuidavam de seu rebanho.

É nesse contexto que vemos o desenvolvimento de buracos de padre, esconderijos construídos em casas católicas com o objetivo de ocultar os padres de caçadores como Richard Topcliffe, que viajava com um instrumento de tortura portátil para extrair confissões de suas vítimas.

Recusant Pessoas nos séculos XVI e XVII na Inglaterra, País de Gales e Irlanda, que se recusavam a frequentar os serviços da Igreja Anglicana. Sob Elizabeth I, foram aprovadas leis de *recusancy* contra os católicos ingleses que afirmassem suas crenças publicamente, com punições que incluíam multas, confisco de propriedade e prisão.

Durante as últimas décadas do século XVI, os padres católicos foram perseguidos, caçados e torturados para dar informações sobre as redes que se espalhavam como tentáculos da Europa continental para os condados da Inglaterra. Nesse período, houve um aumento na atividade de construção para criar "buracos" ou "esconderijos" em que os padres em fuga pudessem se abrigar das autoridades. Essas construções, feitas em lareiras, armários ou quartos, iam desde sistemas complexos de esconderijos interconectados até simples cubículos sob escadarias e passagens. Adaptando uma característica existente de uma casa – uma chaminé, um espaço entre pisos ou uma cumeeira –, o construtor de esconderijos fazia uma entrada oculta que impedia que ele fosse detectado pelos perseguidores: representantes do Estado que procuravam padres católicos e seus hospedeiros.

Um dos mais conhecidos construtores especializados de buracos de padre era Nicholas Owen (1562-1606), um *recusant* de Oxfordshire que era treinado como carpinteiro e marceneiro. Essas habilidades de trabalho com madeira foram muito úteis na construção de esconderijos intricados para padres católicos em casas de família na Inglaterra elisabetana e granjearam a Owen a estima dos católicos ingleses. Por mais de dezoito anos, ele trabalhou em sua profissão secreta a serviço da missão católica para cuidar das necessidades espirituais de uma minoria sitiada e trabalhou em condições apertadas e claustrofóbicas, principalmente durante a madrugada, para não ser detectado pelas autoridades. John Gerard, em seu livro *Narrative of the Gunpowder Plot* [Narrativa da Conspiração da Pólvora], provavelmente produzido logo depois de sua indicação como confessor inglês em São Pedro, Roma, no início de 1607, escreveu que

> seu trabalho principal era fazer locais secretos para ocultar padres e material da Igreja da fúria das buscas; ele era muito habilidoso para planejar e montar os lugares da melhor maneira, e sua ajuda era assim desejada em tantos lugares, que eu realmente penso que nenhum homem pode ter feito mais bem entre todos que trabalhavam na Inglaterra. Pois, em primeiro lugar, ele foi o responsável imediato por salvar a vida de muitas centenas de pessoas...

Owen era famoso por seus complexos sistemas de esconderijos, muitas vezes projetados com uma portinhola ou escapatória para permitir que os ocupantes pudessem fugir. Supõe-se que ele tenha construído a "passarela" em Burghwallis Hall, no sul de Yorkshire, que envolvia uma série de esconderijos ligados por uma passagem de fuga. Owen foi preso depois da Conspiração da Pólvora, em janeiro de 1606, e brutalmente torturado para contar os segredos de seus amigos católicos. Ele morreu em agonia sem divulgar nenhuma informação, com as entranhas abertas por uma faca e, segundo o sacerdote John Gerard, "seus intestinos o deixaram junto com sua vida".

Scanners a laser

Os historiadores de casas estão experimentando novas técnicas para nos ajudar a encontrar e entender esses espaços ocultos. Em Coughton Court, uma mansão em Warwickshire em que moravam os Throckmorton, uma poderosa família católica do período Tudor, foram usados scanners 3D a laser para mapear um buraco de padre na torre da portaria que foi descoberto em 1850 [*Fig. 15 do caderno de imagens*]. As varreduras revelaram que o buraco de padre fora projetado como um "duplo cego" – essencialmente um buraco de padre dentro de um buraco de padre – cujo propósito era enganar os investigadores para que pensassem que tinham achado o buraco de padre de que suspeitavam, mas que ele estava vazio. Essa pesquisa inovadora é ideal para o estudo dos buracos de padre em casas históricas. Diversos exemplos de buracos de padre ainda existem em casas por toda a Inglaterra atual, mas são, por definição, difíceis de acessar mesmo que você saiba onde estão. Varreduras como essa, então, permitem que os visitantes visualizem e entendam os espaços ocultos em uma construção. Esse é um exemplo maravilhoso da tecnologia aumentando nossa compreensão da história.

Conspiração da Pólvora Uma tentativa fracassada dos católicos ingleses, liderados por Robert Catesby, de explodir as casas do Parlamento e assassinar o rei Jaime VI da Escócia e I da Inglaterra em novembro de 1605. Guy Fawkes era o encarregado dos explosivos, e o fracasso da conspiração é celebrado a cada 5 de novembro com a queima de uma efígie dele em uma fogueira.

Esses esconderijos não eram simplesmente para ocultar pessoas em fuga, mas também para livros e documentos clandestinos. O cavalheiro de Northamptonshire e *recusant* católico *Sir* Thomas Tresham pretendia preservar seus documentos em segurança, um plano realizado por sua filha, possivelmente depois da Conspiração da Pólvora de 1605, quando os documentos foram "envoltos em um pedaço de linho e selados com cera dura", e depois emparedados em um *closet* que, segundo os registros, foi construído em 1596. Esses documentos só foram descobertos séculos depois, em 1828, quando um trabalhador, segundo a Historical Manuscripts Commission [Comissão de Manuscritos Históricos], demoliu "uma parede muito grossa na passagem que dava no Grande Salão", revelando "um recesso muito grande, ou *closet*, no centro do qual estava depositado um enorme pacote". A construção de espaços arquitetônicos secretos e o emparedamento de livros e documentos católicos reforçam novamente o forte vínculo entre buracos, segredo e crença religiosa.

Buracos de dinheiro

No arriscado mundo medieval, uma prática comum era esconder coisas como bens pessoais, tesouros, itens roubados e moedas enterrando-os em buracos no chão para armazenamento seguro e recuperação posterior. Épocas violentas levam a medidas drásticas para manter as coisas em segurança. Pense nos buracos no chão como os equivalentes medievais de bancos, cofres ou mesmo uma caixa de sapatos embaixo da cama. Esses "buracos de dinheiro", também conhecidos como "túmulos de bens" – que vêm da prática medieval de enterrar itens e posses com o falecido –, estão entre as fontes mais valiosas que temos sobre as sociedades em que as evidências escritas muitas vezes são limitadas, fragmentadas e difíceis de interpretar.

Um dos melhores exemplos que existem até hoje é o Staffordshire Hoard, uma deslumbrante coleção de prataria e objetos de metal anglo-saxões com cerca de 3.500 itens, que hoje é de propriedade conjunta do Birmingham Museum and Art Gallery e do Potteries Museum and Art Gallery que a adquiriram por 3.285 milhões de libras esterlinas. Descoberto em 2009, em um campo próximo à aldeia de Hammerwich em Staffordshire, esse é um conjunto espetacular de equipamentos e parafernália militares, incluindo capacetes e espadas de qualidade de fabricação muito alta, datados do século VII. Cumulativamente, esses itens encontrados em buracos no chão lançam luz significativa sobre as sociedades medievais, seus costumes e organização, riqueza, crenças e religiões, guerras e armas, além de família e vida cotidiana.

Perda acidental

Mas buracos também podem ter a ver com perda, com coisas que caem de bolsos ou bolsas com buracos. Esta história é muito importante porque leva a descobertas posteriores por acaso. Se, por exemplo, um monge andando pelos campos do rei Alfredo de Wessex, no século IX, tivesse notado a abertura na costura de seu bolso ou o buraco roído por ratos no canto inferior de sua bolsa, provavelmente não conheceríamos a Joia de Alfredo, a peça mais importante que temos de trabalho anglo-saxão com ouro e esmalte [*Fig. 16 do caderno de imagens*]. Ela foi descoberta em 1693 em um parque de veados em Somerset, só 5,5 quilômetros da Ilha de Athelney, onde o rei Alfredo fundou um mosteiro e, admiravelmente, tem gravadas as palavras "aelfred mec heht gewyrcan", traduzidas como "Alfredo ordenou que me fizessem". Acredita-se que seja uma ponteira decorativa para uma haste de apontar que teria sido usada para seguir palavras ao ler um livro. É possível que essa seja uma das várias *aestels* – hastes – que, conforme sabemos por uma fonte escrita, foram enviadas por Alfredo a cada bispado no reino junto com sua tradução do livro

Cura pastoralis, do papa Gregório. No prefácio do livro, ele escreveu: "E eu enviarei uma cópia a cada bispado no meu reino, e em cada livro há um *aestel* valendo 50 *mancusses* e eu ordeno, em nome de Deus, que nenhum homem retire a haste do livro, nem o livro da igreja".

Essa descoberta feita por acaso transformou nossa compreensão e apreciação da arte anglo-saxã. Será que ela caiu por um buraco em uma bolsa ou bolso? Nossa compreensão da história é moldada diretamente pela existência desses buracos, geralmente criados pelo passar do tempo. Isto é o decorrer do tempo criando oportunidades para influenciar nosso entendimento do passar do tempo – é a história *fazendo* história.

Na verdade, a descoberta ao acaso de moedas, muitas das quais teriam caído por buracos em bolsas ou bolsos, alterou drasticamente o modo pelo qual entendemos o passado, ou pelas informações específicas na moeda – como o nome de um imperador ou monarca –, ou, o mais comum, ao datar um sítio histórico ou uma camada arqueológica específica nesse sítio. Curiosamente, uma dessas descobertas ao acaso mais espetaculares também é do período anglo-saxão. Em 2001, perto de uma trilha de pedestres nas margens do rio Ivel, perto de Biggleswade, em Bedfordshire, um entusiasta de detectores de metal descobriu uma moeda de ouro imaculada do reinado de Coenwulf, rei de Mércia. Essa única moeda de ouro, perdida por azar, mas descoberta por sorte, é uma das descobertas arqueológicas anglo-saxãs mais importantes deste século.

Coenwulf de Mércia Governante do reino anglo-saxão de Mércia de 796 a 821. Seu reinado foi marcado por uma luta extraordinária pelo poder entre governantes rivais. Ele foi desafiado em Kent por Eadberht Præn, que obrigou Coenwulf a invadir e retomar seu reino. Nesse período, Eadberht foi capturado, cegado e teve as mãos decepadas.

A moeda está em condições tão perfeitas que deve ter sido perdida pouquíssimo tempo depois de ser fundida e é uma das oito moedas de ouro que ainda existem do período de 550 anos entre 700 e 1250. É também a mais antiga das moedas de que temos certeza que foram usadas como dinheiro regular. Sabe-se muito pouco sobre Coenwulf, mas sem dúvida foi uma figura importante na unificação da Inglaterra. Ele roubou o trono do filho do rei Off, invadiu a Ânglia Oriental e Kent e criou um império que se estendia da costa sul até a fronteira com o País de Gales e o estuário do Humber. Ele é retratado na moeda como um imperador romano, e a moeda tem a inscrição latina *DE VICO LVNDONIAE* (do mercado de Londres). Esse alinhamento consciente de um rei anglo-saxão com os romanos – que tinham abandonado a Grã-Bretanha três séculos antes – é interessante e importante. Ele mostra que os anglo-saxões tinham uma percepção aguçada da história e espelha o comportamento (e a moeda) de Carlos Magno, o monarca e posterior imperador dos romanos que uniu a maior parte da Europa ocidental ao mesmo tempo que Coenwulf unia o sul da Grã-Bretanha. Essa moeda específica, então, fala da rivalidade e da ambição continentais do século VIII tanto quanto da percepção anglo-saxã de seu passado antigo e da admiração que sentiam por ele.

O uso e o estudo dessas moedas descobertas por acaso pelos historiadores também tem uma história e pode ser rastreada até o final dos anos 1940, quando um projeto na Alemanha, Funmünzen der Antike [Achados de moedas do período clássico], registrou todas as moedas antigas encontradas na Alemanha, um método que logo foi usado em outros locais, conforme a numismática se desenvolvia como um subcampo da arqueologia.

Devoradores de livros

Os buracos, porém, também têm a ver com perdas em outro sentido: eles têm a ver com devorar palavras, os buracos feitos em documentos e livros por insetos e ratos. A história dos buracos, portanto, nos leva mais uma vez ao próprio material da história: documentos e arquivos. Devoradores de livros – hoje em dia um sinônimo para um bibliófilo ou uma criança particularmente precoce que é uma leitora ávida – é um termo que pode bem ser usado para descrever todo tipo de insetos e outros animais que realmente comem livros. Eles incluem mariposas que atacam encadernações em tecido e também besouros que se banqueteiam com livros encadernados em couro e o piolho de papel que come fungos e outros compostos orgânicos encontrados em materiais sem tratamento adequado. Os livros medievais muitas vezes são encontrados com buracos de insetos e, algumas vezes, são quase destruídos pelas pragas. A larva que eclodiu das capas de madeira da encadernação emerge e depois abre caminho a mordidas pelas páginas, deixando um rastro de destruição. Ratos e condições úmidas foram outros problemas para a conservação de documentos, como o pequeno proprietário rural de Devon Robert Furze (*c.*1535-1593) relatou ao escrever sobre as condições dos papéis de família que, com a morte de seu sogro, Edmond Roland, passaram para as mãos de sua viúva, Joan. Os escritos descrevem uma história trágica: eles foram roubados pelo novo marido de Joan e deixados em um estado precário em uma arca sem fechadura, sobre os quais Furze escreveu que, "na verdade, os escritos estão muito estragados", alguns foram comidos por ratos e outros foram perdidos.

Manuscritos medievais produzidos em pergaminho – peles de animais como bezerros, ovelhas ou cabras – frequentemente apresentam buracos, às vezes causados pelos cortes feitos durante o processo de preparação, quando a carne e os pelos eram arrancados da pele, ocasionando um furo. Preparar o pergaminho como uma superfície para escrita ou encadernação era uma tarefa delicada e exigia habilidade. Os escribas medievais estavam acostumados a lidar com buracos e tendiam a simplesmente escrever ao redor deles ou a transformá-los em um detalhe decorativo. Um manuscrito do início do século IX, do leste da França, contém um buraco "visão" que permite que o leitor espie a folha seguinte para ver a cabeça de um animal, que introduz um dragão na história [*Fig. 17 do caderno de imagens*]. Em outros exemplos, os escribas ou os donos tentaram consertar os buracos, ou costurando rasgos ou, como no caso de um grupo de freiras suecas do século XIV, usando fios roxos e vermelhos para bordar sobre um buraco em um manuscrito religioso sob seus cuidados [*Fig. 18 do caderno de imagens*].

A história dos buracos, então, também tem a ver com uso e desgaste, reparo e reciclagem; buracos têm a ver com remendos e consertos, desde cerzir meias e remendar roupas até as engenhosas técnicas medievais de reparar manuscritos com bordados cuidadosos.

Abuso

Essa história de consertos e remendos nos leva às Magdalene Laundries [Lavanderias de Madalena], também conhecidas como Magdalene Asylums [Asilos de Madalena], do século XVIII ao final do século XX na Irlanda, que foram retratados no perturbador filme de Peter Mullan *Em nome de Deus* (2002). As lavanderias eram criadas e administradas por ordens católicas para abrigar "mulheres caídas". Estima-se que 30 mil mulheres passaram pelas portas dessas instituições bárbaras que confinavam, controlavam e disciplinavam suas internas que eram mantidas separadas da sociedade "para seu próprio bem".

As condições nessas lavanderias eram abomináveis, e há diversos relatos de abusos mentais, sexuais e físicos. As mulheres eram espancadas, tratadas como escravas, isoladas do contato da família e, em alguns casos, até mesmo seus nomes lhes eram negados, sendo chamadas simplesmente por números. A imensidão do abuso e o impulso que sua revelação gerou, tudo documentado com testemunhos históricos de centenas de mulheres, obrigou o Estado irlandês a emitir um pedido formal de desculpas em 2013. O primeiro-ministro irlandês Enda Kenny descreveu as lavanderias como "vergonha da nação". Entre as tarefas realizadas por essas pobres jovens estava o conserto e o reparo de buracos em roupas de cama, a tal ponto que, para algumas, a aprendizagem e a prática de remendar peças de linho substituíram sua educação formal. A história do encarceramento e a tarefa infindável de remendar os buracos em lençóis nos trazem à importante questão da história das camas...

13

Cama

A história das camas tem tudo a ver com...
portais para esta vida e o além, peixeiros, privacidade,
educação histórica e impérios.

Primeira Guerra Mundial

Algumas das imagens mais impressionantes – mas historicamente fascinantes – que mostram os horrores da Primeira Guerra Mundial são fotografias feitas em hospitais logo após o combate. Nelas, veem-se camas de armação de aço, formando ângulos retos exatos com as paredes, cobertas com lençóis imaculados passados a ferro e dispostas paralelamente, a intervalos regulares, como para um desfile militar. Estão perfeitamente limpas e arrumadas – *perfeitamente.* Nessa época, a aparência da roupa de cama servia de medida para a competência clínica. Era uma das formas pelas quais a qualidade da enfermagem era julgada. Nas camas que estão ocupadas, veem-se homens que geralmente estão inconscientes, às vezes com a boca frouxa por efeito da medicação opiácea e, vez por outra, comoventemente alegres, apesar das pernas e braços quebrados ou perdidos, das queimaduras na pele, dos buracos e rasgos na carne.

Olhe mais de perto, no entanto, e com frequência verá que esses homens estão convalescendo ou morrendo em edifícios históricos incomuns. É um vitral o que está lá atrás do homem com cabeça enfaixada? São caixilhos de madeira medievais que estão sustentando o teto? É... é realmente um... *Rubens*... a pintura atrás do soldado com perna engessada?

Com a guerra em pleno curso a partir do verão de 1914, os hospitais disponíveis se viram rapidamente sobrecarregados. Tamanha foi a demanda por camas que muitas residências particulares foram postas a serviço das tropas para servirem como hospitais auxiliares. Isso incluiu casas de campo, prefeituras, faculdades de Oxford e Cambridge, igrejas, castelos e até mesmo palácios reais. Depois da Batalha do Somme, a princesa Louise (1838-1939), sexta filha da rainha Vitória e do príncipe Albert, cedeu seus apartamentos no Palácio de Kensington para hospitalizar soldados feridos. Não surpreende que os relatos desses pacientes estejam recheados de impressões sobre tais edifícios. Seus leitos hospitalares serviam de excelentes postos de observação para participarem da história britânica, de uma maneira que muitos nunca tinham vivenciado antes.

Um desses hospitais de apoio, que permitiu a esses homens vislumbrarem uma história britânica privilegiada que até então desconheciam, foi o salão da Worshipful Company of Fishmongers [Venerável Companhia dos Peixeiros], em Londres, sede de uma das mais antigas dentre as doze vetustas agremiações de gêneros alimentícios. A companhia funciona pelo menos desde o

Great Dixter, em Northiam, East Sussex. Nesta residência de célebres jardins, construída no estilo Arts & Crafts, um dos quartos foi convertido em ala hospitalar durante a Primeira Guerra Mundial.

século XIII. Em 1914, o Salão Nobre, com teto e paredes dourados, recebeu divisórias de madeira para formar cubículos, cada um com duas camas. Antes da guerra, o acesso a esse edifício era estritamente controlado, mas, no final do conflito, oitocentos pacientes tinham sido ali tratados e mais de 250 operações realizadas na sala cirúrgica improvisada. Em novembro de 1914, até o rei e a rainha foram em visita aos feridos.

Nesses hospitais de apoio, a colisão entre aquele mundo histórico e a vida cotidiana dos pacientes teria impacto marcante na vida destes, quer como cenário de sua convalescença, quer como palco para sua morte – e aqui a cama abre outra história fascinante, porque ao longo do tempo essa peça de mobiliário desempenhou diferentes funções, sem limitar-se meramente a ser o lugar de dormir. Em particular, esteve muitas vezes ligada ao ciclo de vida da família sob a forma de local de parto, cama de doentes e leito de morte. Era um portal para o mundo, local de chegada de novos nascimentos, bem como ponto de partida para os que deixavam esta vida. Assim, a cama, tão comumente vista como reduto do âmbito privado – inclusive em termos do casamento, da cama conjugal e das intimidades sexuais –, foi na verdade um espaço quase público, aberto e gregário.

O leito de morte

O leito de morte, em particular, era um espaço social, funcionando como um palco para a partida deste mundo, marcante rito de passagem ao qual, ao longo da história, se dedicaram muitos rituais e grande atenção. Mesmo hoje, nesta era de mortes medicamente gerenciadas, as famílias se reúnem à cabeceira de seus entes queridos para confortá-los em suas horas finais. Nós dois já participamos tanto de vigílias à cabeceira quanto de rituais de despedida de parentes e entes amados, e nossa experiência é comum a muitos na história. Ao longo dos séculos, o leito de morte tem sido um espaço íntimo da vida familiar, tanto no período anterior quanto no posterior à Reforma. Pode-se dizer que as pessoas que viviam em sociedades pré-modernas estavam psicologicamente muito mais bem equipadas para morrer e preparar-se para a morte: a crença religiosa na vida pós-morte, a frequência dos óbitos e também os rituais que os acompanhavam colaboravam para que elas estivessem mais confortáveis com a ideia de mortalidade.

O leito de morte também pode dar poder e voz às pessoas e, sob muitos aspectos, é um espetáculo compartilhado que afirma a vida e sustenta os que foram aqui deixados. Um dos relatos mais notáveis e comoventes de uma cena de leito de morte é o da jovem esposa elisabetana Katherine Stubbes, que morreu em 1590 aos 19 anos. Sua morte foi descrita por seu marido Philip em um livreto intitulado *A Chrystal Glasse for Christian Women* [Um espelho de cristal para mulheres cristãs], lançado em 1592 e reimpresso muitas vezes, por sua enorme popularidade. Relatando a vida de Katherine e sua morte "pia" – ou seja, profundamente devota –, o breve volume foi publicado para glorificar a Deus e para que o exemplo pudesse servir de espelho (daí o título) à condição feminina. Em outras palavras, a obra demonstrava como ser uma boa mulher puritana fazia parte de uma tradição de "literatura de conduta".

Stubbes começa descrevendo os bons genitores de sua esposa, a qual desposou quando esta tinha 15 anos, o que não era nada típico na época, quando a maioria se casava aos 20 e poucos anos. Aos olhos puritanos, Katherine era, sob muitos ângulos, a esposa perfeita: pia, obediente, silenciosa e zelosa; sempre lendo obras religiosas ou orando; nunca deixando o lar quando o marido se ausentava; reservada e comedida na dieta e no vestuário; e sua conduta para com o marido era respeitosa e subordinada. No entanto, no prosseguimento da narrativa, ela é tudo menos um ratinho tímido.

Grande parte do texto trata de sua preparação para a morte e de seus momentos finais no leito. Ela profetiza sua própria morte depois de dar à luz, mas recupera-se depois do parto, apenas para que Deus a visite com uma doença que durou seis semanas e não a deixava dormir mais de uma hora seguida. Ela, porém, lidou pacientemente com sua provação, nunca questionando Deus. A cena final no leito de morte é um cenário extraordinário da teatralidade puritana.

Doença e morte são longamente descritas com forte dose de ensinamentos puritanos. No trecho principal – uma confissão de sua fé, interpretada como sendo o espírito de Deus falando através de Katherine –, uma série de elementos da doutrina puritana é pontuada com o refrão "Eu creio". A proclamação da fé é uma verdadeira conclamação aos bons pensamentos, o que inclui a rejeição à ideia de que a salvação depende de boas obras, bem como à ideia de purgatório. Em vez disso, há crença na predestinação, bem como na justificação apenas pela fé.

Na conclusão desse catálogo catequístico, Katherine luta contra o Diabo, contestando suas palavras de tentação:

> Mal havia ela encerrado essa confissão celestial de sua fé e Satanás já estava pronto a lançar-lhe combate, mas ela o repudiou veementemente,

> vencendo-o com o poder de Nosso Senhor Jesus, em quem ela incessantemente acreditava.
>
> E, embora até então olhasse com doce semblante e porte amável e amigável, rubro como a rosa e belíssimo de contemplar, agora, de súbito, franziu testa e sobrancelhas e mirou com semblante raivoso, severo e austero, como se enxergasse algo imundo, horrendo e repulsivo, e irrompeu nestas falas, pronunciando as palavras com escárnio e desprezo, rebaixando aquele a quem se dirigia.

Satã é então banido por Cristo e, nos momentos finais de sua morte, ela se enche de um doce sorriso por haver vencido o Demônio. O livreto termina louvando seu exemplo, que se torna mais marcante por sua tenra idade: "Dê-nos graça o Senhor para seguir o bom exemplo que ela nos trouxe". A experiência de Katherine mostra que o leito de morte poderia conceder às mulheres, tipicamente marginalizadas dos assuntos da Igreja, um grau significativo de poder espiritual.

Transferência de poder

Na vida política das nações, e também na vida familiar, o leito de morte era extremamente importante, pois a morte de um monarca ou de um chefe de família assinalava a passagem da coroa, das terras ou do poder para o sucessor ou herdeiro. As camas, portanto, tinham não só a ver com a transferência de poder, mas também se prestavam a evocar luto nacional.

> **Eduardo VI (1537-1553)** Único filho de Henrique VIII com sua terceira esposa, Joana Seymour. Educado como protestante, Eduardo ascendeu ao trono com 9 anos de idade, morrendo de tuberculose seis anos mais tarde. Seu reinado foi conduzido por um governo de regência, primeiro sob seu tio Edward Seymour, lorde protetor, e depois sob John Dudley, duque de Northumberland.

Na história britânica, uma das imagens mais marcantes desses momentos, quando o destino da nação poderia pender para um lado ou outro, pode ser vista em uma pintura anônima de fins do século XVI na National Portrait Gallery, em Londres, intitulada *King Edward VI and the Pope* [Rei Eduardo VI e o papa], que mostra o leito de morte do mais turbulento e violento dos monarcas Tudor: Henrique VIII. Possivelmente encomendada durante o reinado de sua filha, Elizabeth I, a tela retrata Henrique com as cortinas da cama abertas, apoiado à cabeceira real, apontando para seu filho e sucessor, que está sentado a seu lado: o menino-rei Eduardo VI (1537-1553), que governaria por apenas seis anos após a morte do pai.

O jovem príncipe está rodeado por membros do conselho de Henrique, incluindo seu tio Edward Seymour, protetor, *Lord* Somerset; John Dudley, duque de Northumberland; e Thomas Cranmer, arcebispo de Cantuária. Do lado de fora da janela, no canto superior direito, há cenas de iconoclastia (destruição deliberada de imagens sagradas) e, abaixo de Eduardo, vê-se o papa, caído, esmagado pela "palavra do Senhor". A pintura, portanto, é um exemplo exagerado de propaganda real, talvez posterior a 1570 (segundo a datação dendrocronológica da madeira em que está pintado, proveniente de uma árvore derrubada entre 1574 e 1590), quando Elizabeth I, rainha protestante, foi excomungada por meio da bula papal *Regnans in Excelsis*, do papa Pio V, documento que desobrigava os cidadãos ingleses de serem leais à rainha. A importância iconográfica dessa imagem para a história britânica reside no fato de que Henrique VIII separou-se da Igreja de Roma e de que seu filho Eduardo foi criado como protestante e, como tal, fez com que o país adotasse uma linha religiosa nacional específica, à qual Elizabeth orgulhosamente deu prosseguimento.

Camas de luxo

A cama mostrada nesse retrato era espetacularmente grandiosa, com quatro suntuosos pilares esculpidos, dossel e cortinas, além de lençóis ricamente decorados. As camas de então eram de todos os formatos e tamanhos, desde peças elegantes que adornavam os aposentos dos ricos e poderosos até mobílias mais modestas – mesmo um simples catre de palha encimado por um cobertor. Escrevendo em 1577, o viajante e escritor elisabetano William Harrison (1534-1593) descreveu a "delicadeza" do mobiliário contemporâneo, que incluía "camas geminadas com tapeçarias e adereços de seda", e explicou que isso constituía uma quebra com o passado:

> Nossos pais, avós e nós mesmos muitas vezes nos deitamos em catres de palha, sobre esteiras grosseiras cobertas apenas por um lençol, sob mantas de lã rústica... e um bom tronco redondo sob a cabeça, em vez de travesseiro ou almofada... Os travesseiros (diziam eles) eram apenas para mulheres prestes a dar à luz. Quanto aos servidores, se tinham algum lençol por cobertura já se davam por felizes, pois raramente dispunham de um sob o corpo para poupá-los das palhas pontiagudas que perfuravam a lona do catre e lhes espetavam a pele grossa.

A Grande Cama de Ware

A cama com dossel foi sempre uma afirmação de luxo e *status*. Um dos exemplos mais magníficos desse tipo de ostentação do leito é a incrível Grande Cama de Ware, no Victoria and Albert Museum [*Fig. 19 do caderno de imagens*], uma cama tão famosa em sua época que William Shakespeare referiu-se a ela em sua peça *Noite de reis*, encenada pela primeira vez em 1601, sendo também mencionada por um contemporâneo seu, o dramaturgo Ben Jonson (1572-1637). A cama foi construída por volta de 1590 por Jonas Fosbrooke, carpinteiro de Hertfordshire, como mobiliário de destaque para a White Hart Inn, uma das grandes tavernas da cidade de Ware, em Hertfordshire, distante um dia (de agradável viagem de 22 milhas) de Londres. O móvel passou depois por outras quatro pousadas em Ware – chamadas George, Crown, Bull e Sarracen's Head –, antes de ser vendido em 1870 a Henry Teale, que a adquiriu como atração turística para a Rye House, em Hoddesdon. A cama é famosa não só por seu tamanho incomum (nada menos que 3,38 metro de comprimento, 3,26 metros de largura e 2,67 metros de altura: grande o bastante para acomodar três ou quatro casais!), mas também pelas intricadas esculturas de madeira que a decoram, com figuras que carregam cestos de frutas, representando a fertilidade, e com cenas arquitetônicas adornadas com cisnes. A cama também traz sinais dos que nela dormiram antes que se tornasse peça de museu. Nas colunas e cabeceira podem-se também discernir assinaturas e timbres de visitantes ávidos em deixar sua marca nesse memorável móvel.

Camas de campanha

A Grande Cama de Ware representa um extremo da escala de portabilidade dos leitos, enquanto no extremo oposto estão as camas de campanha, ou de acampamento, que têm sua própria história fascinante. A cama de campanha, que é dobrável e portátil, foi criada para uso militar e, portanto, sua história está ligada à guerra e aos impérios.

Nos séculos XVIII e XIX, o mobiliário portátil era característico dos exércitos europeus. Acreditava-se que os padrões de conforto para os oficiais que serviam no estrangeiro deviam assemelhar-se aos de oficiais que permaneciam em território nacional. Viajar levando toda a parafernália da vida doméstica tornara-se um importante identificador de posição social e símbolo do Império Britânico. Por essa razão, os melhores projetistas de móveis, entre eles Thomas Chippendale (1718-1779) e George Hepplewhite (1727-1786), bem como inúmeros inventores engenhosos que procuravam fazer fortuna, empenharam-se em criar móveis que pudessem ser facilmente transportados e montados sem ferramentas.

Thomas Chippendale (1718-1779) Marceneiro e projetista de mobiliário, nasceu em uma família de carpinteiros e foi criado em Yorkshire. Em 1754, publicou *The Gentleman and Cabinet-Maker's Director* [O diretório do cavalheiro e do marceneiro], livro de grande sucesso que trazia 160 desenhos de móveis. Tornou-se um dos mais destacados marceneiros do século XVIII.

O desejo de levar bagagens domésticas fazia aumentar em proporções quase inimagináveis a carga a ser transportada por exércitos incumbidos de cruzar desertos, cordilheiras e selvas. Um recibo de um único oficial britânico que se preparava para ir a Flandres em 1793-1795 para lutar contra revolucionários franceses incluía 49 peças de mobiliário. O jornal *The Times* de 2 de fevereiro de 1858 noticiou que a bagagem do general *Sir* Colin Campbell (1792-1863), comandante-chefe da Índia, "estendia-se por dezoito milhas, quando ele chegou a Lucknow" – o que é quase a largura do Canal da Mancha entre Dover e Calais. Tão popular tornou-se o mobiliário de campanha que passou a fazer parte da vida civil – para piqueniques, acampamentos ou eventos esportivos e também, em tempos de paz, para viagens ou explorações. Todas as peças feitas com esse fim, desde cômodas até enormes mesas de jantar e estantes, podiam ser dobradas apertando-as aqui e virando-as ali, até ficarem planas e de mais fácil transporte.

A cama de Napoleão

Um dos tipos mais comuns de mobiliário de campanha foi a cama, e um dos melhores exemplos que chegaram até nós pertenceu a ninguém menos que Napoleão.

Trata-se de uma cama de ferro portátil feita por Marie-Jean Desouches (1764-1828), serralheiro que se descrevia como *"serrurier du garde-meuble de S.M. l'Empereur et Roi"* – ou seja, "serralheiro do guarda-móveis de Sua Majestade o Imperador e Rei". Uma engenhosa estrutura de ferro que se dobrava tanto na largura como no comprimento; munida de dobradiças e anéis de latão, permitia que a cama fosse rapidamente montada e desmontada sem perder sua impressionante estabilidade. Acompanhava-a uma estrutura com saliências folheadas a ouro, formando um dossel digno de um imperador e rei que outrora governou metade da Europa e possuiu 47 palácios imperiais.

Napoleão não só usava essa cama em suas campanhas, mas também levou-a consigo quando seu império virou pó e o exilaram em Santa Helena, um minúsculo rochedo estéril em meio ao Atlântico Sul, e foi nessa cama de campanha que passou a dormir, de 15 de outubro de 1815 até praticamente seis anos depois, em 5 de outubro de 1821, quando nela morreu. Em meio a todos os títulos, túnicas forradas de arminho, palácios e tesouros que Napoleão adquiriu em sua extraordinária vida, essa cama é um lembrete de que foi soldado até o fim, de que seu exílio não era mais que um capítulo temporário que logo se encerraria. Curiosamente, o duque de Wellington (1769-1852), outro soldado por toda a vida e nêmese de Napoleão, que o derrotou em Waterloo, também passou os últimos anos da vida dormindo em sua cama de campanha e, tal qual Napoleão, nela morreu. É interessante que, tanto para Napoleão como para Wellington, suas camas "temporárias" tornaram-se artefatos permanentes da vida, além de peças permanentes na história, já que ambas ainda existem: a de Napoleão, na Longwood House, em Santa Helena, e a de Wellington, no Castelo de Walmer, em Kent.

A Guerra dos Bôeres

Um momento-chave nesta história da cama portátil foi a Guerra dos Bôeres, em 1899-1902. O conflito foi travado na África do Sul entre os britânicos e dois estados bôeres: a República Sul-Africana e o Estado Livre de Orange. Característicos dessa guerra foram os ataques-surpresa, os rápidos movimentos de tropas e as táticas de guerrilha, que fizeram os britânicos logo perceberem que seu exército em campo era lamentavelmente desajeitado. Em 1903, H. O. Arnold-Forster (1855-1909), secretário de Estado para a Guerra, declarou: "O Exército Britânico é uma instituição social preparada para todas as emergências, exceto a de guerra". Nessa nova era do automóvel e da motocicleta, os soldados que viajavam com grandes volumes de pertences e móveis tornaram-se coisa do passado. A cama militar tornou-se puramente funcional: um lugar para pegar no sono – o que levanta a interessante questão da história da real finalidade das camas no passado.

Em grande parte do período pré-moderno, as camas foram, a nossos olhos, lugares surpreendentemente públicos, porque os hábitos de sono do passado eram visivelmente distintos dos de hoje. Era comum que as esposas dormissem com as criadas quando os maridos estavam fora. Era também considerado perfeitamente normal que dois criados dividissem uma mesma cama. Dormir, afinal de contas, foi por muitos séculos uma atividade gregária, e a cama não era meramente um lugar para dormir a sós ou com um cônjuge, nem servia simplesmente para sexo.

Samuel Pepys

De fato, para o cronista e mulherengo Samuel Pepys (1633-1703), a cama servia para tudo, *menos* sexo. As numerosas incursões sexuais de Pepys ocorreram em tabernas, becos e corredores.

Seus diários são fascinantes para o historiador das atividades e comportamentos praticados durante o sono na cama e no entorno desta durante o século XVII. Para Pepys, a cama era lugar para conversas e negócios, a menos que suas numerosas menções a "deitar longamente na cama falando com minha esposa" sejam lidas como eufemismos. Sabemos, por exemplo, que na casa dos Pepys o inverno de 1661 foi uma época de inusitados períodos ao leito. Em seu diário, um registro datado de 14 de dezembro de 1661, um sábado, informa: "Toda a manhã em casa deitado na cama com minha esposa, até as 11 horas. Adquirimos neste inverno tal hábito de estar longamente ao leito". Cabe nos perguntarmos a razão de tão rápida e significativa mudança de hábitos.

Também sabemos que, após uma reunião com o almirante *Sir* Edward Montagu em outubro de 1660, Pepys dividiu uma cama com o sr. Sheply, criado de Montagu, embora relatando que "mal pude dormir a noite toda, pois a cama estava malfeita e ele era péssimo companheiro de leito", e que em dezembro de 1660 visitou o político e cortesão Henry Jermyn, encontrando-o à cama confabulando com um homem que o narrador presumiu ser um sacerdote.

Para Pepys e seus contemporâneos, a cama assumia muitas funções, embora se suspeite, com base em seu periódico, encantador, mas cansativo refrão que encerra cada entrada de seu diário – "e então, à cama" –, que dentre essas funções a sua favorita era dormir. Mas o que lhe passava pela cabeça enquanto dormia é outro assunto inteiramente diferente – que por sua vez levanta a questão muito importante da história dos sonhos...

14

Sonhos

A história dos sonhos tem tudo a ver com...
demônios, tentação, ascensão e declínio de impérios,
Islã, receitas e colheres.

Os especialistas afirmam que todos nós sonhamos bastante. Em média, temos de três a cinco sonhos todas as noites, e algumas pessoas chegam a ter sete. A duração dos sonhos pode variar de poucos segundos a meia hora, os mais vívidos ocorrem durante a fase do sono com movimentos rápidos dos olhos (REM) e têm maior probabilidade de serem lembrados se a pessoa acordar no meio do sonho. James tem lembranças vívidas de sonhos recorrentes de sua infância, e, o que é crucial para um historiador, ele pode datá-los porque sua família mudou muito de casa, e eles estão associados a locais específicos. Quando garoto, ele morou em uma casa com um *folly* no jardim – uma torre com torreões, muito impressionante para um garoto de 7 anos. A janela do quarto dele dava para o jardim, e um pesadelo frequente envolvia um fantasma flutuante que passava pela parte superior da janela e voava em sua direção, mas ele sempre acordava ensopado de suor antes de o fantasma alcançá-lo. Outros sonhos memoráveis envolviam seus dentes caírem; ser perseguido e ficar pregado à terra; e, mais espetacularmente, voar bem alto no ar em um tapete mágico que flutuava por uma paisagem de árvores. Esses sonhos da infância são memoráveis porque eram recorrentes; eles obviamente causaram uma impressão tão forte que permaneceram com ele por bem mais de trinta anos. Mas quantos de nossos sonhos se desvanecem e são esquecidos e nunca lembrados?

Essa é a essência de um problema histórico real. Reconstruir a história global dos sonhos é infinitamente interessante e importante para o historiador. Eles são uma fonte fabulosa e inesperada de conhecimento; são inspirados por influências culturais que falam de nossa vida diária, esperanças, medos e ansiedades; são íntimos, reveladores e de alguma forma não controlados. Mesmo assim, os sonhos, com frequência, são muito difíceis de lembrar e, mesmo quando são registrados – como muito do que é não dito e intangível na história –, enfrentamos o problema intratável de capturar algo que é silencioso e transitório, que acontece quando estamos adormecidos e reside apenas em lembranças fragmentadas.

Os registros de sonhos existem em diversas formas escritas, de antigos textos religiosos a anotações feitas por confessores e em diários pessoais. Entre as fontes mais interessantes por causa dos detalhes que oferecem estão os cadernos de médicos.

Cadernos de médicos

O astrólogo, médico e clérigo Richard Napier (1559-1634), que atuava como curador em Buckinghamshire, manteve muitas anotações sobre seus pacientes, incluindo mulheres perturbadas por horríveis sonhos pós-natais. Elizabeth Banebury, de Fenny Stratford, Buckinghamshire, consultou Napier três vezes em 1618 sofrendo de perturbações mentais depois de um parto. Napier registrou meticulosamente cada uma dessas consultas em seus cadernos. Após a primeira consulta, ele escreveu que ela ficou "abalada" depois de um sonho ruim e "perturbada da cabeça" por causa de um "sonho assustador", o que levou seu leite a secar. Posteriormente, em 13 de março de 1618, Napier escreveu que ela

> tem um bebê de 9 semanas que foi amamentado por outra. Depois do parto, ela teve um sonho e ficou assustada como se algo estivesse em cima dela e desde então tem dificuldade com os assuntos do mundo. É extremamente cuidadosa com o mundo. Está bem de saúde, mas com a mente muito perturbada.

Elizabeth parece ter sofrido do que hoje seria diagnosticado como depressão pós-parto, e seu estado mental perturbado estava se manifestando no mundo dos sonhos, o que nos dá um *insight* admiravelmente íntimo da psicologia das mulheres comuns do século XVII.

Diários de sonhos

A partir do início do século XVIII, vemos o surgimento da prática de manter diários de sonhos. As pessoas famosas por anotarem as lembranças dos sonhos noturnos incluem o cientista, filósofo e teólogo sueco Emanuel Swedenborg (1688-1772), cujo diário de sonhos foi descoberto na Biblioteca Real na Suécia nos anos 1850 e publicado em 1859 com o título de *Drömboken* [Livro dos sonhos]. Swedenborg iniciou o diário por volta de 1744, época em que viajava pela Holanda e começou a ter sonhos vívidos, alguns estimulantes, outros assustadores. O diário permitiu que ele registrasse esses sonhos como uma forma de catarse, um exercício espiritual que examinava seu relacionamento com Deus. A entrada de 17-18 de abril relata:

> Tive sonhos assustadores. Sonhei que o executor assava as cabeças que decepava; e, por um longo tempo, ele colocou as cabeças assadas uma depois da outra em um forno vazio que, no entanto, nunca se enchia. Diziam que isso era a comida dele.

Outros famosos que escreveram diários de sonhos são os escritores Graham Greene (1904-1991) e Jack Kerouac (1922-1969), o diretor de cinema italiano Federico Fellini (1920-1993) e diversos artistas surrealistas, entre eles Max Ernst (1891-1976), René Magritte (1898-1967) e Salvador Dalí (1904-1989). O fato de esses gênios criativos escreverem diários de sonhos ao mesmo tempo não é coincidência, pois os anos 1920 viram uma nova tendência no *uso* dos sonhos.

André Breton, escritor, poeta e fundador do surrealismo francês, argumentou em seu primeiro *Manifesto surrealista*, publicado em 1924, a favor do valor do pensamento irracional por causa da liberdade que dava ao pensador. Para os surrealistas, os sonhos tinham sua própria realidade, à qual eles atribuíam um valor igual, se não maior, do que à "vida real". Os surrealistas acreditavam que os sonhos eram centrais, e não periféricos, ao pensamento humano, e alguns desses homens passaram por períodos em que estavam mais em contato com seus sonhos do que com sua vida desperta.

Salvador Dalí até inventou uma técnica pela qual ele podia acessar repetidamente esse estado onírico, que lhe permitia maximizar seu potencial artístico. Esse era o modo de Dalí para *cultivar* sonhos, criando um hábitat fértil para que eles crescessem e se colocando em prontidão para colhê-los em seus diários de sonhos. Ele fazia isso sentando-se em uma cadeira e segurando uma colher sobre uma tigela de metal. A ideia era que, quando fosse tomado pelo sono, a paralisia muscular subsequente levaria a colher a cair na tigela, o que faria um ruído e acordaria o sonhador surrealista que passaria à ação e registraria suas visões. Essa técnica é uma das razões pelas quais os cadernos de Dalí são fontes históricas magníficas, especialmente valorizados pelos colecionadores.

Uma das melhores criações do estado onírico de Dalí é seu quadro de 1944, intitulado *Rêve causé par le vol d'une abeille autour d'une grenade, une seconde avant l'éveil* [Sonho causado pelo voo de uma abelha ao redor de uma romã um segundo antes de acordar]. Nele, Gala, esposa de Dalí, está recostada, sonhando meio conscientemente. Um peixe salta de uma romã que explode, e do peixe saem dois tigres rosnando e um fuzil com baioneta que, momentos depois, vai acordar a mulher adormecida, cutucando-a com sua ponta. É uma visão de um momento infinitamente pequeno, mas adormecido, o segundo antes de acordar, o momento que Dalí acreditava ser o mais criativo para o cérebro.

Uso de sonhos

A fixação dos surrealistas nos sonhos foi inspirada por outro capítulo interessante na história do uso de sonhos, iniciado por Sigmund Freud (1856-1939). Em 1900, ele publicou uma importante obra, a primeira no campo que agora chamamos de psicanálise, intitulada *A interpretação dos sonhos*. Freud muitas vezes é considerado o pai da interpretação de sonhos, mas esse não é o caso, já que, no início do livro, ele aborda meticulosamente o conhecimento existente sobre os sonhos. Continua contando e analisando alguns de seus sonhos e também os de alguns de seus pacientes. Em uma passagem, Freud narra um sonho que teve com um médico com um só olho que não encontrava havia 38 anos.

> Em meu sonho, vi um homem a quem reconheci, enquanto sonhava, como o médico de minha cidade natal. O rosto dele não estava nítido, e

suas feições se misturavam com a de um de meus professores, que ainda vejo de tempos em tempos. Ao acordar, não pude descobrir qual seria a associação entre esses dois homens, mas, depois de falar com minha mãe sobre o médico, fiquei sabendo que ele tinha um olho só. O professor, cuja imagem no meu sonho se sobrepôs à do médico, também tinha um olho só. Eu não via o médico havia 38 anos e, pelo que sei, nunca pensei nele em meu estado desperto, embora uma cicatriz em meu queixo possa ter me lembrado de seus cuidados profissionais.

Em todo o livro, Freud mistura análises de sonhos de seus pacientes com os seus próprios. Embora nossa compreensão do funcionamento da mente seja atualmente bem mais sofisticada do que na Viena de Freud, no início do século XX, o impacto de sua teoria psicanalítica na história do século XX foi profundo. Falando simplesmente, ao formular seus argumentos ao redor dos sonhos, ele revolucionou o modo como o mundo ocidental concebia o comportamento humano por quase todo o século passado.

Freud foi *o* inovador no uso dos sonhos para psicanálise e terapia, mas não foi o primeiro a ver valor na interpretação dos sonhos. Embora resíduos históricos de sonhos existam em toda a história – da antiga Mesopotâmia e do antigo Egito, da Grécia e Roma clássicas até os dias de hoje –, o que mudou com o tempo foi a maneira de interpretá-los. Em outras palavras, depois de lembrados e articulados – um processo moldado pela memória e, é claro, pela linguagem e forma narrativa –, as maneiras das sociedades do passado de entender os sonhos são diversificadas no tempo e no espaço.

Inspiração divina

No mundo antigo, os sonhos eram vistos como mensagens dos deuses – em alguns casos, seres que literalmente visitavam os sonhadores em seu sono. Na Bíblia, o Livro do Gênesis está repleto de sonhos, entre eles o sonho de Jacó com uma escada que ligava o céu e a terra; e, no Alcorão, os sonhos eram o veículo para receber as revelações de Alá. As culturas dos povos nativos norte-americanos viam os sonhos como um canal para comunicação com seus ancestrais, e a tribo Ojibwe usava "apanhadores de sonhos" como talismãs de proteção.

Tradicionalmente, os apanhadores de sonhos eram feitos de um anel de salgueiro, com uma rede tecida no meio e, depois, decorado com penas sagradas e pendurado sobre berços ou camas para apanhar os sonhos ruins quando as pessoas dormiam.

Tribo Ojibwe Um dos povos indígenas do grupo Anishinaabeg no Canadá e nos Estados Unidos, que viviam na região dos Grandes Lagos em Michigan, Wisconsin, Minnesota, Dakota do Norte e Ontário. Tradicionalmente, eles falam Ojibwe, uma forma do idioma algonquiano. Lutaram ao lado dos franceses durante a Guerra Franco-Indígena (1754-1763), mas apoiaram os ingleses durante a Guerra da Independência dos Estados Unidos (1775-1782).

Na Europa ocidental, os sonhos influenciaram fortemente a vida dos pioneiros da Igreja. Em 375, o confessor e teólogo são Jerônimo (347-420) teve um sonho, resultante de seu jejum durante a Quaresma, que provocou febre e inconsciência. Nesse sonho, que foi incrivelmente retratado em tela por Matteo di Giovanni (*c.*1430-1495) [*Fig. 20 do caderno de imagens*], são Jerônimo foi levado diante do tribunal do Paraíso e condenado e açoitado por ler escritos pagãos, o que o levou a rejeitar a leitura de textos clássicos por prazer. Sabemos sobre o sonho em detalhes porque ele o descreveu em uma carta datada de cerca de 384, escrita para sua protegida Julia Eustochium. Ele refletiu:

> Eu fui preso no espírito e arrastado diante do trono do julgamento do Juiz; e aqui a luz era tão brilhante e os que estavam ao redor eram tão radiantes que eu me joguei ao chão e não ousei olhar para cima. Perguntaram quem e o que eu era. Respondi: "Sou um cristão". Mas quem presidia disse: "Você mente, você é um seguidor de Cícero e não do Cristo. Pois onde seu tesouro está, seu coração também estará". Imediatamente fiquei entorpecido e, entre os golpes da chibata – pois ele ordenara que eu fosse açoitado –, eu era ainda mais severamente torturado pelo fogo da consciência, pensando no verso: "No túmulo, a quem você deve agradecer?". E por tudo isso, comecei a chorar e a me lamentar, dizendo: "Tenha misericórdia de mim, Ó Senhor. Tenha piedade de mim".

Quer o sonho tenha sido ou não "real" (no sentido de um sonho noturno ou de uma visão) ou apenas algum tipo de retórica, ficção piedosa, existe algo nele que é sem dúvida revelatório. A consequência do sonho de Jerônimo foi que "eu li os livros de Deus com um zelo maior do que anteriormente tinha dedicado aos livros dos homens". Nesse sentido, o sonho – real ou ficcional – apresenta Jerônimo como uma figura transformada, que incentiva os outros a trilhar o caminho cristão.

Os sonhos nem sempre são o veículo para a inspiração divina, e foi durante o período medieval que a Igreja desenvolveu uma linha muito mais dura de interpretação de sonhos como malignos e do mal, e os sonhos se tornaram associados não só com Deus e os ancestrais, mas com o sobrenatural. As horas noturnas, quando as pessoas estavam adormecidas, eram vistas como horas de visitas dos demônios da noite. Martinho Lutero via os sonhos como o trabalho do Demônio tentando se insinuar na vida das pessoas. "Satã ataca e atormenta as pessoas de todas as maneiras", escreveu ele ao falar sobre o Diabo em suas obras: "tanto que ele enganou e afligiu alguns em seu sono, com sonhos e visões pesados, de modo que agora e então, todo o corpo fica coberto de suor devido à angústia do coração".

Antes de Freud havia uma crença clara na interpretação dos sonhos como uma forma de autoanálise. O médico e autor *Sir* Thomas Browne (1605-1682), em seu ensaio sobre os sonhos, parece estar bem à frente de seu tempo ao escrever:

> Por mais que os sonhos possam ser enganosos em relação a acontecimentos externos, ainda assim eles podem ser muito significativos e, desse modo, podemos entender a nós mesmos com mais sensatez. Os homens agem no sono com alguma conformidade com seus sentidos despertos, e consolações e desenganos podem ser extraídos dos sonhos, que intimamente nos contam coisas sobre nós mesmos.

Por outro lado, na Londres do século XVII, o artesão Nehemiah Wallington (1598-1658) registrava regularmente seus sonhos, mas os descartava como "vaidades mentirosas".

Sonhos infantis

Os sonhos infantis são um assunto especialmente interessante, mas para os historiadores são ainda mais difíceis de acessar do que os sonhos dos adultos. É muito difícil reconstruir a paisagem onírica de crianças em períodos pré-modernos, exceto por meio do prisma de seus pais. Mesmo assim, uma sorte ocasional permite abrir esse mundo mágico. Ralph Josselin, o vigário de Earls Colne, em Essex, Inglaterra, durante o século XVII, era um observador inveterado dos acontecimentos cotidianos em sua família e, em dezembro de 1654, registrou em seu diário espiritual um sonho incrivelmente vívido descrito por seu filho Tom:

> nesta manhã, meu filho Tom me contou um sonho maravilhoso. Jesus Cristo, vestindo um manto branco, veio ao meu púlpito enquanto eu estava pregando e me abraçou, e eu o abracei. Depois, Jesus foi até ele, colocou seu tinteiro no bolso e o levou até o adro e lhe perguntou o que ele queria. Tom disse "uma bênção". Jesus Cristo fez um sinal para que ele o seguisse e subiu aos céus...

O trecho é admirável não só por permitir o acesso ao mundo onírico de um garoto da Essex do início da idade moderna, mas também pelo que nos conta sobre a religiosidade do garoto. A dieta saudável de instrução religiosa administrada na família Josselin sem dúvida permeava o vaguear noturno da jovem mente de Tom Josselin, um menino claramente ansioso por agradar seu pai, o ministro.

Medicamentos

Esses sonhos que ocorrem naturalmente são, porém, um só tipo de sonho. Outro tipo com uma história significativa é o que hoje só existe na expressão "*pipe dream*" (sonho de cachimbo). Agora entendido como uma metáfora para aspirações extravagantes e inatingíveis, esses sonhos têm suas raízes históricas nas imagens fantásticas provocadas ao se fumar ópio. Numerosas descrições dos sonhos do ópio existem desde o século XVI, e talvez não seja de surpreender que tenham variações na qualidade literária.

> Eu submerjo e me afogo deliciosamente.
> Música suave como um perfume, e luz doce
> e dourada com deliciosos odores audíveis,
> me envolve com mortalhas para a eternidade.
> O tempo não existe mais. Eu pauso e, mesmo assim, fujo.
> Um milhão de eras me envolvem com a noite.

Extraio um milhão de eras de delícia.
Guardo o futuro na minha lembrança.

Arthur Symons (1865-1945),
"The Opium Smoker" [O fumante de ópio]

Outros artistas fabulosos, poetas e músicos, cuja obra tem sido respeitada há gerações, incluindo Samuel Taylor Coleridge (1772-1834), John Keats (1795-1821), Percy Bysshe Shelley (1792-1822), Thomas De Quincey (1785-1859), Frédéric Chopin (1810-1849) e Hector Berlioz (1803-1869), dominaram o poder de seus sonhos de ópio.

O ópio era consumido na Pérsia, Índia e China desde os tempos antigos; era conhecido na Grécia e na Roma clássicas e bem estabelecido na medicina europeia desde o século XVI. O primeiro livro em inglês a ser publicado sobre a adicção ao ópio – *Mysteries of Opium Reveal'd* [Os mistérios do ópio revelados], do dr. John Jones – foi lançado em 1700. Foi depois de 1780, porém, que o ópio chegou ao Ocidente em grandes volumes e seu uso na sociedade inglesa era totalmente irrestrito até o Pharmacy Act de 1868. Nessa época, o ópio era usado na Grã-Bretanha e em outros lugares no Ocidente, de forma livre e natural. O ópio era fumado por escapismo e como uma resposta às pressões sociais, mas também era componente de remédios para tosse e de vários outros. Desse modo, a vida de *milhões* de pessoas, durante quase um século, foi colorida em parte por sua experiência nos sonhos evocados pelo ópio ou mesmo a própria experiência da vida como um sonho evocado pelo ópio.

Oscar Wilde (1854-1900) Poeta e dramaturgo irlandês, famoso por seus epigramas, peças e pelo livro *O retrato de Dorian* Gray, além de suas histórias para crianças. Condenado a dois anos de serviços forçados na prisão de Reading Gaol devido a sua sexualidade, Wilde tinha uma inteligência fenomenal e uma memória fotográfica de tudo que lia.

O ópio podia ser fumado em particular, mas o mais comum era o consumo em público, em salas de ópio. Esse era o teatro vitoriano dos sonhos. Esses locais tiveram um impacto tão profundo sobre a sociedade que centenas de descrições coloridas ainda existem, mas nenhuma é mais lúcida do que a de

Oscar Wilde, para quem as salas de ópio em seu romance *O retrato de Dorian Gray* (1891) eram "salas nas quais se podia comprar o esquecimento, salas de horror onde a memória dos pecados antigos podia ser destruída pela loucura dos novos pecados". Essas descrições de consumo doméstico de ópio, que começaram a aparecer na década de 1860, são um presente para os historiadores pelas diversas maneiras como podem ser usadas. O fato de tantas dessas descrições existirem diz muito, por exemplo, sobre a eficácia do movimento antiópio e uma nova disposição e desejo de espiar nos cantos escuros da vida britânica a partir de 1860, além de informar sobre o consumo real de ópio em salas nesse período.

As guerras do ópio

Uma parte significativa do ópio consumido na Grã-Bretanha vinha pelas rotas de comércio terrestres bem estabelecidas da Turquia, mas a provisão do ópio para o público global era facilitada pelos britânicos que o cultivavam em territórios tropicais, principalmente na Índia, e o transportavam para antigos e novos mercados em todo o mundo com sua enorme frota mercante. Os lucros que tinham eram reinvestidos no império. A Grã-Bretanha até travou duas grandes guerras – conhecidas na Inglaterra como a Primeira e a Segunda Guerras do Ópio (1839-1842 e 1856-1858) – para obrigar os chineses a abrir as portas ao comércio do ópio, guerras em que morreram dezenas de milhares de pessoas e um imperador fugiu de seus antigos palácios em fogo: há invasões, mortes e destruição cultural nessa história particular do sonho.

Desse modo muito violento, mas também nos anos de desintegração social causados pelo amplo uso da droga, a China certamente sofreu com sua sede pelo ópio, e o mesmo aconteceu com os indianos do Raj – Índia Britânica –, que produziam a maior parte do suprimento mundial até os anos 1920. A Companhia das Índias Orientais forçou o cultivo compulsório de papoula, da qual se extraía o ópio, durante décadas e, ao fazer isso, criou um desastre natural e humano que os historiadores só agora estão começando a entender. É assim que um capítulo na história dos sonhos está ligado a nada menos do que à ascensão e à queda de impérios.

Induzir sonhos

Se fumar ópio era um gatilho óbvio para sonhos, a questão de como os sonhos eram e são criados tem uma história fascinante. O dilema para as pessoas instruídas no final da era medieval e no início do mundo moderno era se os sonhos eram uma consequência de forças sobrenaturais ou se originavam meramente de distúrbios corporais. O consumo excessivo dos tipos errados de comida e bebida era cada vez mais considerado como a causa de um sono noturno perturbado, em vez de forças malignas, uma ressaca da Igreja medieval mais supersticiosa. William Turner, escrevendo em 1568, considerou que "o novo vinho é de difícil digestão e provoca sonhos pesados". O médico Nicholas Culpeper (1616-1654) foi um passo além, denunciando a Igreja medieval por vender ideias de demônios sedutores:

> O pesadelo era suposto pelos antigos não como sendo um distúrbio real do corpo, mas como um efeito ou sensação derivado do contato carnal noturno com algum espírito maligno ou demônio durante as horas de sono... por mais absurda que fosse essa doutrina, volumes inteiros foram escritos sobre ela.

Em vez disso, os sonhos ruins eram causados por uma "afecção nervosa" que ele acreditava vir principalmente da indigestão. O consumo exagerado de alimentos e a gula logo antes da cama eram prejudiciais, e os "especialistas" recomendavam que se evitassem carnes vermelhas pesadas e também queijo e vegetais como abóbora, feijão, alho, pepino e alho-poró.

Deixando de lado as noites perturbadas e as tentações demoníacas, nossos antepassados adoravam sonhar e até criavam receitas que prometiam induzir sonhos fantásticos. Em uma receita "Para provocar sonhos maravilhosos", o livro *De' secreti del reuerendo dono Alessio Piemontese* [Os segredos do reverendo dom Alessio Piemontese] (1557) aconselha os leitores a "pegar o sangue de um quero-quero ou de uma lavadeira preta e passá-lo nas têmporas, e então ir para a cama, e você deve ver coisas maravilhosas em seu sono", ao passo que, se quiser "ver animais selvagens em um sonho", recomenda que você "pegue o coração de um macaco e o coloque embaixo da cama quando for dormir".

Sonhos eróticos

Muito mais preocupantes para os sonhadores de disposição mais religiosas eram as ansiedades causadas por conteúdos imorais e lascivos dos "sonhos molhados". Esses dilemas morais foram revelados pelo Pai da Igreja, santo Agostinho, em suas *Confissões*. O voto de celibato lhe proibia o casamento e a fornicação, mas ele escreve: "Em minha memória, da qual eu já disse muito, as imagens das coisas gravadas nela por meus hábitos antigos ainda permanecem. Quando estou desperto, elas se impõem a mim, mas com pouca força. Porém, quando eu sonho, elas não só me dão prazer, mas também são como uma concordância no ato".

Santo Agostinho de Hipona (354-430) Um dos mais importantes teólogos, filósofos e Pais da Igreja dos primórdios da cristandade ocidental. Nascido na Numídia, no Norte da África, ele foi o bispo de Hipona (uma cidade na moderna Argélia), e seus trabalhos mais influentes incluem *A cidade de Deus* e *Confissões*.

As questões morais e as ansiedades que rodeiam essas "emissões noturnas" há muito tempo preocupam os cristãos como uma questão de consciência espiritual. Os puritanos que mantinham diários ficavam constantemente perturbados com as implicações das pecaminosas sensações de luxúria e do que viam como "autopolução". A questão debatida dos sonhos molhados era tratada na literatura periódica do século XVIII, em que aparecia ao lado do que era visto como o pecado da "onania" na literatura antimasturbação. Nessa época, as pessoas se preocupavam com a precisão da interpretação das emissões noturnas. Havia uma dicotomia no cerne do debate: por um lado, achava-se que a ejaculação involuntária durante o sono dificilmente poderia ser evitada, mas, por outro, achava-se que isso era incentivado por sonhos impuros, sobre os quais a consciência podia exercer algum controle, mesmo enquanto a pessoa estava adormecida. Um correspondente anônimo de um periódico do século XVIII ponderou se "isso pode ser chamado de ejaculação... se um homem se aliviar voluntariamente daquela perturbação e estímulo... desde que a ação seja inteiramente livre de impureza mental". O conselho dado considerava se era justificável que um homem se masturbasse em vez de se arriscar a ter "poluções noturnas", que poderiam constranger "aqueles cujo trabalho se estenda à cama ou aos lençóis".

Os sonhos de natureza erótica como esses criavam um dilema moral para as almas piedosas e, no mundo da piedade extrema, isso podia levar a atos de fortaleza, autonegação e até mesmo ferimentos autoinfligidos. Uma das formas mais comuns disso era a confecção de camisas desconfortáveis feitas de pelo de cabra – o que nos leva à importante questão da história do cabelo...

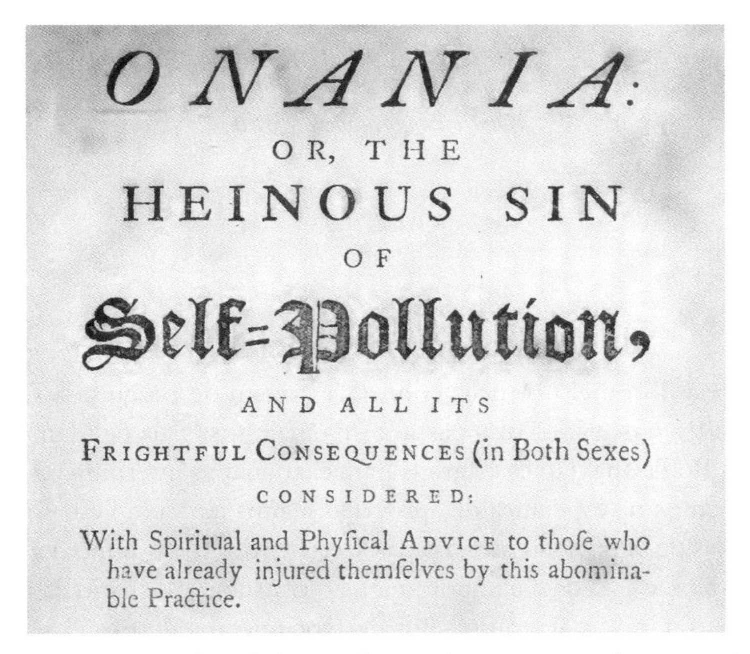
ONANIA:
OR, THE
HEINOUS SIN
OF
Self-Pollution,
AND ALL ITS
FRIGHTFUL CONSEQUENCES (in Both Sexes)
CONSIDERED:
With Spiritual and Phyſical ADVICE to thoſe who have already injured themſelves by this abominable Practice.

Onania: ou o abominável pecado da autopolução e todas as suas assustadoras consequências (nos dois sexos) consideradas: com conselhos espirituais e físicos a todos que já se feriram com essa prática abominável (1756).

15

Cabelo

A história do cabelo tem tudo a ver com...
o duque de Wellington e figurões da história, memória,
amor e exploração do Ártico.

Uma descoberta acidental

Esta história do cabelo começa com uma viagem de pesquisa a Oxford no verão de 2015 e os vários dias passados na majestosa Sala de Manuscritos da Biblioteca Bodleiana. James estava lá para examinar as intermináveis coleções de documentos na esperança de aproveitar alguns para um livro sobre como as memórias de família são preservadas. Certa tarde (18 de junho de 2015, para sermos exatos, e essa data é importante), ao consultar o fichário da biblioteca, ele se deparou, no catálogo do setor de Documentos de Famílias do Norte, com um registro que descrevia uma caixa de objetos relacionados com *Lady* Susan North, condessa de Guilford (1771-1837). Meramente etiquetada como "MS North d.68", a caixa abrigava uma série de distintivos, algumas insígnias de regimento, vários cadernos manuscritos e livros, flores prensadas, cartões e – o mais intrigante – um pequeno envelope com a inscrição "Cabelo do duque de Wellington".

Dentro dele havia um papel dobrado com a seguinte anotação: "Cabelo do duque de Wellington, colhido por seu criado antes de sua morte" – e, claro, dentro do papel dobrado havia vários fios de cabelo prateado. O mais extraordinário é a data dessa descoberta: 18 de junho, exatos duzentos anos depois da famosa Batalha de Waterloo, vencida por Wellington. James teve a impressão de que aquela memorável figura histórica o chamava através dos séculos, tanto que, de fato, sentiu o ímpeto de levantar-se e gritar no recôndito silencioso da sala de leitura: "Sabem o que tenho aqui? O cabelo de Wellington!". Mas, controlando-se para não dar um espirro e espalhar esses preciosos fios aos quatro ventos, achou mais prudente dobrar o papel e recolocá-lo na caixa. Às vezes, para um historiador, o inesperado é um tesouro, e lançar a rede em locais inesperados pode trazer joias históricas que até então permaneciam ocultas.

Garimpando ainda mais os arquivos, descobriu-se que esses fios de cabelo de Wellington estavam longe de ser os únicos desse grande soldado e estadista britânico a chegarem até nós. Sabemos que Wellington foi encontrado quase careca em seu leito de morte, obra de caçadores de relíquias afoitos em garantir algum pedaço desse herói nacional. O período que antecedeu seu funeral foi acompanhado de uma verdadeira wellingtonmania, com vendas de "vinho funerário Duque de Wellington" e "bolo funerário Wellington". Entre os artigos mais caros estavam mechas de seu cabelo, anunciadas no jornal *The Times*. Um desses anúncios informava: "Senhora que tem em sua posse cabelos do ilustre DUQUE, cortados em 1841, dispõe-se a CEDER parte destes por £25". Um retrato em miniatura de Wellington, feito após sua morte, tinha uma moldura dourada que continha três mechas: uma colhida em sua juventude, outra após sua morte e uma de seu amado cavalo, Copenhagen. A crina de Copenhagen (e, em outro objeto, um casco desse famoso companheiro) ainda é avidamente almejada por caçadores de troféus. Uma caixa de ouro guardada no National Army Museum, em Londres, abriga uma amostra.

Cabelos de outras figuras históricas famosas – como Napoleão e Thomas Jefferson, bem como (em clima pouco mais macabro) os de *serial killers* que passaram à história, como Ian Brady, o "assassino das charnecas" – também adquiriram *status* de relíquias. Hoje ainda há um mercado vigoroso para tais resquícios, em salas de leilão de todo o mundo.

Um dos fios da história do cabelo, portanto, tem a ver com os figurões históricos, uma forma de ver o passado que glorifica os feitos de pessoas famosas – uma abordagem que tem seus próprios critérios sobre quais tipos de história *merecem* ser estudados. Tal enfoque tem privilegiado as figuras de monarcas, a alta política, as guerras e a diplomacia, à custa do resto: as pessoas comuns, a vida cotidiana – ou seja, de uma visão bem mais abrangente da história.

Os exemplos que trouxemos são todos de cabelos de homens, mas a preservação do cabelo como símbolo ou lembrança de um indivíduo não se restringiu às cabeças masculinas, como mostra uma palestra que James proferiu na igreja de Tiverton, em Devon, sobre Gertrude Courtenay, marquesa de Exeter (falecida em 1558). A marquesa, que atuou mais ativamente no início do período Tudor, é conhecida por sua associação com a Freira Santa de Kent (*c.*1506-1534), uma religiosa mística que foi executada por profetizar a morte de Henrique VIII e de sua segunda esposa, Ana Bolena. Gertrude escapou por pouco de destino semelhante ao pedir clemência ao próprio Henrique e a seu ministro-chefe, Thomas Cromwell. Antes de James dar essa palestra, a arquivista do vizinho Castelo Powderham veio procurá-lo e disse-lhe: "Tenho algo aqui que acho que lhe interessaria". E interessou mesmo, pois o que ela trazia era nada menos que uma mecha de cabelo, considerada, e devidamente etiquetada, como "Uma mecha de Gertrude Courtenay, marquesa de Exeter". Presumivelmente, a amostra passara de geração a geração na família Courtenay até encontrar repouso nos arquivos do Castelo Powderham.

Recordações de amor

A preservação e partilha de cabelos de pessoas famosas é, no entanto, apenas parte desta curiosa história. Nos séculos XVIII e XIX, as mechas de cabelo – peças também referidas como cachos, tranças ou madeixas – assumiam profunda importância pessoal e emocional, sendo rotineiramente trocadas entre amigos e familiares, ou tornavam-se símbolos entre amantes, especialmente antes de um período de separação. As mechas comumente acompanhavam a correspondência entre entes queridos, familiares e amigos, principais fontes de informação que sobrevivem nos arquivos. No século XVII, a missivista Dorothy Osborne (1627-1695) implorava a seu amante, e mais tarde marido, *Sir* William Temple, por uma mecha de cabelo para lembrar-se dele enquanto estavam longe um do outro, acrescentando: "Oh, coração meu! Que suspiro havia ali!".

As mechas eram cortadas como símbolos de amor, como lembretes dos entes queridos quando eles estavam fisicamente ausentes, e era prática comum acondicioná-las em medalhões que se usavam ao pescoço, presos a uma corrente. Ocasionalmente, o cabelo era prensado no lacre de uma carta, como gesto pessoal, emotivo e íntimo, como no caso de uma carta enviada na primeira década do século XVII por Maria Thynne, fidalga de Wiltshire, a sua sogra Joan. Elas haviam cortado relações desde que Maria se casara clandestinamente com o filho de Joan, e a nova nora procurou reatá-las escrevendo uma carta subserviente, a cujo lacre de cera acrescentou uma mecha do próprio cabelo ruivo em sinal de reconciliação. A composição física da carta prestava-se, assim, à comunicação emocional, graças aos significados associados ao lacre de cera e ao cabelo.

Ritos de passagem

Hoje em dia, as famílias costumam guardar os primeiros cachinhos dos bebês como lembrança. A prática tem longa história, e a superstição dizia que trazia boa sorte. Nos Arquivos Nacionais em Kew, Londres, os diários da senhora R. B. Wylie, de meados do século XIX, contêm uma mecha com a inscrição "Cachinho de seu cabelo aos quatro meses de idade", colocada entre boletins escolares e outros documentos da família que compõem um conjunto de recordações ligadas a seu filho. Em um período anterior à fotografia, guardar mechas era uma forma de marcar o nascimento de uma criança. Hoje esses ritos de passagem também são capturados com câmeras digitais, moldes de gesso de mãos e pés e até mesmo tatuagens.

As mechas também foram guardadas durante o período vitoriano como *memento mori* – lembrança da transitoriedade da vida – dos familiares falecidos, chegando-se até a confeccionar anéis com elas. Um exemplo particularmente interessante é relatado em uma carta de 29 de julho de 1817 dirigida a Fanny Knight, na qual Cassandra Austen dava a notícia da morte de sua irmã, a romancista Jane Austen (1775-1817). Seguindo o costume de então, Cassandra cortou várias mechas do cabelo da irmã antes de fecharem o caixão e, na carta, indagou à sobrinha como gostaria que a mecha que lhe coubera fosse montada. Fanny pediu que a sua fosse montada em um broche de pérolas com o nome de Jane e a data de seu falecimento. Ainda no âmbito literário, uma coleção das cartas do poeta romântico inglês Percy Bysshe Shelley (1792-1822), exibida na Biblioteca Britânica, contém uma mecha de seu cabelo na folha de guarda frontal – a folha dupla decorativa que une a capa ao miolo do livro – juntamente com uma de sua esposa Mary Shelley, a autora de *Frankenstein*. Na folha de guarda posterior há uma pequena porção das cinzas do poeta. Aqui, a mecha é parte de um conjunto de escritos pessoais e restos físicos que serviu de memorial para essa figura literária.

Desde tempos remotos, o cabelo tem sido guardado como lembrança tangível de uma separação, seja pela distância ou pela morte.

Percy Bysshe Shelley (1792-1822) Um dos mais primorosos poetas românticos ingleses. A radicalidade de sua poesia e política dificultou a publicação de sua obra em vida, embora tenha recebido grande aclamação postumamente. A menos de um mês de seu trigésimo aniversário, morreu afogado. Alguns relatos sugerem que, quando seu corpo estava sendo cremado, seu coração foi arrancado da pira por um amigo íntimo.

O hábito de guardar especificamente cabelos (em vez de aparas de unhas, pele ou dentes, por exemplo) provavelmente tem a ver com seu brilho, que dificilmente se poderia esperar, digamos, das unhas dos pés.

Escalpos

Em culturas não europeias, o costume de guardar cabelo tinha significados bem distintos. Particularmente intrigante era a prática do escalpo – o ato de cortar ou arrancar parte do couro cabeludo, com cabelo e tudo – como troféu de combate a um inimigo. A prática tem longa tradição, que remonta à descrição dos guerreiros feita pelo historiador grego Heródoto (*c.*484-*c.*425 a.C.) e se desenvolveu de forma independente em diferentes culturas do Oriente e do Ocidente. O escalpo é frequentemente interpretado como um elemento de práticas culturais que envolvem mutilação seguida de exibição de partes do corpo humano como troféus. A prática real do escalpo – que envolvia agarrar o cabelo da vítima, fazer talhos semicirculares em ambos os lados da porção desejada e puxá-la, colhendo assim uma camada do couro cabeludo – é talvez mais comumente associada (ao menos na imaginação popular) aos indígenas norte-americanos, mas foi, sem dúvida, também praticada pelos europeus. A British Scalp Proclamation [Proclamação Britânica do Escalpo], de 1756, promulgada pelo governador Charles Lawrence (1709-1760) durante um período de escaramuças entre os britânicos e o povo indígena Mi'kmaq, anunciava: "E pela presente prometemos, com o parecer e consentimento do Conselho de Sua Majestade, uma recompensa de £30 para cada prisioneiro índio masculino acima da idade de 16 anos trazido vivo; ou, para um escalpo de um tal índio, de £25; e £25 para cada mulher ou criança índia trazida viva".

Os Mi'kmaq Nação indígena da província de Quebec, no Canadá, e do estado de Maine, nos Estados Unidos. Tradicionalmente, falavam Mi'kmaq, um idioma da família algonquiana oriental. Os guerreiros Mi'kmaq resistiram aos britânicos durante a Guerra Francesa e a Indígena (1755-1763). Na Guerra da Independência Americana, alguns tomaram o partido dos britânicos e outros, o dos americanos.

Escalpar fazia parte do combate violento, e os troféus assim obtidos chegavam a fazer parte de vestuários cerimoniais. Uma camisa ricamente decorada da tribo Sioux de Dakota, de meados de 1800, foi feita de cerdas de porco-espinho, couro cabeludo e cabelo humano, estes últimos como testemunho da bravura de quem a vestia e de suas conquistas em batalha. A prática do escalpo também deve ser entendida em seu aspecto religioso e espiritual. Muitas tribos acreditavam que o cabelo era a sede de enorme poder espiritual, um ninho para a alma, o que o tornava sumamente valioso. Uma camisa de lã dos anos finais

A cabeça escalpada de William Thompson, 1867.

do século XIX, pertencente a um guerreiro da tribo Crow, é decorada com cabelo humano e pele de arminho, e os guerreiros eram muitas vezes instruídos em sonho a confeccionar roupas desse tipo para auxiliá-los na batalha.

Alguns dos registros mais detalhados da prática do escalpo foram feitos pelo pintor, escritor e viajante americano George Catlin (1796-1872), que pintou e escreveu sobre os índios das planícies em seu território nativo, explicando seus costumes, comportamentos e tradições aos americanos brancos na década de 1830. Como cristão, ele achou o costume de escalpar "repulsivo", mas não deixou de descrever o significado cultural do procedimento, principalmente em suas pinturas da dança do escalpo, uma cerimônia que narrava os pormenores da batalha. Também descreveu a vestimenta suntuosa de um chefe da nação Blackfoot a quem retratou, que consistia de uma camisa ou túnica de pele de veado com belos bordados, bem como "uma franja de mechas de cabelo preto que ele tirara das vítimas abatidas por suas próprias mãos em batalha... e incluídas na veste como troféus".

Para muitos, o suplício de ser escalpado era fatal, mas houve aqueles que milagrosamente sobreviveram à experiência para contarem a história. Há na Biblioteca Pública de Omaha um escalpo de 150 anos que pertenceu ao inglês William Thompson, empregado da Ferrovia Union Pacific que em 1867 foi atacado, baleado, escalpado e deixado para morrer após uma emboscada por membros da tribo Cheyenne. Thompson não só sobreviveu ao ataque, como também conseguiu recuperar o couro cabeludo que lhe fora arrancado, que ele esperava poder repor. Pena que seu desejo não se concretizou, mas o couro cabeludo foi guardado – o que explica ter chegado a nossos dias e estar hoje em exposição.

Cabelo mumificado

Tais escalpos e mechas sobreviveram *porque* sua remoção os poupou da temporalidade do corpo humano, mas em alguns casos o cabelo chegou até nós porque permaneceu ligado ao corpo – um corpo que foi mumificado intencionalmente (para o sepultamento, como é o caso das famosas múmias de faraós egípcios) ou acidentalmente (devido ao ambiente em que foi enterrado). Locais muito úmidos, secos, salgados ou frios podem fazer o cabelo humano durar por séculos, ou até milênios, e mesmo um ligeiro desequilíbrio químico do solo e altos níveis de cromo ou cobre podem ajudar em sua preservação.

Um dos exemplos mais impressionantes, decorrente de condições ambientais, provém da expedição de John Franklin ao Ártico em 1845, na qual Franklin e todos os 129 membros de sua tripulação pereceram. Desde então, tentou-se encontrar vestígios da expedição e pistas sobre o destino de seus membros. Mais recentemente, em 2014 e 2016, os navios de Franklin, o *HMS Terror* e o *HMS Erebus*, foram localizados. Uma descoberta anterior, que trouxera alguma elucidação, ocorreu em 1984, quando os jazigos de três tripulantes foram descobertos por arqueólogos na Ilha Beechey, no norte do Canadá. Congelados a baixíssimas temperaturas por mais de um século e meio, os corpos apresentavam-se em condições extraordinárias. A cor das roupas era ainda tão viva quanto a original, a pele estava intacta e, talvez o mais surpreendente, o cabelo dos três parecia como no dia em que morreram. O cabelo de um dos esqueletos ainda mantinha uma risca à esquerda, de onde pendia sobre o rosto. Sujo, desgrenhado e indômito como no dia do sepultamento, esse cabelo castanho liso emoldurava um rosto em que se podia entrever mais que a mera aparência do homem a que pertencera. Sabemos, pela inscrição na sepultura, que se tratava do marinheiro de primeira classe John Hartnell, de 25 anos, que morreu em 4 de janeiro de 1846.

Uma vez descobertos os corpos, os cientistas puseram-se a trabalhar – e aqui o cabelo tornou-se uma ferramenta para a história. Desde fins da década de 1850, o cabelo tem nos auxiliado a entender a nós mesmos, embora só um século mais tarde seu estudo viesse a tomar a forma de ciência forense. O fato de crescer cerca de 15 cm por ano torna o cabelo um recurso valioso para o cientista e uma ferramenta particularmente interessante para o historiador. O cabelo é *em si* uma história: ele muda ao longo do tempo e tais mudanças são permanentes e visíveis. O cabelo, portanto, é um tipo singular de documento histórico. Um exame de urina pode nos dizer, por exemplo, se alguém andou usando substâncias controladas nas últimas horas, mas uma análise do cabelo pode nos informar sobre a saúde ou estilo de vida da pessoa durante um período muito maior, não só revelando se uma droga foi usada, mas também quando, já que ela fica preservada no cabelo na época em que este cresceu.

No caso da tripulação de Franklin, a análise de seus cabelos revelou que todas as três múmias achadas na Ilha Beechey haviam sofrido envenenamento por chumbo. A presença desse metal na dieta dos marinheiros – em alimentos contaminados com o chumbo presente na solda das latas em que eram preservados ou proveniente do revestimento dos tanques de água dos navios, ou apenas decorrente de altas concentrações de chumbo ingeridas antes da expedição – tornou-se assim um ponto de interesse ao se investigar o destino da expedição, juntamente com fatores como a tuberculose, a fome, o escorbuto e o próprio clima, que preservara tão belamente esses cadáveres. Uma análise semelhante sugere que Beethoven, que sofria de uma lista impressionante de sintomas, desde dores abdominais e má digestão até cólicas, bronquite crônica e maus odores corporais, tinha altos níveis de chumbo no organismo, e que Jorge III, o famoso rei "louco" da Inglaterra, consumira arsênico, o que certamente agravou sua porfiria, condição hereditária que desencadeou sua doença mental.

Jorge III (1738-1820) Rei da Grã-Bretanha de 1760 a 1820, terceiro monarca da Casa Real Alemã de Hanôver. Seu reinado foi um período de muitos conflitos bélicos, incluindo a Guerra dos Sete Anos com a França (1754-1763), a Guerra da Independência Americana e as guerras revolucionária e napoleônica francesas (1793-1815). Os anos finais de seu reinado foram marcados por sua doença mental. Uma forte recaída em 1810 levou à criação de uma regência, presidida por Jorge, seu primogênito.

Auschwitz

A análise do cabelo foi utilizada como evidência do Holocausto nos julgamentos de líderes nazistas após a Segunda Guerra Mundial, incluindo o de Rudolf Hess, ex-comandante do campo de extermínio de Auschwitz. Em maio de 1945, representantes poloneses enviaram dez quilos de cabelo humano encontrado em Auschwitz ao Instituto de Medicina Forense de Cracóvia, que identificou vestígios de cianeto e Zyklon, os compostos químicos utilizados nas câmaras de gás.

O cabelo encontrado em Auschwitz serve agora a outro propósito impressionante. Quase duas toneladas dele estão expostas no museu de Auschwitz-Birkenau. Ali, veem-se visitantes emudecidos, absortos frente à diversidade de tranças, nós, ondulações, torções e cores desse material, desde o branco-neve até o ruivo mais vivo. Assim, o cabelo tornou-se um dos muitos materiais que perpetuam a memória das vítimas do Holocausto e das vítimas de guerra em geral – objetos que incluem calçados, óculos, roupas e bagagens do passado, bem como papoulas, cruzes e até, como veremos, clipes de papel – o que levanta a importante questão da história do clipe...

16

Clipe de papel

A história do clipe de papel tem tudo a ver com...
a Stasi, Albert Einstein, "mulheres quebra-cabeças",
sufragistas, nazistas e sacos de peixe.

Você pode não acreditar, mas qualquer pessoa que tenha lido qualquer história foi influenciada pelo clipe de papel. É mais do que só uma história de guardar registros, organizar documentos e arquivar (o que é inesperadamente interessante também), mas tem a ver com os motivos e maneiras de "guardar as coisas juntas" – e no que se apoia nada menos do que nossa compreensão da natureza da própria história.

O inventor

A primeira patente para um clipe de papel foi dada em 1867 nos Estados Unidos a Samuel B. Fay, e o tipo de clipe que todos conhecemos hoje, o clipe de papel Gem, foi inventado na Grã-Bretanha alguns anos depois, por volta de 1870, e produzido pela Gem Manufacturing Company. O projeto da Gem nunca recebeu uma patente, e suas origens ainda são misteriosas. Apesar disso, ele deu origem a toda uma indústria com projetos engenhosos, que nos trouxe, entre outras modificações, o clipe Eureka (que era feito de chapa de metal, 1894), o clipe de papel Niágara (1897), o clipe Clipper (1899), o prendedor Octo (1901), o clipe de papel Banjo (1903) e também o supercomplicado clipe de papel Mogul (1906).

Em 1883, o manual *The Home Library* [A biblioteca do lar] elogiava, nos EUA, a eficácia do clipe de papel, que era considerada muito superior à de seu antecessor, o alfinete: "Para prender papéis sobre o mesmo assunto, um feixe de cartas ou páginas de manuscrito, os prendedores de papel Gem ou os prendedores de papel McGill são melhores do que os alfinetes comuns". Em poucos anos, desde o final da década de 1860, houve uma verdadeira revolução na tecnologia de prendedores de papel que veio a ter alguns efeitos espetaculares sobre a história.

A pré-história do clipe de papel

A primeira coisa a notar, porém, é que há uma "pré-história" significativa do clipe de papel. Embora o período medieval tenha visto a transição da memória para o registro escrito, foi o Renascimento (a partir de 1300) que testemunhou uma verdadeira explosão nos arquivos de papel, concomitante à expansão da Igreja e do Estado, do comércio e dos transportes, e de todo tipo de instituições que precisavam manter registros adequados. Retratos holandeses pintados por Jan Gossaert (1478-1532) e Hans Holbein, o Jovem (1497-1543), no início do século XVI representavam mercadores rodeados por papéis de seus negócios: feixes de notas, contas, instrumentos legais e outros documentos, correspondências presas por fios ou enfiadas em varetas, papéis empilhados em prateleiras ou presos às paredes. Vejamos, por exemplo, o quadro de Holbein *Retrato do mercador Georg Gisze* (1532) [*Fig. 21 do caderno de imagens*], que retrata o comerciante baseado em Londres Georg Gisze, vestido com uma túnica de veludo, chapéu e mangas de seda, a uma mesa, atrás da qual vemos cartas dobradas presas em varetas de madeira, ao lado de selos de cera, uma anotação presa à parede acima da cabeça de Gisze e contas encadernadas em couro colocadas em prateleiras ao redor da sala. Esse era o mundo do comércio e de transportes, papel e pergaminho. Em outras palavras, os arquivos do Renascimento eram *ad hoc* e envolviam uma miríade de sistemas de papéis empilhados em feixes, armazenados em baús e caixas – sem nenhum clipe de papel à vista.

Hans Holbein, o Jovem (1497-1543) O artista Hans Holbein, o Jovem, nascido na Alemanha, é um dos mais famosos pintores de retratos do século XVI. Ele é conhecido por seus retratos da corte e da nobreza durante o reinado do monarca inglês Henrique VIII, principalmente por sua magnífica pintura *Os embaixadores*, que homenageia dois poderosos e ricos diplomatas.

Uma das grandes preocupações dos políticos do período era como tratar e processar as montanhas de papel que surgiram de uma expansão da burocracia, conforme as taxas de alfabetização aumentavam e mais negócios eram escritos em vez de realizados face a face. Na Inglaterra da época Tudor, William Cecil (1520-1598), o primeiro-ministro de Elizabeth I, segundo um de seus secretários, recebia entre sessenta a cem solicitações escritas por dia, e todas precisavam ser tratadas de modo eficiente, em meio a muitas outras tarefas prementes, e essa era apenas a correspondência que ele recebia. A família Cecil era servida por um grande secretariado particular, além dos funcionários do governo. Nicholas Faunt (1553-1608), um dos secretários de *Sir* Francis Walsingham, esboçou em 1592 uma série de instruções para a correspondência recebida pela secretaria de Estado que descrevia em algum detalhe os deveres e as obrigações dos secretários em um agitado departamento do governo. As tarefas diárias deles eram

> todas as manhãs separar [os papéis] em várias pilhas para o uso presente deles, e quando forem muitos, aqueles que já foram tratados e despachados devem ser removidos para um armário ou baú ou outro lugar, a menos que já tenha havido confusão ou perda de algum deles por causa de um número excessivo e desnecessário de papéis nesse local.

A pré-história do clipe de papel, portanto, é uma história de pilhas de papéis, de baús e caixas, conforme Estados e instituições em toda a Europa ordenavam os registros que produziam, registros que se tornaram o pão com manteiga dos historiadores. Essa ordenação dos papéis, em si mesma um exercício de poder, é muito fascinante. O que é preservado e arquivado e o que é descartado e destruído influenciam muito os tipos de histórias que podemos escrever.

A Stasi

Um salto nos séculos leva essa ideia de controle estatal dos papéis ao coração da Alemanha Oriental do pós-guerra, pois a história do clipe de papel também tem a ver com a Stasi (a polícia secreta alemã-oriental). O Ministério da Segurança do Estado (Ministerium für Staatssicherheit), mais conhecido como Stasi, foi criado em fevereiro de 1950 a fim de saber simplesmente tudo sobre todos. Isso foi levado perturbadoramente às telas no filme alemão *A vida dos outros* (2006), que retrata um agente da polícia secreta conduzindo uma vigilância sobre um escritor e sua amante. Ele dá um relato microscópico da espionagem quase obsessiva de um homem específico, mas é muito claro que isso ocorria em toda a Alemanha Oriental. Antes da queda do Muro de Berlim, a Stasi empregava 90 mil funcionários e 170 mil colaboradores não oficiais em período integral para realizar vigilância detalhada e manter arquivos sobre quase *seis milhões* de seus cidadãos, usando técnicas que incluíam vigilância das residências, interrogatórios e interceptação de cartas. A fofoca tornou-se não só uma forma de arte, mas também uma indústria. O famoso "Departamento M" usava máquinas para soprar ar quente para abrir correspondências e, depois, fechá-las mecanicamente de novo. Os arquivos também eram criados e atualizados de maneira sistemática: eles eram nomeados e rotulados, os papéis eram guardados em pastas de papelão, referenciados, agrupados e presos com clipes de papel com anotações, datas, horários e fotografias. Talvez nenhum Estado na história tenha usado tantos clipes de papel de modo tão sinistro.

Quando o Muro de Berlim caiu em 1989, as atividades de espionagem da Stasi foram investigadas pelo governo da Alemanha Ocidental. Isso culminou no Ato de Registros da Stasi, que, em 1991, permitiu acesso aos arquivos da Stasi às pessoas ansiosas para ver exatamente que registros eram mantidos sobre elas e seus familiares. Estima-se que, a cada mês, cerca de 5 mil pessoas pediram para consultar os antigos arquivos da polícia e que mais de 2,75 milhões de pedidos tenham sido feitos para ver os arquivos desde 1991.

"Mulheres quebra-cabeças"

A situação, ficou ainda mais complicada depois da queda do Muro, porque os oficiais da Stasi removeram sistematicamente os clipes de papel e picaram os registros altamente confidenciais que tinham compilado sobre a população da Alemanha Oriental por mais de quarenta anos. Eles deixaram para trás cerca de 15 mil sacos que continham aproximadamente 600 milhões de documentos em bilhões de pedaços. Porém esses documentos eram tão importantes que, em vez de se desesperar com essa tarefa impossível, as autoridades ordenaram que fossem trabalhosamente remontados à mão por uma força de trabalho de 1.800 mulheres, que ficaram conhecidas como as "mulheres quebra-cabeças".

Essa tarefa aparentemente impossível é agora crucial para nossa compreensão do funcionamento interno do Estado alemão oriental, e essas "mulheres quebra-cabeças" ainda estão trabalhando, mas agora têm a ajuda da tecnologia, que usa algoritmos de reconhecimento de padrões para ajudar a reunir os pequenos fragmentos.

Criminosos de guerra

O clipe de papel ganhou uma enorme importância histórica depois da Segunda Guerra Mundial, quando foi usado para unir pessoas a novas identidades. Fraudes e mudanças de identidade tornaram-se uma importante questão histórica, durante e depois da guerra, quando milhares de pessoas buscaram ocultar sua identidade real a fim de evitar a perseguição ou escapar de processos por crimes de guerra. Essa mudança de identidade tornou-se uma atividade oficial patrocinada pelo Estado depois de 1945, em um programa norte-americano que ficou conhecido como Operação Clipe de Papel. Tanto um sintoma da Guerra Fria quanto uma influência dela, seu objetivo era recolocar milhares de cientistas, engenheiros e técnicos alemães nos Estados Unidos, como um meio de negar à Alemanha, Rússia e Grã-Bretanha acesso ao capital intelectual que poderia influenciar a futura capacidade militar. Essa foi uma forma de luta travada com cérebros científicos. Os russos também tinham um programa similar – a Operação Osoaviakhim. Uma parte importante da operação norte-americana era dar novas identidades aos cientistas para permitir que recebessem as autorizações de segurança de que precisavam para trabalhar nos EUA.

Guerra Fria Um período de tensão geopolítica entre a União Soviética e seus Estados-satélites (o Bloco Oriental), de um lado, e os Estados Unidos e seus aliados da Otan (o Bloco Ocidental), do outro. Evitando o envolvimento militar direto, os dois lados apoiavam outras nações em guerras regionais. Os anos seguintes viram relações diplomáticas congeladas, uma corrida armamentista nuclear e medo difundido do Apocalipse. Considera-se que a Guerra Fria terminou em 1989, quando o comunismo caiu na Europa oriental, ou em 1991, com o colapso da União Soviética.

O nome da operação foi derivado dos clipes de papel que prendiam a nova identidade dos cientistas a seus arquivos pessoais oficiais de *government scientist* [cientista do governo] mantidos pela Joint Intelligence Objectives Agency [Departamento de Objetivos de Inteligência Conjunta]. No total, 1.600 homens e suas famílias foram repatriados desse modo, inclusive o engenheiro alemão Wernher von Braun (1912-1977) e muitos de sua equipe que desenvolveram o foguete V-2. Cientistas desse calibre foram fundamentais na corrida armamentista e espacial que caracterizou o período da Guerra Fria.

Um programa paralelo realizado com o Japão viu o governo norte-americano usar seus clipes de papel para dar novas identidades a criminosos de guerra japoneses, muitos dos quais passaram a guerra em uma base secreta no norte da China, conhecida como Unidade 731, onde usavam cobaias humanas e vivissecção para desenvolver armas químicas e biológicas.

Era mais do que um pouco moral e eticamente ambíguo. Alguns disseram que era repugnante, e outros afirmaram (embora erroneamente) que era ilegal e realizado pelo Departamento de Guerra norte-americano em desrespeito à política oficial dos EUA. Na prática, porém, essas operações foram realizadas sob uma política oficial sancionada pelo presidente.

Unidade 731 Laboratório japonês de pesquisas de guerra química e biológica altamente secretas do Exército Imperial durante a Segunda Guerra Mundial. Entre 1937 e 1945, experimentos humanos letais foram realizados em mais de 3 mil homens, mulheres e crianças. Os que realizavam os experimentos não foram julgados e punidos por crimes de guerra, mas receberam imunidade nos EUA em troca da divulgação de suas descobertas nos experimentos com cobaias humanas.

Essa história do clipe de papel, portanto, é parte da história da fuga do capital humano e pode tomar seu lugar ao lado do êxodo em massa dos huguenotes da França depois de 1685, quando Luís XIV (1638-1715) declarou o protestantismo ilegal; do êxodo dos judeus da Alemanha antes do início da Segunda Guerra Mundial, que incluiu nomes importantes como Albert Einstein; e dos 400 mil médicos e acadêmicos que deixaram Israel desde o início da Guerra Árabe-Israelense em 1948. É também um capítulo na história da liberdade de informação, pois, quando foi descoberto que criminosos de guerra nazistas e japoneses haviam se estabelecido nos EUA, foi criada uma base legal para sua deportação no final da década de 1970 que, por fim, levou ao Nazi War Crimes Disclosure Act [Lei de Divulgação de Crimes de Guerra Nazistas], de 1998, lei que tornou públicos os registros do governo norte-americano relativos a criminosos de guerra nazistas nos EUA. O pleno impacto desses documentos ainda está por ser sentido, mas é certo que transformará nosso entendimento do mundo do pós-guerra no Ocidente.

Lutadores da liberdade

A história do clipe de papel, porém, é muito mais do que apenas um capítulo na história dos documentos, pois não foram usados apenas para unir papéis: na Noruega, durante a Segunda Guerra Mundial, o clipe de papel unia *pessoas*.

Em abril de 1940, os alemães ocuparam a Noruega, um país neutro. O rei e o governo noruegueses fugiram para Londres e o governo civil foi assumido pelo Reichskommissariat Norwegen – o Comissariado do Reich da Noruega. Os judeus noruegueses que não tinham fugido foram transportados para campos de concentração. Cerca de metade da produção industrial do país foi imediatamente tomada pelos alemães, e a Noruega perdeu quase todos os parceiros comerciais. Bens básicos desapareceram. As pessoas começaram a passar fome. Nessas circunstâncias terríveis, o clipe de papel tornou-se um símbolo da solidariedade e da identidade nacional subversiva, um modo de os noruegueses fazerem um protesto velado contra seu mundo infestado de nazistas. Os estudantes da Universidade de Oslo começaram a colocar clipes de papel em suas lapelas e a usar acessórios feitos com o objeto, como pulseiras. Era um gesto com uma motivação complexa. Um ponto importante é que o clipe era barato, acessível, podia ser preso a quase tudo e, por ser maleável e fácil de dobrar, podia ser facilmente personalizado – o objeto perfeito para usar como um símbolo visível para unir milhares de pessoas em torno de uma causa comum.

Ele mostrava, de modo pacífico, e ainda assim subversivo, unidade e solidariedade nacional diante da ocupação alemã e também era uma medida do orgulho nacional. Os símbolos claramente ligados à família real norueguesa já tinham sido banidos junto com outros broches e emblemas que representavam a nação: os nazistas conheciam bem o desejo de demonstrar resistência das populações dos países que subjugavam.

Curiosamente, isso também foi o resultado da ignorância histórica. Na época acreditava-se, incorretamente, na Noruega que o inventor do clipe de papel era o norueguês Johan Vaaler (1866-1910). Ele certamente foi o inventor de um clipe de papel e registrou patentes na Alemanha e nos EUA, mas fez isso em 1901, e seus projetos nunca foram fabricados. Com uma só volta, seu projeto era diferente do clipe Gem que conhecemos hoje e que os noruegueses usaram como seu símbolo de desafio aos nazistas. Mesmo assim, a crença de que Vaaler era o inventor do clipe de papel continuou muito depois da Segunda Guerra Mundial. Em Sandvika, na periferia de Oslo, existe um monumento construído em 1989 em honra a ele, mas ele mostra o clipe de papel Gem – projeto de outra pessoa. Parte da história do clipe de papel, portanto, é a história do valor dos historiadores na identificação de enganos.

Solidariedade

O uso subversivo do clipe de papel feito pelos noruegueses certamente funcionou para galvanizar o sentimento nacional. Uma rede de resistência vigorosa foi formada, e eles tiveram importantes vitórias militares, inclusive a sabotagem do programa nuclear nazista ao alvejar o local de produção de água pesada em Vemork em 1942-1944. Os alemães perceberam o que estava acontecendo com os clipes de papel e os proibiram, além de outros símbolos secretos da identidade nacional e da resistência norueguesas que eles identificaram, incluindo o tão inocente gorro com pompom. Se você quiser saber mais, uma visita ao excelente Museu da Resistência Norueguesa, em Oslo, o guiará por esse fascinante período da história do país.

A história do clipe de papel, portanto, é também parte da história dos símbolos de solidariedade, que vão desde bordar uma "ponta de seta" nas roupas das sufragistas, uma ligação visual com o uniforme das mulheres presas, que era marcado com pontas de setas, até o uso moderno de alfinetes de segurança como símbolo de solidariedade contra o racismo, perseguição religiosa ou homofobia. O clipe de papel também foi escolhido, em 1998, por crianças da pequena cidade de Whitwell, no Tennessee, EUA, como o objeto a ser usado na criação de um monumento em honra das vítimas do Holocausto. Um vagão de trem alemão foi enchido com 11 milhões de clipes de papel (para representar o assassinato de 6 milhões de judeus e 5 milhões de ciganos, católicos, testemunhas de Jeová, homossexuais e outros grupos), enquanto outros 11 milhões de clipes de papel foram transformados em uma escultura representando o 1,5 milhão de crianças exterminadas pelos nazistas. Iniciado como uma forma de incentivar a tolerância e o entendimento da diversidade no mundo, o projeto tornou-se um fenômeno cultural mundial. Inspirados pelo exemplo norueguês, dezenas de milhões de clipes foram recebidos durante o projeto, que deu origem ao documentário cinematográfico *Paper Clips* (2004).

Preservação

O clipe de papel é muito útil aos historiadores por agrupar as coisas, mas ele também causa enormes problemas. Tendo trabalhado em arquivos por boa parte dos nossos quarenta anos, testemunhamos o uso e o abuso difundidos dos clipes de papel, agora se degradando e colorindo com seu resíduo enferrujado e estragando os documentos que juntavam. Com o tempo, o clipe de papel pode destruir da mesma forma que pode preservar, e parte de sua história é a história dos danos que pode causar a registros históricos, e ele pode ser colocado ao lado de grampos, prendedores para papel, alfinetes e elásticos como a nêmese do historiador. Parte *dessa* história é a longa história do manuseio descuidado de documentos históricos. Os exemplos são infinitos e, com cada um deles, anos de conhecimento se desintegraram, mas um dos mais surpreendentes vem do século XVII e da história ridícula da jornada feita pelos registros da Court of Wards and Liveries.

Esse foi um tribunal criado em 1540 durante o reinado de Henrique VIII para administrar a renda feudal que vinha da guarda de bens (quando um menor herdava a terra). Quando foi dissolvido em 1660, os registros do tribunal – uma mina de ouro para os historiadores pelo que nos dizem sobre as atitudes em relação à família – foram enfiados em sacos e deixados para se decompor em um "porão que cheirava a peixes" perto de Westminster Hall. Em 1708, um comitê da Casa dos Lordes visitou o porão e descreveu em termos furiosos o que descobriram: "Eles acharam um grande número de livros e papéis jogados ao chão na maior confusão e desordem... o chumbo tinha sido roubado do alto do telhado, as janelas estavam quebradas e a chuva tinha estragado e destruído muitos desses papéis".

Mais de 200 anos depois, muitos desses documentos são instáveis demais para serem examinados, e os que podem ser lidos quase se desintegram ao serem tocados, deixando nada exceto um fino pó vermelho sobre as nossas roupas. Uma mensagem deste capítulo para o leitor interessado em pesquisa histórica é muito clara: cuidado com os clipes de papel, do passado e do presente. O melhor método para preservar documentos é colocá-los em pastas individuais livres de ácido dentro de caixas de arquivo, mas é claro que isso traz grandes problemas de espaço em locais em que há muitos materiais a guardar. Entre os líderes mundiais nesse campo de conservação estão os arquivistas da Biblioteca Bodleiana, que empalideceriam ao ver um clipe de papel enferrujado em um documento a seus cuidados e que são pioneiros em um novo modo admirável de preservar fascículos (manuscritos individuais) que é simplesmente brilhante para armazenar correspondência – o que nos leva à importante questão da história da carta...

17

Cartas

A história das cartas tem tudo a ver com...
segredos, a Marinha Real, casamento, castração e, é claro, ovos.
Sim, as cartas estão intrinsecamente ligadas à história dos ovos.

As cartas – e aqui queremos dizer as utilizadas como forma de correspondência – são fontes históricas excepcionalmente ricas, por existirem há milênios. Há evidências de seu uso já no antigo Egito, em 1388 a.C., embora nenhum exemplar tenha chegado até nós. Seus conteúdos abrangem quase todos os aspectos do passado, mas elas também são fascinantes como *objetos*. Além de serem um meio de comunicação, constituem registros de caligrafia e trazem evidências de sistemas de transporte e de técnicas de fabricação de papel. O mais importante, no entanto, é que refletem a cultura em que foram produzidas: são um espelho da alma de sua época. A resposta à pergunta "Como você *lê* uma carta?" não é tão simples como parece, e as informações que trazem aos historiadores podem ser bem surpreendentes.

A carta de amor

Talvez a forma mais íntima de carta, e aquela com a qual muitos de nós nos identificamos, seja a de amor, uma tradição de escrita que tem notável história. É uma forma que pode ser rastreada até o século XII, às cartas profundamente pessoais e sinceras, mas intelectualmente complexas, trocadas entre Pedro Abelardo (1079-1142) e Heloísa de Argenteuil, que figuram entre as joias literárias do mundo medieval.

O relacionamento entre eles estava condenado. Abelardo era um filósofo escolástico francês e um dos principais teólogos de sua época. Passou a trabalhar para Fulbert, cônego secular da Catedral de Notre-Dame, em Paris, em cuja casa se apaixonou por Heloísa, sobrinha deste, uma mulher notável por sua erudição em latim, grego e hebraico. O resultado do relacionamento clandestino que se iniciou foi que Heloísa engravidou e deu à luz um filho: Astrolábio.[1] Casaram-se em circunstâncias bastante tensas. Heloísa inicialmente se opôs e, mais tarde, recusou-se a reconhecer publicamente a união, acabando por ser enviada a um convento para viver como freira. Abelardo foi punido por Fulbert. Espancado e castrado por maus-tratos alegadamente infligidos a Heloísa, ingressou também na vida monástica.

Foi nesse ponto que o casal passou a se corresponder, em cartas que tocavam nas tensões entre o amor romântico, a castidade e a vida monástica. Em uma carta a Heloísa, Abelardo escreve:

> Esquecer, no caso do amor, é a penitência mais necessária e a mais difícil. É fácil relatar nossas faltas; quantos, por indiscrição, fizeram disso um segundo prazer, em vez de confessá-los com humildade. A única maneira de retornar a Deus é negligenciando a criatura que adoramos e adorando o Deus que negligenciamos. Isso pode parecer duro, mas deve ser feito se quisermos ser salvos... Após tamanha vingança ser a mim infligida, não se poderia esperar segurança senão em um convento.

Longe de serem cartas cotidianas trocadas entre pessoas comuns, essas missivas eram exercícios intelectuais escritos em latim para debater os ideais do amor, como então entendidos no contexto e posição histórica singulares desses dois amantes: um tipo de carta de amor que só poderia ter sido escrito em um lugar e em um momento.

Outras cartas de amor escritas por mulheres no período medieval, e mesmo antes, chegaram até nós, entre elas as de Mary Deane, que em 1600 foi mandada à prisão de Bridewell, em Londres, por adultério e passou a comunicar-se com seu amante em um código secreto que ela aprendera com a mãe. Incapazes de decifrar o código, as autoridades de Bridewell fizeram com que fosse chicoteada e deportada para a Escócia.

---

1. Nome de um instrumento científico então utilizado na observação de corpos celestes.

A capacidade de escrever cartas

Esses fascinantes exemplos de cartas de amor são importantes porque expõem duas significativas premissas modernas sobre a redação de cartas: a de também serem redigidas por mulheres e a de serem escritas pelos próprios narradores. Em grande parte da história anterior aos séculos XVI e XVII, a capacidade de redigir cartas esteve limitada a um grupo relativamente seleto de membros da Igreja e do governo, comerciantes e estudiosos, majoritariamente homens. Além disso, as cartas geralmente serviam a propósitos formais e oficiais e a maioria delas era ditada, sendo, portanto, incumbência de secretários e escrivães.

No século XVI, vemos uma mudança no modo de escrever cartas, em resposta a uma expansão na alfabetização de leigos e a uma crescente tendência de serem escritas por quem as assinava, em vez de serem delegadas a um escrevente. Esse período testemunhou o desenvolvimento da escrita de cartas por mulheres. O que distingue as redatoras de cartas do período Tudor de suas predecessoras medievais é o grau em que foram capazes de escrever por si mesmas, uma habilidade que facilitou a autoexpressão às mulheres e seu controle sobre seus próprios assuntos e relacionamentos. Em outras palavras, escrever cartas deu às mulheres uma autonomia imune a cerceios masculinos. Pouco surpreende que, no período Tudor, mulheres como Ana Bolena, *Lady* Jane Grey e as princesas Maria e Elizabeth tenham sido educadas como missivistas competentes, incentivadas por famílias politicamente ambiciosas que perceberam o benefício dessa habilidade para mulheres que exerciam poder e estavam em posições de influência.

Mulheres missivistas

Uma das mais excepcionais escritoras de cartas na virada do século XVI é uma fidalga, Maria Thynne (*c.*1578-1611), filha de George Touchet, *Lord* Audley, e de sua primeira esposa, Lucy. Maria – ou Mall, como era chamada pela família – foi por algum tempo dama de honra na corte de Elizabeth I, antes de casar-se com Thomas Thynne, herdeiro de uma família da pequena nobreza de Wiltshire que mantinha longa rixa com o ramo materno da família de Maria. Isso levou alguns estudiosos (equivocadamente, na opinião de James) a ver essa disputa como uma das fontes de inspiração para a peça *Romeu e Julieta*, de Shakespeare.

Em suas cartas que sobreviveram, Maria emerge como uma correspondente de grande inteligência, opiniões firmes e notável argúcia, além de bastante espirituosa. Ela provinha de uma família aristocrática pouco convencional. Seus irmãos viviam de modo pouco ortodoxo e até bizarro, o que refletia suas personalidades, inusitadas para a época: seu irmão Mervyn Touchet, que se tornou segundo conde de Castlehaven, foi decapitado em 1631 por acusações de sodomia e estupro; sua irmã Eleanor Davies era uma profetisa que foi presa e condenada ao Bedlam, o infame hospital psiquiátrico de Londres, por verter alcatrão no altar da Catedral de Lichfield.

Maria casou-se relativamente jovem e, nos primeiros anos de matrimônio, parecia um tanto frustrada com o limitado papel que o marido lhe concedia na gestão das terras. Em uma carta, lamentou-se, envergonhada, que "qualquer criatura há de ver o tamanho desprezo que tens por meu pobre juízo, que, mesmo sendo tua esposa, não me julgarias dispor de poder de decisão para cuidar (sob tua incumbência) de teus negócios em tua ausência". Em outras cartas, ela zombava abertamente das rígidas normas de comportamento para as mulheres da época, lamentando em uma ocasião o fato de não estar em Londres com suas irmãs, mas sim em casa, "falando de raposas e bichos mais rudes". Depois de agosto de 1604, quando Thomas foi nomeado cavaleiro, Maria lhe escreveu:

> Meu doce Thomken, não tendo sido senão nesta ultimíssima noite que escrevi tão extenso volume em louvor a tua bondade para comigo, teus cães, teus falcões, a lebre e as raposas, bem como em louvor a teu grande zelo com teus negócios no campo, creio não mais precisar alongar tal texto, pois coroei-te com louros poéticos como bom marido admirável, e contemplei a inexprimível singularidade de teu amor nas cogitações de *piamater* [que significa "terna mãe", o que faz presumir que estivesse grávida]. Mais não posso dizer, senão que, à guisa de gratificação, os cães hão de, sem trégua, expelir suas corrupções excrementícias no melhor aposento (que é tua cama) sempre que encherem a pança a ponto de lhes doer a barriga...

Sentindo-se visivelmente abandonada no mundo rural de Wiltshire, ela censura o marido por não a tratar melhor que um animal e escreve que espera que seus cães defequem (ou, mais poeticamente, possam "sem trégua expelir suas corrupções excrementícias") na cama em que ele dorme, por suas insuficientes demonstrações de amor.

Ao longo de sua correspondência, Maria ultrapassa os limites do que se esperava de uma esposa do período Tudor, brincando subversivamente com o ideal da consorte obediente, zelosa e amorosa, ao mesmo tempo que derrama expressões de amor a seu "doce Thomken". Em uma carta bastante erótica e sexualmente assertiva, ela aguarda que ele "se erga" (redigido em latim macarrônico) quando estiverem juntos na cama em seu regresso.

Mais explosivas ainda são as cartas de Maria a sua sogra, Joan Thynne, uma mulher sem grande apreço pela nora e que, além de não ter sido informada do casamento, tentou depois anulá-lo no tribunal. Seu relacionamento – como, aliás, os relacionamentos entre sogra e nora podem de fato se tornar – foi na melhor das hipóteses um pouco tenso e, na pior, patentemente abusivo, como revela a correspondência trocada ao longo de vários anos, redigida na esteira do casamento clandestino de Maria.

Ciente do grande desagrado de sua sogra e da necessidade de aplacá-lo, Maria enviou-lhe várias cartas em que buscava reconciliação, simultaneamente insistindo ser inocente, havendo desposado Thomas com boas intenções. "Soubesse eu que meus pensamentos houvessem nutrido qualquer presunção desrespeitosa a vós (minha boa mãe)", escreveu ela em setembro de 1601, "deveria envergonhar-me de tão insolentemente importunar vossa boa opinião, como o fiz por tantas linhas suplicantes, não fosse o contínuo incentivo de saber-me portadora de imaculada inocência". A carta contém uma mecha do cabelo ruivo de Maria sob o lacre, testemunho material do aparente desejo de conciliação da remetente.

A situação mudou com a morte do sogro, em 1604, quando Maria e seu marido herdaram as terras da família. Maria – e não mais Joan – era agora proprietária de Longleat House, uma mudança de posição social que alterava dramaticamente o equilíbrio de poder entre as duas mulheres. A única correspondência entre elas que restou desse período, em que Joan se afastou de Longleat para viver no Castelo de Caus, é uma carta bastante surpreendente de Maria em que não se observam a deferência e a subserviência que mostrara em suas missivas anteriores. Escrita em resposta às queixas de Joan quanto à negligência de Maria com os jardins de Longleat, a carta a espicaça ao dizer que a sogra os convertera em um "tacho de mingau". A carta passa então a insultar Joan aberta e brutalmente, descrevendo-a como uma "avó corpulenta" de atitudes "odiosas", que a nora suspeitava haver "poluído" suas terras com o próprio "esterco". Uma alfinetada particularmente feroz é o jogo de palavras de encerramento, a respeito daquilo que a sogra irá "deixar atrás":

> Pois bem: escreveis que vossas terras, inda que as submetêsseis aos mais abjetos usos, estariam mais bem adubadas que meu jardim, mas decerto, inda que se tratasse de minha própria avó, e portanto equiparável a mim por nascença, responderia eu a tão odiosa comparação dizendo-lhe crer que uma senhora tão corpulenta não poderia fazer muito mais que poluir o solo, e penso que isso tenha sido, e será, tudo o que de bom pretendeis deixar atrás de vós em Corsley.

Maria tinha um nítido talento para a escatologia epistolar.

Cartas secretas

As cartas aqui mencionadas eram na maioria despachadas de modo bastante explícito, sendo levadas por portadores ou carteiros, ou ainda, se escritas já em meados do século XVII na Inglaterra, pelo serviço postal, cuja criação melhorou drasticamente a regularidade e a segurança das correspondências. Havia, no entanto, cartas secretas, que precisavam ser transportadas na surdina para evitar que seu conteúdo caísse em mãos erradas. Ao longo dos séculos, utilizaram-se técnicas inéditas, combinadas a códigos e cifras, para garantir seu sigilo. Isso incluía costurar cartas em golas, mangas ou outras partes da vestimenta, bem como ocultá-las em baús, vasos, barris e cajados. As famosas cartas da Conspiração de Babington, que foram decisivas na queda de Maria, rainha dos escoceses, em 1587, foram transportadas em uma rolha de barril, mas acabaram sendo interceptadas e usadas como prova por *Sir* Francis Walsingham, espião-mestre de Elizabeth I.

> **A Conspiração de Babington** Plano para assassinar Elizabeth I em 1586 e elevar Maria, rainha dos escoceses, ao trono. A trama foi descoberta ao se interceptar uma carta de Maria aprovando o assassinato, dirigida ao fidalgo católico Anthony Babington, um dos principais conspiradores.

Uma das técnicas mais engenhosas para esconder uma carta é detalhada na enciclopédica obra *Dezoito livros sobre os segredos da arte e da natureza* (1660), de

Alphabet with the Lady [illegible]

A. B. C. D. E. F. G. H. I. K. L. M. N. O. P. Q. R. S. T. V. X. Y. Z. 54 Nulles

3. Dowbleth | and · for · with · that · if · but · as · where · of · the · from · by · so · not · when

there · this · in · which · is · what · say · me · my · [illegible] · send · lre · receave · bearer · I

pray · you · mte · your name · myne

the watche wordes Dilligently or faithfully 123

[illegible] alphabet wt the Lady of [illegible]

Gilbert Curll

Alphabet wt D. [illegible] Lew: [illegible]

A. B. C. D. E. F. G. H. I. K. L. M. N. O. P. Q. R. S. T. V. X. Y. Z. Nulles

2. dowbleth · and · for · with · that · if · but · as · where · of · the · from

by so not when there this is which is what say me my [illegible]

send [illegible] receave bearer I pray you mte your name myne

This alphabet I think [illegible] wt [illegible]

Gilbert Curll

Cifer wt Anthony [illegible] Bal:

Babington

a b c d e f g h i k l m n o p q r s t u x y z

Nulles · Dowbleth ·

and for with that if but where as of the from by so not when there

this in wch is what say me my [illegible] send lre receave bearer I pray you

mte your name myne

This was the alphabet wt Babington

[illegible]

Gilbert Curll

[illegible] last is the Alphabet by wch only I have written

[illegible] of [illegible] received [illegible] from [illegible]

Anthonie Babington

Acknowledged & subscribed by Babington

primo Sept: 1586 in ye presence of Edwarde Barker

148 54

Anthony Babington, acusando recebimento de correspondência que expõe escrita cifrada, 1586.

Johannes Jacob Wecker, que ensina "A maneira de escrever em um ovo". Tal truque, explica o autor, requeria:

> Macerar alúmen bem finamente com vinagre por longo tempo e traçar as linhas que se desejem sobre a casca do ovo. Secá-lo ao sol quente e deixá-lo três ou quatro dias em salmoura ou vinagre forte. Quando estiver seco, tostá-lo e, quando tostado, tirar-lhe a casca, e assim ler-se-ão as letras grafadas sobre a clara dura. Daí este outro método: envolver o ovo em cera e, com um alfinete, traçar letras sobre ela. Onde as letras estiverem traçadas, preenchê-las com fluido e deixar de molho em vinagre por vinte e quatro horas. Remover a cera e então a casca, e ler-se-ão as letras no ovo.

É assim, então, que a história das letras se liga à história dos ovos e levanta a importante questão de saber o que, na verdade, é uma carta. A história da correspondência secreta nos mostra que uma carta não precisa consistir em um papel dentro de um envelope. Em circunstâncias excepcionais – casos de urgência, precipitação ou pressão, e também quando no cárcere –, as cartas eram escritas em quaisquer outros materiais que estivessem à mão. Elizabeth Wetherton, por exemplo, que viveu no período Tudor, escreveu à mãe utilizando notação musical de cantochão em um fragmento de breviário, presumivelmente porque o papel era material escasso.

A história das cartas, portanto, está enlaçada com segredos, códigos e espionagens, muitas vezes envolvendo intricados sistemas governamentais para interceptar e decifrar a informação veiculada – e tomar prontas providências, como na Inglaterra elisabetana. Em Versalhes, palácio do vaidoso e um tanto paranoico rei francês, Luís XIV determinou que toda correspondência que era despachada ou recebida por seus cortesãos fosse interceptada e lida por um *cabinet noir* (gabinete negro) especial – um comitê criado muito antes sob comando do cardeal Richelieu. Sediado em Paris, esse gabinete congregava especialistas em manuscritos e criptógrafos treinados nas obscuras artes da vigilância. Uma de suas especialidades era abrir cartas lacradas com selos de cera sem deixar sinais de violação.

Lacres

Antes que o envelope gomado surgisse no final do século XIX, as cartas eram acondicionadas em uma folha de papel dobrada que era lacrada com cera de abelha ou com um material mais rígido: goma-laca, resina secretada pela cochonilha-da-laca, inseto encontrado na Índia. Lacrar uma carta comum era bastante simples. A carta era dobrada horizontalmente para formar um retângulo oblongo, cujas extremidades eram então dobradas de modo a se encaixarem uma dentro da outra. A cera era então derretida e aplicada na borda do papel, sendo a seguir marcada com um sinete (uma espécie de carimbo esculpido que o proprietário podia usar como anel ou berloque ou tê-lo à escrivaninha) que deixava uma marca de autenticidade – por exemplo um brasão heráldico ou um emblema atestando o cargo do remetente. Os lacres mais pessoais apresentam uma imensa diversidade de desenhos – pássaros e outros animais, apetrechos, emblemas e lemas, bem como rébus ou trocadilhos visuais sobre o nome ou profissão do proprietário. Um selo pessoal particularmente pungente pertenceu a *Sir* Robert Moray (1608-1673), político e diplomata escocês, que o encomendou quando viúvo. O lacre mostrava um Eros alado disparando uma flecha em direção a um coração, na qual se lia "*Une seulle*", ou seja, "Uma só", ao lado de um altar, símbolo de seu luto.

Giovanni Battista Della Porta (c.1535-1613) Estudioso e dramaturgo italiano com interesses particulares em filosofia oculta, astrologia, alquimia, matemática, cifras e criptologia. Era conhecido como "Professor de Segredos". Seu trabalho mais famoso é *Magiae Naturalis.*

O sistema de segurança do lacre era simples: se a cera por ele marcada estivesse rompida ou adulterada, saberíamos que a carta havia sido interceptada. Havia na época vários métodos para burlar essa segurança, bem mais complicados que simplesmente abrir um envelope gomado amolecendo a cola no vapor e voltando a fechá-lo. Sabemos sobre esses métodos graças a um manual de criptografia escrito por um erudito italiano do século XVI chamado Giovanni Battista Della Porta. Em *De furtivis literarum notis* (1563), ele descreve várias formas de abrir uma carta e falsificar um lacre, incluindo instruções para "derreter enxofre e moldá-lo com pó de alvaiade enquanto mole. Deitar essa mistura sobre o selo, cercando-a com papel ou cera ou giz, e pressioná-la. Quando fria, removê-la, e com isto ter-se-á o molde do lacre". A chave, aqui, era usar algum tipo de composto químico que proporcionasse um molde do selo, permitindo remover a impressão original e substituí-la ao se terminar de ler o conteúdo. A técnica permitia abrir e fechar uma carta de modo que ainda parecesse intacta.

Consta que os cortesãos sabiam que isso vinha ocorrendo. Isabel Carlota da Baviera (esposa do irmão de Luís XIV), ao escrever a seus primos alemães, alertou-os de que o mero fato de

> estarem as cartas devidamente lacradas não significa nada. Eles têm um material feito de mercúrio e outras coisas que pode ser pressionado sobre a marca deixada na cera, adquirindo o formato do lacre... Depois de lerem e copiarem as cartas, eles esmeradamente as fecham de novo e ninguém pode ver que foram abertas.

Em tal "estado de vigilância informativa", a carta já não era mero meio de comunicação entre duas pessoas. Graças aos mestres criptógrafos e à interceptação de correspondências, essas trocas íntimas de missivas entre cortesãos permitem-nos contemplar as rachaduras políticas que minavam a monarquia absolutista.

Roubando o correio

Outra opção para ler a correspondência alheia consistia simplesmente em pegá-la, lê-la e não a devolver – uma prática que também tem sua própria história. Talvez o maior acervo de cartas apreendidas do mundo esteja nos Arquivos Nacionais em Kew, Londres, onde fica o arquivo da Marinha Real – e se alguma instituição em toda a história contou com a oportunidade e os meios de interceptar cartas em escala industrial, foi a Marinha Real. A coleção abrange cartas remetidas a oficiais navais ou por eles redigidas, bem como livros de recrutamento, diários de bordo e assim por diante – uma vasta gama de materiais perfazendo milhões de páginas que cobrem cinco séculos de poderio marítimo britânico e uma sucessão aparentemente interminável de guerras. Um período-chave nessa história foi o da extraordinária expansão global do Império Britânico a partir de meados do século XVII, e o arquivo inclui uma categoria de papéis descrita como "missivas e documentos interceptados". Ela compreende correspondência apreendida de navios inimigos pelo Estado inglês no período de 1652 a 1811, totalizando cerca de 100 mil documentos. Trata-se de documentos pan-europeus, de caráter transoceânico e global em seu alcance, destinados a colegas de profissão e a rivais, bem como a familiares e amigos que viviam no estrangeiro, refletindo, portanto, um tipo singular de relacionamento: o vivenciado a distância.

Uma das características mais notáveis desse arquivo é que grande parte dele ainda permanece por abrir. Alguns papéis continuam intactos em seus malotes originais: cartas de amor que nunca alcançaram seu destino, notícias que nunca chegaram, missivas de condolências e convites que até hoje permanecem lacrados, de remetentes e destinatários que há muito já partiram deste mundo. É história aprisionada na história, e uma fascinante fase na vida dessas cartas desabrochará quando forem abertas pelos pesquisadores e a luz do mundo moderno se derramar sobre seu teor pela primeiríssima vez.

O baú do carteiro holandês

Um dos mais extraordinários achados acidentais recentes nesse âmbito é um baú de um carteiro holandês contendo aproximadamente 2.600 cartas de 1689 a 1706 provenientes de toda a Europa e destinadas à cidade de Haia [*Fig. 22 do caderno de imagens*]. Nenhuma delas foi entregue e seiscentas nunca foram abertas. Antes da invenção do selo postal, o pagamento pela entrega cabia ao destinatário e não ao remetente, pelo que é muito provável que essas cartas "mortas" tenham sido guardadas na esperança de serem um dia reclamadas e terem seu porte postal pago – tanto que o apelido do baú era de fato "cofre-porquinho".

Estudiosos de Leida, de Londres e do Instituto de Tecnologia de Massachusetts (MIT) que encabeçam o projeto de pesquisa pretendem preservar as cartas originais intactas como um monumento ao passado e, para tanto, desenvolveram técnicas inéditas para lê-las sem precisar abri-las.

O conhecimento detalhado de como as cartas eram dobradas permitiu que essa antiga habilidade chegasse às mãos dos cientistas, que assim podem descobrir seus segredos. Utilizando técnicas de raios-X avançadas, obtêm-se milhares de imagens do interior das cartas, que alimentam um programa que as reconstitui linha por linha, tal como foram escritas séculos atrás. Nesse caso, ler a correspondência alheia não requer abri-la, e os segredos guardados no baú do carteiro nos levam à importante questão da história da caixa...

18

Caixas

A história das caixas tem tudo a ver com...
caçambas, lembranças, Segunda Guerra Mundial,
termômetros flutuantes para leite e
ser enterrado vivo.

A história das caixas não tem tanto a ver com a caixa em si, mas com o que você põe nela. Pelo menos um de nós ainda tem, em uma caixa especial de lembranças embaixo da cama, os sapatos (vermelhos, de pele de cobra, se você quiser saber) que sua esposa usou no primeiro encontro, isso para não falar das caixas de lembranças de seus dois filhos que contêm quase todos os pedaços de papel ligados à existência deles desde o momento em que nasceram. Alguns de nós nascemos ratos de caixas, acumuladores de papel como a família medieval Paston, de Norfolk, Inglaterra, cujas cartas e papéis ainda existem em abundância; ou o famoso cronista da Londres do século XVII, Samuel Pepys, que guardou tantos materiais e lembranças que ele agora tem sua própria biblioteca no Magdalene College, em Cambridge; ou a família Verney, do século XVII, de Buckinghamshire, que parece ter guardado *absolutamente tudo.* Outros separaram, jogaram fora ou descartaram e, por essas ações, suas vidas estão agora perdidas para o registro histórico. Tudo isso está relacionado à história da caixa, como um modo de preservar, arquivar, coletar e, acima de tudo, criar lembranças do passado.

A caixa na caçamba

A sorte é muitas vezes uma aliada do historiador em sua busca para revelar o passado. Esse é o único modo de descrever uma descoberta ao acaso que

11. Relógio de algibeira de Robert Douglas Norman, de 27 anos, que morreu no naufrágio do *Titanic*. Os ponteiros estão enferrujados e marcam 3h7min, supostamente o momento em que caiu na água.

12. Capa bordada da tradução da princesa Elizabeth de *Le Miroir de l'âme pécheresse*, de Marguerite de Navarre, com que presenteou Katherine Parr em 1544.

13. Gravura colorida à mão por Thomas Rowlandson intitulada *An Old Maid in Search of a Flea* (1794).

14. *O sifilítico* (1496), gravura de Albrecht Dürer.

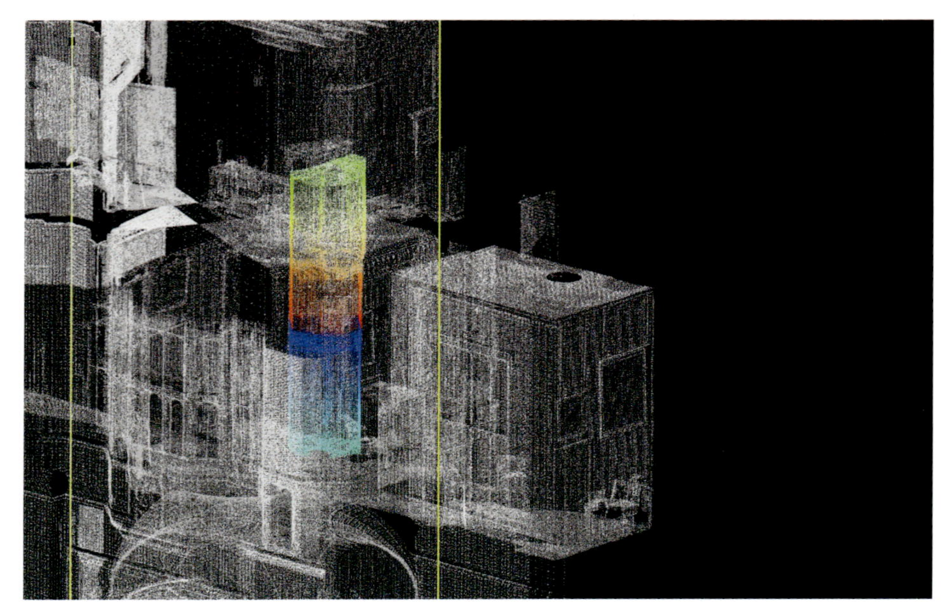

15. Imagem em laser 3D do buraco de padre em Coughton Court, Warwickshire, produzida pelos pesquisadores da University of Nottingham.

16. Terminal de *aestel* adornado – Joia de Alfredo (871-899).

17. Imagem de dragão em um manuscrito do século IX.

18. Buraco reparado por freiras com bordados em um manuscrito do século XIV.

19. A Grande Cama de Ware, *c.*1590.

20. Matteo di Giovanni (*c.*1430-1495), *Sogno di san Girolamo* (1476).

21. Hans Holbein, o Jovem, *Retrato do mercador Georg Gisze* (1532).

aconteceu há alguns anos, uma descoberta que em si mesma é admirável, mas que poderia ser ecoada centenas de vezes ao redor do país. A história começa com a limpeza de uma casa, uma caçamba, uma caixa e um e-mail para um professor de História, no caso, James.

O e-mail de um estudante do último ano de graduação em História perguntava se o professor estava disponível para conversar sobre ideias para um tópico de dissertação sobre o que o aluno descreveu como "uma coleção de cartas a seus cuidados". Combinaram um horário e, nessa primeira reunião, o aluno mostrou o que parecia ser uma velha caixa de sapatos, apenas um pouco menos larga e coberta com veludo verde bordado. Seu pai, disse o estudante, possuía uma empresa de caçambas, e essa caixa tinha sido encontrada em uma de suas caçambas depois da limpeza de uma casa. Sem saber direito o que fazer com a caixa, o pai deu-a a seu filho historiador para ver o que ele achava. Depois de aberta, a caixa revelou várias centenas de itens de correspondência, datados da Segunda Guerra Mundial, entre a srta. Helen Dare e George Tweddle, um soldado que estava lutando no continente e que depois se tornaria o marido dela.

A caixa, descartada e encontrada por acaso em uma caçamba, presumivelmente depois da morte de Helen Tweddle (nascida Dare), era nada mais, nada menos do que uma "caixa de lembranças", que guardava a correspondência amorosa entre ela e seu amado da época em que estavam separados, durante o início da década de 1940. Inúmeras dessas correspondências devem ter sido trocadas nesse período, e muitas delas foram parar nos arquivos do Imperial War Museum, em Londres, ou em escritórios de registros locais, enquanto outras estão sem dúvida em mãos de particulares, escondidas embaixo de camas, em sótãos ou no fundo de guarda-roupas em caixas como essa. As caixas são os repositórios de lembranças de vidas passadas, relacionamentos passados e anseios. Como as gerações desaparecem lenta e inevitavelmente, temos o dever de preservar essas caixas e essas lembranças para contar as histórias daquelas gerações que já se foram.

O Castelo de Powderham

Museus e arquivos de todo o mundo guardam caixas de diversos tipos e tamanhos, desde a caixa de lembranças de Helen Tweddle a baús, gabinetes, caixões e sarcófagos, e caixas de exibição: eles são inesperadamente importantes tanto para o estudo da história quanto do modo como a história é experimentada ou absorvida pelo público. Isso é mais claramente revelado por uma busca ao redor do belo Castelo de Powderham, perto de Exeter, o lar ancestral da família Courtenay, condes de Devon desde o século XIV.

Castelo de Powderham Situado nas margens do rio Exe e lar da família Courtenay. Construído em 1406 como uma casa senhorial fortificada, ele foi cercado em 1455, durante a Guerra das Rosas, e em 1645, durante a Guerra Civil Inglesa, quando foi um posto militar realista. O castelo passou por reformas significativas durante os séculos XVIII e XIX.

Nos arquivos do castelo existem milhares de caixas adquiridas durante séculos para diferentes propósitos de arquivo e preservação, e é uma delícia explorá-las: você simplesmente não tem ideia do que vai descobrir dentro delas.

Como se esperaria de qualquer sala de documentos que tenham sido cuidadosamente organizados, os itens estão bem arrumados em caixas e podem ser pesquisados por meio de catálogos; as caixas de arquivos contêm anotações dos arquivistas em relação à coleção; e os primeiros livros impressos estão acondicionados em caixas protetoras feitas especialmente para eles, construídas precisamente para acondicionar cada volume do modo mais firme possível. Um pequeno armário contém a parafernália religiosa da capela do castelo, inclusive caixas de equipamentos cerimoniais: uma pequena caixa em forma de concha contém uma tigela pequena usada em batizados, outra caixa contém um cálice. Junto delas há uma pequena caixa de madeira, rotulada simplesmente "Livros de orações" "Família", com a palavra "velhos" entre parênteses. Ela contém dezenas de pequenos livros pessoais de orações datados do final do século XVIII até o século XIX, muitos dos quais têm anotados os nomes do proprietário, da pessoa que o deu de presente e a data em que foram presenteados. Entre esses livros – que atestam a piedade pessoal da geração georgiana e vitoriana dos Courtenay – existem finos "livros miniaturas de oração" que não são maiores do que um dedo indicador. Esses volumes minúsculos podiam facilmente ser colocados em um bolso para leitura em trânsito. Outras duas pilhas de livros de oração da família estão guardadas em velhas caixas de munição, provavelmente escolhidas por sua resistência.

Os arquivos também incluem um recipiente de ferro similar a uma caixa, medindo mais de um metro de comprimento, que contém o mapa de dízimos original de Powderham, datado de 1839, e há várias outras caixas de lembranças contendo os bens pessoais valiosos de vários membros da família, itens e enfeites que eram guardados por motivos sentimentais. Uma dessas, que pertencia à "Prima Betty Somerset", contém inesperadamente um instrumento chamado "termômetro flutuante para laticínios". O porquê de esse instrumento ter acabado nos arquivos da casa é um mistério. Essas caixas de Powderham são usadas para arquivar, proteger e preservar documentos e objetos que ou têm um significado sentimental para a família ou são importantes como registros legais e documentais, e elas são características desse tipo de arquivo particular em todo o mundo.

Em outros locais do castelo existem caixas guardadas em salas de arquivos, repletas de itens históricos não catalogados que os historiadores descrevem como "arquivos selvagens". Cada membro masculino da família Courtenay recebia um baú quando ia para o colégio interno. O baú tinha suas iniciais e ainda hoje eles guardam o conteúdo de seus proprietários, muitas vezes ainda intactos – uma cápsula do tempo de itens pessoais relacionados às gerações de homens dessa família aristocrática de Devon. Um desses baús, encontrado no "patamar assombrado" do castelo, no alto de uma escada em espiral, está cheio de cartas, fotos e, bizarramente, dois chifres de formato estranho. Em outra parte da casa existe uma caixa que contém uma mesinha portátil do final da era georgiana – um tipo de mesa portátil para escrever – que contém cartas que, depois de abertas, revelaram conter cachos de cabelo.

É um êxtase para um historiador encontrar por acaso coleções assim intocadas, ser o primeiro a revelar as histórias que elas contêm, uma reação infecciosa e totalmente consumidora que o historiador e filósofo francês Jacques Derrida (1930-2004) descreveu, a partir de sua própria experiência, como a "febre dos arquivos".

A Guerra Civil Inglesa

Embora os conteúdos das caixas sejam tão fascinantes, e a busca de caixas ainda não abertas seja tão viciante, as caixas em si podem também ter uma história interessante a contar. Um gabinete que pertenceu a uma mulher chamada Hannah Smith (nascida em 1642) ainda existe na Whitworth Art Gallery na Universidade de Manchester. Elaboradamente decorada, essa caixa é um pequeno baú vertical, com portas, gavetas e uma fechadura em miniatura.

Esses itens de mobiliário eram associados com a guarda segura de correspondências secretas e eram fabricados especificamente para armazenar documentos. Uma das características admiráveis desse gabinete é que, dentro dele, existe uma nota autobiográfica da proprietária. Intitulada "O ano de nosso Senhor é 1657", ela nos diz que, em 1654, quando Hannah tinha 11 anos, ela foi para Oxford, quando começou a trabalhar em seu gabinete e, depois, terminou-o em Londres, em 1656. Ainda mais admirável é o trabalho ornamental intricado no exterior dessa caixa, que – segundo a nota – ela mesma fez. Hannah estava em Oxford em um momento em que o local era uma fortaleza realista durante a Comunidade Republicana, e foi nesse período que ela concluiu o trabalho da caixa.

Comunidade Republicana (1649-1660) O período após a execução de Carlos I em que a Inglaterra e o País de Gales, e depois a Irlanda e a Escócia, foram governados como uma república. Entre 1653 e 1658, Oliver Cromwell atuou como "lorde protetor", mas se recusou a aceitar a coroa e se tornar "rei Oliver".

A caixa é feita de madeira, finamente trabalhada, sobre a qual foi montado um intricado desenho bordado em seda, fio de metal, lantejoulas e pérolas pequenas, belamente bordado sobre cetim de seda e tela. O bordado na tampa da caixa mostra a história bíblica de "José no poço", uma representação do Livro do Gênesis de um homem que é deixado para morrer. Em outro ponto da caixa, há um sol parcialmente oculto por nuvens, um leão e um leopardo, além de uma cabeça coroada oculta. A análise dessas imagens, que são símbolos bem conhecidos da realeza, pode ser considerada como evidência de que Hannah era partidária da restauração da monarquia. A caixa, portanto, não era apenas um repositório para escritos secretos, mas também um veículo para mensagens políticas codificadas.

A peste

Como vimos, as caixas têm histórias importantes a contar. Outro tipo de caixa que é particularmente interessante pela história que revela é uma caixa para um (presumivelmente morto) ser humano: o caixão. Os caixões têm sua própria história, longa e fascinante, que vem dos primeiros sarcófagos de madeira das múmias egípcias antigas (por volta de 2500 a.C.).[1]

A luz da história foi recentemente lançada sobre a curiosa história dos caixões pelas enormes escavações sob a London for Crossrail, uma linha ferroviária de dezessete quilômetros que divide Londres ao longo de seu eixo leste-oeste. As escavações transformaram nosso entendimento da história britânica e do mundo em milênios. Até hoje, 10 mil artefatos foram descobertos, abarcando 55 *milhões* de anos de história. Em 2012, os arqueólogos descobriram um túmulo em massa ao lado da Liverpool Street Station, perto do antigo cemitério de Bedlam, onde entre 1569 e 1738 cerca de 30 mil londrinos foram enterrados.

Três coisas tornam esse túmulo em massa especialmente interessante. A primeira foi que um marcador de um túmulo próximo registrou o ano: 1665. Esse foi o ano da Grande Peste, quando cerca de 100 mil pessoas, ou um quarto da população de Londres, morreu em apenas dezoito meses. A segunda foi que todos os corpos parecem ter sido enterrados no mesmo dia. Este não foi só um local de enterro em massa, mas evidência de um único enterro em massa. A terceira é que todos os corpos foram enterrados em caixões de madeira. Os caixões eram finos, demonstrando uma pressão significativa em sua fabricação e uma construção apressada, mas foi a própria presença dos caixões em um momento em que a morte era tão desenfreada que surpreendeu os historiadores, pois ela apresentou uma visão diferente da vida durante a Grande Peste do que aquela que conhecemos de várias fontes escritas famosas.

Alguns escritores da época chafurdaram na morte que os rodeava, e seus relatos se concentravam nos extremos das visões e emoções de Londres e dos londrinos. Um deles foi Daniel Defoe (1660-1731), um dos mais famosos escritores contemporâneos. Três anos depois de ter publicado *Robinson Crusoé* (1719), Defoe escreveu sobre a vida em Londres durante a Grande Peste, apresentada como um relato de testemunha ocular sob as iniciais "H.F.". Defoe tinha apenas 5 anos em 1665, mas baseou seu relato na lembrança de membros da família e, em particular, no diário de seu tio, Henry Foe. Entre as inúmeras descrições da vida em Londres estava este relato especialmente

1. O sarcófago egípcio intacto mais antigo conhecido foi descoberto em 2002, perto das pirâmides de Gizé. Ele é feito de calcário e data da quarta dinastia egípcia (2613-2494 a.C.), durante o reinado de Khufu, o construtor da Grande Pirâmide.

lúgubre. Ele descreveu um homem, tomado pelo pesar histérico, seguindo um carro que levava sua esposa e vários de seus filhos:

> O carro tinha dezesseis ou dezessete corpos; alguns eram enrolados em lençóis de linho, outros em trapos, alguns quase despidos, ou com cobertas tão soltas que caíam com o balanço do carro e eles ficavam nus entre os outros.

Outros relatos de Londres durante a peste também enfatizam um sentimento de caos. Em agosto desse ano, o cronista Samuel Pepys teve um grande susto a caminho de casa. Ele escreveu: "Para minha grande perturbação, encontrei um corpo morto, com a peste, no beco estreito, logo ao descer uma pequena escadaria". E acrescentou: "Devo tomar cuidado para não me demorar até tarde fora de casa".

A descoberta dos caixões em Liverpool Street, no entanto, destacou uma narrativa alternativa do ano da peste, na qual, embora os londrinos tivessem enfrentado um horror inimaginável e fossem obrigados a lidar com a morte em massa, eles o fizeram com um notável cuidado pelos mortos, colocando os cadáveres em caixões e, se houvesse espaço suficiente, alinhando-os de leste a oeste, como manda a tradição cristã. De fato, a sensação que se tem com a descoberta não é de caos, mas de ordem, uma ordem nascida da experiência. A Grande Peste de 1665 tomou seu título emprestado da Grande Peste de 1625, na qual mais de 40 mil londrinos morreram, e entre as duas houve outros anos de pestes mortais no século XVII, especialmente em 1640, 1646 e 1647. Essas caixas são o lembrete mais poderoso de que uma das coisas que nos torna humanos é que somos a única espécie que cuida de seus mortos.

Enterrado vivo

A ameaça iminente dessa morte em massa podia criar ansiedades psicológicas significativas e uma delas era o medo de ser enterrado vivo. Esta continua a ser uma fobia ainda hoje, mas no passado era muito mais disseminada, especialmente em períodos de pandemia e antes da educação ampla em técnicas médicas científicas.

Esse medo de enterro prematuro levou ao desenvolvimento de um tipo específico de caixa no século XVIII: o "caixão de segurança". Em geral, era um caixão com um sino ou outro tipo de dispositivo de sinalização, que a

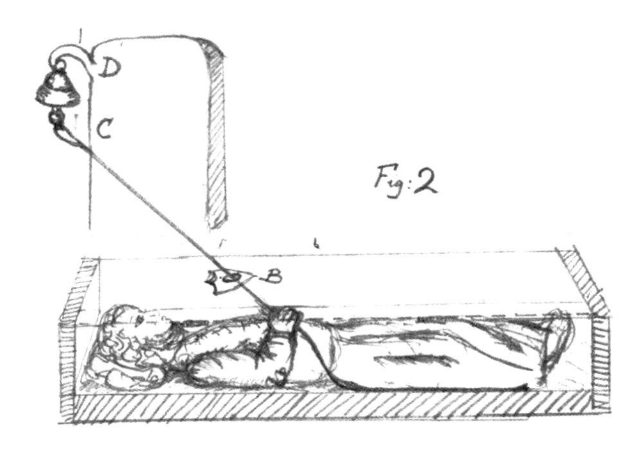

Esboço inicial de um caixão de segurança usando um sino anexado.

pessoa desafortunada, mas revivida, podia operar de dentro de seu caixão. Outros tipos incluíam janelas de vidro em que o cadáver podia ser observado em busca de sinais de vida. O primeiro exemplo registrado de um caixão de segurança data de 1792, quando o paranoico duque Ferdinand de Brunswick (1735-1806) projetou um caixão com uma janela e um tubo de respiração. Ele também se assegurou de que o caixão e o túmulo em que seria enterrado fossem trancados em vez de permanentemente selados. Então, ele foi enterrado com as chaves das fechaduras do caixão e do túmulo em um bolso de sua mortalha. Até 1896, o medo de ser enterrado vivo persistia, e William Tebb (1830-1917), um ativista social em favor da vacinação, fundou a London Association for the Prevention of Premature Burial [Associação Londrina para a Prevenção do Enterro Prematuro] e, em 1905, escreveu um livro intitulado *Premature Burial and How It May Be Prevented* [Enterro prematuro e como ele pode ser evitado]. Nesse livro, ele registrou 219 casos de "quase" enterro prematuro, além de 149 casos desse tipo de enterro, dez casos de dissecção de pessoas vivas e dois de pessoas que despertaram enquanto estavam sendo embalsamadas. Ele inclui a seguinte história de parada cardíaca (e de o coração voltar a bater), extraída do *Journal de Rouen* de 1837:

> O cardeal Somaglia foi tomado por uma doença severa de extremo pesar; ele caiu em um estado de síncope que durou tanto que as pessoas que o rodeavam pensaram que ele estava morto.
>
> Imediatamente foram feitas preparações para embalsamar o corpo, antes do início do processo de putrefação, a fim de que ele pudesse ser

> colocado em um caixão de chumbo, na câmara mortuária da família. O operador mal tinha penetrado no peito dele, quando o coração foi visto batendo. O desafortunado paciente, que estava recobrando os sentidos nesse momento, ainda teve forças suficientes para empurrar a faca do cirurgião, mas tarde demais, pois o pulmão havia sido mortalmente ferido, e o paciente morreu de uma forma lamentável.

Outra história citada conta a triste sina de um garoto de 6 anos que foi

> descoberto durante a remoção dos restos de um cemitério de aldeia para um novo na Filadélfia, no qual os braços estavam dobrados sobre o crânio, uma perna levantada e a outra dobrada de tal maneira que mostrava que o pequenino, vinte anos antes, havia sido levado apressadamente ao túmulo enquanto ainda vivia.

Esta, então, é apenas parte da história fascinante das caixas que permeia tão amplamente a história humana. Assegure-se de que suas coisas – suas lembranças de família, cartas, objetos, fotos, recordações – sejam preservadas adequadamente em caixas de arquivo sem ácido, que podem ser compradas on-line. Mantenha os documentos na horizontal e proteja tudo da luz, da poeira, do calor, do frio, da umidade e dos insetos. Nunca, jamais, os coloque em uma caçamba, para serem descobertos por acaso, como aquela caixa de lembranças do início deste capítulo, mesmo que essas descobertas possam fazer um historiador ganhar seu dia. E reze para não acordar e se encontrar diante do medo de ser enterrado vivo, o que levanta a importante questão da história da coragem...

19

Coragem

A história da coragem tem tudo a ver com...
gim, estômagos, discursos, a Primeira Guerra Mundial,
feminismo e naufrágios.

A história da coragem é tremendamente gratificante, mas é preciso cautela – pois ela pode ser enganadora. A coragem assume várias formas hoje em dia e já assumiu outras tantas no passado. Está ligada à força física e mental pessoal, à honra e à moralidade, mas também é algo que pode ser aprendido e incorporado. Ela pode até ser fabricada.

Tipos de coragem

A guerra é um lugar mais evidente para se começar a história da coragem. Ela está repleta de tais relatos, mas se olharmos atentamente veremos que há diferentes tipos de coragem à mostra. Eles vão desde a coragem de recusar abandonar colegas caídos no calor da batalha até a coragem de assumir responsabilidade pela liderança em situações sem solução à vista. Mais especificamente, há a coragem de sair das trincheiras e partir para o ataque na batalha do Somme, em 1916, de correr ao soar de uma sirene para enfrentar uma saraivada de metralhadora. E há a coragem de atacar em montaria, como membro da Brigada Ligeira, na Batalha de Balaclava, em 1854, encarando as armas já a postos do outro lado. Há, evidentemente, a coragem de manter-se firme diante de tal ataque, de permanecer em pé diante de cavalos que galopam a cinquenta quilômetros por hora. Na Batalha de Viena, em 1683, pelo menos 3 mil homens com armas e armaduras atacaram a cavalo as linhas otomanas na maior carga de cavalaria da história – uma provação inimaginável. Uma magnífica descrição de uma carga de cavalaria, um pouco mais recente (e até mesmo na Segunda Guerra Mundial houve várias delas), foi feita por ninguém menos que Winston Churchill, que lutou como comandante de tropa no 21º Regimento de Lanceiros durante a guerra anglo-egípcia de 1896-1898. O ataque fez parte da Batalha de Omdurman, nas proximidades de Cartum, Sudão. Os cavaleiros britânicos viram-se subitamente confrontados com uma unidade de guerreiros dervixes em formação compacta. E atacaram "como um lanceiro a cavalo que talhasse um pássaro em pleno voo", escreveu Churchill. E prosseguiu:

> os soldados abriram caminho a força, turba adentro; e como um rastelo de ferro arrastado por sobre uma pilha de seixos, assim o regimento seguiu. Adentraram a formação dervixe, fragmentando-a, até que, reduzindo seu ritmo ao de um caminhar, irromperam para além do *khor* no extremo oposto, deixando para trás uma multidão de soldados, e arrastando com esse ataque mais de mil árabes. Então, e só então, começou a matança; e depois disso cada homem viu o mundo ao longo de sua lança, sob sua guarda, ou pela mira de sua pistola; e cada um teve sua própria história estranha para contar.

Batalha de Viena (1683) Foi travada para libertar Viena de um cerco otomano. Uma coalizão de estados cristãos liderada por João III Sobieski, rei da Polônia, dispersou as forças otomanas e conduziu um contra-ataque subsequente em território inimigo. A batalha marcou o fim da agressiva expansão do Império Otomano no mundo mediterrâneo, que começara com a conquista de Constantinopla em 1453.

A seguir, com a experiência de uma testemunha ocular, Churchill discorreu sobre a natureza de uma carga de cavalaria, valendo-se de sua percepção incomum e de sua espantosa habilidade com as palavras:

> Infantarias obstinadas e inabaladas dificilmente encontram cavalarias com o mesmo caráter. Ou a infantaria foge e é ceifada na fuga ou seus soldados mantêm-se em pé e destroem a quase totalidade dos cavaleiros com seus

> mosquetes. Nessa ocasião, dois paredões vivos de fato colidiram. Os dervixes combateram virilmente. Tentaram aleijar os cavalos, dispararam seus rifles pressionando a boca da arma contra o corpo do adversário. Talharam rédeas e o couro dos estribos. Arremessaram lanças com grande destreza. Tentaram todo expediente possível a homens frios e determinados, experientes em guerra e familiarizados com a cavalaria; e, além disso, brandiram pesadas espadas cortantes que talhavam fundo.

Coragem moral

Tal coragem para enfrentar uma carga de cavalaria não é exclusiva dos campos de batalha da história. Em 1913, desarmada e inabalável, a sufragista Emily Davison (1872-1913) manteve-se firme em frente a cavalos que galopavam no hipódromo de Epsom na Inglaterra, até ser atropelada pela montaria do rei. Esse ato corajoso foi praticado em prol do sufrágio feminino, diferindo, portanto, da coragem suscitada pelo machismo, pelo treino militar e por códigos de lealdade. Embora o destemor das feministas pudesse levá-las a praticar ações diretas dessa natureza – acorrentar-se a grades e estilhaçar janelas –, era também sustentada por um forte senso de coragem ideológica ou moral. Esta foi uma postura defendida pela escritora e pioneira modernista Virginia Woolf (1882-1941) em sua polêmica obra *Um teto todo seu*, de 1929. Refletindo sobre o personagem fictício da irmã de Shakespeare, ela escreveu:

> minha crença é que se nós [mulheres] vivermos mais um século ou tanto – estou falando da vida comum que é a vida real e não das pequenas vidas separadas que vivemos como indivíduos – e tivermos quinhentas [libras] por ano cada uma e tetos que sejam nossos; se tivermos o hábito da liberdade e a coragem de escrever exatamente o que pensamos; se escaparmos um pouco da sala de estar comum e enxergarmos os seres humanos nem sempre em sua relação uns com os outros, mas em relação à realidade... então a oportunidade virá e a poetisa morta que foi a irmã de Shakespeare assumirá o corpo que ela tantas vezes depôs.

Suas ideias golpearam o âmago da sociedade patriarcal, defendendo a independência financeira das mulheres e a importância do acesso feminino à educação como caminho para a liberdade criativa, social e intelectual. "Tranquem suas bibliotecas, se quiserem", ela escreveu, "mas não há porta, fechadura, ferrolho que possam impor à liberdade de minha mente". A coragem das próprias convicções, de opor-se à opressão, de defender o que é certo, de trabalhar em prol da mudança social e política, isto é coragem de fato, cuja história está registrada em todas as civilizações.

Denunciantes

Esses exemplos particulares do feminismo de primeira onda estão ligados à coragem de falar, um tipo de coragem relevante já em sua própria época. Hoje, uma das formas de coragem com que estamos mais familiarizados é a de reconhecer e dizer a verdade na forma de denúncias – colocando-se contra "o homem" em nome do que é certo. Embora possa parecer um fenômeno moderno – ligado apenas a figuras como Edward Snowden, que em 2013 revelou a existência de programas de vigilância globais envolvendo numerosos governos democráticos; Chelsea Manning, que em 2010 expôs as más condutas americanas durante campanhas militares no Afeganistão e no Iraque (2004-2009); Daniel Ellsberg, que em 1971 revelou as políticas americanas sobre a Guerra do Vietnã; ou "Garganta Profunda", codinome do informante que revelou o envolvimento do Partido Republicano em uma invasão da sede do Comitê Nacional Democrático em Washington (o Complexo Watergate), levando à queda do presidente Richard Nixon –, posicionar-se publicamente contra práticas ilegais ou antiéticas tem uma história surpreendentemente longa. A primeira evidência escrita sobre a recompensa aos denunciantes tem, espantosamente, 1.300 anos. Vem da Inglaterra do século VII, em uma declaração do rei Wihtred de Kent (620-725): "Se um homem livre trabalhar durante [o domingo], ser-lhe-ão confiscados seus [lucros] e o homem que contra ele informar terá metade da multa, e [os lucros] do trabalho".

Na América, as primeiras evidências escritas de proteção aos denunciantes são de mais de um milênio mais tarde. Em 1777, oficiais da Marinha Continental – a marinha que fora criada pelas Colônias Americanas para lutar contra a Grã-Bretanha na Guerra da Independência Americana – revelaram a tortura de prisioneiros britânicos por ninguém menos que o comandante naval Esek Hopkins. Em uma petição encaminhada ao novo Congresso Continental, dez marinheiros e fuzileiros descreveram seu desagrado com o modo como Hopkins havia "tratado os prisioneiros da forma mais desumana e bárbara". Hopkins revidou, processando os homens por difamação. O Congresso, por sua vez, retaliou, promulgando uma lei que declara que "é dever de todos a serviço dos Estados Unidos, bem como de todos os outros habitantes destes, prestar as primeiríssimas informações ao Congresso ou a qualquer outra autoridade competente sobre quaisquer más condutas, fraudes ou contravenções cometidas por quaisquer funcionários ou pessoas a serviço destes estados de que possam vir a ter conhecimento". Hopkins foi suspenso e o Congresso pagou 1.418 dólares para cobrir os custos de defesa dos denunciantes.

Coragem etílica

Nesta história da coragem, portanto, reside a história de cidadãos guardiães da lei que se pronunciam contra aqueles que a violam. Mas *fazer algo* para ganhar coragem também tem sua própria história. É o caso da chamada "coragem etílica" – a bravura induzida pela bebida –, que em inglês, curiosamente, é chamada "*dutch courage*" [coragem holandesa], nome cuja origem está ligada à guerra, muito embora o uso de álcool para aliviar os nervos não se limitasse absolutamente à batalha. Uma possível explicação para essa expressão é o uso de gim holandês (ou genebra) por soldados ingleses que, com auxílio dos holandeses, lutavam na Europa continental contra o rei francês Luís XIV durante a Guerra dos Trinta Anos (1618-1648). Ao popularizar-se, o termo passou a referir-se especificamente a bebidas alcoólicas destiladas, em vez de cerveja, como meio de fortalecer a determinação.

Os efeitos calmantes do álcool foram amplamente percebidos pelos comandantes militares, cujas tropas precisavam de coragem artificial diante da adversidade. Os marujos da Marinha Real recebiam uma ração diária de bebidas destiladas (*brandy* até 1655, quando foi substituído por rum) e um trago extra era muitas vezes concedido antes da batalha – e também, se disponível, antes de alguma cirurgia séria, ocasião em que se prestava não só a dar coragem como também para driblar a dor. Enquanto a frota britânica se aproximava das esquadras da França e da Espanha na Batalha de Trafalgar, em 1805, cada tripulante do *HMS Victory*, sob comando do almirante Nelson, recebeu meio litro de vinho. Da mesma forma, nas fileiras do exército britânico em Waterloo (1815), em muitos regimentos distribuiu-se *brandy* às tropas antes da batalha.

Caricatura do consumo de rum: "Come Youngster – Another Glass of Grog Before You Go on Deck" [Venha, jovem – Outro copo antes de subir ao convés](1840).

Durante a Primeira Guerra Mundial, decidiu-se, durante o rigoroso inverno de 1914-1915, suprir as tropas da Força Expedicionária Britânica com rum para estimular-lhes a coragem. As doses eram distribuídas duas vezes por semana, mas os que estavam em serviço ativo nas trincheiras as recebiam diariamente. Embora as opiniões médicas nitidamente se dividissem quanto aos efeitos do álcool sobre as tropas em combate, o coronel J. S. Y. Rogers, oficial médico do 4º Regimento Black Watch, ponderou que, "não fosse o rum na ração das tropas, acho que não teríamos vencido a guerra. Antes que os homens saltassem das trincheiras, faziam uma boa refeição e recebiam uma dose dupla de rum e café". O rum também fez parte das rações militares durante a Segunda Guerra Mundial, mas sob controle mais estrito; e havia cerveja barata ou mesmo gratuita amplamente disponível para as tropas nas bases militares americanas durante a Guerra do Vietnã (1955-1975), possivelmente mais para levantar o moral que para promover a coragem. O lado negativo disso foram os altos níveis de abuso etílico e de alcoolismo entre as tropas, com consideráveis custos médicos e pessoais. Muitos médicos sentiram que a vida militar incentivava uma cultura de consumo inveterado de álcool, que podia levar ao vício. Um relatório do periódico científico *British Medical Journal* de 1916 concluiu que o consumo de álcool era "prevalente e excessivo entre os recrutas".

Soldados nazistas

O álcool não foi a única substância adotada pelas forças armadas para melhorar o desempenho das tropas. Drogas também, para estimular quimicamente a coragem. Uma das primeiras tentativas coordenadas para criar drogas que melhorassem o desempenho militar foi feita pela Alemanha nazista durante a Segunda Guerra Mundial. Vastas quantidades de Pervitin (um estimulante à base de anfetamina, hoje comumente conhecido como metanfetamina cristalina) foram produzidas em massa e fornecidas à Wehrmacht (as forças alemãs) para ajudar o Terceiro Reich a vencer sua guerra-relâmpago. Criada em 1938 em um laboratório de Berlim, a droga logo despertou o interesse de médicos militares alemães, que perceberam o enorme potencial de uma droga milagrosa que aumentava a atenção, a resistência física e a coragem. Em meros quatro meses, de abril a julho de 1940, cerca de 35 milhões de comprimidos foram enviados ao Exército e à Marinha. O uso dessas drogas difundiu-se entre as tropas alemãs. Em uma carta de maio de 1940, o premiado autor alemão Heinrich Böll, então um jovem soldado do Exército, pedia à família um suprimento maior da droga viciante: "Quem sabe", pedia ele com certo desespero, "se não conseguiriam obter-me mais Pervitin para eu manter um estoque de reserva?". E, em outra ocasião: "Se houver como, enviem-me mais um pouco de Pervitin, por favor".

Em 1944, a Alemanha estava desenvolvendo uma superdroga ainda mais poderosa, a D-IX, que impressionara os cientistas a tal ponto que passou a ser fornecida às tropas. Testes em prisioneiros de campos de concentração revelaram que a droga lhes permitia marchar em círculo por até noventa quilômetros sem pausa enquanto carregavam mochilas pesadas. O fim da guerra pôs fim à produção da droga, que nunca chegou a ser propriamente testada em toda a Wehrmacht alemã. O que impressiona, porém, é o grau em que drogas como estas são ainda hoje utilizadas por algumas forças armadas para estimular uma espécie de coragem química que vem acompanhada de uma resistência robótica e uma ferocidade ultraviolenta. Na segunda metade do século XX, as tropas americanas no Vietnã tiveram fácil acesso às anfetaminas, e Elton Manzione, membro de um pelotão de reconhecimento, recordou-se de um comandante da

Marinha dizer que as drogas "lhe davam uma sensação de bravata e o mantinham acordado. Cada imagem e cada som ficavam mais evidentes. Você ficava ligado a isso tudo e às vezes sentia-se realmente invulnerável".

Discursos

Outro estímulo à coragem não é alcoólico, mas auditivo, e está ligado à retórica bombástica dos discursos motivacionais. Ao longo da história, as palavras de figuras históricas inspiradoras têm persuadido as pessoas a empreender grandes feitos de coragem. Disso são exemplos os famosos discursos "Eu tenho um sonho", de Martin Luther King, "Vamos combatê-los nas praias", de Winston Churchill, ou mesmo o discurso que Elizabeth I fez às tropas em 18 de agosto de 1588 em Tilbury, durante a campanha da Armada, no qual ela incitou a nação às armas com o grito de mobilização:

> Sei que tenho o corpo de uma mulher fraca e frágil; mas tenho o coração e o estômago de um rei, e de um rei da Inglaterra também, e tenho revoltante abjeção a que Parma ou Espanha, ou qualquer príncipe da Europa, ousem invadir as fronteiras de meu reino... Por vossa obediência a meu general, por vossa concórdia nas fileiras e por vosso valor no campo de batalha, em breve teremos famosa vitória sobre os inimigos de meu Deus, de meu reino e de meu povo.

O discurso foi puro teatro elisabetano, espetacular em sua pompa e cerimônia. Na manhã de 18 de agosto, a rainha deixou Londres em barcaça real, viajando para Tilbury acompanhada de perto por seus guarda-costas reais, os *Gentlemen Pensioners*, todos ostentando os atavios de suas armaduras reluzentemente polidas e seus capacetes emplumados. Ao chegar ao Forte Tilbury, foi saudada por uma escolta de 2 mil membros da infantaria e mil da cavalaria, antes de dirigir a palavra a um pelotão de 17 mil homens, todos portando peitorais de armas. O mais notável, no entanto, é que a autenticidade desse mais famoso dentre os discursos dos últimos grandes monarcas do período Tudor foi questionada. É muito provável que estas não tenham sido as palavras exatas que Elizabeth proferiu naquele dia, mas que tenham sido reescritas sob novas feições para fins de propaganda. A comparação com o "estômago" de um rei é um detalhe importante, por sua ligação com a coragem: ter "estômago" para fazer algo é ter a coragem para fazê-lo.

Reais ou reescritos, o caráter passional de tais discursos motivou nações e indivíduos a praticar atos de coragem, persuadindo-os a pegar em armas para defender pátrias, famílias e modos de vida e a desafiar quem procurasse dominá-los e oprimi-los. Nas palavras de Henrique V, na peça de Shakespeare: "Uma vez mais à brecha, caros amigos, uma vez mais;/ Ou fechemos a muralha com nossos ingleses mortos!".

Medalhas

Uma seção extra da história da incitação à coragem é a história do reconhecimento do destemor sob a forma de uma medalha, seja para recompensar atos de bravura militar ou para celebrar aqueles que agiram corajosamente no dia a dia como civis – fontes de informação surpreendentemente valiosas para o historiador.

Guerra de Varo Campanha militar liderada pelo general romano Públio Quintílio Varo contra as tribos germânicas durante o reinado de Augusto (27 a.C.-14 d.C.). Varo ganhou fama por perder três legiões romanas inteiras em uma emboscada na Batalha da Floresta de Teutoburgo, em 9 d.C., considerada a maior derrota militar de Roma.

As condecorações por coragem militar têm história antiga, que remonta ao Império Romano, sob a forma de fáleras – discos de bronze, prata ou ouro que eram instalados nas hastes dos estandartes de uma legião. São numerosas as referências a esses discos. Uma das melhores representações de um soldado romano com suas condecorações está em uma lápide feita por volta de 9 d.C., hoje no Bonn Museum [*Fig. 23 do caderno de imagens*]. Esse homem, que a inscrição informa ter sido Marco Célio, filho de Tito, provinha de Bolonha e era centurião da 18ª Legião do exército imperial romano. Morto aos 53 anos na Guerra de Varo, é mostrado ostentando orgulhosamente diversas condecorações militares, incluindo quatro fáleras. Em 1978, nada menos que sete delas foram encontradas em um recipiente de bronze enterrado em Lupu, Romênia. As imagens presentes nas fáleras são variadas, e as de Lupu são particularmente fascinantes por representarem mulheres dácias, que só muito raramente figuram na cultura material antiga – um marcante lembrete do valor das medalhas como fontes de informação histórica.

A Medalha de Honra, a mais famosa medalha de heroísmo americana, foi concedida pela primeira vez em 1863 e apenas 3.517 vezes desde então. No lado britânico, a mais famosa dessas condecorações, a Cruz Vitória, foi primeiro concedida em 1857 e, até hoje, só oferecida 1.358 vezes. Ambas são interessantes exemplos de medalhas cuja concepção e desenho foram inéditos. Este, no entanto, não foi absolutamente o caso de muitas outras medalhas. A Cruz de Ferro, galardão concedido pelos nazistas por atos de coragem na Segunda Guerra Mundial, é um excelente e fascinante exemplo de medalha que tem uma história.

A Cruz de Ferro

Em 1939, Hitler selecionou a Cruz de Ferro como prêmio máximo para atos de bravura. Hitler conheceu a medalha – cujo símbolo originalmente estava associado aos Cavaleiros Teutônicos – ao servir na Primeira Guerra Mundial (onde atuou como mensageiro na frente ocidental), época em que o Kaiser Guilherme II também promulgara a Cruz de Ferro como prêmio por bravura. Durante essa guerra, no entanto, ela havia sido na verdade um galardão concedido pelo Reino da Prússia, que era apenas uma parte do império alemão. Havia também sido usada por Guilherme I, seu avô, na Guerra Franco-Prussiana (1870-1871), mas tem origem ainda mais antiga, durante a campanha alemã de 1813-1814 contra Napoleão, ocasião em que Frederico Guilherme III da Prússia estabelecera a Cruz de Ferro como condecoração para atos de coragem. Em 1939, Hitler deliberadamente escolheu uma medalha de bravura que já tinha profundas raízes na história e na cultura alemãs, mas que precisava ser atualizada para seus novos fins. Assim, em março de 1939, ele elevou a Cruz de Ferro à categoria de condecoração alemã, reconhecendo o decisivo papel do Exército prussiano para a Wehrmacht e, por conseguinte, para o próprio Reich alemão.

Essa medalha de bravura, portanto, já tinha múltiplas histórias, mas Hitler ainda a diferenciou em cinco níveis distintos. O mais alto, a Cruz do Cavaleiro com Folhas Áureas de Carvalho, Espadas e Diamantes (*mit Goldenem Eichenlaub, Schwertern und Brillanten*), foi concedida uma única vez: a Hans-Ulrich Rudel, piloto que sozinho destruiu 800 veículos de todos os tipos, incluindo 519 tanques, e conseguiu alvejar numerosas pontes, rotas de abastecimento e navios. No final da guerra, ele havia cumprido 2.530 missões aéreas inigualáveis, nas quais seu avião foi abatido ou teve que aterrissar com impacto mais de trinta vezes. Em fevereiro de 1945, um morteiro antiaéreo destruiu-lhe a perna direita, mas ele conseguiu pousar e, seis semanas depois, já voava outra vez, com uma prótese no coto parcialmente cicatrizado e um contrapeso que o ajudava a operar os lemes de direção. Essa condecoração militar é portanto singular, por haver sido concedida apenas uma vez, o que lhe dá um lugar inédito na história das medalhas.

A Cruz de Ferro de 1ª Classe das Guerras Napoleônicas, em sua forma original de 1º de junho de 1813.

As medalhas de heroísmo civil surgiram mais tarde que as militares. Existem de diversos tipos, mas uma das mais raras na Grã-Bretanha é a Medalha Edward, concedida a homens e mulheres – inicialmente a mineiros e operários de pedreiras e, mais tarde, a estivadores e ferroviários que arriscaram a vida para salvar a de seus colegas.

O desastre da mina de Whitehaven

As histórias dos ganhadores da Medalha Edward são pouco conhecidas, mas as que chegaram até nós são inspiradoras. Em maio de 1910, o trabalhador Hugh McKenzie viu-se frente a frente com um terrível incêndio na mina de Wellington, em Whitehaven, Cúmbria. O fogo irrompera após uma estrondosa explosão. Temia-se – e com razão, como se descobriu mais tarde – que muitos dos mineiros, sobrevivendo à explosão inicial, estivessem enterrados vivos nos escombros. O fogo, enquanto isso, rugia ganhando força, ardendo furiosamente. Do total de 143 homens, apenas sete sobreviveram. As vítimas mais jovens tinham apenas 15 anos. Muitas famílias perderam mais de um de seus membros. A comunidade local estava transfigurada. Entre os moradores de Whitehaven, 85 mulheres ficaram viúvas e 260 crianças ficaram órfãs de pai. McKenzie foi um dos 64 homens a receber a Medalha Edward de bronze após o desastre – o maior número de medalhas já concedido em decorrência de um mesmo incidente. O jornal *London Gazette* publicou o seguinte relato sobre o heroísmo desses homens:

> Por toda a noite e todo o dia seguinte, os grupos de resgate trabalharam tentando alcançar os locais em que os homens desaparecidos estariam soterrados, mas a dificuldade era extrema e a atmosfera era densa. Parte do madeiramento da mina estava em chamas e o único acesso que ventilava o setor do poço em que os homens estavam presos havia sido inteiramente bloqueado. Na boca do poço assistiam-se a cenas de cortar o coração. Em dor e ansiedade, mulheres com filhos esperavam notícias de seus entes queridos. Muitas ali permaneceram noite adentro e por todo o dia seguinte, recusando-se a buscar repouso ou restauro, e inúmeras tombaram, exauridas pela vigília.

O que torna essa história ainda mais pungente são as mensagens encontradas pouco depois nas paredes da mina, escritas pelos mineiros que sobreviveram à primeira explosão.

Coragem animal

Em 1943, na Grã-Bretanha, condecoraram-se também animais por heroísmo e, até hoje, nada menos que 67 deles foram distinguidos com a Medalha Dickin: 31 cães, 32 pombos-correios da Segunda Guerra Mundial, três cavalos e um gato. Antes disso, os proprietários valeram-se de outros modos para lembrar e homenagear animais particularmente corajosos. Em 1824, W. Ellis Gosling incumbiu *Sir* Edwin Landseer, destacado pintor de animais, de retratar Netuno, seu cão terra-nova – uma raça então famosa pela capacidade de salvar vidas no mar. Netuno é mostrado na praia, prestes a entrar em ação [*Fig. 24 do caderno de imagens*]. Gosling montou a pintura em uma moldura de carvalho retirado do casco do *HMS Temeraire*, enorme navio de guerra que fora usado na Batalha de Trafalgar (1805), e acrescentou uma placa que comparava o senso de dever de Netuno com o dos marinheiros do almirante Nelson.

No entanto, uma das coisas possivelmente mais interessantes sobre a história da coragem é que, por várias razões, muitas vezes nos dispomos a vê-la sem que ela esteja necessariamente presente: a história da coragem pode ser a história da falsa coragem, ou da coragem indevidamente registrada na narrativa histórica.

Naufrágios

Vejamos os naufrágios do *Birkenhead*, em 1852, e do *Titanic*, em 1912. O *Birkenhead* era um navio de guerra a vapor, construído em ferro e movido por rodas de pás, que partiu de Portsmouth para a África do Sul, conduzindo tropas que iriam lutar nas Guerras Xhosa. A bordo também estavam seiscentos familiares dos soldados, entre esposas e filhos. O navio chocou-se contra um rochedo desconhecido perto da pequena cidade de Gansbaai. Tentando retroceder da rocha, atingiu-a novamente, o que bastou para cindir a embarcação em dois. Infelizmente, não havia barcos suficientes para todos. Deu-se prioridade a mulheres e crianças, embarcando-as no escaler, um pequeno barco que servia para transportar a tripulação até a costa.

As Guerras Xhosa (1779-1879) Uma série de guerras entre tribos Xhosa e colonos europeus travadas no que hoje é a província do Cabo Oriental na África do Sul. Nessas guerras, assistiu-se à anexação de todo o território Xhosa ao domínio britânico e também à derrubada, pelos britânicos, do governo eleito da Colônia do Cabo, o que abriu caminho para o fim de toda a independência negra no sul da África.

Se acreditássemos no que noticiaram os jornais, que prontamente cobriram o evento, pensaríamos que os soldados britânicos permaneceram calmamente em formação enquanto o navio afundava sob seus pés e as mulheres e crianças eram levadas a local seguro, longe do poderoso vórtice criado pela gigantesca nau. Tais relatos afirmavam que os soldados ganharam fama por seu exemplo de comportamento corajoso em circunstâncias desesperadoras. O naufrágio do *Birkenhead* tornou-se uma das histórias mais persistentes sobre o heroísmo militar do período vitoriano, e até se acredita que o Kaiser Guilherme II, imperador alemão, tenha ordenado que trechos dela fossem lidos às suas tropas durante a Primeira Guerra Mundial como exemplo de coragem viril.

O que se conhece sobre o comportamento durante naufrágios, no entanto, já não nos permite aceitar literalmente o nacionalismo e as posturas patriarcais que coloriram esses relatos. Sabemos agora que os homens do *Birkenhead* foram ameaçados para manter-se onde estavam; sabemos que sua imobilidade não foi o ato espontâneo em que sucessivas gerações acreditaram, nem foi adotada por todos os homens que lá estavam.

Do mesmo modo, o naufrágio do *Titanic*, em 1912, ficou conhecido como mais um primoroso exemplo de heroísmo e coragem do tipo "mulheres e crianças primeiro". Mas hoje sabemos em detalhes o que se passou nas horas que transcorreram entre o momento da colisão com o *iceberg* e o naufrágio final – e, como é de prever, em situações como esta a realidade é complicada. "Mulheres e crianças primeiro" parece ter sido fato em um dos lados do navio, mas não no outro; alguns homens saltaram em barcos salva-vidas cheios de mulheres, pondo em perigo todos os que estavam a bordo, enquanto outros se alvoroçaram no convés para alcançar os barcos; alguns, tendo subido em botes que não estavam cheios, recusaram-se a remar de volta para resgatar os sobreviventes que já pisavam em água gélida; e algumas mulheres recusaram-se a aceitar espaço nos barcos se isso significasse deixar seus maridos, irmãos, pais, primos, sobrinhos e amigos no navio. Essa complexidade também marcou outros naufrágios. Mesmo que "mulheres e crianças primeiro" fosse um lema praticado, aplicava-se na maioria dos casos à família do capitão, em seguida às damas e então a mulheres e crianças cristãs brancas – e por fim o resto.

Montanhismo

A coragem existiu por toda parte no passado, tal como existe em todo lugar neste momento, mas grande parte dela perdeu-se para a história. Há a coragem de convidar alguém para um encontro, a de ir à escola todos os dias, a de dar entrada no hospital e também a coragem de enfrentar intimidação diária, mesmo que só você conheça esse medo. Os historiadores têm a responsabilidade de assegurar que essas histórias de coragem íntima nunca fiquem perdidas.

Uma dessas histórias de coragem íntima diz respeito aos inúmeros voluntários que enfrentaram alturas e perigos atemorizantes ao tentarem fazer resgates nas montanhas antes da fundação, em 1950, do First Aid Committee for Mountaineering Clubs [Comitê de Primeiros Socorros para Clubes de Montanhismo]. O comitê foi criado após uma sucessão de acidentes graves que impeliram os socorristas a testar sua coragem sob condições extremas. No desastre de Scafell, em 1903, no District Lake, Inglaterra, quatro alpinistas morreram ao despencar e, em 1928, no Peak District, outro alpinista teve o crânio fraturado ao cair de uma altura de doze metros. Os corajosos esforços de voluntários que se revezavam para transportar a vítima em padiola até local seguro acabaram salvando sua vida, embora sua perna tivesse que ser amputada meses depois. Esse episódio, no entanto, abriu caminho para a formação do serviço de resgate nas montanhas – o que levanta a questão muito importante da história das montanhas...

20

Montanhas

A história das montanhas tem tudo a ver com...
liberdade, preconceito, vendetta, *elefantes*
e ausência de história.

Frankenstein

O dr. Victor Frankenstein era fascinado pelas montanhas. No romance *Frankenstein*, de 1818, escrito por Mary Shelley, o protagonista se encontra nos Alpes Franceses. Ele se maravilha com seu ambiente de uma maneira esplendidamente romântica. Afinal de contas, ele é um homem de seu tempo. Escalando o glaciar Montanvert, nos Alpes, ele escreveu que a experiência "me encheu com um êxtase sublime que deu asas à alma e permitiu que ela se elevasse do mundo obscuro para a luz e a alegria". Repentinamente, porém, o tempo mudou, e Frankenstein achou que as montanhas eram perturbadoras, góticas em sua desolação e ameaça iminente. O Mont Blanc é descrito como tendo uma "horrível majestade" (alguém consegue sentir a presença do monstro à espreita aqui?!).

A viagem de Frankenstein aos Alpes capta perfeitamente a natureza contraditória das montanhas que sempre influenciou a história humana: cativantes em sua beleza e na enormidade de sua escala, mas igualmente aterrorizantes e perigosas. Elas têm tanto a capacidade de elevar a alma e inspirar grandeza como a de ampliar a percepção da própria insignificância. Essa experiência ficcional das montanhas é comum na história. De fato, as montanhas ocupam um lugar especial na "história profunda" do mundo.

A lentidão com que as montanhas mudam as torna um assunto fascinante para os historiadores interessados nas estruturas profundas do passado e nos relacionamentos longos, mas imperceptível e lentamente mutáveis entre as pessoas e o mundo que as rodeia. Por toda a história, as montanhas têm atuado como uma barreira física, política, social e cultural; têm sido um recurso natural a explorar (pense nas febres do ouro e na mineração), um terreno a conquistar e dominar, um local selvagem a explorar e desfrutar. "As montanhas vêm primeiro", escreveu o brilhante historiador francês Fernand Braudel (1902-1985) em seu magistral estudo *O Mediterrâneo e o mundo mediterrâneo na época de Filipe II*, publicado logo depois da Segunda Guerra Mundial. Braudel preocupava-se, acima de tudo, com o impacto que a geografia teve nas sociedades do passado e, em particular, no impacto que as cordilheiras dos Pirineus e dos Alpes tiveram sobre o mar Mediterrâneo, cercado por terra.

Liberdade das montanhas

As montanhas do mundo mediterrâneo durante o século XVI tinham na verdade tudo a ver com liberdade, o que os historiadores podem identificar como "liberdade da montanha". As estruturas sociopolíticas que reprimiam as planícies e as cidades com os tentáculos do governo e da burocracia tinham muito mais dificuldade para estar presentes nas elevações dos povoados das montanhas, com suas estradas e passagens traiçoeiras, muitas das quais ficavam intransponíveis durante os meses de inverno devido à neve. O feudalismo não funcionou nas montanhas; não existia uma nobreza enraizada, nenhum clérigo rico e bem alimentado, nem as armas dos gendarmes (ou policiais paramilitares) se estendiam até os povoados no alto das montanhas. Em áreas elevadas e esparsamente populosas, os habitantes podiam desafiar a autoridade. Os costumes locais eram fortes, e cada aldeia e cantão desenvolvia seu próprio jeito de governar, geralmente por meio dos anciãos da aldeia.

Nessas áreas, não penetradas pelos conceitos feudais de justiça, como na Sardenha, na Córsega e na Albânia, floresceu uma cultura de *vendetta* e banditismo que continua até hoje. Na Córsega, os bandidos atacavam entre Tor e Monte Santo Appiano, nas regiões selvagens. Um famoso bandido corso foi Capracinta de Prunelli, cujo pai foi condenado às galés no início do século XIX, o que levou seu filho e alguns parentes a se esconderem em locais de onde podiam escapar à justiça e lançar ataques para vingar seu parente. Eles desciam das montanhas para matar inimigos pessoais, soldados e espiões e, em uma ocasião, até mesmo capturaram o executor público e o executaram! Diz-se que, em 1820, Capracinta saiu de seu esconderijo nas montanhas por três vezes na tentativa de matar sua sogra "porque ela o denunciara aos soldados".

Tempo de montanha

A barreira geográfica da montanha criava um tipo de barreira física ou cultural entre essas sociedades e os "amplos movimentos da história": em outras palavras, as sociedades das montanhas eram como conservas em molho. De fato, no vago tempo rural da aldeia de Montaillou da virada do século XIV, nos Pirineus, historiadores modernos argumentaram que a própria história estava quase ausente da cultura da aldeia, que existia em uma "ilha do tempo". Aldeias isoladas como essa eram, em certo sentido, *sem história*, pois não tinham maneiras de conceitualizar nem registrar nada além do passado mais recente. O afastamento da vida experimentada nas aldeias das montanhas do sul da Europa, na época medieval e no início da moderna, era um aspecto da vida nas montanhas globalmente – dos Andes, na América do Sul, aos Himalaias, na Ásia. As comunicações entre as comunidades das montanhas e o resto do mundo têm sido limitadas em toda a história, e baixos níveis de alfabetização e aprendizagem formal restringiam do mesmo modo as formas escritas de comunicação e privilegiavam os modos de interação, notícias e fofocas orais.

Isso levou a uma carência relativa de material histórico escrito relativo às sociedades das montanhas. Em alguma medida, essa brecha é preenchida com tradições de história oral, como nas regiões montanhosas remotas da Albânia, onde as tradições orais passavam a lei tradicional e a memória antiga de uma geração para a próxima. Um relato do início do século XX de uma conversa com um membro de um clã da aldeia de Thethi, no norte da Albânia, é especialmente revelador quanto às maneiras em que tradições e memórias operavam nas culturas não alfabetizadas:

> Eu sou um homem velho, e vi que, quando os homens descem para as cidades para aprender o que está nos livros, eles voltam desprezando a sabedoria dos pais e não lembrando de nada dela, e falam tolices, e palavras que não concordam entre si. Mas as coisas que um homem sabe porque ele as viu, as coisas que ele pensa enquanto caminha nas trilhas e enquanto está sentado ao lado das fogueiras, essas coisas não são muitas, mas são sólidas. Então, quando um homem está solitário, ele coloca palavras para essas

coisas, e as palavras se transformam em uma canção, e a canção permanece como foi dita, na memória daqueles que a ouvem.

Desaparecimento de culturas

A singularidade da geografia da montanha, portanto, pode ameaçar a sobrevivência das culturas. Um dos exemplos mais poderosos atualmente, em que podemos mapear o lento desaparecimento de uma cultura e ainda assim ver essa cultura lutando pela vida, fica nas montanhas Zarafshan do Tajiquistão. Ali estão os remanescentes dos sogdianos, uma civilização cujo reino, Sogdiana, dominou uma grande área da Ásia Central por mais de um milênio, desde o século VI a.C. até o século XI d.C. Os sogdianos eram, acima de tudo, comerciantes, e nesses anos o idioma deles, uma forma de persa antigo, dominava o comércio ao longo da Rota da Seda. Os sogdianos eram os intermediários desse comércio, e se a Rota da Seda tivesse uma "paisagem sonora", ela seria no alegre balbuciar de uma pechinchada em sogdiano. Essas rotas de comércio eram o sistema nervoso de civilizações que carregavam as tradições orais ao longo dos caminhos.

O reino dos sogdianos agora sobrevive nos corpos físicos de cerca de 1.500 pessoas que ainda habitam o Vale do Yaghnob, nas profundezas das montanhas Zarafshan. Essas pessoas, conhecidas como Yaghnobi, são tudo o que resta dos sogdianos. Seu idioma é um descendente direto do idioma sogdiano. Eles foram para as montanhas no século X d.C. à medida que sua sociedade começou a se fragmentar sob a pressão do Islã, que se espalhava do oeste. Para os sogdianos, as montanhas eram um lugar de refúgio onde poderiam escapar à fragmentação e à destruição nas mãos da cultura hostil e invasiva do califado árabe que varreu a Ásia Central no século VIII. E funcionou. Entretanto, o próprio isolamento que os salvou agora os está matando, sufocando a força vital desse nobre povo [*Fig. 25 do caderno de imagens*]. A cultura deles está morrendo, depois de um golpe mortal desferido por outra cultura hostil e invasiva, dessa vez os soviéticos. Nos anos 1970, toda a população yaghnobi foi levada à força para a região de Zafarabad, e apenas no final dos anos 1980 é que eles começaram a voltar para seu vale. Então, sim, o idioma deles é um descendente direto do sogdiano, e as crianças aprendem esse idioma em suas salas de aula improvisadas, mas agora sabemos que apenas 30% do vocabulário ainda é usado e que os anciãos yaghnobi esqueceram a poesia e a cultura sogdianas.

Portanto, ouvir os yaghnobis falando seu idioma é ouvir um dos idiomas mais antigos e importantes do mundo, mas é também ouvir seus gemidos de morte – é o som de um idioma morrendo em um refúgio nas montanhas que se transformou em uma prisão.

Folclore de montanha

Os historiadores aprenderam muito (mas longe de ser o suficiente) sobre os yaghnobis por meio de modernos programas de pesquisa que colocaram os pesquisadores, por curtos períodos, com as famílias yaghnobis; é preciso essa proximidade e interação físicas para absorver as histórias das montanhas. Para o historiador, o problema inato em reconstruir a história cultural da montanha está no fato de que, muito frequentemente, ela é contada por pessoas que não moram nas montanhas. A carência da manutenção de registros nas montanhas, combinada com o analfabetismo, significa que não sabemos quase nada diretamente das mãos dos moradores delas, e quase tudo vem da perspectiva das elites alfabetizadas nas cidades e planícies – a terra dos burocratas e dos arquivos. Sob tais condições, as pessoas das montanhas muitas vezes eram caracterizadas ou como palhaços ou como criminosos. Stendhal, escritor francês do século XIX, assim descreveu os camponeses das Colinas Sabinas, nas cercanias de Roma, que se aventuravam nas terras baixas no Dia da Ascensão:

> Eles desciam de suas montanhas para celebrar o dia da festa em São Pedro... Vestiam mantos de tecidos esfarrapados; as pernas eram envoltas em faixas do mesmo material seguras no lugar com tiras cruzadas; seus olhos selvagens espiavam por trás de cabelos pretos despenteados; seguravam junto ao peito chapéus feitos de feltro, que o sol e a chuva deixaram de cor preta desbotada; esses camponeses eram acompanhados por suas famílias de aspecto igualmente selvagem.

A simplicidade rústica, as vestimentas rurais e dialetos locais são descritos pelos viajantes e escritores como caricaturas sentimentais, enquanto os que desciam das montanhas para as planícies para trabalhar, para ocasiões especiais ou devido à pressão de terras tendiam a entrar nos registros quando transgrediam as leis e acabavam nos tribunais. Em nenhum dos casos a representação das pessoas das montanhas é satisfatória. A barreira geográfica das montanhas é, portanto, substituída por uma barreira social e cultural.

Stendhal (1783-1842) Pseudônimo do escritor francês Henri-Marie Beyle. Stendhal era apenas um de centenas de pseudônimos que ele usava em seus escritos. Famoso pela análise psicológica muito detalhada de seus personagens, o realismo com que escrevia faz de suas obras um recurso fabuloso para os historiadores.

As Montanhas Rochosas

Ocasionalmente, no entanto, as histórias das dificuldades e atribulações da vida na montanha são conservadas e constituem ricas fontes históricas. Por exemplo, existem dois relatos admiráveis e contrastantes sobre a vida na virada do século XIX nas Montanhas Rochosas dos Estados Unidos. Um, escrito pela infatigável escritora Isabella Bird (1831-1904), cujo *A Lady's Life in the Rocky Mountains* [A vida de uma dama nas Montanhas Rochosas], um registro de suas viagens, foi publicado em 1879. O outro, *Letters of a Woman Homesteader* [Cartas de uma colona], de Elinore Pruitt Stewart (1876-1933), foi publicado em 1914, recontando em uma série de cartas o período de sua vida passado em uma propriedade em Burntfork, Wyoming.

Isabella Bird (1831-1904) Uma exploradora e naturalista inglesa do século XIX que viajou pela América, Austrália e Ásia, Bird foi a primeira mulher a ser eleita para a Royal Geographical Society. Sua volumosa correspondência e numerosos livros de viagem são um tesouro para os historiadores. Seus trabalhos incluem *The Yangtze Valley and Beyond* [O vale do Yangtze e além] (1899), *Journeys in Persia and Kurdistan* [Viagens na Pérsia e no Curdistão] (1891) e *Among the Tibetans* [Entre os tibetanos] (1894).

Isabella Bird tem uma visão de alguém de fora sobre a vida nas montanhas; Pruitt Stewart faz um relato em primeira mão de como é viver realmente ali. As duas escritoras tendem a romantizar para ter um efeito pitoresco em um público popular. Bird, descrevendo uma viagem perto de Long's Peak, no

Colorado, escreveu: "As montanhas 'da terra que fica muito distante' agora estão muito perto, mas perto é mais glorioso do que longe, e a realidade mais do que a terra dos sonhos". Atingida pela "febre das montanhas", ela encontra uma "cabana de troncos muito bem cortados" e é recebida por um compatriota, o galês Griffith Evans, que, à luz noturna, pensou que ela era "Jim das Montanhas, vestido como uma mulher!".

Enquanto isso, em uma carta para sua amiga, a sra. Comey, em dezembro de 1912, Elinore Pruitt Stewart descreveu a vida da montanha como realmente a vivia:

> É verdade, eu quero muitas coisas que não tenho, mas não as quero o bastante para ficar descontente e não desfrutar as muitas bênçãos que recebi. Tenho meu lar entre as montanhas azuis, meus filhos saudáveis e bem formados, meu marido limpo e honesto, minhas gentis vacas leiteiras, minha horta que eu mesma plantei. Tenho muitas e muitas flores, de que eu mesma cuido. Há muitas galinhas, perus e porcos, que estão sob o meu cuidado especial. Tenho alguns cavalos velhos, lentos e gentis e uma velha carroça. Posso pegar as crianças e ir para onde quiser a qualquer momento.

Esses dois relatos nos lembram que as montanhas eram locais de viagem e exploração e também lugares para morar. Essas condições exteriores ásperas na fronteira da civilização exigiam um tipo particular de coragem humana, tenacidade e fortaleza para sobreviver. Nesses dois casos, temos exemplos de mulheres admiráveis para quem a vida na montanha era um desafio e uma aventura, e lhes permitia assumir papéis imensamente ativos que não eram necessariamente esperados das mulheres comuns naquela época. A vida na montanha, portanto, permitia que as mulheres atravessassem as restritivas normas de gênero de seu tempo.

A Trilha dos Apalaches

A questão de viver nas montanhas também está ligada com o New Deal, a política econômica de Franklin Delano Roosevelt (1882-1945), que buscava dar um impulso na economia norte-americana na recessão que se seguiu à Queda da Bolsa de 1929 e evitar uma recorrência da Grande Depressão. Um princípio central do New Deal era o financiamento de uma ampla gama de iniciativas de obras públicas. Dentro desse clima econômico e político, foi formado o Civilian Conservation Corps [Corpo Civil de Conservação], um programa de obras públicas de auxílio que criou empregos de trabalho braçal para jovens solteiros e levou a projetos de conservação e desenvolvimento em todo o país, de pontes e construção de estradas a controle de inundações e trabalho de silvicultura. Durante esse período foram criadas muitas das trilhas formais que atravessam essas cordilheiras, inclusive a famosa Trilha dos Apalaches. Um rico registro fotográfico dessa obra ainda existe, inclusive a construção da Miry Ridge Trail, em Gatlinburg, Tennessee, por uma equipe em 1934 ou 1935. Esses esforços domaram as montanhas e abriram os "Great Outdoors" dos Estados Unidos, as grandes áreas de natureza selvagem para a recreação de pessoas comuns.

Aníbal

A ideia de "domar" montanhas tem sua própria história. Os momentos de sua conquista se tornaram fatos históricos famosos, como Junko Tabei (1939-2016), que, em 1975, foi a primeira mulher a escalar o Everest, ou Aníbal (237-183/1 a.C.), que cruzou os Alpes em 218 a.C. A expedição de Aníbal é particularmente interessante não só porque ele levou um exército pelas montanhas, mas também porque fez isso com 37 elefantes. Aqui, o contraste entre as montanhas e o ambiente natural do elefante – um animal que podemos supor se sinta mais em casa nas planícies e nas selvas – faz com que a conquista se destaque. Essa é uma história, portanto, sobre um homem domando o mundo natural animado e o inanimado ao mesmo tempo.

Na prática, porém, os elefantes são muito bons nas montanhas. Eles usam com inteligência suas trombas para testar a confiabilidade do terreno desconhecido, podem andar em saliências muito estreitas e são particularmente úteis para limpar caminhos em nevascas pesadas. Além disso, os elefantes de Aníbal não eram do tipo que supomos imediatamente com base em nosso conceito de elefantes em zoológicos, parques de safári ou na natureza. Nós achamos que Aníbal levou elefantes da floresta norte-africana, que eram menores que os elefantes indianos e agora estão extintos.

A verdadeira realização de Aníbal não foi levar os elefantes na travessia dos Alpes, mas fazer com que eles sobrevivessem à viagem. Os elefantes selvagens comem durante aproximadamente *dezesseis horas* por dia, ou cerca de 130 a 160 quilos de alimentos. Sem alimentos naturais à mão, os elefantes de Aníbal foram alimentados com os suprimentos dos animais de carga. Todos eles devem ter sofrido com desnutrição grave. Sim, eles sobreviveram à viagem através dos Alpes, mas desses 37 elefantes que sobreviveram a essa jornada específica, apenas um sobreviveu à posterior travessia dos Apeninos – uma viagem que, surpreendentemente, foi esquecida pela história.

No decorrer do tempo, as montanhas permaneceram como formações geológicas monumentais na paisagem, impactando nosso mundo de inúmeras maneiras, como grandes lembretes físicos de nossas herança e conexões com os tempos passados e são tão poderosas quanto as estruturas feitas pelo homem, que mais prontamente associamos à história humana – o que nos traz à importante questão da história das chaminés...

21

Chaminés

A história das chaminés tem tudo a ver com...
contrabando, fadas do mal, trabalho infantil
e – evidentemente – Papai Noel.

Cornualha

Quem quer que já tenha feito a familiar viagem de verão à Cornualha de carro não deixa de intrigar-se com as velhas chaminés que pontilham a paisagem da península sudoeste da Grã-Bretanha. Esses vestígios arqueológicos estão indelevelmente gravados em nossas lembranças infantis de férias passadas em Saint Ives, Padstow, Mousehole e Polzeath. As velhas chaminés pareciam estar por toda parte, fazendo a paisagem cantar sua própria história. As primeiras chaminés históricas com que o viajante depara no sudoeste da Inglaterra são o que restou de edificações ligadas à mineração – e há simplesmente centenas delas, em estados variados de conservação. Seu conjunto constitui um dos mais perceptíveis marcos do passado. Sua altura, em meio às paisagens geralmente inférteis das charnecas ou penhascos em que foram construídas, as torna visíveis a quilômetros de distância. Como uma criança que ergue a mão na sala de aula, elas pedem atenção. "Venha me ver!", gritam elas. "Venha e descubra o que eu sou!" O contraste entre as linhas retas de uma chaminé industrial de tijolos e o ambiente silvestre inteiramente natural a seu redor suscita uma série de questões à medida que percorremos o interior da Cornualha. Mas que raios uma chaminé descomunal daquelas está fazendo ali? Por que razão foi construída desse modo e bem nesse local? Como pôde sobreviver até os dias de hoje?

Essas estruturas imponentes, que tanto se destacam em toda a espinha dorsal dessa parte da Inglaterra, são um marcante lembrete de que a história da mineração no sudoeste do país não está esquecida [*Fig. 26 do caderno de imagens*]. A "Paisagem Mineradora da Cornualha e Devon Ocidental" é agora Patrimônio Mundial, equiparando-se no Reino Unido a Stonehenge, à Catedral de Canterbury e ao Palácio de Blenheim e, em escala mundial, ao Taj Mahal, à Acrópole e ao Machu Picchu, como um dos locais históricos mais importantes do mundo.

Cobre e estanho

Essas chaminés industriais refletem uma época em que a Grã-Bretanha estava na vanguarda mundial da tecnologia de mineração, particularmente na mineração de cobre e estanho – justamente quando essas matérias-primas tiveram profunda influência na ascensão e queda dos impérios. No final do século XVIII e início do XIX, essa pequena região produzia dois terços do suprimento global de cobre, período em que se utilizavam enormes folhas desse metal para proteger os cascos dos navios de guerra, ainda movidos a vela, contra ervas daninhas, cracas e o teredo, uma enorme praga voraz que perfurava a madeira do fundo das embarcações, fragilizando fatalmente sua estrutura. O cobre proporcionava cascos fortes e lisos, tornando os navios mais velozes e duradouros. O estanho também tinha alta demanda, entre muitos outros fins, para a fabricação de latas, em uma época em que a ciência e a tecnologia de preservação de alimentos estavam rapidamente evoluindo. Tanto o cobre quanto o estanho eram também usados para produzir latão e bronze. A necessidade de fornecer enormes quantidades desses decisivos metais levou, por sua vez, a inovações na indústria mineradora no sudoeste inglês, particularmente quanto ao uso de motores a vapor. A partir de 1800, as minas em Devon Ocidental e na Cornualha começaram a valer-se de uma nova geração de máquinas a vapor que operavam a alta pressão, de quarenta ou cinquenta libras por polegada quadrada – cerca de dez vezes mais que as anteriores –, o que permitia que os operários trabalhassem a profundidades muito maiores, pois as novas máquinas a vapor conseguiam bombear a água que ali se acumulava. Essas máquinas, criadas para a mineração na Cornualha, passariam a impulsionar a Revolução Industrial em todo o Reino Unido e dali para o mundo.

No entanto, esses majestosos monumentos a um passado industrial têm uma história mais sombria a contar. O custo humano desses avanços tecnológicos foi pago pelos mineiros, a quem cabia a extenuante incumbência de trabalhar em espaços exíguos e apinhados e sob condições frequentemente sufocantes. Ali, a qualidade do ar era assustadoramente ruim, causando problemas respiratórios crônicos e outros sérios agravos à saúde dos trabalhadores. No final do século XIX, um mineiro da aldeia de Gwennap, na Cornualha, disse recordar que costumava tossir catarro "preto como tinta".

Contrabando

No entanto, esses monumentos em ruínas do patrimônio da mineração não constituem o único tipo de chaminé na Cornualha que merece reconhecimento. Há outro tipo, do qual o melhor exemplo mundial está no antigo porto de Falmouth, outrora um dos mais importantes portos da Inglaterra por seu grande ancoradouro de águas profundas e seguras, e último porto pelo qual passava todo navio que, singrando o Canal da Mancha, rumasse a oeste. Situada na esquina de uma ruela que leva ao ancoradouro, e anexa à Alfândega de Falmouth, está uma chaminé conhecida como Cachimbo do Rei [*Fig. 27 do caderno de imagens*]. Tal como as chaminés da mineração, esta apresentava uma característica importante: o poder de despertar e estimular a curiosidade histórica. E ela o faz sendo uma chaminé perfeitamente normal, quadrada, afunilada, construída em tijolos, mas que, em vez de estar localizada onde seria de esperar – sobre um telhado ou perto dele –, está assentada no chão. Tudo nela parece errado, e por isso, assim como as chaminés de mineração, ela suscita as seguintes questões: o que sou eu? E por que estou aqui? As respostas descortinam um mundo histórico inteiramente distinto.

O Cachimbo do Rei foi construído por volta de 1740 para destruir tabaco contrabandeado. Trata-se de apenas um dos vários desses cachimbos construídos em portos importantes ao longo da costa britânica: em Liverpool, Londres, Whitehaven e Llanelli, entre outros, mas este é o mais antigo dentre os que sobreviveram. A história dessa chaminé, portanto, tem tudo a ver com contrabando, alfândegas, impostos, tributos, crime e castigo, bem como com a construção do império no século XVIII. A partir de meados do século XVII, os monarcas ingleses envolveram o país em uma série quase infinita de guerras que arruinaram o tesouro. A dívida nacional cresceu e o fardo de sua manutenção recaiu sobre o povo. Uma espantosa variedade de mercadorias era tributada, entre elas a cerveja, o sal e o malte.

Essa tributação fez o contrabando explodir, o que foi acompanhado de uma correspondente reação do governo para controlá-lo. Uma das medidas adotadas para isso, especificamente no caso do contrabando de tabaco, foi apreender os carregamentos e queimá-los em público. O tabaco apreendido era colocado na fornalha do enorme Cachimbo do Rei e incinerado. Imensas nuvens de fumaça preta devem ter coberto o céu de Falmouth. "Hoje", diriam os transeuntes, "o rei está fumando". Pois estava mesmo e, ao fazê-lo de forma tão visível, estava demonstrando a todos, por muitos quilômetros ao redor de Falmouth, tanto na terra quanto no mar, que os homens da alfândega haviam tido sucesso em sua guerra contra os contrabandistas. O Cachimbo demonstra, portanto, o uso da paisagem pelo Estado britânico como meio de comunicação e de controle público – o que se enquadra na mesma história do enforcamento de piratas e bandidos, da queima de bruxas e do empalamento de cabeças no Portão dos Traidores, na Torre de Londres. Essa chaminé é também um capítulo importante da história do comércio ilícito: como objeto físico, preenche as lacunas de nossa história econômica que foi escrita com base em relatos oficiais. Trata-se de uma chaminé que nos aproxima da verdade.

Portão dos Traidores Portão construído por Eduardo I (1239-1307) no paredão da Torre de Londres fronteiriço ao rio. Os prisioneiros eram levados à torre em barcaças pelo rio Tâmisa, passando sob a Ponte de Londres, onde as cabeças dos traidores estavam expostas no alto de estacas.

Descobertas de sorte

Nem todas as chaminés foram usadas para destruir coisas. Em novembro de 2016, um grupo de construtores estava reformando uma lareira em Aberdeen e notaram que a chaminé tinha sido bloqueada, provavelmente para deter correntes de ar. O bloqueio parecia consistir em um volumoso tampão de trapos enrolados, mas, quando o removeram e desenrolaram, constataram haver ali algo bem mais curioso. Tratava-se, na verdade, de um enorme mapa-múndi, com mais de dois metros de comprimento e mais de 1,5 metro de largura, produzido no início do século XVII pelo gravador holandês Gerard Valck. Aquele era um dos três únicos exemplares conhecidos feitos com a mesma técnica. Restaurado pela Biblioteca Nacional da Escócia [*Fig. 28 do caderno de imagens*], o mapa foi merecidamente valorizado pelos historiadores, como também há de ter sido, em sua época, profundamente apreciado por seu proprietário. Mapas como esse eram excepcionalmente raros e descomunalmente caros. Esse há de ter sido o tema favorito de conversas de uma casa, de uma rua, de uma cidade, mas, em algum momento de sua vida, ele deixou de receber atenção, sendo condenado a definhar em seu túmulo-chaminé. Que história o mapa contaria se pudesse falar!

E este não é, absolutamente, o único exemplo de uma chaminé utilizada para arquivar documentos. Um dos mais antigos desses documentos a chegar a nossos dias é de 1610: uma carta de John Southwell, de Bareham, a seu genro, informando-o sobre uma anuidade, e documentos de uma propriedade em Canterbury que haviam sido irrecuperavelmente alojados em uma chaminé, presumivelmente quando da morte do sogro. Tais documentos antigos são excepcionalmente raros, mas a partir do século XIX, com o crescimento da alfabetização, uma desconcertante variedade de papéis manuscritos passou a ser guardada em chaminés. Em 1985, uma escavação na Malthouse, em Earl Soham, Suffolk, Inglaterra, revelou um conjunto de cartas e recibos espetados em um prego, bem como contas e livros religiosos diversos. Jornais – sempre úteis aos historiadores, por suas datas – foram também frequentemente utilizados como tampões para deter correntes de ar. Um exemplar do *News of the World* de 18 de agosto de 1850, encontrado em uma chaminé em Thorndon, Suffolk, pode ser um indicador de quando uma família deixou a casa, aproveitando-se da chaminé para se desfazer de vários objetos. Cartas também foram atiradas ao fogo atendendo a ordens do remetente para "queimar esta correspondência". Em alguns casos, o fluxo de ar que subia pela chaminé sugou a correspondência descartada, fazendo-a pousar em lugar seguro, em vez de alimentar com ela o fogo que a destruiria.

Papai Noel

O acaso também nos legou um dos tipos mais interessantes de cartas já descoberto em chaminés: cartas infantis ao Papai Noel. Para os historiadores, elas são um deleite. "Quero uma boneca-bebê e uma capa impermeável com capuz e um par de luvas e uma maçã do amor e um *penny* de ouro e uma moeda de seis *pence* de prata e uma barra de *toffee*", escreveu Alfred (ou Hannah) Howard, sofregamente, em outubro de 1911, antes de colocar a carta no fogo, de onde acabou sendo arrastada pelo ar até uma pequena saliência na chaminé da casa em Dublin, dentro da qual permaneceu por 81 anos. Tais cartas são mágicas por registrarem não só uma lista de objetos materiais, mas também as esperanças de uma criança, e, por vezes, seus temores. A lição de tudo isso é nunca olhar uma chaminé apenas como chaminé. Dê uma olhadinha dentro dela. Nunca se sabe o que ela poderá revelar.

10 Oakland Ter
Terenure
Dublin

GOOD LUCK

I want a baby doll and a waterproof with a hood and a pair of gloves a gold penny [illegible] apple and and a long toffee [illegible] sixpence

A or H Howard
GOOD LUCK

Carta infantil ao Papai Noel, escrita por Alfred ou Hannah Howard em outubro de 1911.

Essas cartas ao Papai Noel levantam a questão muito interessante sobre pessoas – ou espíritos – que sobem ou descem por chaminés. Estamos todos familiarizados com a inverossímil ideia de Papai Noel descer pela chaminé, seja por causa do Grinch que desce rastejando como serpente pelas chaminés de Whoville no livro do Dr. Seuss, das belas ilustrações de Raymond Briggs em seu livro *Father Christmas* [Papai Noel] (1973) ou da tradicional canção *When Santa Got Stuck up the Chimney* [Quando Papai Noel ficou preso na chaminé]. A chaminé como portal para entrar e sair da casa está ligada a outras tradições natalinas: pendurar meias e postar cartas de Natal – sem falar da queima do tronco de Natal, praticada em alguns países. Mas *como*, cabe indagar, Papai Noel e a chaminé se tornaram tão indissociáveis nas tradições populares natalinas?

Muitas das características populares do Papai Noel de hoje provêm do clássico (e supostamente plagiado) poema americano de 56 linhas "Twas the Night Before Christmas" [Era a noite antes do Natal], composto por Clement C. Moore em 1822 e publicado anonimamente no jornal *Sentinel* de Troy, estado de Nova York, em 23 de dezembro de 1823, sob o título "A Visit From Saint Nicholas" [Uma visita de são Nicolau]. É ali que encontramos pela primeira vez o "gorducho e rechonchudo... velho e jovial elfo":

> Ele não disse palavra, mas foi direto ao trabalho,
> e encheu todas as meias; depois virou-se de súbito
> e, tocando de lado o nariz
> e aprovando com a cabeça, pela chaminé se alçou...

Nos Estados Unidos, um precursor dessa versão poética de um são Nicolau que escala chaminés foi a edição expandida, de 1812, do *Knickerbocker's History of New York* [A história de Nova York], de Washington Irving, que incluía uma nova referência a são Nicolau "descendo ruidosamente pela chaminé", em vez de nela deixar cair os presentes. Foram representações literárias como estas que moldaram a noção da figura que mais tarde surgiria na América do Norte com roupa de Papai Noel.

Washington Irving (1783-1859) Escritor, historiador e diplomata americano, Irving foi o primeiro autor do país a alcançar sucesso internacional. Tornou-se famoso por seus livros *Rip Van Winkle* (1819) e *A lenda do cavaleiro sem cabeça* (1820) e pelas biografias de Maomé e de George Washington.

Espíritos visitantes

Esses relatos românticos que proliferaram nos dois lados do Atlântico se originam provavelmente de antigas tradições europeias. No folclore europeu, a chaminé estava associada ao sobrenatural, como ponto de entrada na casa, tanto para o bem quanto para o mal, e no mundo cristão estava às vezes ligada às celebrações de inverno. Na Grécia e na Sérvia, acreditava-se que os *Kallikantzaroi* ou duendes de Natal viviam no mundo subterrâneo a maior parte do ano, de lá saindo para escorregarem pelas chaminés durante os doze dias do Natal e causarem transtornos. Já no folclore italiano, uma mulher idosa chamada Befana (às vezes referida como Bruxa de Natal) entregava presentes às crianças na véspera da Epifania (6 de janeiro), enfiando-os em sapatos deixados junto à lareira. Em representações mais antigas, são Nicolau traz moedas de ouro que caem pela chaminé, o que, na Holanda do século XVI, levou à tradição de as crianças colocarem os sapatos perto da lareira na véspera da Festa de São Nicolau, para encontrá-los cheios de presentes e doces ao despertarem. Essas antigas tradições relacionadas às lareiras foram sem dúvida adotadas nos Estados Unidos ao longo das levas migratórias.

Essa crença em pessoas, coisas ou objetos que sobem e descem por chaminés também mostrava que a lareira se tornara um lugar altamente significativo na casa, bem como esconderijo para toda uma variedade de coisas, de sapatos a esqueletos de gato. Esses "monturos espirituais" (basicamente locais de descarte) têm uma longa história que remonta à Idade do Bronze, na forma de diferentes lugares situados no entorno de construções, onde se colocavam objetos ou restos de animais para afastar espíritos malignos. Tais esquisitices históricas, que ainda são regularmente descobertas em edifícios históricos nas Ilhas Britânicas, nos permitem perscrutar um fascinante mundo de superstições populares.

Na prática, as chaminés estavam abertas aos elementos, sendo por isso o ponto perfeito para que as forças sobrenaturais malévolas entrassem na casa, o que tornava a lareira extremamente vulnerável. O folclore está cheio de seres mágicos que chegavam pela chaminé. Na Escócia e na Inglaterra, os *brownies* desciam pela chaminé à noite para realizar tarefas domésticas, ao passo que, na tradição gaélica, uma historinha infantil advertia sobre uma figura de bicho--papão chamada *bodach*, que descia pela chaminé para roubar crianças malcomportadas. A chaminé era, assim, um espaço de transição entre o mundo natural e o sobrenatural, um espaço que requeria vigilância. A fim de afastar os vários tipos de duendes, fadas, bruxas, elfos e demônios, utilizavam-se sapatos velhos como talismãs de proteção. Um estoque extraordinário de mais de cem calçados foi descoberto em Gelli Iago, casa de fazenda do século XVII situada no Parque Nacional de Snowdonia e que é um Monumento Nacional – um achado que revela muito mais que mera negligência com os calçados.

Meninos escaladores

Papai Noel, bruxas, elfos e demônios não são os únicos seres a passar tempo em chaminés. Estas foram, nos séculos XVIII e XIX, locais de trabalho para milhares e milhares de crianças. A fuligem se acumulava em enormes quantidades nas chaminés industriais e domésticas e tinha de ser periodicamente removida por limpadores de chaminés ou, mais frequentemente, por aprendizes ou "meninos escaladores" que esses profissionais empregavam para a perigosa tarefa de subir nessas estruturas. Em 1817, um "Relatório da Comissão da Câmara dos Comuns sobre o emprego de meninos na varrição de chaminés" expunha as dificuldades enfrentadas por essas crianças, muitas das quais haviam sido roubadas de seus pais ou tiradas de asilos para pobres, e descrevia as contusões e queimaduras que muitas delas sofriam no trabalho, cuja cura levaria meses. A comissão relatava que

> a deformidade da coluna, pernas, braços etc. desses meninos procede geralmente, se não por completo, da circunstância de serem obrigados a escalar chaminés em uma idade em que seus ossos estão em estado tenro e em crescimento; mas, igualmente, por serem obrigados a carregar sacos de fuligem e trapos, cujo peso por vezes excede nove a treze quilos, sem incluir a fuligem, cuja carga também ocasionalmente carregam por grande distância e longo tempo; os joelhos e as articulações dos tornozelos se deformam em razão, antes de mais nada, da postura que são obrigados a adotar a fim de se sustentarem, não só ao escalarem a chaminé, mas mais particularmente ao descerem por ela, quando se apoiam apenas nas extremidades inferiores, sendo os braços utilizados para raspar e varrer a fuligem.

As dificuldades vivenciadas por essas crianças antes das reformas parlamentares foram relatadas pelo reformador vitoriano Henry Mayhew em seu livro de 1851, *London Labour and the London Poor*: "Enorme era o sofrimento de muitos desses meninos. Frequentemente mal alojados, mal alimentados e malvestidos, eram forçados a ascender por condutos quentes e estreitos, sujeitando-se a doenças – como o câncer do limpador de chaminés – típicas de sua vocação".

As agruras desses "meninos escaladores" são tema característico da poesia de William Blake, tal como em suas composições "O limpador de chaminés" e "Londres", em que lançava críticas à Igreja por esta, a seu ver, negar-se a enxergar esse mal. Essas chaminés por vezes mediam não mais que 20 × 20 centímetros, o que as tornava inacreditavelmente apertadas para escalar, sem falar das curvas e torções desajeitadas que precisavam ser percorridas. Subir nessas condições podia ser bastante lento, tanto que o menino de baixo precisava às vezes espetar os pés do de cima (a palha ardente também tinha essa função), a fim de apressá-lo.

Talvez um dos aspectos mais aterrorizantes dessa vida fosse a possibilidade de ficar preso em uma chaminé, sem conseguir sair.

Entre os frequentes acidentes descritos por Mayhew estava o de "ficar preso ou entalado, ou, como era chamado no ofício, 'colado' em condutos estreitos e aquecidos, às vezes por horas, e até a morte". Ele conta a história de um infeliz que, em março de 1813, se viu preso em uma chaminé e respondeu aos chamados de seu mestre: "Não consigo subir, mestre. Terei que morrer aqui". Tentou-se salvar o menino abrindo um buraco na chaminé para puxá-lo, mas suas queimaduras foram tão grandes que ele morreu mais tarde.

Este é, pois, o lado mais sombrio da história das chaminés, geralmente associadas ao calor e à luz, às conversas e histórias à volta da lareira e às lembranças que ornamentam o topo das lareiras. E com histórias tão tristes para contar, a chaminé nos traz à questão muito importante da história das lágrimas...

William Blake (1757-1827) Poeta, pintor e gravador inglês, amplamente reconhecido como um dos mais significativos poetas românticos.

22

Lágrimas

A história das lágrimas tem tudo a ver com...
o controle emocional dos gêneros, crocodilos,
fleuma, aprender a falar e Jogos Olímpicos.

A história das lágrimas é peculiarmente variada. Tem a ver com quando chorar e quando não chorar, e se essas lágrimas se originam de alegria, pesar, perda, perturbação ou de outra emoção, talvez não identificável. A história é bonita em sua complexidade: ela pode até trazer lágrimas a seus olhos.

Quando chorar

A questão de quando as lágrimas são esperadas e quando esperam que seguremos o choro é uma questão com a qual todos nós podemos nos identificar facilmente. Esse é um tema que é explorado em *O estrangeiro* (1942), o livro do filósofo francês Albert Camus (1913-1960), o decano do existencialismo. Nele, o protagonista, Mersault, choca as autoridades francesas em sua cidade natal, Argel, porque ele é incapaz de chorar no funeral de sua mãe. Ao recontar os acontecimentos ao redor da morte de sua mãe, ele relata como tinha

> "demonstrado insensibilidade" no dia do funeral de mamãe... Eu provavelmente amava mamãe, mas isso não significava nada. Num ou noutro momento todas as pessoas normais já desejaram que seus entes queridos estivessem mortos... O diretor [da casa funerária]... disse que eu não tinha visto mamãe, que eu não tinha chorado sequer uma vez, e que tinha ido embora depois do funeral sem prestar meus últimos respeitos no túmulo dela.

O que torna Mersault psicologicamente estranho a nossos olhos é sua falta de lágrimas, sua incapacidade para mostrar emoção nos momentos certos. Essa, afinal de contas, é uma cena em que um filho enterra uma mãe – um filho enterrando um dos pais –, talvez uma das crises emocionais mais significativas que pode haver, com a exceção de sua contraparte: um pai enterrando seu filho. Como tal, esse é um dispositivo poderoso da trama que coloca a história do relacionamento deles sob um foco aguçado. O que deve ter acontecido, nós nos perguntamos, para estilhaçar ou talvez congelar os sentimentos desse filho por sua mãe, ou sua capacidade para expressar aqueles sentimentos, se, de fato, são esses sentimentos de perda e pesar que poderíamos esperar?

Lido de uma forma, esse relato é um lembrete de que as emoções são complexas e pessoais e ligadas com a história, mas ele também nos incentiva a considerar o contexto mais amplo de um lugar e tempo específicos, nesse caso Argélia em 1942, quando o país estava sob o controle da Alemanha nazista e da França de Vichy e a ponto de ser invadido pelos Aliados na Operação Tocha, uma das maiores operações militares na história: isso, certamente, era o suficiente para influenciar as emoções de qualquer pessoa. As atitudes em relação a lágrimas em funerais, porém, variaram geograficamente no passado, assim como variam hoje.

Operação Tocha Invasão da África do Norte francesa pelas forças aliadas britânicas e norte-americanas em novembro de 1942. Uma operação aliada muitíssimo importante, mas muitas vezes subestimada porque o inimigo principal era a França.

Lamento

Muitas culturas, por toda a história – inclusive algumas tradições islâmicas e sikh –, proibiam lamentos em voz alta nos funerais, enquanto o fluxo natural das lágrimas, que era incontrolável, era uma expressão culturalmente aceitável de pesar.

No entanto, houve sociedades em que o lamento aberto era mais aceitável. Nas primeiras culturas islâmicas, as mulheres desempenharam um importante papel social na expressão do luto ao lamentar os mortos. Em 641 ou 642, as mulheres se reuniram para lamentar o herói e companheiro falecido de Maomé, Khālid ibn al-Walīd, com muitas delas gritando e uivando, arranhando o rosto, tirando sangue, arrancando cabelos e até mesmo rasgando as roupas e desnudando os seios. Essas ações, na época, foram condenadas por alguns líderes religiosos como um comportamento não civilizado; entretanto, ainda hoje, práticas similares são tradicionais entre as tribos etíopes.

A arte da lamentação fúnebre feminina – a ação de lamentos em velórios e funerais – era dominante na sociedade irlandesa do período pré-cristão até o início do século XX, em que as mulheres lideravam as comunidades em expressões públicas de pesar. Essa foi uma tradição (também presente na Escócia) que incluía o recital de poesia elegíaca, combinada com gritos estridentes de lamentação.

Khālid ibn al-Walīd (585-642) Khālid lutou em mais de duzentas batalhas e é considerado por muitos um dos mais brilhantes comandantes militares na história.

Policiar o pesar

Nos séculos XIII e XIV, nos estados italianos, por outro lado, muitas comunidades realmente proibiam expressões públicas de pesar e, em alguns lugares, a distinção do que era aceitável em termos de pesar público era feita entre os gêneros: era mais aceitável socialmente que as mulheres se lamentassem do que os homens, pois as mulheres eram consideradas mais emotivas e tendiam a extravasar espontaneamente suas emoções. Explosões emocionais sem limite por pessoas que se lamentavam, como arrancar o próprio cabelo ou rasgar as roupas, arranhar o rosto ou gritos e choros altos em público eram punidos com multas. Em alguns locais havia uma política da "escala" do pesar feminino – de acordo com uma quantidade aceitável não especificada de lágrimas. Em 1624, *Lady* Frances Howard, reagindo à morte de seu marido Ludovic Stewart, duque de Lennox, supostamente cortou todo o seu cabelo e realizou "várias outras demonstrações de pesar extraordinário". Isso estava muito longe do discreto derramar de lágrimas esperado como um sinal de respeito.

Em alguns casos, carpidores profissionais, em geral mulheres, eram pagos para chorar ritualmente, e eles gritavam e uivavam para incentivar os outros a chorar. Essas pessoas são mencionadas em antigas peças gregas e eram usadas comumente em toda a Europa até o início do século XIX. A prática contemporânea foi trazida à vida na premiada comédia filipina *Crying Ladies* (2003), que se concentra na vida de três mulheres que trabalham em meio período como carpideiras profissionais para a comunidade chinesa-filipina na Chinatown de Manila. Os chineses usam carpideiras profissionais para ajudar a acelerar a entrada no paraíso da alma do ente querido falecido ao dar a impressão de que ele era uma pessoa boa e amorosa, muito querida por várias pessoas. Essa prática ainda existe na África.

Galerias de arte

Se chorar em um funeral é pelo menos aceitável para nós, vale a pena considerar em quais ocasiões sociais ou quais locais não se espera mais que lágrimas sejam derramadas, pois os locais em que poderíamos esperar lágrimas mudaram com o tempo, e um dos mais interessantes deles, acredite se quiser, é a galeria de arte.

Chorar em galerias de arte é um comportamento que mudou. Antes, costumávamos nos emocionar até as lágrimas com a arte com certa frequência, mas agora não nos comovemos mais. Existem incontáveis descrições históricas de pessoas chorando diante de arte. Este trecho das memórias do pintor impressionista dinamarquês-francês Camille Pissarro (1830-1903) relembra a reação a um quadro de Jean-François Millet por um conhecido chamado Hyacinthe Pozier, em 1887. Ele relata que seu amigo

> me cumprimentou com o anúncio de que havia acabado de receber um grande choque. Ele estava em lágrimas. Pensei que alguém de sua família tivesse acabado de morrer. Nada disso, era *Angelus*, o quadro de Millet, que havia provocado essa emoção. Essa tela, uma das mais pobres do pintor, uma tela pela qual naqueles tempos 500 mil francos foram recusados, tinha esse efeito moral nas pessoas vulgares que se reuniam ao redor dela: elas se acotovelavam diante dela!

Existe uma longa história de choro diante de obras de arte, um fenômeno que é pouco visto atualmente. As razões para essa mudança não são muito bem compreendidas. Será que a imersão constante em estímulos visuais por meio de TV, computadores, tablets e smartphones nos anestesiaram para o poder da arte? Alguns quadros ainda despertam uma forte resposta emocional. Por que as pinturas religiosas levam as pessoas de fé às lágrimas? Por que o trabalho de alguns artistas – como o expressionista abstrato norte-americano Mark Rothko – gera mais lágrimas do que outras obras? Por que algumas pessoas choram e outras desmaiam? Desmaiar em galerias costumava ser uma reação específica e comum o bastante para ter seu próprio nome: "Síndrome de Stendhal", como o autor francês. Stendhal descreveu sua experiência de desmaiar na Basílica de Santa Cruz (aberta em 1442) em Florença quando, pela primeira vez, ele viu os magníficos afrescos do artista florentino do século XIII Giotto [*Fig. 29 do caderno de imagens*]. Chorar em galerias, portanto, não é apenas um capítulo interessante na história da arte, mas é também um capítulo interessante na história das respostas emocionais extremas à arte.

> **Mark Rothko (1903-1970)** Artista norte-americano nascido na Rússia, Rothko é considerado um dos mais importantes do movimento expressionista abstrato que se desenvolveu em Nova York na década de 1940.

Lágrimas infantis

Esses exemplos se concentraram nas lágrimas dos adultos, mas e as das crianças? E, especificamente, as dos bebês? Uma das questões históricas mais intensamente debatidas é a das lágrimas infantis, um tema que ressoa nos pais da atualidade por meio das atitudes conflitantes em relação ao "choro controlado", uma técnica de criação de filhos desenvolvida pela enfermeira de maternidade e autora Gina Ford em 1999. Ford argumentava que um bebê que é deixado chorando aprende a se confortar. Milhões de pais juram que funciona; outros milhões afirmam que isso prejudica o desenvolvimento infantil. O mais interessante é que nossa atitude em relação a isso tem uma história.

Como todos os pais modernos sabem, diferentes tipos de choro em bebês (relacionados com necessidades básicas, raiva e dor) são fundamentais para eles se comunicarem nos meses antes de a fala começar a se desenvolver. Na Inglaterra dos séculos XVI e XVII, também, o choro era visto como parte do desenvolvimento fisiológico da criança. Eles seguiam a antiga escola médica grega de Hipócrates (460 a.C-370 a.C.) e Galeno (130-210), que se baseava nas teorias dos humores corporais, que diziam que o corpo humano era composto por uma mistura de quatro humores: bílis negra, bílis amarela ou vermelha, sangue e fleuma. Pensava-se que homens e mulheres (e também bebês) eram compostos por um equilíbrio humoral diferente, que influenciava o comportamento e as características de cada gênero. Doenças eram causadas por um desequilíbrio nos humores, e a cura era expurgar o corpo do excesso de líquidos. Nesse modelo, os bebês eram vistos como quentes e úmidos, com corpos flexíveis. Acreditava-se que chorar era fundamental para livrar o corpo infantil do excesso de fluidos que resultavam de ter nascido no útero em uma mistura de fleuma e umidade.

Isso tudo começava com as primeiras lágrimas do bebê, e o choro era visto como um sinal de um bebê saudável. A parteira Jane Sharp, em seu livro *The Midwife's Book* [O livro da parteira] (1671), o primeiro de autoria de uma mulher, aconselhava: "Você deve tolerar que o bebê chore... pois isso é melhor para o cérebro e os pulmões que assim são abertos e descarregam os humores supérfluos, e um calor natural é criado". O choro excessivo depois dos primeiros dias da vida de um bebê era, contudo, tratado com mais preocupação, pois

The Compleat
Midwife's Companion:
Or, the Art of
Midwifry Improv'd.
DIRECTING
Child-bearing Women how to
Order themſelves in their Conception, Breeding, Bearing, and
Nurſing of Children.

Frontispício de *The Midwife's Book* (1671), de Jane Sharp. "O companheiro completo da parteira: ou, a arte da obstetrícia aprimorada. Orientando mulheres grávidas a como se cuidar na concepção, gravidez, parto e amamentação de crianças."

se pensava que os brados constantes eram prejudiciais e danificavam os fracos ossos infantis que ainda estavam, como se pensava na época, encharcados com umidade. Sharp escreveu: "Choro demais fará o catarro cair", em outras palavras, uma descarga líquida dos olhos e do nariz (como no resfriado), "e muitas vezes a criança terá uma hérnia causada por esse esforço excessivo". Um remédio para esse dano dos corpos era enfaixar os bebês, a prática de envolvê-los em camadas bem apertadas de tecido para impedir que se mexessem e se machucassem. O enfaixamento de bebês pequenos continua até hoje como uma forma de garantir bem-estar e uma boa noite de sono, embora estudos recentes sobre a relação entre o enfaixamento com a síndrome da morte súbita infantil tenham desafiado sua eficácia em bebês mais velhos e mais móveis e alertado para os perigos em potencial.

Explicando as lágrimas

Como isso sugere, a compreensão científica da função e da base biológica das lágrimas tem mudado no decorrer do tempo. A visão hipocrática e medieval das lágrimas como uma forma de purgar o excesso de humores do cérebro está muito distante das explicações médicas atuais. Agora elas são entendidas como sendo geradas quando uma conexão neuronal é feita entre a glândula lacrimal – o ducto da lágrima – e as áreas do cérebro humano ligadas à emoção ou à dor. Os cientistas e psicólogos, então, consideram as lágrimas como uma resposta à dor, como uma válvula para a tensão e o alívio e, ainda mais interessante, como uma forma não verbal de comunicação que tem o objetivo de provocar uma resposta dos outros. Adultos extremamente inteligentes precisaram de séculos para perceber isso; talvez devêssemos simplesmente ter perguntado a um bebê.

O conceito de lágrimas como uma forma de comunicação abre a questão do "choro estratégico", das lágrimas empregadas como uma arma emocional sobre um pai amoroso preso pelos dedinhos de suas duas filhinhas encantadoras e incrivelmente espertas, cujas lágrimas falsas tocam o coração paterno como nada mais – um exemplo inteiramente aleatório do qual James não tem experiência pessoal. Os pais modernos são moles demais. A exibição muito pública de lágrimas tem sido há tempos parte do arsenal político: pense em Bob Dole chorando em plena campanha em 1996 quando foi apresentado pelo ex-presidente Gerald R. Ford, ou quando, em 2008, Hillary Clinton fazia campanha contra Barack Obama nas primárias democráticas e derramou algumas lágrimas em um jantar em New Hampshire como um modo de mostrar um "lado mais pessoal". Revelar esse lado mais emocional de si mesmo como um político, especialmente para uma mulher, é extremamente arriscado, pois, como Clinton observou: "Se você ficar emotiva demais, isso vai atrapalhar. Um homem pode chorar – mas, no caso de uma mulher, isso é um tipo diferente de dinâmica". Historicamente, também, figuras políticas têm chorado de modo voluntário e calculado para obter um efeito de oratória. Nem mesmo Oliver Cromwell, o regicida do século XVII, estava acima de derramar lágrimas em público pela boa e velha causa que motivava a luta contra o Parlamento, e que levou o realista *Sir* John Reresby a escrever: "Ele tinha lágrimas à vontade e era, sem dúvida, o mais profundo dissimulado na Terra".

Lágrimas de crocodilo

Essas lágrimas falsas são conhecidas há séculos como "lágrimas de crocodilo". A frase se origina de uma antiga crença de que os crocodilos choram enquanto consomem seu alimento, de que eles estão chorando publicamente pelos animais que estavam matando. As primeiras referências a isso apareceram em uma coleção de provérbios atribuídos a Plutarco, e se espalharam amplamente no idioma inglês com *Sir* John Mandeville, que escreveu seu excelente *The Travels of John Mandeville* [As viagens de John Mandeville] em algum ponto entre 1357 e 1371. Ele afirmou:

> Neste país, e em toda a Índia, existem muitos crocodilos, que é um tipo de serpente longa, como eu já mencionei antes; à noite, eles ficam na água, e, durante o dia, na terra, em rochas e cavernas. E não comem carne em todo o inverno, mas ficam como se adormecidos, como fazem as serpentes. Essas serpentes matam homens, e os comem chorando. E quando comem, elas movem o maxilar superior e não o inferior, e não têm língua.

Plutarco (46-120 d.C.) Historiador grego conhecido especialmente por sua obra *Vidas paralelas*, uma história de gregos e romanos famosos, uma incrível fonte histórica sobre o mundo antigo. Ainda assim, os historiadores acreditam que cerca de dois terços das obras de Plutarco não sobreviveram.

Lágrimas de crocodilo também aparecem no poema épico "The Faerie Queene" [A rainha das fadas] elizabetano de Edmund Spenser's (1552-1599):

> Tal como quando um viajante exausto, que vaga
> pela barrenta margem do amplo Nilo de sete fozes,
> sem perceber os perigosos caminhos tortuosos,
> encontra um cruel e astucioso crocodilo,
> que em falso pesar, ocultando sua danosa perfídia,
> chora plena mágoa e verte ternas lágrimas,
> o homem tolo, que lamenta em todo esse decurso
> seu pesaroso apuro, é tragado inconsciente,
> esquecido de si próprio, que se ocupa dos cuidados de outrem...

"The Faerie Queene" (1590) Escrito no final do século XVI por Edmund Spenser, é um dos poemas mais longos em inglês e uma complexa alegoria da vida da época contada através das atividades de vários cavaleiros ingleses.

A frase tem sido usada na literatura há séculos, inclusive por Shakespeare, quando Otelo se convence de que sua esposa o está traindo: "Pudesse a terra ser fecundada por lágrimas femininas", lastima-se ele, "de cada gota por ela derramada nasceria um crocodilo". Em outras palavras, Otelo se enfurece achando (erradamente, como se vê depois) que as lágrimas de Desdêmona eram falsas.

Há séculos, os artistas também têm aproveitado a imagem das lágrimas de crocodilo como uma poderosa metáfora para hipocrisia. Uma das melhores representações visuais é um quadrinho do artista norte-americano Bernard Gillam (1856-1896), de 1884, que mostra o general norte-americano Ulysses S. Grant cortejando os eleitores judeus e chorando lágrimas de crocodilo por causa da perseguição aos judeus russos, quando o próprio Grant tinha sido responsável por uma "Ordem Geral" vinte anos antes, durante a Guerra Civil, na qual expulsara todos os judeus dos Estados Confederados.

Quadrinho de Bernard Gillam de 1884, retratando o general norte-americano Ulysses S. Grant cortejando os eleitores judeus e derramando lágrimas de crocodilo. Tradução das legendas – *Título*: Antes e agora. 1862 e 1882.// *Cartazes na parede*: Ordem nº 11 de U. S. Grant 1862 excluindo os judeus do Exército.// *Cartaz na mão de Grant*: Reunião no Chickering Hall/ Apoio aos judeus perseguidos na Rússia/ U. S. Grant// *Cauda do crocodilo*: Ordem do Exército nº 11 – 1862// *No chão*: Voto judeu – 1884// *Pé da charge*: "Ah, agora você chora, e eu percebo que você sente a força da piedade. Estas são lágrimas graciosas."

Agora entendemos melhor por que os crocodilos produzem lágrimas quando comem. O ceticismo em relação à ideia do remorso dos crocodilos surgiu primeiro na imprensa em 1700 pelo médico e naturalista suíço John Scheuhzer, que escreveu: "As bases e a substância dessa famosa história são tão fracas que hoje faríamos melhor em passar sem ela". Porém, nenhum trabalho sério foi realizado até 1927, quando o corajoso George Johnson estudou as lágrimas dos crocodilos aplicando uma mistura de cebola e sal aos olhos secos de quatro crocodilos, que deviam estar furiosos. Foi apenas em 2007 que um estudo sério buscou uma explicação científica para a questão do motivo de os crocodilos produzirem lágrimas. A pesquisa ofereceu várias respostas interessantes, uma das quais propunha que as lágrimas podiam ser um produto colateral dos ruídos (bufar e apitar, sibilar e chiar) que os crocodilos fazem quando comem, o que força o ar a passar pelos seios nasais, fazendo com que as lágrimas corram. É convincente, mesmo que um pouco decepcionante, saber que os crocodilos não são assassinos que sentem remorsos. Pesarosa ou não, uma parte da história das lágrimas, então, é a história de nossa compreensão da ótica animal e, talvez, a história de nossa falta de entendimento das emoções animais.

Uma cronologia do choro

É até possível unificar nosso entendimento histórico das lágrimas e criar um tipo de cronologia. No mundo medieval, a mística e visionária Margery Kempe (*c.*1373-*c.*1438) chorava descontroladamente quando adorava a Deus. Em seu *Book of Margery Kempe* [O livro de Margery Kempe], que foi ditado, ela se descrevia na terceira pessoa: "Algumas vezes ela chora muito intensamente por causa do desejo pelo êxtase do paraíso e porque está afastada dele há tanto tempo". No século XVI existem outras evidências desse choro durante as preces, e a Igreja Católica, em particular, estava embebida em rituais de choro, enquanto os protestantes, de modo geral, ficavam muito desconfortáveis com exibições públicas de emoção.

Durante o século XVIII, uma era de sensibilidade, que começou a dar mais valor a influências emocionais e estéticas, o choro em público era mais uma vez aceitável aos olhos dos britânicos, apenas para ser varrido pelos horrores da Revolução Francesa, depois da qual as exibições públicas de emoção eram vistas como infantis, afeminadas e perigosamente estrangeiras.

Durante o século XIX, houve o desenvolvimento do que ficou conhecido um tanto coloquialmente como "os lábios apertados" britânicos, um código de comportamento mais masculino ligado ao militarismo e ao Império que condicionaram os homens a suprimir suas emoções.

Os homens também choram?

Isso nos traz à importante questão de se os homens também podem chorar. Nos dias atuais, apesar da ascensão do "novo homem" e da exibição pública e ritualizada de pesar que acompanha as mortes de celebridades e as catástrofes, os homens são estatisticamente muito menos propensos a chorar do que as mulheres. Um estudo realizado nos anos 1980 pelo bioquímico William H.

Frey descobriu que, em média, as mulheres choram 5,3 vezes por mês e que os homens choram 1,3 vez por mês. Historicamente sempre tem havido uma forte correlação inversa entre chorar e masculinidade. Para o filósofo inglês do século XVII Thomas Hobbes (1588-1679), chorar era um sinal de fraqueza; esse era um comportamento feminino, permitido apenas a mulheres, bebês e aos desprivilegiados na sociedade.

Como vimos, porém, as lágrimas masculinas nem sempre são reprovadas. Isso depende, é claro, do tipo de lágrimas que são derramadas. Lágrimas de autopiedade e de medo são as dos covardes e fracos, e sempre foram condenadas, enquanto as lágrimas de compaixão ou luto, se moderadas, são permitidas. Acima de tudo, porém, as lágrimas espirituais são as melhores, e existe uma longa tradição de choro penitencial, remorso pelos próprios pecados e lágrimas de gratidão pela graça redentora do Cristo. Os bispos medievais sempre choravam como parte de suas devoções. Foi dito sobre Gundulf, bispo de Rochester (1077-1108): "Ó, quando ele rezava com aquelas lágrimas, ele lavava os pés do Senhor!... Como eram amargos seus soluços ao lembrar dos próprios pecados! Quem não viu os olhos dele molhados de lágrimas?". Dizia-se também que Thomas Becket "rezava sozinho até que estivesse repleto com o milagre das lágrimas". No entanto, em muitas culturas, as lágrimas eram a antítese do que representava a masculinidade. Os homens deviam ser duros e rústicos, ferozes e intimidadores, corajosos e fortes, o que levanta a questão muito importante da história dos leões...

23

Leões

A história do leão tem tudo a ver com...
navios de guerra naufragados, Guerra dos Trinta Anos,
populismo americano no século XIX e lixões.

O Rei Leão

Na tarde de 10 de agosto de 1628, quase no fim de um verão em Estocolmo, o deslumbrante navio de guerra *Vasa* zarpou diante de uma multidão de espectadores. Era o mais caro e mais ambicioso navio já construído para a Marinha sueca, por encomenda do rei Gustavo Adolfo (1611-1632). A nau, cuja construção consumira mil árvores, era munida de 64 canhões e tinha mastros de cinquenta metros de altura. Quatrocentos e cinquenta soldados e marinheiros cabiam em seu convés. O mais impressionante de tudo, porém, era sua decoração: *centenas* das mais magníficas e ornamentadas esculturas, multicoloridas e folhadas a ouro, cobriam praticamente cada centímetro de seu casco.

O *Vasa*, que serviria de nau capitânia da Marinha sueca, fora projetado especificamente para a invasão de um país estrangeiro: a Polônia. Símbolo da grandeza militar da Suécia, era uma representação flutuante da capacidade técnica, da competência artística, da ambição imperial e da força militar de um país. Construí-lo custara mais de 5% de todo o PIB da Suécia.

Seu nome veio da dinastia Vasa de reis suecos, fundada em 1523, mas, em âmbito mais pessoal, Gustavo Adolfo tinha sido a força motriz da construção, e os intricados entalhes que ornavam o navio deixavam entrever conexões com a realeza. Em parte nenhuma isso era mais evidente que na figura de proa, esculpida em forma de um leão impondo garras, uma imagem intimamente ligada ao rei, que era conhecido como O Leão do Norte ou, em alemão,

Der Löwe aus Mitternacht [O Leão da Meia-Noite] [*Fig. 30 do caderno de imagens*]. A força desse simbolismo é hoje particularmente marcante porque pode ser sentida por observação direta. Em uma das piores tragédias marítimas, o *Vasa* foi a pique em sua viagem inaugural, mas foi içado intacto da lama do porto de Estocolmo. O Museu Vasa, na capital da Suécia, onde o navio está agora exposto, é um dos mais primorosos museus do mundo.

Gustavo Adolfo recebeu sua alcunha de países vizinhos, por conduzir a Suécia a tornar-se uma grande potência durante a Guerra dos Trinta Anos. O *Vasa* foi construído durante a Guerra Polaco-Sueca de 1626-1629, quando a Suécia tornou-se dominante na região do Báltico e Gustavo teve presença constante e significativa nos campos de batalha. Era um rei que queria ser visto como personificação dos traços característicos de um leão – força, ferocidade, domínio – e seu emblema leonino frequentemente figurava nas armaduras militares e na parafernália associada ao monarca. Ele também buscava conscientemente ligar-se à lenda alemã de que o Báltico seria salvo por um leão branco do norte.

O rei dos animais

O leão era uma escolha óbvia para todo monarca militarista, e de forma nenhuma seu uso se restringiu à Suécia de Gustavo, de meados do século XVII. Como "rei dos animais", o leão tem sido, em toda a Ásia, África e Europa, associado a realeza e poder, simbolizando altivez, bravura, força, ferocidade e valentia, embora não fosse o único a representar poder e realeza, que também podiam ser simbolizados pelo urso e pelo javali.

Como ocorreu com Gustavo Adolfo, o epíteto "leão" como marca de bravura monárquica foi atribuído a muitos reis guerreiros medievais, incluindo Henrique, o Leão (1129-1195), duque da Saxônia e Baviera, conhecido em alemão como *Heinrich der Löwe*; Guilherme, o Leão, rei dos escoceses de 1165 a 1214, figura lendária que mais recentemente ganhou atenção quando tanto o senador americano John McCain quanto o ex-presidente Barack Obama anunciaram descender desse monarca escocês; Roberto III, conde de Flandres (1249-1322), conhecido como O Leão de Flandres, ou *De Leeuw van Vlaanderen*; e, talvez mais familiar aos leitores anglófonos, Ricardo, Coração de Leão, ou *Richard Coeur de Lion*, o rei Ricardo I da Inglaterra (1157-1199), que empreendeu cruzadas. Ricardo foi referido como Leão ou Coração de Leão durante toda a vida graças a seus lendários atos de bravura e sua destreza militar.

Escrevendo sobre o período em que Ricardo ficou aprisionado na Alemanha, ao ser capturado quando regressava da Terceira Cruzada, o cronista francês Guillaume le Breton (1165-1225), ponderou que o rei "falava de modo tão eloquente e régio, e de maneira tão sincera, que era como se o fizesse desde um trono ancestral em Lincoln ou em Caen".

Heráldica

O emblema do leão é encontrado já nos primórdios da heráldica no século XII, e o emblema de três leões passantes-guardantes – o brasão real da Inglaterra que adorna apetrechos das equipes esportivas inglesas – remonta a Ricardo I, que pode, segundo alguns historiadores, tê-lo tomado de empréstimo ao pai. É muito mais comum na heráldica do que a águia, que se manteve como emblema imperial, ao passo que o leão tornou-se cada vez mais associado à magnanimidade monárquica. Na heráldica há até exemplos de leões trucidados, como no brasão da família aristocrática inglesa Howard. Na Batalha de Flodden, travada em setembro de 1513, as forças inglesas derrotaram as escocesas na maior contenda terrestre entre os dois reinos, e Jaime IV da Escócia foi morto em batalha. A família Howard, já próxima do rei inglês, foi instrumental na vitória inglesa e Thomas Howard (1443-1524), conde de Surrey, era general de divisão do Exército do norte. Logo após a batalha, Howard

À esquerda: O escudo dos Howard, em que aparece a metade de um leão da Escócia trespassado na boca por uma flecha. À direita: Emblema de três leões passantes-guardantes, o brasão real da Inglaterra.

recebeu o título de duque de Norfolk, e seu filho Thomas (1473-1554), então lorde-almirante, tornou-se conde de Surrey. Foram-lhes concedidas terras e pensões anuais, e o brasão dos Howard foi enriquecido, em homenagem a Flodden, com um escudo em que figurava o leão da Escócia trespassado na boca por uma flecha.

Batalha de Flodden (1513) Ocorrida no condado inglês de Northumberland, ao norte, a Batalha de Flodden foi uma decisiva vitória inglesa contra as forças invasoras escocesas lideradas por Jaime IV. Foi a maior batalha já travada entre a Inglaterra e a Escócia.

Tal associação entre governantes e leões continua ainda bastante viva e os leões figuram nos brasões de muitos países, como a Finlândia, a Noruega, o reino da Escócia e a Suécia. É também um antigo símbolo judaico-cristão: o Leão de Judá é o brasão de Jerusalém.

Leões de estimação

Os leões – e aqui queremos dizer os animais de verdade – foram também uma posse cobiçada pelos monarcas. Afinal, um camponês poderia ser dono de uma galinha, mas somente um príncipe poderia ter um leão. Em 1235, o rei inglês Henrique II (1216-1272) foi presenteado pelo imperador romano-germânico Frederico II com três "leopardos" – leões, ao que se crê – que representavam os três leões do brasão inglês. Henrique ficou tão impressionado com o presente que decidiu criar um zoológico na Torre de Londres, que ficou conhecido como Royal Menagerie e funcionou por mais de seiscentos anos. Em 1252, os leões tiveram por vizinho um urso polar e, em 1255, um elefante africano. Uma recente análise científica de artefatos descobertos na Torre trouxe mais profundidade ao que se conhecia sobre os leões que ali viveram. Em 1930, foram encontrados dois crânios no fosso do castelo, os únicos despojos de um grande felino da Europa medieval já descobertos. Especialistas em DNA da Oxford University e do Museu de História Natural de Londres identificaram os crânios como pertencentes a leões-do-atlas machos, um tipo de leão com enorme juba escura então encontrado no Norte da África.[1] Um

1. O último leão-do-atlas a viver na natureza foi abatido em 1942 nos Montes Atlas, no Marrocos.

dos crânios foi datado como sendo de 1280-1385; o "mais jovem", de 1420-1480. Ambos morreram com apenas 3 ou 4 anos de idade.

Mas, em absoluto, esta não foi uma tradição exclusivamente inglesa. Em 1648, quando os suecos capturaram Praga, no final da Guerra dos Trinta Anos, capturaram também um leão verdadeiro, que talvez fosse ali mantido como símbolo heráldico do território tcheco. Quando levado a Estocolmo, o animal tornou-se enorme atração até sua morte, em 1663, tendo atraído multidões ao espetáculo popular de vê-lo lutar contra outros animais. Luís XVI da França (1754-1793) é também famoso por seus leões; e, mais recentemente – e talvez o caso mais famoso de todos –, Hailé Selassié (1892-1975), imperador da Etiópia, manteve leões de estimação que tinham a juba escura e volumosa, característica dos que outrora rondaram na coleção de animais exóticos dos reis ingleses medievais. Os descendentes dos leões de Hailé Selassié, que se crê serem geneticamente únicos, podem ser hoje vistos no zoológico de Adis Abeba.

Papas e políticos

Leão, o Grande (400-461) Foi um dos papas historicamente mais importantes e grande fonte para os historiadores, pois mais de cem de seus sermões chegaram aos dias de hoje. Leão é famoso por encontrar-se com Átila, o Huno, em 452 e convencê-lo a não invadir a Itália.

E não foram apenas os monarcas que quiseram ser associados a leões. Começando por Leão, o Grande, em 440 d.C., treze papas adotaram o nome eclesiástico Leão, assim como vários dos primeiros santos cristãos, incluindo são Leão de Bayonne (que morreu por volta de 900), são Leão de Catânia (em 785) e são Leão de Montefeltro (em 366), presumivelmente por causa das associações do nome com a força e a firmeza. O nome também tem sido comum entre políticos. Al-Assad, sobrenome da família que hoje domina a Síria, provém do título "Asad", que significa "leão" em árabe, e foi formalmente adotado em 1927 quando Ali Sulayman al-Wahhish (1875-1963), avô do presidente Bashar Al-Assad (no cargo desde 2000), mudou seu nome para Ali Sulayman Al-Assad. Durante o movimento indiano de independência, no primeiro quarto do século XX, a alcunha Leão do Punjab foi atribuída ao combatente da liberdade indiano Lala Lajpat Rai (1865-1928). O nome foi colhido do marajá Ranjit Singh (1780-1839), líder sikh do século XVIII que se tornara conhecido como Leão do Punjab por suas vitórias militares contra os pastós e pela criação de um estado sikh que, no auge, se estendia desde o Passo de Khyber, no Afeganistão de hoje, até o deserto do Thar, no Rajastão, subcontinente indiano, e representou uma forte inspiração para a independência indiana em uma época em que a maior parte do continente era britânica.

É nessa história da ligação entre líderes nacionais, políticos e leões que encontramos outro capítulo fascinante e inteiramente inesperado da história do leão – uma história que é a mais completa antítese do leão como governante feroz e poderoso, do rei dos animais: a história do leão como covarde.

O Leão Covarde

Se há um exemplo de leão covarde que supera qualquer outro na história ocidental, ele é o benquisto personagem de *O Mágico de Oz*, livro escrito por L. Frank Baum em fins da década de 1890 e transformado em peça de teatro e, mais tarde, em filme assistido por milhões de espectadores na década de 1930. O livro vendeu 3 milhões de exemplares até 1956. A história de Dorothy e de sua busca do caminho de casa, acompanhada do Homem de Lata (que não tinha coração), do Espantalho (que não tinha cérebro), do Leão Covarde (que não tinha coragem) e do cachorrinho Totó, tornou-se um dos contos infantis mais famosos do mundo. Se você leu o livro ou viu o filme, como sem dúvida já deve ter feito, certamente já se admirou com a fantástica variedade de personagens e locais. Além dos companheiros de Dorothy, há bruxas, sapatos mágicos, uma estrada de tijolos amarelos, Munchkins, uma cidade verde, um mágico muito singular e inúmeras outras coisas bizarras. Mas, no fundo, *o que* está se passando nesse lugar?

A resposta, a bem dizer, está em quase todos os elementos dessa história, mas foi só em 1964 – ou seja, 64 anos depois da publicação original – que alguém a desvendou. O homem que teve essa genialidade, que subitamente conseguiu ver nessa história mágica coisas que ninguém jamais vira, foi um historiador e professor do Meio-Oeste americano chamado Henry M. Littlefield (1933-2000). Ele percebeu que uma das pistas para o enigma era a identidade daquele paradoxal felino gigante, o Leão Covarde, que nos leva às complexidades da política americana do final do século XIX, quando os

Estados Unidos estavam transitando de um passado pastoral para um futuro industrial empolgante – e assustador.

Em 1896, a política americana era dominada por uma questão, por um movimento e por duas pessoas. A primeira, conhecida como "a questão financeira", dizia respeito ao modo como o país deveria criar e circular sua moeda – debate que vinha fervilhando, e às vezes fervendo, já que os estados americanos haviam conquistado sua independência da Grã-Bretanha em 1782. O movimento, conhecido como populismo, era liderado por pessoas "comuns", sem direitos civis – agricultores e trabalhadores –, que buscavam a representação que sentiam ter-lhes sido negada. Os que estavam à frente desse movimento contestavam a eleição presidencial de 1896 entre o republicano William McKinley e o democrata William Jennings Bryan.

Bryan, três vezes indicado pelo Partido Democrata para concorrer à presidência (as três vezes sem sucesso), era visto como um dos melhores oradores políticos de sua (ou mesmo de qualquer outra) época no país. Como um leão, ele atraía – na verdade *exigia* – atenção, tanto pelo ressonante clamor de sua voz quanto pelas palavras mágicas que sabia encadear. Em particular, seu discurso na Convenção Nacional Democrática de 1896 foi saudado por historiadores e jornalistas como um dos mais significativos da história política americana. Na época, foi descrito como "hipnótico" e "magnético", palavras de extraordinário louvor a qualquer político. Além disso, ao contrário de qualquer político anterior, ele viajou enormes distâncias para pessoalmente conhecer e cativar o público para sua campanha, cobrindo, apenas na eleição de 1896, mais de 30 mil quilômetros. Para um político, sua fama era sem precedentes.

Se algum político alguma vez mereceu o título de "leão", este foi Bryan, cuja figura não escapou ao olhar dos cartunistas políticos da época, assim como o fato de que, em inglês, a palavra *lion* e o sobrenome Bryan rimam esplendidamente.

Bryan foi a única grande voz entre aquelas que defendiam a adoção do padrão-prata, em vez do padrão-ouro, como solução monetária para a questão financeira. A equiparação a um leão "covarde", que posteriormente lhe foi atribuída, refere-se a sua omissão, na disputa presidencial de 1900, em defender a perspectiva dos populistas, ao contrário do que tão veementemente fizera na eleição de 1896, e ao mesmo tempo em recusar-se a apoiar os Estados Unidos na breve, mas dolorosa, Guerra Hispano-Americana travada no verão de 1898, que dominou as manchetes e manteve-se no foco de atenção dos

"Who Cares for the Chorus. The Dog. Which Barks Doesn't Bite." [Quem se importa com o coro. Cão que ladra não morde.]. Charge sobre William Jennings Bryan publicada no *Rocky Mountain News* em 15 de agosto de 1896.

políticos. Para muitos dos que antes o apoiaram, seu comportamento cheirava a nada menos que covardia.

Eis aí, então, um importante político representado em *O Mágico de Oz* – e de repente, se observado no contexto da política americana dos anos 1890, o subtexto dessa história começa a fazer sentido. Os sapatos de Dorothy, no relato original, eram prateados e não cor de rubi. Ela os usa para andar pela estrada de tijolos amarelos, e finalmente descobre que a resposta para todos os seus problemas estava em seus sapatos de prata. Aí está o debate, representado por Bryan e McKinley, sobre o valor da prata em comparação com os tijolos amarelos do padrão-ouro. A prata resolve todos os males econômicos de Dorothy (e da América). O Homem de Lata é o operário fabril condenado a perder sua humanidade e a transformar-se em máquina à medida que a tecnologia se instala; o Espantalho é o agricultor do Meio-Oeste, ridicularizado na imprensa da época como sendo "palerma"; o Mágico é o presidente, ou talvez qualquer presidente dessa era – não um mago propriamente dito, mas um homem normal que pode dar a cada pessoa o que ela deseja; a Cidade Esmeralda é Washington, onde ele reside, e é a cor do dinheiro americano, do dólar impresso em verde; a Bruxa Má do Leste representa os industriais e banqueiros da Costa Leste urbana capitalista, que mantêm o Oeste sob seu feitiço; o inofensivo Totó representa os Proibicionistas adeptos da Lei Seca, que tiveram importante peso na coalizão pró-prata. E o que era Oz, senão a abreviatura da unidade de peso "onça"? Uma das questões-chave no debate monetário dizia respeito ao preço da prata em relação ao do ouro, medido em onças à razão de 16:1.

Esses exemplos, por mais intricados que sejam, não cobrem toda a complexidade da extraordinária criação de Baum. O livro inteiro é uma janela para a política americana, uma parábola das complexidades e contradições culturais vigentes no final da década de 1890, e a chave que permite decifrá-la é aquele leão "covarde".

Caça ao leão

Esse segmento da história do leão versa, portanto, sobre a sátira política, a economia americana e a eleição presidencial de 1896. Ele não é, no entanto, o único segmento que compõe a história *covarde* do leão. Outro exemplo fascinante vem de uma descoberta casual em um depósito de lixo à beira da estrada, perto de Tucson, Arizona, em 1987. Nesse local, descoberto e pesquisado por um professor de biologia ambiental da University of Arizona, foram achadas as cartas de um dentista americano chamado W. S. Lackner – e esse dentista era também caçador de leões.

Os "leões" que particularmente o interessavam não eram exatamente leões, mas pumas, um tipo de suçuarana ou pantera: *Felis concolor*, o maior dos felinos do mesmo gênero a que pertence o gatinho doméstico. Nos Estados Unidos, foram sempre conhecidos também como leões-da-montanha. Esses grandes felinos são nativos da América do Norte há pelo menos cem mil anos; nossa convivência com eles é apenas um piscar de olhos em sua memória animal. No entanto, essa convivência tem sido contundente o bastante para que os leões-da-montanha lamentem eternamente haver entrado em contato com seres humanos.

A descoberta casual do arquivo de Lackner lança nova luz sobre isso. Trata-se de cartas sobre a organização e divulgação de caçadas, comemorando os abates, lamentando e relatando os fracassos, discutindo a criação e os atributos desejáveis de cães para a caça ao leão, discorrendo sobre licenças de caça e assim por diante – uma ampla janela para um mundo perdido, um período em que a humanidade estava propensa a praticar a destruição total dos leões-da-montanha.

Algumas tribos indígenas americanas veneravam esse animal, mas, desde a chegada dos europeus ao continente americano, o leão-da-montanha havia sido caçado até a quase extinção. A motivação para essa caça variou ao longo do tempo e conforme a região, mas no início estava intimamente ligada aos métodos agrícolas europeus. A agricultura e a criação de animais domésticos exigiam controle do ambiente, e isso significava controlar predadores como os leões-da-montanha. Para alguns, sua caça tornou-se um esporte, e, para outros, uma fonte de renda, fosse colhendo recompensas por cabeças do animal, que começaram a ser oferecidas na década de 1850, fosse estabelecendo uma relação parasítica com os caçadores. Isso é particularmente bem ilustrado em uma das cartas encontradas, datada de junho de 1936.

> 24/6/36
>
> Dr. W. S. Lackner
> 79 North Stone Avenue
> Tucson, Arizona
>
> Prezado dr. Lackner,
>
> Obrigado por sua remessa das duas peles de leão-da-montanha. Nossos custos para curtir essas peles serão de US$ 7,50 e US$ 8,50, respectivamente – por uma ser maior que a outra.
>
> Vossa Senhoria planeja usar essas peles para confeccionar tapetes com cabeças completas e bocas abertas? Em caso afirmativo, teremos prazer em oferecer-lhe este serviço...
>
> Mui atenciosamente,
>
> JONAS BROTHERS
>
> Ass. / Coloman Jonas

Note-se que os irmãos Jonas estão empurrando seus serviços como peleteiros e curtidores de peles de leão-da-montanha. E esses animais eram um grande negócio. Entre 1907 e 1977, 68 mil deles foram abatidos por caçadores, sem contar os que foram mortos com carcaças de animais envenenadas. Na década de 1920, a espécie foi exterminada da maioria dos estados a leste do rio Mississippi.

22. Baú do século XVII pertencente aos agentes do correio da cidade holandesa de Haia – Simon de Brienne e sua esposa Maria Germain – contendo 2.600 cartas não abertas datadas de 1689-1706.

23. Lápide de Marco Célio, filho de Tito, usando suas medalhas, c.9 a.C. Ele era de Bolonha e centurião na 1ª Legião XVIII.

24. *Sir* Edwin Landseer, *Neptune, a Newfoundland Dog, the property of W. E. Gosling Esq.* (1824).

25. Sam Willis (segundo da esquerda para a direita) nas montanhas Zarafshan com sogdianos em 2015.

26. Wheal Coates, uma mina de estanho abandonada, perto de St. Agnes, na Cornualha.

27. Cachimbo do Rei, Falmouth.

28. Restauração na Biblioteca Nacional da Escócia de um mapa holandês do século XVII que foi encontrado dentro de uma chaminé.

29. Afrescos de Giotto na Basílica de Santa Cruz, Florença, século XIII.

30. Figura de proa em forma de leão no navio de guerra *Vasa*, de Gustavo Adolfo, que afundou em 1628.

Coloman Jonas, famoso caçador de grandes animais, com peles de "assassinos de três continentes", à frente da Caça ao Leão de Denver Post – Glenwood Springs, ocorrida em março de 1932.

É em um artigo escrito por Lackner, porém, que essa parte específica da história do leão nos remete à questão da covardia. Em 1936, Lackner escreveu um artigo para a revista *Outdoor Life* no qual descrevia uma recente viagem de caça. Os leões-da-montanha, informava ele, eram "gângsteres do mundo animal, criminosos e destruidores, e quanto mais cedo nos livrarmos deles, melhor". A seguir, festejou o fato de haver matado quatro: "Acabei com suas carreiras de morte de veados e com sua bandidagem geral". Em outros escritos, ele os descreveu como "assassinos sedentos de sangue e covardes notórios" e, novamente, como "os mais covardes dos animais predadores".

Tal opinião depreciativa sobre o leão-da-montanha não era absolutamente exclusiva de Lackner. Na verdade, há boas evidências de que era bastante comum, até em cartas de um ex-presidente americano.

Depois de caçar leões-da-montanha no Grand Canyon em 1913, Theodore Roosevelt descreveu o animal como "destruidor do cervo, senhor do assassinato furtivo, encarando sua ruína com coração tão acovardado quanto cruel".

A origem dessa percepção de "covardia" do leão e de sua natureza "acovardada" não é clara, mas talvez resida na forma como o animal foi – e é – caçado. Ainda hoje os leões-da-montanha são perseguidos com matilhas de cães especialmente treinados, até que escalem uma árvore para se esconderem, sendo então encurralados e alvejados. Sobre isso, Lackner escreveu com prazer: "A visão do velho assassino de veados, empoleirado como um gatinho maligno em uma árvore com os cães em alarido a seu redor; e então a matança, com um grande leão fulvo tombando de seu poleiro sobre a matilha rosnante...".

Essa visão de "covardia" abrange uma história de caça praticada até a quase extinção, que infelizmente é também a história de outros predadores, como o lobo e o urso-cinzento. A boa notícia é que o leão-da-montanha está agora retornando às áreas naturais da América do Norte; a má é que a caça a essa espécie ainda é legalizada em nada menos que dez estados americanos e duas províncias do Canadá.[2]

Quem diria que uma história tão fascinante sobre os leões poderia ser descoberta em um lixão? É apenas mais um notável exemplo de descobertas fortuitas que mudam nossa percepção da história – o que levanta a questão muito mais ampla e muito importante da história do lixo...

2. Arizona, Colorado, Idaho, Montana, Nevada, Novo México, Oregon, Utah, Washington e Wyoming, e as províncias canadenses de Alberta e Colúmbia Britânica.

24

Lixo

A história do lixo tem tudo a ver com...
hábitos secretos, lutas combinadas no antigo Egito,
doces e descontentamento político.

A história do lixo tem a ver com o que as pessoas escolhem não lembrar nem apreciar, e em vez disso jogam fora e descartam – uma atividade que é, de muitas maneiras, o oposto da história. Uma ponta de lixo, em essência, é a antítese de um arquivo. Porém, isso não torna o lixo desinteressante para o historiador. Na verdade, é o oposto: é fascinante.

O que é descartável?

Em certo sentido, a história do lixo é o que as pessoas no passado viam como descartável, pouco importante e efêmero. O que certa vez foi prático ou valioso pode se tornar irrelevante ou incômodo, até mesmo detestado pelo que representa: uma lista de compras tem pouca serventia depois de os alimentos terem sido comprados; uma lista de coisas a fazer perde sua importância depois de as tarefas terem sido concluídas; uma carta de amor para um ex nunca será lida novamente depois que o relacionamento já foi jogado na lata de lixo da história. Esses itens, portanto, podem nos dizer muito sobre seu passado, as pessoas com quem interagiram e as circunstâncias de sua destruição – e, algumas vezes, eles podem ter um imenso impacto sobre nossa compreensão da história.

Pense na morte, em 1617, de Edward Talbot, oitavo conde de Shrewsbury, que morreu sem herdeiros masculinos e, portanto, terminou a linha masculina direta de sucessão do ramo de sua família. Isso significou que grande parte de suas propriedades passou para o sexto duque de Norfolk junto com um grande volume de papéis relativos aos condes de Shrewsbury. Norfolk teve pouco interesse nesses papéis, não se esforçou para cuidar deles e, durante a Guerra Civil, eles se deterioraram.

Cartas resgatadas

Em 1671, eles foram encontrados pelo antiquário Nathaniel Johnson, cobertos de mofo e abandonados em uma cabana de caça. Ele escreveu que

> em vários tempos, dentre a multidão de papéis descartados e a destruição que ratos, camundongos e umidade tinham feito, eu resgatei estas cartas, e quantas mais eu tinha encadernado em quinze volumes, e tenho mais para encadernar.

Nesse exemplo, os papéis que tinham sido negligenciados e se tornaram lixo para uma pessoa foram depois redescobertos por outra, e, significativamente, uma pessoa interessada na história escrita. Mais uma vez, portanto, elas se tornaram valiosas pela história que contavam sobre a nobre família Talbot, os condes de Shrewsbury, um título hereditário que datava de 1074, quando foi atribuído a Roger de Montgomery, um dos principais ajudantes e conselheiros de Guilherme, o Conquistador.

Roger de Montgomery (morte 1094) Primeiro conde de Shrewsbury, Montgomery fazia parte de um punhado dos mais poderosos magnatas na Inglaterra durante o reinado de Guilherme, o Conquistador. Esse rei concedeu-lhe a maior parte das terras que agora constituem West Sussex, tornando Montgomery um dos mais ricos vassalos de Guilherme I e Guilherme II.

Essa descoberta é um tesouro para os historiadores, mas a compreensão do valor do lixo é também uma base fundamental para a arqueologia. Sem dúvida, uma das razões pelas quais sabemos tanto sobre as civilizações antigas e pré-letradas se deve aos restos de material que sobreviveram a essas sociedades e culturas do passado que podem ser reconstruídas a partir dos detritos de suas vidas cotidianas. Em combinação com acúmulos intencionais de objetos e bens usados em funerais, o lixo é uma das razões pelas quais conhecemos tanto sobre o mundo antigo.

500 mil fragmentos de papiros

Um dos mais surpreendentes achados por acaso, que revelou os segredos de uma civilização antiga, aconteceu em 1895. Uma equipe de arqueólogos, que incluía o papirologista Bernard Pyne Grenfell e seu amigo Arthur Surridge Hunt, começou a escavar em um antigo aterro de lixo perto da cidade egípcia de Oxyrhynchus, a cerca de 160 quilômetros a sudoeste do Cairo. Suas escavações revelaram (falando estritamente "deslixaram") mais de 500 mil fragmentos de manuscritos de papiros datando dos séculos I a VI, período em que essa área fazia parte do Norte da África Romana. A coleção se tornou conhecida como Oxyrhynchus Papyri e é, sem dúvida, uma das descobertas arqueológicas mais valiosas do ponto de vista cultural.

Entre esse tesouro existem obras literárias, correspondência, relatos, documentos legais, recibos de impostos e alguns documentos em pergaminho [*Fig. 31 do caderno de imagens*]. Existem fragmentos de versos de poetas gregos como Píndaro, Alceu e Safo; fragmentos dos *Elementos* de Euclides; trabalhos perdidos do historiador romano Lívio; além de um evangelho perdido que fala de Jesus exorcizando demônios de homens possuídos. Mais inesperadamente também sobrevive um relato de um lutador adolescente, datado de cerca de 12 a.C., que era empresariado pelo pai e concordou em perder uma luta em troca de um suborno. Lutas combinadas têm uma história admiravelmente longa.

***Elementos* de Euclides** Um tratado matemático com treze livros escritos pelo antigo matemático grego Euclides no Egito ptolemaico por volta de 300 a.C. É uma das obras mais importantes no desenvolvimento da ciência moderna e amplamente considerado como o compêndio mais influente já escrito.

O sítio foi escavado durante várias décadas por estudiosos de todo o mundo ansiosos para tomar parte na empolgante descoberta. Algo da atmosfera que rodeava a escavação é evidente em uma carta do famoso egiptólogo britânico Flinders Petrie para Hunt, escrita em 1922:

> Estamos na antiga plantação de palmeiras e encontramos muitos papiros. Estou comprando todos os que posso, especialmente cada fragmento de uncial [um tipo de escrita inteiramente em maiúsculas] literário; intuindo meu caminho em relação a valores, mas nem sempre oferecendo o suficiente por relatos bizantinos. Há três ou quatro peças literárias de mais ou menos cem palavras. Quando elas forem compradas, devemos todos voltar a Londres. Você estaria disposto a examinar todas as peças e nos dar – por encomenda – um relatório sobre elas em junho? A St. Louis University está com pressa de conseguir alguma edição, mas se você quiser publicar alguma peça em especial, espero que o faça... Ouvi que os melhores papiros são encontrados a cerca de seis metros de profundidade nos montes altos. Não devemos tentar fazer nada de exaustivo, mas resgatar um pouco da arquitetura e dos planos antes que todos desapareçam.

A carta de Petrie não só transmite algo da maravilha experimentada durante esse tipo de escavação, mas também aborda a competição entre os egiptólogos rivais para colocar as mãos nos papiros e o lucrativo mercado local para sua compra e venda.

Transcrição trabalhosa

O que é ainda mais admirável sobre essa coleção de meio milhão de manuscritos é que a maioria é pouco mais do que fragmentos, excepcionalmente difíceis de ler e exige paciência e habilidade para serem montados, traduzidos e, por fim, transcritos e editados em volumes impressos, e ainda assim esse esforço está dando resultado: os historiadores se tornaram de fato muito bons no trabalho com esse tipo de lixo.

Alguns dos documentos mais conservados foram traduzidos e editados em volumes publicados como *The Oxyrhynchus Papyri* (impressionantes 82 tomos que foram produzidos entre 1898 e 2017), mas isso constitui apenas pouco mais de 1% dos papiros remanescentes. Uma enorme quantidade ainda precisa ser processada. Nesse caso, porém, a ajuda está à mão sob a forma de 250 mil voluntários de todo o mundo que fazem parte do Projeto Vidas Antigas da Oxford University. Esse projeto colaborativo de pesquisa utiliza programas de computador sofisticados para remontar fragmentos dispersos de papiros e, depois, tornar as imagens livremente disponíveis para que os voluntários transcrevam e traduzam, letra a letra, palavra por palavra, linha por linha.

Esse é um empreendimento no espírito do *Oxford English Dictionary* original, que foi compilado desde 1858, em grande medida por contribuições enviadas por leitores ávidos de todo o mundo. A primeira edição foi publicada trinta anos depois. O trabalho nos papiros de Oxyrhynchus é igualmente lento e demorado, mas valioso e um pouco mágico – um projeto global evocando um imenso valor daquilo que já foi apenas lixo.

História deliberadamente oculta

Os historiadores adoram o lixo também porque, no meio de cascas de laranja, latas enferrujadas e peixes apodrecidos, estão as evidências – se você souber onde procurar – que nos permitem espiar por baixo das máscaras que todos usamos para o mundo exterior. Um dos constantes desafios do historiador é descobrir o que *realmente* aconteceu no passado, em vez daquilo que nossos antepassados gostariam que acreditássemos que aconteceu, e o lixo pode nos ajudar a fazer isso. A história é, de muitas maneiras, um jogo daqueles que controlam os arquivos: eles escolhem o que é importante manter e se desfazem daquilo que, em sua opinião, é descartável. A fogueira, a fragmentadora ou a tecla de excluir são todas maneiras de as pessoas moldarem os arquivos que vão deixar e editarem as narrativas do passado que desejam que as gerações futuras leiam. Pense nas bibliotecas presidenciais de quase todos os ex-presidentes dos Estados Unidos. Esses arquivos são patrocinados por doadores politicamente motivados com o único propósito de preservar o legado de um indivíduo poderoso. O registro histórico, então, é parcial, fragmentado e muitas vezes intencional em sua tendência.

O lixo, por outro lado, é o que é colocado de lado, ou porque é considerado efêmero e pouco importante, ou – e isto é crucial – porque é exatamente o que as pessoas não querem que outros vejam ou que a história julgue. O passado é cheio de figuras históricas cujos papéis foram destruídos, expurgados ou intensamente editados a fim de apresentá-los sob uma luz favorável. O mesmo vale para os governos. Recentemente foi revelado que oficiais britânicos destruíram milhares de documentos incriminadores que revelavam os atos e os crimes vergonhosos e horríveis cometidos durante os anos finais do Império Britânico. Em 1961, depois de instruções do então secretário de Estado para as Colônias, Iain Macleod, os documentos que "poderiam constranger o governo de Sua Majestade" foram sistematicamente destruídos a fim de evitar que caíssem nas mãos dos governos após a independência. Além disso, muitos milhares mais foram levados de volta para a Grã-Bretanha, onde foram trancados em uma instalação segura pelo Departamento do Exterior britânico, muito depois da "Regra dos Trinta Anos", que permitia que fossem revelados e abertos para o público. Esse arquivo secreto, de alta segurança, só veio à luz em 2011 quando um grupo de quenianos que afirmavam ter sido torturados e detidos durante a rebelião dos Mau Mau, nos anos 1950, conseguiram o direito de processar o governo britânico, o que levou o Departamento do Exterior a prometer a liberação de mais de 8.800 arquivos de 37 ex-colônias A verdade do que realmente aconteceu no passado está em revelar o que supostamente não devíamos ver, e o exame do lixo nos ajuda a fazer exatamente isso.

O lixo, então, está relacionado com um desvio da verdade, pois as coisas que você joga fora são coisas que você não quer que as pessoas saibam. Nesse sentido, o lixo tem a ver com segredo e com manter coisas escondidas, e pode ser muito mais revelador sobre a vida cotidiana no passado – a vida que seguia abaixo do radar histórico – do que outras fontes documentais que revelam coisas no nível da superfície.

Contrabando

Esse modo de olhar para o passado é especialmente útil quando consideramos o consumo de bens ou mercadorias que não eram aprovados pela sociedade e se refletiam mal no julgamento da pessoa que os consumia. A história do "contrabando" legal ou cultural varia imensamente no tempo e na região geográfica, mas, para nossa mente, as substâncias ou mercadorias proibidas incluíam fumo, drogas, *fast food*, pornografia, anticoncepcionais, batatas fritas, doces ou álcool. No lixo, podemos ver uma história do consumo secreto, quer sejam embalagens de doces enfiadas atrás de uma antiga cabeceira de cama ou em uma ventilação do quarto em que uma criança se deliciou em segredo, ou garrafas de bebida acumuladas longe de olhos curiosos por um alcoólico culpado.

Uma escavação arqueológica recente de um sítio em Israel transformou nosso entendimento da vida em uma base do Exército durante a Primeira Guerra Mundial. O sítio que foi escavado ficava perto da cidade de Ramla, que foi ocupada em novembro de 1917 por soldados da Força Expedicionárias

Egípcia a caminho de capturar Jerusalém. Eles permaneceram ali durante nove meses. A evidência histórica escrita desses homens nesse local consiste principalmente de secos relatos administrativos oficiais, de soldados movimentando-se de A para B, de equipamentos e gastos, mas a evidência arqueológica é bem diferente. Os escavadores encontraram a ponta do lixo dos homens, e ela continha *centenas* de garrafas, 70% das quais continham álcool: vinho, cerveja, gim e uísque. A base do Exército em Ramla, segundo parece, era meio parecida com uma festa. O lixo, portanto, pode ser uma correção útil para a evidência documental oficial, permitindo um vislumbre do lado negro da vida no Exército no início do século XX.

Lembranças

Essas descobertas representam o constrangimento de alguns tipos de lixo, que refletem hábitos antiquados, antissociais ou pouco saudáveis; por outro lado, o lixo nos conta muito a respeito do cotidiano cultural do passado. Pense nas coisas que subestimamos, que consideramos descartáveis, que jogamos na lata de lixo: jornais e revistas antigos, folhetos, pôsteres e ingressos de concertos e shows, anúncios, embalagens e pacotes, brinquedos e jogos que já foram amados. Em outras palavras, estamos falando sobre objetos, coisas e textos que são vistos como transitórios e jogados fora, mas que lançam uma luz importante sobre o mundo material da cultura popular e a existência cotidiana das pessoas comuns no passado.

Os museus fazem um trabalho maravilhoso de preservação do lixo que, de outra forma, poderia ser jogado fora. Um exemplo excelente disso é o Victoria and Albert Museum of Childhood, em Londres, que é uma cornucópia de objetos relacionados a crianças que evocam profundas lembranças da infância. Entre as coleções de antigos carrinhos de bebê, bonecas e casas de bonecas, estão incontáveis brinquedos da nossa infância – figuras de ação, conjuntos de Lego e de Meccano –, todos em suas caixas originais. Esses brinquedos, que, de outra forma, teriam sido jogados fora, nos permitem um vislumbre do mundo dos jogos infantis ao longo dos séculos.

O lixo definido desse modo é também um gatilho para lembranças. Existe um carinho nostálgico por alguns tipos de lixo que desencadeiam associações, um carinho que pode ser usado para fazer o bem. Pense nos doces. Que atividade você geralmente está fazendo quando segura um papel de doce na mão? A resposta é: mastigando ou chupando o doce que momentos antes estava embrulhado. Existe provavelmente uma explosão de sabor em sua boca, açúcar correndo pelo seu sangue, seu cérebro se iluminando com prazer, e tudo isso em uma embalagem de doce – só um pedaço de lixo de plástico – em sua mão, que provavelmente está melada.

Aproveitando exatamente esse momento que, com muita frequência, também está embalado em lembranças da infância, pesquisadores da Nestlé, fábrica de doces suíça fundada em 1905, recentemente colocaram uma enorme seleção de embalagens de doces dos anos 1920 on-line, com a intenção específica de desencadear lembranças felizes e conversas em pessoas que sofrem de demência. Eles criaram um "Pacote de Lembranças" dos seus arquivos que reúnem rótulos de caixas, pôsteres, fotos, até uma das primeiras caixas de balas Fruit Gums da Rowntree [*Fig. 32 do caderno de imagens*], e essa coleção está sendo usada, entre outros, pela Sociedade Britânica do Alzheimer, em atividades organizadas para os que têm demência e seus cuidadores.

Doces

Essa, sem dúvida, é uma nova técnica na psiquiatria contemporânea, mas imaginamos de quando data o padrão de associar boas lembranças com doces: sabemos que os seres humanos consomem doces desde pelo menos 8000 a.C., e nossa compreensão da produção e do comércio de doces da Idade Média em diante é impressionante. A história da embalagem de doces é só uma parte dessa história, mas ela também está progredindo, e existem algumas boas coleções com que os historiadores podem trabalhar. Uma das mais fascinantes é a Joseph Downs Collection of Manuscripts and Printed Ephemera [Coleção de Manuscritos e Efêmeros Impressos de Joseph Downs], mantida na Winterthur Library, em Delaware, que inclui 198 imagens diferentes litografadas, coloridas à mão de embalagens de doces franceses, datando de meados do século XIX.

De um estudo dessa coleção, sabemos agora que, na França do século XIX, os doces eram embalados em jornal, mas que isso mudou por volta de 1820, quando embalagens com imagens eram vendidas pelos confeiteiros para embalar suas mercadorias. Um relato contemporâneo observa como isso se tornou complexo:

> Existe uma grande demanda desses artigos na França, especialmente no dia de Ano-Novo, e os diversos envelopes em que eles são colocados exibem a engenhosidade usual desse povo alegre e versátil: fábulas, assuntos

históricos, canções, enigmas, jogos de palavras e diversas pequenas galanterias estão inscritos nos papéis que embalam os bombons, que são presenteados pelos cavalheiros às moças que conhecem.

Essas embalagens protegiam os alimentos e entretinham os clientes antes de se transformarem em apenas mais um pedaço de lixo, jogado na sarjeta.

Winterthur Library, Delaware Um dos recursos mais importantes para o estudo da história norte-americana, com uma coleção de cerca de 85 mil objetos e mais de 500 mil manuscritos e imagens.

Reusar e reciclar

Outro modo de considerar a história do lixo é verificar a quantidade de lixo que é, ou tem sido, produzido pelas pessoas que jogam fora os itens inúteis. Os produtos da sociedade atual, impulsionada por desejos capitalistas para produzir e consumir, são em sua maioria descartáveis. A tecnologia se move tão rápido que os consumidores são apresentados a novos modelos para comprar em uma base confusamente regular, com gurus de marketing gerando insatisfação e demanda, enquanto as equipes de produção criam suas mercadorias com um ciclo de vida curto e limitado que exige que as pessoas consumam cada vez mais. Muitas vezes é mais barato comprar algo novo e jogar fora o velho em vez de consertá-lo. Existe um forte sentimento, contudo, de que no passado fazia-se muito mais esforço para consertar, reciclar, reusar e dar um novo propósito.

Isso é certamente verdade em relação a impressos durante os séculos XVI e XVII. Esse era um período em que o papel era uma mercadoria relativamente cara, além dos meios cotidianos de um trabalhador comum. As páginas dos almanaques impressos, depois de lidas, muitas vezes eram direcionadas para uma grande diversidade de usos, inclusive papéis de parede, escrever notas, encher buracos em sapatos e até revestir pratos de tortas. Uma cópia de um livro de história natural do século XVII, do escritor John Jonston (1603-1675), mantido nos arquivos do Merton College, em Oxford, estava incomumente encadernado em um papel de embalagem que inicialmente servia para proteger os papéis soltos durante o transporte.

Pipa feita com notas de dinheiro durante a hiperinflação na Alemanha de Weimar, 1922.

Quando o dinheiro se transformou em lixo

Durante a hiperinflação vivida pela Alemanha de Weimar, entre o fim da Primeira Guerra Mundial, em 1918, e 1924, quando as compensações aos Aliados começaram a pesar, até o próprio dinheiro perdeu o valor e foi considerado descartável; em outras palavras, o dinheiro se transformou em lixo. A crise financeira durante esses anos do pós-guerra foi tão extrema que, em novembro de 1923, o dólar americano valia incríveis 4.210.500.000.000 marcos alemães. Nessas circunstâncias, as próprias notas eram recicladas, pois seu poder de compra era zero, e carregar notas suficientes exigia uma mala ou uma carreta. Com um valor de mercado de zero, os empreendedores alemães encontraram usos para sua moeda sem valor, como revestir paredes com notas ou usar rolos de dinheiro para acender o fogo. As crianças até faziam papagaios de dinheiro. Sob essas circunstâncias, então, quase tudo pode ser considerado lixo.

O Inverno do Descontentamento

O oposto desse tipo de reciclagem – aceitar o lixo pelo que ele pode fazer por nós – é temer o lixo, em particular o que grandes pilhas de lixo podem representar. Isso era mais visível no Reino Unido durante o Inverno do Descontentamento de 1978-1979, quando o governo trabalhista de James Callaghan confrontou os sindicatos e os garis entraram em greve. O lixo formou pilhas

Lixo empilhado fora de uma loja dos correios no centro de Londres durante o Inverno do Descontentamento.

nas ruas do país, inclusive na famosa Leicester Square em Londres, que se tornou um refúgio para ratos e doenças. O horror público do estado das ruas de Londres era tal que numerosas e poderosas fotos foram tiradas na época, e podem ser vistas ainda hoje, algumas mostrando os londrinos seguindo com sua vida cotidiana, em suas roupas elegantes, andando por lojas movimentadas, mas sob a sombra das montanhas de lixo. Alguns meses depois de essa foto ser tirada no centro de Londres, uma eleição foi convocada. Callaghan perdeu e um governo conservador, sob o comando de Margaret Thatcher, viria a transformar a sociedade britânica durante dezoito anos de poder indisputado que, em alguns sentidos, foi obtido pelo medo do lixo como um símbolo de desordem social e política.

Inverno do Descontentamento (1978-1979) Um período da política britânica dominada por greves no setor público, resultado de tetos salariais impostos pelo governo trabalhista de James Callaghan. Ele levou a uma vitória esmagadora dos conservadores na eleição geral de 1979, fazendo com que Margaret Thatcher assumisse o poder.

Pompeia

Mas de onde vem esse medo ou ansiedade diante do lixo? Os seres humanos costumavam estar rodeados por lixo. Sabemos por escavações na cidade romana de Pompeia que seus habitantes jogavam muito de seu lixo e sujeira – restos cortados e queimados de animais, cerâmicas quebradas e material de construção – entre os túmulos e cemitérios da cidade.

Por muitos anos, desde o final do século XIX, quando esse padrão foi observado pela primeira vez, esse comportamento era considerado um sinal de que a cidade estava caindo no caos social. Por qual outro motivo abandonaríamos a manutenção de túmulos e cemitérios? Como *poderíamos* tratar os mortos com tanto desrespeito? Isso foi visto por uma geração de historiadores como um sinal de problemas comendo o coração do próprio Império Romano. Sabemos agora, porém, que na época em que o lixo era jogado em meio aos túmulos nos cemitérios, Pompeia florescia. Em vez de ser a atividade de cidadãos sob intenso estresse econômico, era a atividade de cidadãos em uma cidade agitada e florescente. Ela reflete o conforto dos romanos com o fato de viver perto de túmulos tanto quanto com o fato de viver perto do lixo, pois os túmulos muitas vezes eram construídos ao longo das ruas da cidade. Além disso, o lixo não estava apenas nos túmulos e ao redor deles, mas também empilhado nas muralhas da cidade, fora das casas, nas ruas e becos, no chão das casas. A maioria de nós na sociedade ocidental considera que a limpeza da cidade é uma das bases fundamentais da civilização e que pilhas de lixo são um símbolo de desintegração social e econômica, mas na Pompeia romana, e em todos os outros lugares do mundo antigo e medieval, isso era parte da vida diária.

Níveis das ruas em Nova York

Por milênios, nós vivemos com lixo, vivemos ao lado dele e até em cima dele, algo que é mais eloquentemente ilustrado pela história dos níveis das ruas. Sabemos que o nível das ruas na antiga Troia subia quase 1,5 metro por século por causa do acúmulo do lixo. Do mesmo modo, os níveis das ruas na Nova York de hoje são de 1,8 a 4,5 metros mais altos do que eram no século XVII. A coleta de lixo não começou de modo sistemático em Londres até 1846, embora só depois de 1875 é que tenha se tornado obrigatório que todas as casas depositem seu lixo em um contêiner dedicado a esse fim – uma lata de lixo. Em 1895, essas práticas cruzaram o Atlântico e chegaram a Nova

York, impelidas por um desejo de reforma social. O lixo era sujo, sujeira causava doenças e doenças provocavam fraqueza econômica, agitação social e pobreza. Aí começa nossa ansiedade moderna em relação a pilhas de lixo, uma ansiedade que, por sua vez, impulsionou o ambientalismo e nossa consciência crescente do impacto humano sobre nosso planeta, seus habitantes, nosso ambiente e nosso clima – o que nos traz a importante questão da história da neve.

25

Neve

A história da neve tem tudo a ver com...
tatuagens, DNA, pândega coletiva, o Massacre de Boston
e a crueldade com os gatos.

Os historiadores adoram a neve. Não a adoramos simplesmente pelo fascínio histórico exercido por sua natureza etérea, nem meramente pelo modo como as sociedades do passado a entenderam, gerando tradições e práticas associadas a esse material – o que inclui trenós, bolas de neve, bonecos de neve, esquis e anjos da neve, para citar apenas alguns. Os historiadores também amam a neve pelos segredos que se ocultam sob a alvura de seu gélido tapete, à espera de serem descobertos – se soubermos onde procurá-los.

Os citas

Sem neve, nossa compreensão do passado não seria tão rica e nossas coleções de artefatos históricos não seriam tão deslumbrantes. Por causa da neve, por exemplo, hoje sabemos tudo sobre os antigos citas, uma civilização de guerreiros tão aterradora que o historiador grego Heródoto escreveu no século V a.C.: "Ninguém que os ataque consegue escapar, e ninguém consegue capturá-los se não quiserem ser encontrados". Suas tribos ocuparam territórios desde a fronteira da China até a Grécia e da Sibéria ao Mar Negro, do século IX ao III a.C., e se sabemos mais a respeito delas do que de qualquer outra tribo nômade desse período é porque grande parte de sua cultura foi preservada em neve e gelo. Armas, joias, objetos domésticos e até mesmo materiais perecíveis, como alimentos (e os restos mortais dos próprios citas), chegaram até nós por terem sido protegidos durante milênios pelo profundo congelamento natural do pergelissolo siberiano. Além de objetos como um saco de queijos, uma placa de ouro, uma barba postiça e uma mesa dobrável, talvez o achado mais notável seja uma tatuagem, gravada na pele de um guerreiro cita encontrado sob a neve [*Fig. 33 do caderno de imagens*].

Em um clima em que era necessário manter-se coberto e aquecido, tais tatuagens raramente chegavam a ser vistas, escondidas que estavam sob camadas de roupas e peles. Com o passar do tempo, entretanto, puderam-se decodificar os significados das antigas tatuagens de uma maneira inimaginável para as gerações anteriores de estudiosos. Essa tatuagem, que retrata parte de um tigre com garras ameaçadoras, foi descoberta em um túmulo em Pazyryk, nos Montes Altai da Sibéria, junto com outros quatro corpos profusamente tatuados. Uma fera tatuada no torso representa a bravura do guerreiro diante do inimigo mais aterrador.

A neve, portanto, funciona como um vasto arquivo de civilizações passadas, não só no caso dos citas, mas também de outros povos e culturas que floresceram em regiões de gelo e neve. Isso significa que nosso conhecimento das sociedades que vivem em tais paisagens – muitas vezes na periferia do mundo habitável e, com frequência, sob condições particularmente árduas, em sociedades culturalmente singulares que se desenvolveram em isolamento – começou a crescer mais velozmente do que nunca.

Guerra nas Dolomitas

Também estamos começando a fazer mais descobertas sobre momentos em que pessoas *não* habituadas a condições tão invernais se aventuraram por elas. Na região do Trentino, por exemplo, no extremo norte da Itália, a neve preservou um campo de batalha da Primeira Guerra Mundial onde tropas italianas e austro-húngaras lutaram a 3.500 metros de altitude e a temperaturas de até –22 °C. Nunca na história se travara uma batalha em grande escala a tal altitude. As façanhas desses soldados, tanto em termos de engenharia como de resistência, foram extraordinárias. Na Marmolada, a mais alta montanha das Dolomitas, um imenso complexo de túneis, dormitórios e armazéns foi construído por soldados austríacos em meio a nevascas.

Depois da guerra, a enorme quantidade de equipamentos que havia sido levada às montanhas tornou-se um atrativo para homens economicamente arruinados pela guerra, que passaram a encarar a jornada devido ao valor da sucata. Esta é uma história de heroísmo e resistência, somente equiparável à daqueles que após a guerra arriscaram a vida mergulhando até escombros naufragados atraídos pelo valor da sucata de embarcações gigantescas que espreitavam nas profundezas. A natureza extremamente perigosa desse trabalho nas montanhas foi rememorada bem mais tarde em uma entrevista com o italiano Giacinto Capelli, então com 92 anos:

> Levávamos um martelo e dávamos uma pancada no explosivo em um ponto muito preciso para que o invólucro se rompesse... Se cometêssemos um erro, a pólvora que ali restava explodiria em nossa cara. Era um trabalho árduo. Então descíamos a montanha trazendo até setenta quilos nas costas. Mas não havia trabalho na aldeia, e os coletores de sucata ganhavam muito dinheiro. A primeira vez que cheguei em casa trazendo 320 liras, meu pai pulou de alegria, gritando: "Agora vamos comer polenta o ano inteiro!".

Esse capítulo esquecido do combate nas Dolomitas durante a Primeira Guerra Mundial e da subsequente caça à sucata vem agora se tornando bem conhecido por uma razão muito particular: nosso mundo está se aquecendo, forçando glaciares como aqueles a revelar segredos que permaneciam congelados. O aquecimento global, portanto, está tornando o relacionamento do historiador com a neve mais relevante que nunca. Máquinas, estruturas e cadáveres provenientes dessa frente de combate estão agora emergindo da neve nas Dolomitas, mudando para sempre nosso entendimento da experiência de guerra nesse local e momento específico.

Isso também vem ocorrendo em outros lugares que, antes impenetráveis por causa da neve, mostram-se agora acessíveis, fazendo da "arqueologia glacial" um novo ramo de pesquisa. Trabalhando em ambos os polos, os arqueólogos vêm intrepidamente descobrindo notável material histórico – flora, fauna e resquícios da cultura material humana – que está ajudando a obter imagens detalhadas das paisagens polares ao longo do tempo. Esses profissionais já descobriram na Groenlândia monturos datados de 2500 a.C., provenientes da sociedade que precedeu os esquimós e inuítes; tumbas da Idade do Ferro nos Montes Altai na Sibéria, múmias infantis incas de quinhentos anos nos Andes, e sítios pré-históricos de caça ao caribu na Noruega, no Canadá e no Alasca.

Genética

A riqueza da neve como fonte de evidências para historiadores reside nas histórias que nela permanecem ocultas, aguardando serem descobertas. Em 1999, o corpo congelado de um jovem foi encontrado no território de Yukon, no Canadá. Ele vestia um manto de peles de esquilo ou de geômis (um pequeno roedor) e portava um bastão de apoio para caminhar, uma faca de ferro e um lança-dardos. O corpo tinha de 300 a 550 anos – relativamente jovem, portanto, para os já encontrados congelados e dez vezes mais novo que o Homem do Gelo descoberto no Vale de Ötztal, nos Alpes, em 1991. Sua relativa juventude, no entanto, permitiu um interessante exercício investigativo de DNA, e descobriu-se que ele compartilhava sua herança genética com nada menos que dezessete povos indígenas que viviam na região. Os habitantes locais o chamaram de *"Kwaday Dan Ts'inchi"*, que significa "gente muito antiga achada", e, se podemos ter certeza de uma coisa, é que nos próximos anos iremos encontrar mais pessoas dignas desse título, bem como mais indivíduos vivos com os quais terão ligações. Essa é uma das mais empolgantes promessas de nosso mundo histórico.

Ötzi, o Homem do Gelo Múmia excepcionalmente bem preservada de um homem que viveu por volta de 3300 a.C. O achado ocorreu em 1991 no Vale de Ötztal, nos Alpes, na divisa entre a Áustria e a Itália.

Histórias esquimós

No Ocidente, estamos conhecendo cada vez mais sobre a história que está guardada não só no gelo, mas também na mente dos que vivenciaram a neve. Em lugar nenhum isso é mais claro do que na história do desaparecimento de John Franklin, o explorador do Ártico, em 1845. Franklin foi visto pela última vez por europeus em fins de julho de 1845, quando suas embarcações foram avistadas por dois capitães de baleeiros na baía de Baffin, próximo à entrada da Passagem do Noroeste. Não foi, no entanto, a última vez que ele ou sua tripulação foram vistos. Em sua desesperada tentativa de sobreviver, Franklin e os membros de seu grupo acabaram encontrando caçadores locais e, ao longo das décadas que se seguiram, outros inuítes depararam com uma cultura material associada à expedição. O valor que os inuítes tradicionalmente dão à história oral – suas técnicas de esmeradamente cuidar da memória popular e preservá-la ao longo de gerações – tem se mostrado decisivo para reunir fragmentos da história de Franklin, de seus homens e de seus navios, particularmente na busca do *HMS Terror*.

Nove anos após o desaparecimento de Franklin, o explorador irlandês *Sir* Francis Leopold McClintock obteve dos inuítes a primeira evidência sobre os homens de Franklin. Foi-lhe informado que um dos navios de Franklin havia encalhado em uma área conhecida como Ootgoolik, entre a ilha Reilly e as ilhas da Real Sociedade Geográfica. Na década de 1860, Charles Francis Hall, um explorador americano, ouviu um inuíte relatar que encontrara o navio e subira a bordo, ali avistando o corpo de um homem grandalhão, inteiramente vestido e cheirando mal. Ele notou que o navio já estivera afundado, mas que seus mastros haviam permanecido emersos. Uma história quase idêntica foi então relatada a outro explorador, o tenente Frederick Schwatka, em sua expedição de 1878-1880. Em algum momento entre 1994 e 2008, a história foi novamente ouvida de um ancião inuíte chamado Frank Analok, na ilha Vitória.

Apesar desse testemunho, porém, os europeus que buscavam os navios de Franklin haviam procurado seus restos mortais em outros lugares, orientando-se pelo ponto em que as embarcações haviam sido abandonadas, embora o testemunho dos inuítes sugerisse que estas haviam ficado inutilizadas em outra localização. Finalmente, em 2016, um inuíte mencionou que, sete anos antes, vira um mastro saindo do gelo enquanto fazia explorações em uma moto de neve. Seu testemunho recebeu crédito dos historiadores que buscavam pelo naufrágio, levando por fim à descoberta do *HMS Terror*, confirmando o relato inuíte de que em algum momento o navio havia se deslocado do local original de seu abandono – uma descoberta que está obrigando os historiadores a rever o entendimento tradicional sobre a expedição de Franklin: considera-se agora realmente possível que alguns dos marinheiros tenham tentado velejar de volta.

A neve vem sendo cada vez mais reconhecida como um dos grandes preservadores do passado, não só recente, mas também remoto. As histórias orais e lembranças populares dos que vivem na neve constituem um rico recurso histórico, ainda relativamente inexplorado – e a profundidade desse conhecimento não deve ser subestimada. De todos esses testemunhos inuítes coletados ao longo dos anos, o mais notável foi obtido pelo jornalista americano Charles Francis Hall, em 1861. Ele descobriu que os inuítes haviam cuidadosamente preservado lembranças não só da expedição de Franklin de 1845, mas também da de *Sir* Martin Frobisher de 1576 – quase três *séculos* antes.

A neve tem muitas histórias intrigantes para contar, mas é também, por si mesma, um tema histórico fascinante, que abrange desde a ciência que estuda seus flocos até o significado cultural da neve. Seus usos e significados são múltiplos, variando ao longo do tempo e entre culturas, mas é singularmente interessante que esses usos e significados sejam muitas vezes contraditórios: a neve pode nutrir ao fornecer água, mas pode também matar ao absorver calor e luz; pode enterrar ou fazer aflorar; pode impedir viagens bloqueando caminhos ou permiti-las ao fornecer uma superfície que permite caminhar, esquiar ou patinar. E os dias de neve são um deleite para as crianças, embora sejam prejudiciais à economia pelo não comparecimento ao trabalho. Como fenômeno climático, a neve sempre teve impacto marcante nas sociedades e culturas de outrora.

Memórias da neve

A história da neve também tem a ver com a história do clima, e não queremos dizer apenas as estações ou regiões do mundo em que neva, mas sim ao modo como a neve e a temperatura variaram no decorrer do tempo. Este é um assunto curiosamente pessoal para nós dois. Da infância, Sam se lembra de sua avó Patricia Willis (1921-2014) dizer que patinava no gelo, quando criança, em um lago da antiga cidade romana de Verulamium (atual Saint Albans), no final da década de 1920 ou início da seguinte. É provável que ela estivesse rememorando o inverno de 1927-1928, em que ocorreram algumas das mais fortes nevascas da Grã-Bretanha no século XX, ou talvez o de 1933, um dos mais gélidos invernos de que se tem notícia, no qual algumas áreas do país presenciaram 48 horas de nevasca ininterrupta. Sam lembra-se de ter ficado perplexo com a ideia de que um lago em pleno sul da Grã-Bretanha pudesse congelar o bastante para que as crianças patinassem – estranheza que parecia inconcebível justamente por causa de algo aparentemente tão regular e previsível quanto o clima.

O inverno que se estendeu de dezembro de 1978 aos primeiros meses de 1979 foi um dos piores da memória recente, com temperaturas inéditas bem abaixo de zero e nevascas descomunais. Esse foi também o chamado Inverno do Descontentamento, com greves por todo lado. Na época, James vivia em Hornsea, cidade litorânea em Yorkshire, e se lembra do pai viajando diariamente a Hull nesses meses gélidos levando uma pá, cobertores felpudos e uma garrafa de café bem quente no porta-malas. Voltando para casa em um dia de neve, o carro encalhou, obrigando-o a usar a pá, situação preferível à dos outros carros, que lá passaram toda a noite e acabaram sendo abalroados pelo trator que veio limpar a neve à primeira luz do dia.

A era glacial britânica

Os períodos históricos de frio intenso tiveram diferentes durações, de meros meses a milênios a fio. Na Grã-Bretanha, o último período glacial, ou "era do gelo", terminou há cerca de 10 mil anos e a ausência de gelo desde então tornou as Ilhas Britânicas permanentemente habitáveis pela primeira vez na história – antes disso, a Grã-Bretanha havia sido habitada e depois abandonada em inúmeros ciclos, à medida que o gelo derretia, recongelava e voltava a se expandir. No entanto, mesmo durante a ocupação humana permanente que se seguiu, houve épocas de frio extremo, que afetaram severamente todos os aspectos da vida. No norte da Europa, o período de aproximadamente 1550 a 1750 ficou conhecido como "pequena glaciação", pois fazia tanto frio que os canais, rios e portos congelaram. Invernos rigorosos também foram vivenciados na América do Norte durante esses anos, especialmente o frígido inverno de 1607-1608, quando o navegador francês Samuel de Champlain (*c.*1574-1635) avistou gelo nas margens do lago Superior. A Europa viveu um inverno de bater os queixos em 1407-1408, que, embora tendo durado apenas alguns meses, congelou rios, rachou árvores e dizimou populações de aves. Sabemos sobre esses períodos gelados graças a relatos documentais sobre o clima e as condições meteorológicas, bem como a pinturas de cenas de inverno e até mesmo a um pequeno número de registros de temperatura feitos ao longo de um século.

Tais condições climáticas devastaram o campesinato europeu, causando hipotermia e fome. Nos Alpes, a invasão das geleiras chegou a destruir aldeias. As condições eram tão penosas que, no século XVII, os aldeões alpinos tiveram que fazer pão misturando farinha com casca de noz moída. O clima rigoroso trouxe mudanças ao vestuário, tornando corriqueiro o uso de chapéus e luvas, bem como de roupa íntima tricotada para manter o frio a distância. Esse período também viu o desenvolvimento de anteparos para lareiras e de fogareiros com portinholas, como novos recursos para manter a casa aquecida.

Ao longo desses anos, as temperaturas costumavam ser baixas o suficiente para congelar canais e rios, estimulando passatempos como a patinação e as feiras de inverno. Em Londres, o Tâmisa era famoso por congelar tão frequentemente que há até menções a "feiras do gelo". A primeira de que há registro ocorreu no inverno de 1607-1608, como relata um folheto impresso em 1608 intitulado *The Great Frost: Cold Doings in London* [A grande geada: gélidos afazeres em Londres]. No frontispício, uma xilogravura mostrava cidadãos londrinos praticando esportes e entretidos em passatempos, bebericando e fazendo comércio sobre o gelo. Uma feira posterior, de 1683-1684, foi assim descrita pelo célebre cronista John Evelyn: "Os coches iam e vinham de Westminster até o Templo e entre várias outras escadarias do rio, tal como nas ruas, viam-se trenós, pranchas de deslizar, açulamento de cães contra touros, corridas de cavalos e de coches, teatro de fantoches e interlúdios, cozinheiros e também tavernas e outros lugares lascivos, semelhando um triunfo bacante ou folia sobre a água". A "pequena glaciação" dos séculos XVI a XVIII causou uma explosão cultural na arte. Feiras do gelo, patinadores e cenas de neve foram frequentemente retratados em pinturas da época, tais como a paisagem de inverno de Pieter Brueghel, o Velho, na icônica tela *Jagers in de Sneuw* [Caçadores na neve] (1565).

Pieter Brueghel, o Velho (c.1525-1569) Pintor e gravurista holandês amplamente reconhecido como um dos mais importantes artistas do Renascimento no norte europeu. Suas paisagens e "cenas camponesas" são particularmente valiosas para os historiadores por sua descrição atenta e detalhada da vida cotidiana da época.

Bonecos de neve perigosos

Imagens como esta são lembretes marcantes de que – seja você quem for e venha de onde vier – a neve é bela e, no entanto, enganadora; é serena, mas sinistra; divertida, mas brutal. Em parte nenhuma isso é mais evidente que na tarefa invernal de fazer bonecos e bolas de neve, que são ao mesmo tempo inocentes e encantadores, mas também perversos e perigosos.

THE

GREAT FROST.

Cold doings in London, except it be at the

LOTTERIE.

With Newes out of the Country.

A familiar talke betwene a Country-man and
a Citizen touching this terrible Froſt and the great Lotterie,
and the effects of them.

The Deſcription of the Thames frozen ouer.

Xilogravura e relato da Feira do Gelo de 1608 em Londres,
tido como o primeiro desses eventos.

Construir um boneco de neve completo, com chapéu, cachecol, olhos de carvão, nariz de cenoura e braços de galhos, é algo com que milhões de pessoas se esbaldaram, tanto na infância quanto na vida adulta. Essa imagem do boneco de neve faz hoje parte do imaginário popular e aparece de forma brincalhona em ilustrações, cartões-postais e na publicidade, bem como na literatura e no cinema, com destaque para o livro esplendidamente ilustrado de Raymond Briggs, *The Snowman* [O boneco de neve] (1978), mais tarde levado ao cinema (*O boneco de neve*, 1982), conto enternecedor sobre um menininho cujo boneco de neve magicamente ganha vida, ou para o equivalente americano, embora ligeiramente menos encantador, *Frosty: o boneco de neve* (1969), baseado nos desenhos do cartunista Paul Coker, Jr. (nascido em 1929), da revista *Mad*.

Embora esses "bonecos de neve" sejam hoje bem familiares aos leitores, eles têm uma longa história, de que há indícios no período medieval: uma ilustração interpretada como de um boneco de neve aparece nas margens de um livro de horas confeccionado por volta de 1380, hoje no acervo da Koninklijke Bibliotheek, em Haia, Holanda. Ele é retratado lançando um olhar de desamparo, enquanto suas nádegas de neve são chamuscadas pelo fogo que arde logo abaixo [*Fig. 34 do caderno de imagens*].

No entanto, por trás dessa inocente brincadeira, pode-se ver algo bem mais sério – algo que tem até uma conotação política. O fato de que esse boneco usa um chapéu ao estilo judeu sugere haver uma velada mensagem antissemita. Há ali, portanto, bem mais que um mero rabisco casual, de importância secundária; é um lembrete de que no passado os bonecos de neve foram mais que simples esculturas de gelo pueris ou alvos para bolas de neve.

Durante a Alta Idade Média e o Renascimento, os bonecos de neve foram construídos como efígies para uma série de funções sociais e políticas. No gélido inverno de 1510-1511, por exemplo, os cidadãos de Bruxelas os confeccionaram em grande número por toda a cidade. Cerca de 110 bonecos de neve individuais e cinquenta "cenas" extras serviram para expressar, com certo humor, as esperanças, medos e frustrações desses cidadãos. Entre os personagens assim retratados, encontravam-se figuras folclóricas, como o homem selvagem, o unicórnio, sereias e o cavaleiro do mar, bem como cenas que mostravam acontecimentos correntes. A variedade de assuntos era enorme, abrangendo desde temas religiosos, políticos e municipais até aqueles que faziam uso de imagens sexuais explícitas e mesmo escatológicas.

Vários relatos sobre esses festivais de neve sobrevivem em crônicas do período, mas uma longa trova escrita pelo poeta Jan Smeken, de Bruxelas, nos proporciona detalhes notáveis sobre os bonecos e as cenas de neve. Uma das esculturas mais sexualizadas foi feita em Rozendal, o distrito de luz vermelha da cidade, retratando uma prostituta inteiramente nua, com seios e genitais moldados para chamar atenção, e um "cão... refestelado entre suas pernas". No âmbito escatológico, o poema descreve uma vaca das neves que lançava "bosta, gases e fedores"; um centauro que defecava; um *manneken pis*, fonte em forma de menino urinando na boca de alguém; e, por fim, um bêbado afogando-se em seu próprio excremento.

Paralelamente a essas imagens populares de pândegas desbocadas, figuravam cenas bíblicas e clássicas mais tradicionais. Certamente, toda a cidade aderia à festividade, até mesmo as elites mais nobres. Um boneco de neve em forma de Hércules foi erguido defronte à residência de Filipe de Borgonha (1464-1524), filho bastardo de Filipe, o Bom, e almirante dos Países Baixos. Segundo Smeken, Filipe ajudou pessoalmente a construir essa figura mitológica com quem se identificava, no que foi provavelmente assistido por seu pintor da corte, o artista neerlandês Jan Gossaert, que já produzira várias pinturas de Hércules desnudo para seu mestre.

O festival da neve de Bruxelas de 1511 ilustra a intrigante complexidade dos significados associados aos bonecos de neve, muito contrastantes com a imagem de "jovial alma feliz" que encontramos na canção "Frosty the Snowman" [Frosty, o boneco de neve], de 1950.

Filipe de Borgonha (1464-1524) Filho ilegítimo do duque Filipe, o Bom, ocupou cargos de poder, como o de almirante dos Países Baixos e bispo de Utrecht. Profissionalmente, foi ineficiente e improdutivo, mas culturalmente foi grande patrono das artes. Em particular, protegeu e apoiou o prolífico erudito holandês Erasmo (1466-1536) e foi patrono do artista holandês Jan Gossaert (1478-1532).

Batalhas de bolas de neve

Uma dualidade semelhante pode ser observada nas batalhas de neve, tão prontamente associadas a folguedos infantis, mas que podem também assumir caráter mais sinistro. Lançar bolas de neve deve ser tradição tão antiga quanto o próprio contato humano com esse material, embora os registros documentais de sua prática sejam bem mais recentes. Uma das primeiras imagens de uma luta dessas está em um afresco datado de 1405-1410 que mostra uma cena de janeiro no Castelo de Buonconsiglio, Trento, Itália, em que dois pequenos grupos divertem-se em um combate de bolas de neve fora dos portões do castelo [*Fig. 35 do caderno de imagens*]. Outro exemplo esplêndido encontra-se em uma cópia manuscrita do manual medieval de saúde *Tacuinum Sanitatis* (*c.*1390-1400), que mostra um homem e algumas mulheres atirando bolas de neve uns contra os outros – e o homem parece estar sofrendo o grosso da punição.

São muitas também as descrições de soldados que durante uma guerra brincaram de batalha de neve (ou "partidas" de bolas de neve, como só os soldados britânicos da Primeira Guerra Mundial poderiam chamá-las). Um dos melhores desses relatos faz parte das memórias de um oficial dos Confederados, D. Augustus Dickert, sobre um episódio ocorrido durante a Guerra Civil Americana. Dickert descreve em detalhes uma batalha de bolas de neve em grande escala entre as tropas confederadas no inverno de 1862-1863. "As tropas", narrou ele, "deleitam-se com as 'batalhas de neve', divertindo-se com o esporte por dias a fio. Muitas batalhas árduas foram travadas, vencidas e perdidas; às vezes, companhia contra companhia, depois regimento contra regimento e, por vezes, com brigadas inteiras sendo lançadas contra brigadas rivais." Ele prossegue descrevendo um combate particularmente encarniçado entre o regimento da Carolina do Sul e o da Geórgia, e detalha o tratamento um tanto maldoso aos combatentes que tinham a infelicidade de cair "prisioneiros":

> Quando algum mais ousado do que os outros aventurava-se perto demais, era pego e arrastado através das linhas de combate, enquanto seus camaradas faziam esforços frenéticos para resgatá-lo. O pobre prisioneiro, agora inalcançável atrás das linhas, tinha destino problemático, pois era puxado neve adentro, ora contra o rosto, depois de costas, e então girado em círculos pelos calcanhares – enquanto mais neve lhe era enfiada nas costas ou no peito, com olhos, ouvidos e cabelo completamente entupidos de "linda neve".

A irônica "beleza" aqui mencionada reforça a ideia da pureza e brancura da neve, que recobre a paisagem e preserva o passado em sua vastidão glacial, mas que guarda um lado mais sombrio e perigoso sob sua sedutora superfície cristalina – e são muitas as evidências históricas de uma face mais maligna dessa atividade de inverno.

O Massacre de Boston de 1770, por exemplo, teve início com uma bola de neve desgarrada. Depois que os britânicos promulgaram a Lei de Aquartelamento de 1765, que forçava os americanos a alojar soldados britânicos em suas casas, as tensões se agravaram. As coisas chegaram a um ponto crítico certa noite de inverno no centro de Boston, quando uma multidão de americanos pôs-se a insultar um soldado britânico, o que o levou a revidar com bolas de neve. Ao soldado juntaram-se seus camaradas, mas a situação se agravou quando um dos soldados foi atingido por uma bola cheia de gelo. A resposta do soldado alvejado – e agora humilhado – foi abrir fogo contra a multidão, ato que foi seguido de uma saraivada de tiros de seus companheiros de tropa. Assim que a fumaça se dissipou, constatou-se que dez pessoas tinham sido baleadas, cinco delas fatalmente. Esse breve mas rancoroso confronto que, como uma bola de neve, cresceu até virar um massacre, tornou-se um dos eventos notórios que contribuíram para a eclosão da Guerra da Independência Americana.

Dylan Thomas

O brilhante, mas etilicamente rabugento, poeta galês Dylan Thomas (1914-1953) lembra-nos que os soldados não foram as únicas criaturas a serem assediadas com bolas de neve. *A Child's Christmas in Wales* [O Natal de uma criança no País de Gales] (1955) é ali leitura obrigatória de Natal e faz parte dos numerosos rituais literários natalinos praticados por James. Trata-se de um relato autobiográfico semificcional da experiência natalina de um menino que vivia em Gales na primeira metade do século XX, em uma época do ano em que, segundo Thomas, "só nevava". Uma das passagens mais memoráveis descreve dois jovens espreitando na neve, armados com bolas de neve. A neve, somos informados,

> é branca como a Lapônia, embora sem renas. Mas havia gatos. Pacientes, gelados e empedernidos, com as mãos envoltas em meias, aguardávamos para alvejar os gatos com bolas de neve. Esguios e longos como jaguares e com aqueles bigodes horrendos, cuspindo e rosnando, eles se esquivavam enviesando-se sobre os muros brancos do quintal, enquanto os caçadores

> de olhos de lince, Jim e eu, caçadores com gorro de pele e mocassins de Hudson Bay, para os lados de Mumbles Road, disparávamos nossas mortíferas bolas de neve bem no verde de seus olhos. Os gatos sábios nunca davam as caras.

A diabrura desses garotos, esboçados nesse flagrante do gênio poético galês como "Atiradores árticos com pés de esquimó", revela uma história multicentenária de maus-tratos a animais – o que nos leva à questão muito importante da história dos gatos...

26

Gatos

A história dos gatos tem tudo a ver com...
crueldade, superstição, Império, Demônio
e Revolução Francesa.

Crueldade

Um capítulo crucial na história dos gatos tem tudo a ver com crueldade. Por grande parte do último milênio, os gatos estiveram longe de ser os mimados animais de estimação de hoje. Durante séculos, os gatos foram incompreendidos e maltratados. O pelo deles era puxado para fazê-los gritar e uivar. Eles eram queimados e torturados e, às vezes, até mesmo raspados ritualisticamente. Na França do século XVI, o abuso aos gatos era tão endêmico que entrou no idioma: "*faire le chat*" (literalmente "fazer o gato") era usado para descrever uma vasta gama de violências perpetradas contra os gatos. É de fato muito extraordinário como fomos cruéis com os gatos durante grandes períodos de nossa história. Para entender esse lado sombrio do relacionamento da humanidade com os gatos, porém, o historiador precisa primeiro considerar o lado mais leve e ronronento.

Nos períodos mais remotos, os gatos ocupavam um lugar mais privilegiado. As evidências arqueológicas sugerem que a domesticação desses felinos pode datar aproximadamente de 12000 a.C., pois os gatos eram enterrados em túmulos no Oriente Próximo. Claramente esses eram diferentes das espécies de gatos maiores e ferozes que vagavam na natureza e não seriam bons hóspedes em uma casa. Escavações em Chipre – uma ilha, o que significa que os gatos teriam de ser levados para lá – indicam a domesticação dos gatos aproximadamente em 9500 a.C. É interessante que os gatos tenham chegado ao cenário doméstico muito mais tarde do que seus primos caninos. Os cães foram domesticados muito antes pelos povos pré-modernos por causa de sua utilidade na caça. Conforme as sociedades se tornaram mais estabelecidas e menos itinerantes, a agricultura se desenvolveu junto com o armazenamento do excedente das colheitas. Foi nessas condições que o gato assumiu uma utilidade sem rival, como caçador de ratos, para proteger os valiosos grãos dos roedores ladrões.

Gatos sagrados

É claro que a domesticação foi diferente de nossa atual obsessão por gatos, na qual esses animais às vezes parecem substituir filhos ou parceiros. Descrever alguém como a "mulher dos gatos" (interessante que não há um equivalente masculino) é sugerir um relacionamento pouco saudável com os felinos, e evoca imagens de alguém que é meio doido e tende a se negligenciar. Esse apego intenso aos gatos tem precedentes históricos, com gatos que tinham um *status* muito santificado nos tempos antigos. Eles eram sagrados no Egito antigo [*Fig. 36 do caderno de imagens*]; a deusa egípcia Bastet era representada com a cabeça de um gato, e qualquer pessoa acusada de matar um gato era sentenciada à morte. Ainda existem cemitérios de gatos desse período, entre eles Beni Hasan, que foi descoberto em 1888 e continha cerca de 300 mil gatos mumificados. Essas oferendas a Bastet demonstram o "culto do gato" no mundo do antigo Egito e o *status* admirável que eles tinham ali.

> **Bastet (de 2890 a.C.)** Deusa egípcia do Sol e da guerra, defensora do faraó e protetora dos gatos. Inicialmente ela era representada sob a forma de uma leoa, mas, com o passar dos séculos, sua identidade mudou para uma gata.

O auge histórico para os gatos continuou no mundo romano, no qual também eram reverenciados. Para os romanos, os gatos eram um símbolo de liberdade, e a arte romana antiga retrata gatos domesticados, inclusive uma gravação do primeiro ou segundo século, da Aquitânia, com uma menina segurando um gato. O calcário ao redor do nicho do domo está quebrado, e por isso o nome da menina se perdeu; o único nome que resta é LAETVUS, logo acima de "PAT". Um palpite sensato é que esse é o primeiro nome do pai dela, pois PAT é uma abreviação de PATER, a palavra latina para pai. É uma gravação maravilhosa. Era costume que os mortos fossem retratados com coisas que lhes eram familiares na vida, e aqui está ela com os animais que amava: um gato e um frango, que está brincando e bicando a cauda do gato. Ela segura o gato como uma criança de hoje faria – com firmeza sob as pernas dianteiras e uma alegre e inocente despreocupação com o conforto do animal. Essa não é só uma gravação de um gato; ela talvez seja a representação mais antiga e convincente de uma criança com um gato *de estimação*.

Esta estela funerária, agora preservada no excelente Musée d'Aquitaine, em Bordeaux, França, foi erigida no século II d.C.

Bichos de estimação

Uma descoberta por acaso e um pouco de arqueologia inteligente recentemente também nos ofereceram um vislumbre do relacionamento entre seres humanos e gatos nessa era. Em 1997, em um poço no terreno de uma *villa* romana em Dalton-on-Tees, em North Yorkshire, foi encontrada uma grande coleção de ossos de animais, entre eles os de um gato. A investigação posterior identificou um ferimento horrível no lado esquerdo do animal, talvez em resultado de levar um coice de um cavalo ou de ser atropelado por uma carroça ou carruagem. Faltava toda a parte superior do osso da coxa da perna traseira. Porém, o que era especialmente interessante é que também havia sinais de que as pernas haviam se curado e tinham voltado a ser usadas depois. Uma conclusão possível e convincente é que o animal ferido foi cuidado e alimentado enquanto se curava, mesmo que sua vida como um gato de trabalho – um caçador de ratos – claramente estivesse acabada. Esses ossos, portanto, são possivelmente a evidência mais antiga de um gato de estimação na Grã-Bretanha.

Esse é só um exemplo da arqueologia dos animais de estimação que é, por si mesma, um ramo interessante da arqueologia, e novas descobertas estão mudando nossa ideia sobre o relacionamento entre seres humanos e animais. Por exemplo, tendemos a interpretar os restos mortais de gatos como animais de companhia porque esse é o papel que eles têm hoje, mas estamos começando a pensar que outros animais tinham um papel similar no passado, em especial

Gato do navio no *HMS Encounter* durante a Segunda Guerra Mundial.

as gralhas, cujos restos mortais são frequentemente descobertos em cidades medievais no norte da Europa. A gralha é um necrófago comum, mas é também inteligente e fica à vontade na cidade e no campo; além disso, é uma boa companhia, liga-se aos seres humanos e se adapta facilmente à vida doméstica. É mais do que possível que esses pássaros tenham sido nossos companheiros diários da mesma forma que os gatos são hoje.

Foram os romanos que levaram o gato doméstico do Egito para a Europa, e esse vínculo entre o Império e os gatos é significativo por si mesmo. Os gatos estão, é claro, ligados a histórias do Império e colonização, e a disseminação deles ao redor do mundo estava ligada ao comércio, à descoberta e às conquistas. Os gatos dos navios são parte dessa disseminação, como símbolos de boa sorte, e, com a vantagem adicional de caçarem roedores, a história deles está ligada à difusão dos gatos pelas rotas marítimas. Não é surpresa que, quando o *Mayflower* zarpou para sua viagem em 1620, houvesse gatos contados na lista de passageiros, ou também a bordo do navio *Endurance*, de Ernest Shackleton em sua fatídica expedição trans-Antártica de 1914-1917.[1] Eles continuaram a ser uma presença importante na Marinha Real até 1975, quando todos os animais de estimação foram banidos dos navios. As duas guerras mundiais são especialmente cheias de histórias dos gatos dos navios, incluindo o Unsinkable Sam [Inafundável Sam], o gato do navio de guerra alemão *Bismarck* que sobreviveu ao naufrágio do navio em maio de 1941, quando 2.100 dos 2.200 tripulantes não conseguiram; e Jimmy, o gato do navio *HMS King George V,* o couraçado e navio principal do 2º Esquadrão de Batalha, que teve um papel central na Batalha da Jutlândia, em maio de 1916. Jimmy sobreviveu a essa batalha naval, a maior da história, mas perdeu uma de suas orelhas.

Ernest Shackleton (1874-1922) Explorador polar famoso por sobreviver a sua fracassada tentativa de cruzar a Antártica em 1914-1917 na qual seu navio, o *Endurance*, foi esmagado pelo gelo.

1. A gata, Mrs. Chippy, foi sacrificada com um tiro, junto com todos os cães de trenó da expedição quando o navio ficou preso no gelo.

Gatos espantalhos

Esse vínculo entre gatos e sorte, ou gatos e superstição, não é de modo algum restrito ao mundo marítimo. Construtores, conservadores e arqueólogos ocasionalmente encontram descobertas felinas inesperadas que atestam esse fato. Esse é o fenômeno dos gatos emparedados, gatos mumificados e gatos espantalhos – gatos antigos que são descobertos dentro de paredes ocas, embaixo de assoalhos, nos sótãos. Acredita-se que alguns dos gatos encontrados embaixo de construções foram muitas vezes colocados ali como um tipo de depósito de alicerce ou oferenda votiva – um gesto supersticioso para trazer boa sorte. Eles não são os únicos animais usados desse modo. Isso faz parte de uma história mais ampla de depósitos de animais e oferendas votivas em construções. Durante as escavações na romana Pompeia, por exemplo, um depósito de ossos de frangos cremados foi descoberto embaixo dos alicerces de uma casa, talvez para trazer boa sorte (é claro que não funcionou).

Quando restos mortais de gatos são descobertos dentro de paredes de prédios, eles muitas vezes estão colocados em poses deliberadas, algumas vezes com um pássaro ou rato na boca ou curvados embaixo de suas patas levantadas. Acredita-se que eles tinham uma função similar à dos espantalhos. Descrições fabulosas dessas descobertas encontram-se nos registros históricos.

- Na cruz de uma casa do século XIV ou XV, ao sul da igreja da paróquia em St. Mary Street, Bridgwater. Esse gato era preto, sua boca estava aberta como se rosnasse e suas patas dianteiras estavam levantadas defensivamente, como se tentasse lutar contra um inimigo.
- Gato com dois ratos, encontrado embaixo do madeiramento do século XVI em uma casa de Borough High Street, Southwark, Londres. Ele segura um rato na boca. O rato parece lutar para fugir, com as pernas estendidas, a boca aberta e a cauda ereta. Outro rato, embaixo das patas traseiras do gato, se contorce para cima, como se quisesse morder seu caçador.
- Gato e rato encontrados quando o órgão da Christ Church Cathedral, em Dublin, foi movido do coro alto para o transepto durante a restauração de 1872-1878. "Corpos desidratados foram encontrados atrás da caixa do órgão em uma condição seca e rígida, mas sem decomposição, e foram colocados em uma caixa de vidro, de modo a formar um tipo de quadro."

Aqui não é apenas uma história de gatos que foram usados como espantalhos, mas uma história de pessoas que *descobriram* gatos espantalhos; é uma história de pessoas intrigadas e, às vezes, assustadas com o passado.

Heréticos

Se, em algumas épocas, as pessoas tiveram medo dos gatos, há muitas evidências históricas de que os gatos tiveram medo dos seres humanos. É de surpreender que eles ainda vivam perto de nós. Venerados em muitas partes do mundo antigo conhecido e amados em nossa própria época, os séculos intermediários constituíram um hiato inesperado que viu os gatos perderem seu *status* protegido e temido. O período medieval testemunhou a demonização dos gatos, que se tornaram conhecidos como ajudantes das bruxas e manifestações do Demônio. As superstições ligadas aos gatos pretos, em particular, abundavam, e o azar aconteceria quando um gato preto cruzasse o caminho de alguém. Por todo o período de meados ao final da Idade Média, os gatos (como corporificações do Demônio) estiveram associados com heresia e atos diabólicos, e com uma ameaça aos bons cristãos, como demonstra esta descrição do século XII do comportamento de um grupo de hereges.

> Na primeira vigília da noite... cada família senta-se esperando pelo silêncio em cada uma de suas sinagogas; e ali descia por uma corda pendurada no meio um gato preto de tamanho enorme. À vista dele, eles apagam as luzes e... murmuram com os dentes fechados, e se aproximam do lugar em que veem seu mestre [isto é, o gato preto, que muitas vezes era considerado como uma representação do Demônio], indo atrás dele e, quando o encontravam, eles o beijavam. Quanto mais intenso o sentimento, mais baixa a meta: alguns beijavam as patas, mas a maioria procurava a cauda e a genitália. Então, como se esse contato nojento tivesse liberado seus apetites, cada um pegava um homem ou mulher próximo e tinha prazer com ele ou ela ao máximo possível.

A importância da figura do gato aqui e seu papel proeminente nessa descida orgástica à carnalidade anárquica destacam o *status* mutável dos gatos, de sagrados a demoníacos.

A natureza maligna dos gatos provinha de sua conexão com a bruxaria. As gravações e pinturas do final do período medieval em diante retratavam as bruxas com seus gatos, e pensava-se que as próprias bruxas pudessem se transformar em gatos. A punição clássica por essa bruxaria era estendida aos inocentes felinos, e os gatos tinham a cauda cortada, as orelhas cortadas, as pernas esmagadas ou o pelo arrancado ou queimado com a suposição de que esses atos de violência quebrariam de fato seu poder malévolo. Dentro de casa, os gatos eram o foco da ansiedade social: eles asfixiavam bebês durante o sono e eram associados ao sexo. A tradição popular da França do século XVI dizia que meninas que comessem guisado de gato poderiam dar à luz gatinhos. Outro mito dizia que, se uma moça vendesse a alma ao Demônio em troca de belas roupas, quando ela morresse um gato preto pularia de seu caixão.

Sátira

Essa crueldade com os gatos não se restringiu ao período medieval. Na sociedade francesa do início da Idade Moderna, os gatos tiveram um papel central na cultura popular. Durante o Carnaval, em que as normas sociais eram subvertidas de uma maneira controlada para liberar as tensões bloqueadas, os gatos eram usados e abusados para um efeito satírico. Seu pelo era puxado para que uivassem; eles eram queimados como parte de rituais religiosos, e, na Londres da Reforma, um gato era barbeado para se parecer com um padre. Os gatos sempre foram úteis para as tradições sociais e culturais e para rituais, de um modo que outros animais não eram. "Você não pode fazer um charivari [um ritual público e barulhento de zombaria] com uma vaca", escreveu o historiador Robert Darnton. "Você faz isso com gatos. Você decide *faire le chat.*"

A crueldade com gatos e outros animais, de modo mais geral na Londres do século XVIII, foi representada por William Hogarth (1697-1764) em seu quarteto de gravações *The Four Stages of Cruelty* [Os quatro estágios da crueldade] (1751). As duas primeiras da série retratam o protagonista Tom Nero e outros realizando atos bárbaros de crueldade com vários animais, entre eles gatos. Na primeira cena, um grupo de jovens é retratado provocando ferimentos: cegando um pássaro, amarrando um osso à cauda de um cão, empurrando uma flecha no ânus de outro e prendendo gatinhos no alto de um poste de luz. Em suas *Autobiographical Notes* [Notas autobiográficas], escritas em 1760, Hogarth afirma que essas imagens foram criadas "na esperança de evitar em algum grau esse tratamento cruel aos pobres animais". Essa crueldade foi o impulso para que fosse fundada na Grã-Bretanha, no início do século XIX, a Society for the Prevention of Cruelty to Animals [Sociedade para a Prevenção da Crueldade contra Animais] (que mais tarde recebeu *status* real como a RSPCA em 1840, concedido pela rainha Vitória), e um conjunto de novas leis, incluindo o Cruelty to Animals Act [Ato da Crueldade contra Animais], de 1835, que proibia a tortura de ursos (um esporte cruel, *bear baiting* em inglês) e as brigas de galos, e protegia gado, touros, cães, ursos, cabras e ovelhas. Observe, porém, que a lei não protegia os gatos. De fato, foi somente em 1876 que uma emenda à lei relativa à crueldade dos animais mencionou pela primeira vez os gatos como animais domésticos e explicitou que os experimentos "calculados para provocar dor não podem ser realizados sem anestesia em um cão ou gato".

William Hogarth, *The Four Stages of Cruelty*, gravura 1: *The First Stage of Cruelty* (1751).

Revolução Francesa

Uma história paralela dos gatos, que também está ligada à crueldade, na verdade tem tudo a ver com a Revolução Francesa. No brilhante livro de Robert Darnton *O grande massacre dos gatos* (1984), ele nos leva a Paris durante os anos 1730, em especial a uma gráfica na rua Saint-Séverin e ao mundo de dois maltratados e oprimidos aprendizes, Jerome e Leveille. Os dois viviam em condições sórdidas e congelantes; todos os dias sofriam abuso de seu mestre e dos trabalhadores da oficina; e recebiam restos da mesa do mestre ou comida de gatos, imprópria para o consumo normal. A condição deles era ainda piorada pelo fato de que eram acordados quase todas as noites em seu sótão pelo barulho dos gatos de rua, que miavam. Tudo isso ficava em contraste direto com a prosperidade e o relativo conforto de seu mestre burguês e de sua esposa, e do mimado gato de estimação dela, La Grise (A Cinza).

Infelizes com sua sorte, os aprendizes decidiram fazer justiça com as próprias mãos e buscaram virar a mesa de seus superiores sociais por meio de uma série de atos que terminou no massacre ritual de dezenas de bichanos parisienses. Numa noite em particular, um dos garotos subiu ao telhado, parou do lado de fora da janela do quarto de seu mestre e sua esposa, começou a uivar e miar tão alto e de um modo tão torturado que nenhum dos ocupantes conseguiu dormir. Ele retornou por várias noites em seguida para repetir o suplício. No final dessas noites, o mestre, pensando que os gatos estavam enfeitiçados, ordenou aos aprendizes que os pegassem e se livrassem deles. A esposa, é claro, mandou que eles poupassem La Grise, a favorita dela.

Assim, autorizados pelo mestre, os aprendizes se juntaram aos trabalhadores e, armados com cabos de vassoura e outras ferramentas, tentaram pegar o máximo de gatos da vizinhança que conseguissem, começando com La Grise, cuja coluna esmagaram com uma barra de ferro. Depois disso, eles pegaram e torturaram todo gato que viram, subindo nos telhados e depositando os corpos quebrados e feridos em sacos que foram jogados no pátio da oficina. O que se seguiu foi um arremedo de julgamento, no qual os gatos foram acusados de crimes que incluíam bruxaria, considerados culpados e executados em uma forca improvisada. Interrompidos em suas ações pelo mestre e pela esposa dele, os trabalhadores foram punidos e ameaçados por seu comportamento, mas, depois de eles saírem, os trabalhadores riram e reencenaram todo o episódio, de modo burlesco, e repetiram isso em várias ocasiões.

Embora não haja nada de engraçado com o massacre sangrento de dezenas de gatos de rua, de muitas maneiras esse não é o núcleo da história. Para o historiador, o truque aqui é realmente entender a piada: tem a ver com entender o passado em seus próprios termos. Em seu conjunto único de circunstâncias históricas, o que torna essa saga engraçada? Um modo de ver esse episódio na vida cultural francesa é entendê-lo como uma forma inicial de protesto de trabalhadores, cerca de cinquenta anos antes da revolução de 1789. Ele demonstra o solo fértil para os tipos de ideias políticas que inflamariam a sociedade francesa, a parte surpreendente desempenhada pelos gatos na exposição das tensões sociais no cerne da vida cotidiana e seu papel ritualizado na subversão da ordem tradicional do Antigo Regime.

Antigo Regime O sistema social e político não democrático que governou a França do final da Idade Média até a Revolução Francesa, em 1789.

No núcleo dessa história está uma tensão entre trabalhadores prontos para mutilar e matar gatos e a burguesia para quem os gatos eram animais de estimação. Em certo sentido, é assim que a história dos gatos tem tudo a ver com a Revolução Francesa, um período na história da França que também pode ser explicado através da lente dos gestos e emoções. A experiência da guilhotina e o Reino do Terror, com execuções públicas em massa, está gravada na memória histórica do país e, no cerne dessa história, está uma história de gritos, histeria, compostura facial e desafio, o que nos traz a questão muito importante da história do sorriso...

27

Sorriso

*A história do sorriso tem tudo a ver com...
a Revolução Francesa, insanidade, colônias caribenhas,
guerra de gangues e escravidão.*

Quantos sorrisos diferentes você tem? Um palpite razoável para a maioria de nós ficaria em torno de dez: um sorriso espontaneamente feliz, um sorriso triste, um sorriso relutante, um sorriso com todos os dentes, o sorriso que vem com riso, um sorriso desagradável ou pretensioso, um sorriso falso, um sorriso reprimido... Sem dúvida, sua experiência com amigos, familiares e colegas lhe permitiria esticar essa lista. Sorrir é, em suma, uma forma extremamente complexa de expressão emocional e, para o historiador, é importante perceber que o propósito e o efeito de cada sorriso são profundamente influenciados pela vida que se vive agora e por aquela que se viveu no passado: o sorriso não é de forma alguma atemporal. Isso o torna um tema histórico fascinante.

Loucura

O sorriso da França do século XVIII é particularmente interessante. Tem ligação com a história da odontologia, com as sensibilidades iluministas e com o terror da guilhotina durante a Revolução Francesa. Em conjunto, essas influências levaram ao que foi descrito pelos historiadores como uma "revolução do sorriso".

Sob o *Ancien Régime* (o Antigo Regime francês pré-Revolução), o ato de sorrir era amplamente associado com os rústicos, as prostitutas, os insanos e os demoníacos. Os exemplos mais marcantes são encontrados em pinturas da época, incluindo o de uma prostituta retratada na tela *A cafetina* (1622), de Dirck van Baburen, ou na pintura *Malle Babbe* (1633-1635), de Frans Hals [*Fig. 37 do caderno de imagens*], que retrata uma "louca" (*malle*) rindo incontidamente junto a um pichel de cerveja destampado. Os historiadores a interpretam como alcoólica ou mentalmente doente. Ela também traz uma coruja no ombro esquerdo, que alguns sugerem representar um ente familiar – a retratada seria então uma bruxa.

Qualquer que fosse a explicação, o sorriso sinistro sugeria uma pessoa perturbada ou à margem da sociedade. Mais lasciva é a vigorosíssima tela holandesa *O violinista sorridente* (1624), de Gerrit van Honthorst [*Fig. 38 do caderno de imagens*], que retrata um músico de olhos cintilantes cujo largo e radiante sorriso é quase audível e vem acompanhado de um gesto sexualizado feito com o punho cerrado, inconfundivelmente fálico. A tela passa sua mensagem ainda mais nitidamente quando se fica sabendo que foi pintada para ficar à direita de um retrato que lhe faz par, intitulado *Moça que conta dinheiro*, que mostra uma jovem cortesã sorridente com decote baixo, um magnífico toucado de penas e brincos barrocos, que delicadamente, e com ar sugestivo, segura uma moeda entre o polegar e o indicador enquanto olha por sobre o ombro esquerdo – ou seja, diretamente para o violinista.

Polidez

Jean-Baptiste de La Salle (1651-1719) Padroeiro dos professores, De La Salle foi sacerdote e reformador educacional. Dedicou a vida à educação das crianças pobres. Em 1900 foi canonizado pelo papa Leão XIII como são João Batista de La Salle.

Mostrar os dentes ao sorrir não era comportamento apropriado na sociedade educada, como nos lembra o comentarista Jean-Baptiste de La Salle em seu fabuloso tratado reveladoramente intitulado *Les règles de la bienséance et de la civilité chrétienne* [Regras de decoro e civilidade cristã] (1703). O manual destinava-se ao "uso das escolas cristãs". Concebida como um guia de boas maneiras e cortesia, a obra tornou-se amplamente conhecida durante o século XVIII. Nela lemos:

> Há os que elevam o lábio superior tão alto ou permitem ao inferior curvar-se em tal medida, que os dentes põem-se quase inteiramente visíveis. Isso é totalmente contrário ao decoro, que proíbe que os dentes se exponham, pois a natureza nos deu lábios para ocultá-los.

Nisso, o guia segue os passos de outro autor de manuais de conduta, Antoine de Courtin (1622-1685), que refletiu que "os dentes ruins estragam a boca e cheiram mal para aqueles com quem estamos a conversar". De La Salle, porém, ponderou que: "É rude manter os lábios demasiado fechados, mordê-los ou deixá-los semiabertos. É intolerável fazer beicinho ou caretas. O que se deve buscar é manter os lábios unidos, com leveza e sem coerção". Por trás desses códigos franceses de polidez, havia então alguns requisitos bastante práticos. Na verdade, a razão pela qual os cortesãos do Palácio de Versalhes mantinham os lábios bem cerrados e se faziam retratar com expressão séria não era apenas questão de refinamento de elite, mas sim sua estarrecedora higiene dental.

Açúcar e império

O Rei Sol Título dado ao rei francês Luís XIV (1638-1715), que reinou por 72 anos desde a idade de 4 anos – o mais longo reinado da história europeia. Segundo alguns historiadores, ele mesmo teria se atribuído o título; outros creem que tenha sido ideia de seus súditos. Luís utilizava o Sol como seu emblema pessoal.

Parte da razão para isso estava no consumo de açúcar, que cariava os dentes ou os destruía por completo. Cotos enegrecidos e gengivas frouxas nunca se prestavam à boa aparência, especialmente na pomposa e elegante corte do Rei Sol. A história do sorriso na corte de Luís XIV e em outras partes da Europa está portanto ligada à expansão do império global e, em particular, ao estabelecimento de colônias no Caribe pelas potências europeias para o cultivo da cana-de-açúcar; à criação de uma economia escravagista para fornecer mão de obra ao plantio, colheita e produção; a uma marinha mercante para garantir o transporte de açúcar, de pessoas e de todos os bens essenciais ao estabelecimento e gestão de uma colônia estrangeira bem-sucedida; e a uma marinha militar para proteger tanto a colônia quanto a marinha mercante que servia de cordão umbilical com a Europa. Na falta de sorrisos na corte de Luís, podemos ver então a presença do império marítimo francês e tudo o que ele envolvia, começando com a colonização de partes da costa sul-americana em 1624, em terras que se tornariam a Guiana Francesa. As ilhas caribenhas de Saint Kitts vieram a seguir, em 1625, e então Guadalupe e Martinica em 1635, que se tornaram importantes áreas de produção açucareira.

Odontologia

Na Paris da primeira metade do século XVIII, aos que se contorcessem de dores dentais não restava outro recurso senão visitar um tira-dentes. Um desses indivíduos abrutalhados, que exercia seu ofício na Ponte Nova, era Le Grand Thomas, famoso por sua destreza nas extrações, a ponto de seu nome popularizar-se nas canções e entretenimentos. Seu retrato, que o mostra em pleno trabalho, traz esta legenda:

> Nosso *Grand Thomas*, resplandecente em glória,
> A Pérola dos Curandeiros (ou assim diz a história).
> Vossas dores de dente? Jamais deveis duvidar,
> *Le Grand Thomas* as irá arrancar.

Acompanhado de músicos e de um carrinho encimado por uma placa que exibia um sorriso – um dente grande –, Le Grand Thomas personificava um ramo da odontologia bem mais medonho que a cirurgia dentária profissional – além de ser, a bem da verdade, espetáculo público. O que poderia ser mais absorvente – em termos de entreter-se com o sofrimento alheio – que ver outra pessoa tendo um dente arrancado?

Tão popular tornou-se sua figura, que inspirou um personagem na peça francesa *Le Vaudeville* (1743) que, em certo momento, declama as seguintes frases assustadoras:

> Cuidado com o discurso vão e sedutor
> com que os médicos nos matam – sem pudor.
> Eu, Thomas, tenho a língua atada à verdade,
> mas na dor de um dente posso ao menos ser de utilidade.

Puxo-o bem ali na raiz.
Crac! Bem ali na raiz.

Tais técnicas de extração à força bruta podiam não fazer nada para criar um sorriso, mas os apuros do paciente podiam arrancar sorrisos da plateia.

Em meados do século XVIII, no entanto, as mudanças nos protocolos de boas maneiras combinaram-se com o gosto artístico para tornar aceitável a branda meiguice de um sorriso. A revolução do sorriso está ligada a novas ideias do âmbito da sensibilidade iluminista, que colocavam a emoção – tendo o sorriso no centro do palco – no cerne da natureza humana. Romances como *Pamela: Or, Virtue Rewarded* [Pamela, ou a virtude recompensada] (1740) e *Clarissa: Or, the History of a Young Lady* [Clarissa, ou a história de uma jovem dama] (1748), ambos do inglês Samuel Richardson, traziam personagens românticos que sorriam "docemente", e William Hogarth, em seu livro *Analysis of Beauty* [Análise da beleza] (1753), afirmou que as "linhas que formam um sorriso agradável nos cantos da boca têm contornos suaves, mas perdem sua beleza no riso aberto", acrescentando que odiava o "gargalhar excessivo" que "dá a um rosto sensato um olhar tolo ou desagradável".

Parte da razão para esse novo sorriso foram as novas técnicas odontológicas. Com a ascensão, no século XVIII, dos cirurgiões-dentistas especializados, o trabalho dentário migrou das calçadas para os consultórios particulares. Foi durante esse período que se assistiu ao surgimento dos diplomas formais para cirurgiões-dentistas e à publicação da primeira enciclopédia médica dentária, em 1728: *Le Chirurgien dentiste ou Traité des dents* [O cirurgião dentista ou Tratado sobre os dentes]. O resultado desses progressos foi que os dentes brancos perolados tornaram-se uma estética possível de almejar, auxiliada pela comercialização de uma vasta parafernália de produtos dentários: a escova de dentes, o palito de dentes, os colutórios e, claro, o batom – que agora até enfatizava o sorriso.

O Reino do Terror

A história do sorriso tomou rumo ameaçador quando sua revolução se mesclou com outra de verdade: a Revolução Francesa. Durante o Reino do Terror, período sangrento ocorrido entre o estabelecimento da Primeira República, em setembro de 1792, e a queda do tirano Maximilien Robespierre (1758-1794), em julho de 1794, quando o sobe e desce das guilhotinas parecia não mais cessar, o teatro da revolução tomou a forma de execuções públicas. Algumas vítimas gritavam. A amante de Luís XV, Madame du Barry, por exemplo, gritou tão alto em sua execução pública que pôde ser ouvida do outro lado do rio Sena. Segundo o carrasco Henri Sanson, ela estava histérica: seus dentes batiam de medo, e ela "chorava como nunca vi alguém chorar". Outros, no entanto, adotaram o sorriso como poderoso símbolo de resistência e desafio político, expressando autocontrole e coragem enquanto subiam o cadafalso. Tais semblantes tornaram-se tão conhecidos que ganharam um nome: "sorrisos de patíbulo". Um dos exemplos mais notáveis de coragem ante a guilhotina foi o do estadista e ministro francês Guillaume-Chrétien de Lamoignon de Malesherbes, que também defendeu o rei francês durante o julgamento. O carrasco Sanson salientou que Malesherbes morreu "com a firmeza sorridente de um sábio e a calma que vem de uma consciência tranquila consigo mesma". O sorriso controlado de bravura era a forma suprema de desafio silencioso ao regime da revolução, mas os revolucionários fizeram o que estava a seu alcance para terem a palavra final: os sorrisos de muitos daqueles infelizes foram-lhes literalmente apagados do rosto, pois suas cabeças cortadas foram expostas ao público com palha enfiada na boca.

Madame du Barry (1743-1793) Cortesã e amante oficial de Luís XV da França, Du Barry foi uma das vítimas mais famosas do Reino do Terror durante a Revolução Francesa. Foi guilhotinada em 1793 por ajudar refugiados a saírem da França.

Eletrocussão

O século XIX assistiu a outras marcantes mudanças na história do sorriso e, em particular, no conhecimento da mecânica física dessa expressão. Essa ciência do sorriso levou à criação de algumas das mais extraordinárias fotografias já feitas. O responsável por essas imagens foi o cientista francês Guillaume Duchenne (1806-1875). Duchenne dedicou toda uma vida de trabalho à compreensão da fisiologia das expressões faciais. Sua técnica pioneira consistia em estimular os músculos faciais aplicando-lhes eletricidade. O mais notável de seus numerosos trabalhos foi o livro *Mécanisme de la physionomie humaine, ou Analyse électro-physiologique de l'expression des passions applicable à la pratique des arts*

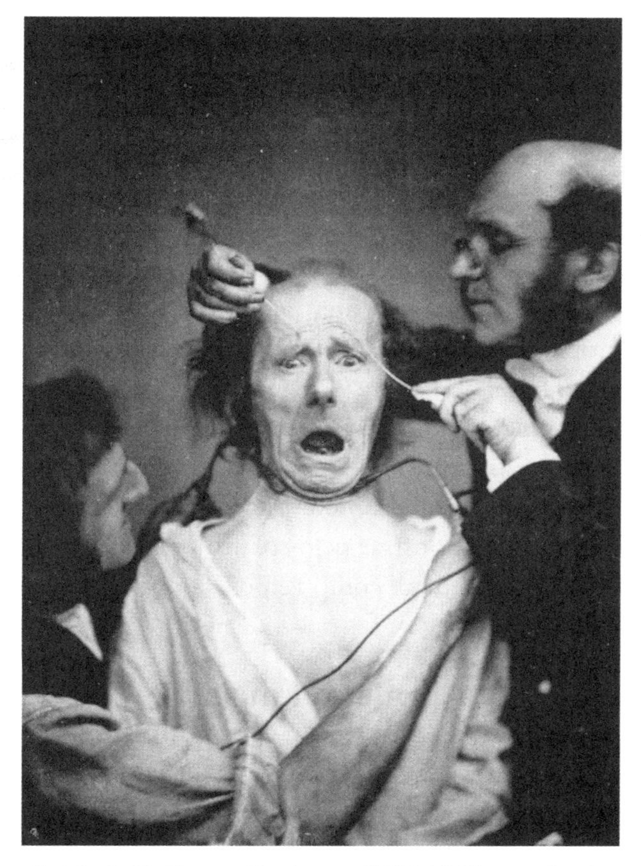

Experimentos faciais de Guillaume Duchenne (1806-1875), usando eletroestimulação.

plastiques [O mecanismo da fisionomia humana, ou Análise eletrofisiológica da expressão das paixões aplicável à prática das artes plásticas] (1862), no qual argumentou que as expressões faciais não só podiam ser "lidas", como também eram uma janela para "a alma do homem". Duchenne acreditava que as expressões faciais eram – em seu primoroso palavreado – a "ginástica da alma". Seu trabalho sobre o sorriso foi particularmente importante e deu início a um debate sobre o rosto como meio de expressão codificada, que ainda estamos nos esforçando por compreender.

Duchenne demonstrou haver diferença entre um sorriso falso e um genuíno – a emoção do "franco entusiasmo", em suas palavras –, e que essa diferença residia na participação do músculo orbicular do olho (que circunda esse órgão), juntamente com o zigomático maior (músculo que eleva o canto da boca). Ele acreditava que o músculo zigomático "obedecia à vontade", mas que o orbicular do olho, que descreveu como "o músculo da bondade, do amor e das impressões agradáveis", era apenas "posto em ação pelas doces emoções da alma". Cientista e observador prodigiosamente talentoso, Duchenne também poderia ter sido poeta. Sua obra prontamente chamou a atenção de ninguém menos que Charles Darwin (1809-1882), que a levou a sério e conduziu seus próprios experimentos mostrando as fotografias de Duchenne a outros e perguntando como eles interpretavam as expressões. Darwin também fez seus próprios acréscimos à teoria de Duchenne. O estudo do mecanismo da expressão facial humana, e particularmente do sorriso, prossegue até hoje, envolvendo técnicas como fazer mensurações faciais precisas enquanto se ouvem piadas ou se assiste a filmes cômicos. (Temos agora pesquisa divertida também.) Tal estudo levanta a interessante questão de saber se as pessoas se dispunham ou não a demonstrar pelo sorriso que estavam *de fato* se divertindo: esconder o sorriso natural, como vemos, também tem uma história.

Abraham Lincoln

A distinção entre sorrisos naturais e soltos e expressões faciais formais de compostura é mais vividamente revelada pelos vários retratos fotográficos do presidente americano Abraham Lincoln (1809-1865), o primeiro dos quais foi feito em 1846, quando ele tinha 37 anos, e o último poucas semanas antes de seu assassinato, em 1865. Lincoln constitui um tema fotográfico singular por numerosas razões, mas duas são particularmente importantes para a história do sorriso. A primeira é que Lincoln foi o primeiro presidente americano a nascer na era da fotografia e tornou-se o americano mais fotografado de sua época; a segunda é que várias de suas fotografias trazem um sorriso inconfundível em seus olhos cintilantes e por trás de seus lábios cerrados. Isto é extremamente incomum em retratos fotográficos de meados do século XIX. Os longos tempos de exposição requeridos pela primitiva tecnologia das câmeras dificultavam o sorriso. Talvez mais significativo, no entanto, fosse o estigma associado ao sorriso nessa época. Nas palavras do escritor americano Mark Twain (1835-1910), contemporâneo de Lincoln, em uma carta ao jornal *Sacramento Daily Union*, "uma fotografia é um documento importantíssimo e não há nada mais condenável a legar à posteridade do que um sorriso tolo e parvo capturado e fixado para sempre".

À esquerda: Abraham Lincoln sorrindo em fotografia de 5 de fevereiro de 1865.
Lincoln seria baleado dois meses depois.
À direita: "Retrato de Gettysburg", 1863. Ambas são de Alexander Gardner.

Em meados do século XIX, a leviandade não era absolutamente uma virtude para um político. Um jornalista de então declarou ser simplesmente incapaz de

> ter apreciação pessoal verdadeira pelo homem [Lincoln]... devido a uma fraqueza inata pela qual ele era já então notório, assim permanecendo durante sua grande carreira pública: ele tinha um gosto desmesurado por piadas, narrativas pitorescas e historietas.

Mas isto se aplica ainda mais ao Lincoln na década de 1860, que, como líder dos estados da União na Guerra Civil Americana, lutava para livrar seu mundo dos horrores da escravidão. Para um homem desses em uma época dessas, ser fotografado exigia o mais grave semblante possível, e foi exatamente isso que Lincoln proporcionou para sua mais conhecida imagem, chamada de "Retrato de Gettysburg".[1] A imagem foi registrada pelo fotógrafo

---

1. É interessante que este retrato não era nem um pouco famoso na época. Permanecendo no arquivo fotográfico de Gardner, só em 1909 veio a público, tornando-se aclamado como o mais esmerado retrato de Lincoln.

escocês Alexander Gardner em seu estúdio em Washington em 8 de novembro de 1863, apenas onze dias antes de Lincoln proferir o que se tornaria seu discurso mais famoso, o discurso de Gettysburg: um apelo ardente pela igualdade humana, feito quatro meses após a crucial vitória da União na Batalha de Gettysburg. Foi feita para servir de material de apoio para a escultora (e ativista antiescravagista) Sarah Fisher Clampitt Ames (1817-1901) para um busto que fora encomendado para a coleção do Senado americano e que agora se encontra em um nicho externo ao gabinete do vice-líder da maioria do Senado. Era, portanto, uma fotografia de um homem que conscientemente se importava com sua aparência.

Batalha de Gettysburg (1863) Vitória significativa para as forças da União e a batalha mais sangrenta da Guerra Civil Americana, que deixou mais de 23 mil homens mortos ou feridos em ambos os lados. Os Confederados nunca se recuperaram por completo e perderam a guerra.

Essa imagem, no entanto, é particularmente marcante por seu contraste com estudos fotográficos menos sisudos de Lincoln, que mostram um homem que se deleita com alguma secreta fonte de humor. Em seu conjunto, essas imagens revelam um homem capaz de mil expressões sutis, e talvez nessa habilidade resida seu apelo popular. Essa sua característica era decerto conhecida por seu secretário, John George Nicolay (1832-1901), que escreveu sobre o "desespero" de todos os artistas que retrataram Lincoln logo após sua indicação para a presidência:

> Eles incluíram em suas imagens os traços grandes e angulosos e as linhas fortes e proeminentes; tiraram medidas para obter proporções exatas; "petrificaram" algum olhar singular, mas a imagem permaneceu dura e fria. Mesmo antes de concluírem essas pinturas, era evidente que eram insatisfatórias... A imagem estava para o homem como o grão de areia está para a montanha; como os mortos estão para os vivos. A arte gráfica era impotente diante de um rosto que se movia em mil delicadas gradações de linha e contorno, de luz e sombra... de grave a jovial, e de volta outra vez... Há muitas imagens de Lincoln; não há nenhum retrato dele.

Os historiadores ainda se perguntam (e discutem) sobre o enigmático caráter de Lincoln que transparece em seus retratos fotográficos, mas uma coisa é certa: ele é o primeiro presidente americano (e bem possivelmente o primeiro americano) cujo senso de humor, que ele se dispunha a lançar tanto sobre si mesmo quanto sobre os outros, foi revelado por um sorriso colhido por uma câmera.

Gangues da navalha

Embora o sorriso esteja intimamente associado ao humor e à felicidade, há também uma história paralela do sorriso, bem mais sinistra, ligada à violência das gangues da navalha em Glasgow durante as décadas de 1920 e 1930, com sua predileção em infligir lesões faciais. Historicamente, o lado sul de Glasgow era famoso por suas gangues violentas, especialmente no notório e miserável distrito de Gorbals, na margem do rio Clyde. Em fins do século XIX, a industrialização causara enorme apinhamento e condições de vida estarrecedoras, e em Gorbals, particularmente, vivenciaram-se altos níveis de desemprego, que atingiram o auge no início da década de 1930. Foi nesse contexto que as gangues floresceram no período entre as guerras mundiais. Um relato ficcional sobre a vida nesse período pode ser encontrado no romance publicado em 1935 *No Mean City* [Cidade nada insignificante], dos autores H. Kingsley Long, jornalista, e Alexander McArthur, trabalhador desempregado.

As rivalidades entre gangues foram alimentadas pelo ódio sectário que emergiu enquanto a outrora protestante Glasgow recebia uma torrente de trabalhadores católicos irlandeses durante o século XIX e início do XX, exacerbando as tensões da cidade. Linhas sectárias e territoriais separavam gangues como os Bridgeton Billy Boys, os Norman Conks e os South Side Stickers, e a violência era perpetrada contra gangues rivais como forma de defender territórios e infligir lesões duradouras aos inimigos, embora entre as vítimas também houvesse membros da população geral.

Na década de 1930, o policial Percy Sillitoe foi convocado para lidar com a ameaça, graças à experiência que adquirira ao trabalhar com problemas semelhantes em Manchester. Sillitoe iniciara seu treinamento policial em forças paramilitares na África do Sul e na Rodésia do Norte, antes de se tornar chefe da polícia de Chesterfield e, mais tarde, do East Riding de Yorkshire. Durante esse período, conseguiu remodelar as forças policiais locais e lidou com as inúmeras gangues violentas da cidade, o que lhe trouxe a experiência que era prementemente necessária na Glasgow das gangues. Seu sucesso na cidade contribuiu para que recebesse os títulos de Comandante da Excelentíssima Ordem do Império Britânico em 1936 e de Cavaleiro em 1942. Em 1946, foi nomeado diretor-geral do Serviço de Segurança britânico. Suas táticas na cidade escocesa envolveram recrutar homens corpulentos das Terras Altas e regiões rurais que apreciavam uma boa briga e incentivá-los nessa habilidade, pondo-os, na prática, a lutar contra a ultraviolência perpetrada pelas gangues.

Um pavoroso ferimento associado a essas gangues era o "sorriso de Glasgow" (intimamente aparentado ao também famoso "sorriso de Chelsea"), que envolvia talhar a vítima em ambos os lados do rosto, da boca à orelha, deixando uma ferida que cicatrizava com formato de sorriso – o que nos leva à importante questão da história da cicatriz...

28

Cicatriz

A história da cicatriz tem tudo a ver com...
duelos e honra masculina, beleza feminina, escravidão,
Guerra Civil Inglesa e o ego de Nelson.

É fácil não dar importância à nossa pele, mas ela é algo maravilhoso. É um dos maiores órgãos do corpo; ela nos protege de ferimentos, infecções e desidratação; e se reproduz a cada trinta dias. Portanto, ela permanece em um estado constante de mudança, embora essa mudança geralmente seja imperceptível. Um momento em que a mudança se torna visível, porém, é quando um ferimento está se curando ou uma casca de ferida está se formando ou caindo. Esse é o processo pelo qual as cicatrizes são criadas. Só as lesões menores não produzem uma cicatriz na pele humana. Isso significa que a cicatriz é um presente para o historiador, porque ela permite que nosso corpo seja "lido". Cada cicatriz conta uma história e, assim, nossa pele conserva lembranças; em outras palavras, a pele age como um texto histórico. Essa observação é interessante por si mesma, mas precisamos levá-la além, pois nossa pele documenta um tipo específico de história. Ela não registra tudo, mas registra momentos de drama, momentos de dor que são literalmente inscritos na carne por ferimento ou doença, em resultado de procedimentos médicos ou de escarificação – cicatrizes marcadas intencionalmente na pele.

Nossas cicatrizes

Podemos contar a história de nossa vida por meio das cicatrizes. *Se você for impressionável, olhe para o outro lado.* Aqui, na canela de Sam, foi quando ele atravessou uma porta de vidro, em 1983, cortando a pele até o osso; aqui na membrana entre o polegar e o indicador foi quando Sam forçou a culatra de uma arma de ar comprimido, em 1986, prendendo sua pele, como um projétil na câmara, pronta para atirar; aqui, entre os olhos, foi quando ele caiu da copa de uma macieira, em 1989, e sua cabeça comprovou a existência da gravidade, como a maçã de Newton. Na face esquerda de James há uma pequena cicatriz de uma luta de espadas na infância (usando uma bengala de bambu); a cicatriz no dedo médio de sua mão direita foi quando o experimento com um novo canivete deu errado e a lâmina se fechou sobre o dedo como se fosse uma guilhotina; e é claro que há outras pequenas cicatrizes de quedas de bicicletas, catapora e vacina contra tuberculose. Cada cicatriz é uma história de um tempo, de um lugar, de um padrão de tomada de decisão (em geral, irresponsável). Algumas cicatrizes são mais visíveis do que outras, o que significa que a história delas tem sido contada com mais frequência; outras estão ocultas, cobertas por diversas razões. As histórias de vida contadas pelas cicatrizes tendem para o final dramático desses eventos que provocaram uma cicatriz na pele. Existe um desvio histórico a ser evitado na leitura das cicatrizes.

Nenhuma das lembranças de nossas cicatrizes autoinfligidas são especialmente divertidas ao serem revividas. Elas não são nada, contudo, em comparação com a perda de membros ou órgãos em um trauma inimaginável. Está tudo bem em dizer que a pele é um texto histórico, mas não em supor que a leitura desse texto seja direta. Pelo contrário, é um processo que inevitavelmente está misturado com emoção intensa. Assim, não é de surpreender que, com o tempo, o uso de uma cicatriz para contar uma história tenha se transformado em uma ferramenta literária, apresentada para efeito dramático ou exposição narrativa. No filme *A marca da forca* (1968), como Clint Eastwood ficou com aquela cicatriz horrível ao redor do pescoço? Ele tinha sobrevivido a um linchamento por um bando que acreditava que ele tinha roubado uma cabeça de gado. Em *O cavaleiro das trevas* (2008), como o Coringa de Batman ficou com as cicatrizes de cada lado da boca? Elas são cortes – um sorriso de Glasgow (ver página 308). No filme, o Coringa realmente dá duas versões de como esse sorriso aconteceu. Na primeira, ele viu seu pai atacar sua mãe com uma faca, e o pai fez os ferimentos no filho para obrigá-lo a sorrir com a fala “por que tão sério?”; na segunda, ele fez os cortes em si mesmo quando a esposa dele foi cortada de um modo similar pelos gângsteres e ele queria mostrar a ela que não se incomodava com as cicatrizes. O Coringa original na revista em quadrinhos *Batman* tinha um ricto e pele descorada provocados pela queda dentro de um barril de ácido. E o mais famoso de todos: como Harry Potter ficou com a cicatriz do raio na testa? Ele sobreviveu a uma maldição de morte de *Lord* Voldemort.

Escravidão

As cicatrizes da história algumas vezes são literalmente gravadas na pele humana, como lembretes dos horrores do passado perpetrados por regimes bárbaros e injustos. Talvez nenhuma delas seja mais horrível do que as cicatrizes dos escravos negros nos Estados Unidos durante o final do século XVIII e primeira metade do século XIX. Os escravos eram considerados propriedade a ser comprada e vendida e enfrentavam leis e punições estritas. Eles não podiam votar, casar-se, deslocar-se com liberdade nem possuir propriedades, e, legalmente, podiam ser chicoteados, passar fome, ser mutilados e torturados. Embora o tratamento dos escravos variasse ao longo do território dos Estados Unidos, as punições e o abuso físico eram disseminados. A crueldade selvagem com que a violência física era administrada está descrita em narrativas de escravos, como as do livro de memórias de Solomon Northup, de 1853, *Doze anos de escravidão*, ou do livro de memórias de Harrieta Jacobs, de 1861, *Incidents in the Life of a Slave Girl* [Incidentes na vida de uma menina escrava]. Ela foi recentemente explorada em filmes e ficção, como no filme de Quentin Tarantino *Django livre* (2012), e no romance *The Underground Railroad: os caminhos para a liberdade,* de Colson Whitehead.

Solomon Northup (1807/1808-c.1863) Autor de uma das mais importantes narrativas de escravos norte-americanos, o livro de memórias *Doze anos de escravidão* (1853). Northup era um músico em Washington, D.C., e foi drogado, sequestrado e vendido como escravo. Trabalhou em uma plantação na Louisiana até que a família e os amigos conseguiram libertá-lo, doze anos depois.

Uma das imagens mais famosas da crueldade bárbara administrada a um escravo afro-americano é uma foto de Gordon (ou Whipped Peter [Peter Chicoteado]), retratando as terríveis cicatrizes em suas costas causadas por chicotadas repetidas. Em março de 1863, Gordon fugiu da plantação em Louisiana que era de propriedade de John e Bridget Lyons. A fuga durou dez dias, e nesse período ele esfregou o corpo com cebolas a fim de esconder seu cheiro dos cães que o caçavam. Finalmente, ele alcançou a segurança, chegando ao acampamento da União em Baton Rouge, onde conseguiu a liberdade (embora fosse depois capturado por tropas confederadas, torturado e fugisse pela segunda vez). Depois de chegar ao acampamento, ele passou por um exame médico em 2 de abril de 1863, que revelou as inúmeras cicatrizes em suas costas. Durante esse exame, ele contou como essas cicatrizes tinham sido feitas:

> Dez dias atrás eu deixei a plantação. O capataz Artayou Carrier me chicoteou. Meu senhor não estava presente. Não me lembro de ser chicoteado. Fiquei dois meses na cama por causa da dor das chicotadas, e meus sentidos começaram a voltar. Eu fiquei como louco. Tentei atirar em todo mundo. Eles disseram isso, eu não sabia. Eu não sabia que tinha tentado atirar em todo mundo. Eles me disseram isso. Queimei todas as minhas roupas, mas não me lembro disso. Nunca fui desse jeito (louco) antes. Não sei o que me fez ficar desse jeito (louco). Meu senhor chegou depois de eu ser chicoteado, me viu na cama e despediu o capataz. Eles disseram que eu tentei matar minha esposa, a primeira; eu não atirei em ninguém; eu não machuquei ninguém. Meu senhor é o capitão John Lyon, plantador de algodão em Atchafalya, perto de Washington, Louisiana. Fui chicoteado dois meses antes do Natal.

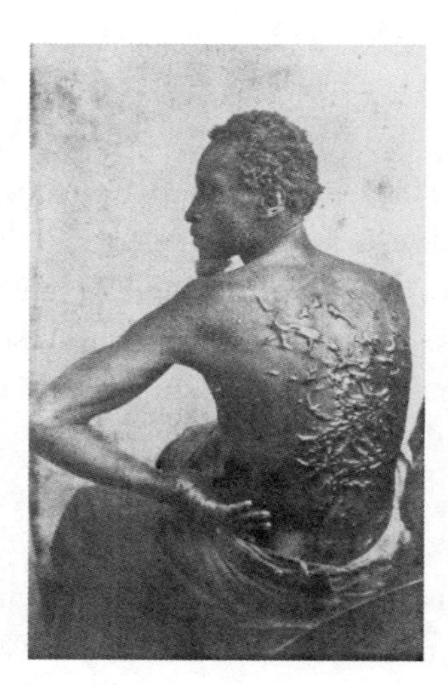

Fotografia de William D. McPherson e de seu sócio, o sr. Oliver, mostrando o escravo afro-americano Gordon (ou Whipped Peter), 1863.

O depoimento, como se declarou, representava “as próprias palavras do pobre Peter, ditas quando ele posou para esta foto”. Aparentemente foi no momento de seu exame que Gordon foi fotografado por William D. McPherson, um fotógrafo itinerante, e seu sócio nos negócios, J. Oliver. O fotógrafo o captou em uma posição sentada, despido até a cintura para revelar para a câmera suas costas cheias de cicatrizes, com a cabeça virada em um perfil nobre. A imagem foi transformada em uma *carte de visite* (uma pequena foto do tamanho de um cartão de visitas) e teve grande circulação, sendo inclusive publicada na *Harper's Weekly* em um número especial de 4 de julho. Um artigo em um jornal antiescravagista, *The Liberator*, de junho de 1863, descreveu ter recebido a foto e o profundo significado dela: “o corpo dele, firme, despido até a cintura... Cheio de cicatrizes, escavadas, reunidas em grandes sulcos, cheio de nós e regos, a pobre carne torturada destaca-se como um horrendo registro do açoite do capataz de escravos”. O poder da foto foi chamar a atenção do público para a cicatriz do escravo, usá-la como uma imagem visceral na luta pela abolição da escravidão.

Horatio Nelson

Diários, cartas para casa e anotações médicas dão aos historiadores relances da mente de homens e mulheres que se ajustam a suas cicatrizes, mas um dos mais extraordinários vem da mão (esquerda) de Horatio Nelson. Em um momento tranquilo durante um período de paz antes da Batalha de Trafalgar, a mente de Nelson vagueou para sua condição física. Ele escreveu uma lista dos “Ferimentos recebidos por *Lord* Nelson”, caracteristicamente tratando-se pela terceira pessoa, como se observasse machucados em um pêssego. A lista diz:

> Seu olho na Córsega [ele ficou cego por causa de estilhaços]
> Sua barriga no cabo Saint Vincent [ele ficou com uma hérnia do “tamanho de um punho”]
> Seu braço em Tenerife [seu braço direito foi amputado]
> Sua cabeça no Egito [um ferimento no couro cabeludo que arrancou uma camada da pele de seu crânio]

Depois, ele acrescentou, talvez com pesar, talvez com orgulho, talvez com discrição: “Tolerável para uma guerra”. Esse era um homem de pequena estatura, frágil e doente, que se apossou de suas cicatrizes de batalha e as valorizou, usando-as como medalhas. Para Nelson, elas eram nada menos do que a moeda da liderança e da lealdade. Suas cicatrizes diziam eloquentemente: "Eu lutei, sobrevivi, sou altruísta, sou seu líder, sigam-*me*". As cicatrizes dele não o dominavam, bem ao contrário. Ele as valorizava e extraía poder delas.

Cicatrizes de duelos

Para alguns homens, as cicatrizes eram uma marca de honra, uma declaração de masculinidade. Durante o século XIX, as cicatrizes de duelo (ou *Schmisse*, em alemão) eram populares entre os jovens da nobreza proprietária de terras da Áustria e da Alemanha que eram membros de clubes de duelo da universidade ou *Studentcorps.* O conde Otto von Bismarck (1815-1898), o extravagante estadista prussiano e primeiro-ministro da Alemanha, era um ardente duelista durante seus estudos nas universidades de Göttingen e Berlim. Enquanto estava em Berlim, ele se uniu ao Corps Hannovera, um tipo de associação estudantil e clube de bebidas – cujo equivalente atual poderia ser a fraternidade universitária nos Estados Unidos –, e tinha a reputação de ter lutado 25 duelos no primeiro ano. Um colega estudante em Göttingen descreveu sua aparência física, incluindo "uma cicatriz enorme, a relíquia de um duelo recente", que "se estendia da ponta do nariz à borda da orelha direita e foi fechada com catorze pontos". Dizia-se que Bismarck esfregava sal no ferimento para exacerbar a cicatriz e torná-la mais pronunciada. A honra marcial era um dos valores centrais da classe *Junker* de proprietários de terra prussianos a que o jovem Bismarck pertencia, e exibir uma magnífica cicatriz era uma medalha de honra. Alguns jovens tinham inúmeras cicatrizes provenientes de uma carreira de duelos, enquanto outros, que queriam fazer parte da cultura, até mesmo se infligiam cicatrizes com suas próprias navalhas ou pagavam a médicos para cortá-los com bisturis.

Essas cicatrizes dos duelistas alemães do século XIX – intencionais, orgulhosas, marcas da honra masculina – são apenas um exemplo da escarificação como uma importante forma de expressão, uma prática que é visível por toda a história de inúmeros modos: como um ritual tribal, como um produto de automutilação ou como uma forma extrema de arte corporal. As cicatrizes, como as tatuagens, *piercings* e marcas, são um modo de comunicar significado ao mundo de um modo muito público. De fato, o grande antropólogo Claude Lévi-Strauss (1908-2009) via o corpo como uma superfície à espera de que a cultura fosse marcada nela. A escarificação pode ser conseguida de inúmeras maneiras: por meio de corte, marcação, remoção de camadas de pele e até colocando argila ou cinzas em uma ferida para criar uma cicatriz "elevada" distinta. A escarificação tende a ser mais visível em peles escuras do que as tatuagens e é um dos motivos pelos quais era amplamente usada pelas tribos de toda a África como marcadores de comunidade para denotar ritos de passagem e transições para diferentes estágios da vida. Na África Ocidental, a escarificação facial era usada para denotar família e grupos, e, nas mulheres, para marcar estágios em seu processo de vida; alguns tipos de cicatriz também aumentavam a probabilidade de serem boas esposas, pois a escarificação demonstrava a capacidade de lidar com a dor e, portanto, de produzir filhos.

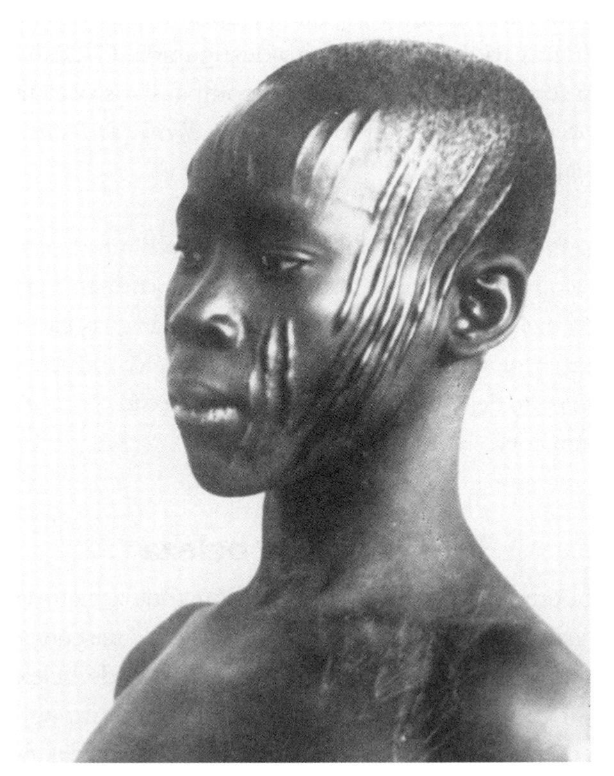

Jovem africano com escarificação facial, *c.*1930.

Varíola

O que distingue essas formas de escarificação tribal africana é que elas são públicas e costumam ser exibidas, em contraste com a atitude de muitos ocidentais diante de cicatrizes, que é mantê-las ocultas ou cobertas, e aqui a história da cicatriz se conecta à ideia da beleza feminina. Enquanto nas culturas africanas as cicatrizes estavam associadas com beleza, fertilidade e feminilidade, na maioria das culturas ocidentais, cicatrizes faciais ou corporais eram temidas como uma desgraça para a beleza feminina. No início de seu reinado, em outubro de 1562, Elizabeth I contraiu varíola, uma doença conhecida por deixar muitas cicatrizes no rosto e no corpo. Ela foi afetada tão gravemente pela doença que temiam que ela perdesse a vida. Felizmente, Elizabeth sobreviveu à doença com cicatrizes mínimas, mas muito menos afortunada foi a dama de companhia que cuidou da rainha durante sua doença, *Lady* Mary Sidney, que contraiu varíola e ficou muito desfigurada. O efeito das cicatrizes foi registrado em termos intensamente não compassivos pelo marido de *Lady* Mary, *Sir* Henry Sidney, em seu livro *Memoir of Service in Ireland* [Memória de serviço na Irlanda]:

> Quando fui para Newhaven [le Havre] eu deixei uma bela senhora, a meus olhos pelo menos a mais linda, e quando retornei, eu a encontrei como a mais feia das mulheres que a varíola pode criar... as cicatrizes da doença (para seu absoluto desconforto) indicam o que aconteceu e devem permanecer no rosto dela, assim ela vai viver *solitairilie sicut Nicticorax in domicilio suo* [como um corvo noturno na casa].

Remendos de beleza

Aqui a varíola foi um impedimento à beleza. Por toda a história no Ocidente, as imperfeições visíveis – como verrugas ou marcas de nascença, além de cicatrizes – eram cobertas, muitas vezes com um remendo de beleza, uma prática que se originou no Império Romano. A prática era comum na Europa do século XVI como um modo de esconder as cicatrizes causadas por varíola e sífilis. Remendos pretos feitos de seda ou veludo, cortados em várias formas (corações, estrelas e losangos), eram populares nos séculos XVI e XVII e podiam ser carregadas com a pessoa, guardados em caixas de remendos ornamentadas. A moda desses acessórios provocou desprezo dos membros do Parlamento puritano inglês, em 1649, quando eles apresentaram na Câmara dos

Comuns um projeto de lei proibindo "O vício de pintar e usar remendos pretos e vestidos reveladores pelas mulheres", um projeto que nunca foi aprovado.

Puritanos Um grupo de protestantes não conformistas ingleses. Insatisfeitos com a Reforma Inglesa, eles buscaram "purificar" a Igreja da Inglaterra do que viam como práticas católicas corruptas e supersticiosas. Da Inglaterra, suas crenças intolerantes foram levadas para a Holanda e cruzaram o Atlântico até a Nova Inglaterra quando buscavam fugir à perseguição religiosa.

Os homens ingleses também podiam mascarar cicatrizes desfigurantes com vários acessórios, em contraste direto com os alemães, que ostentavam cicatrizes de duelos. Um nobre do século XVII, Henry Bennet, primeiro barão

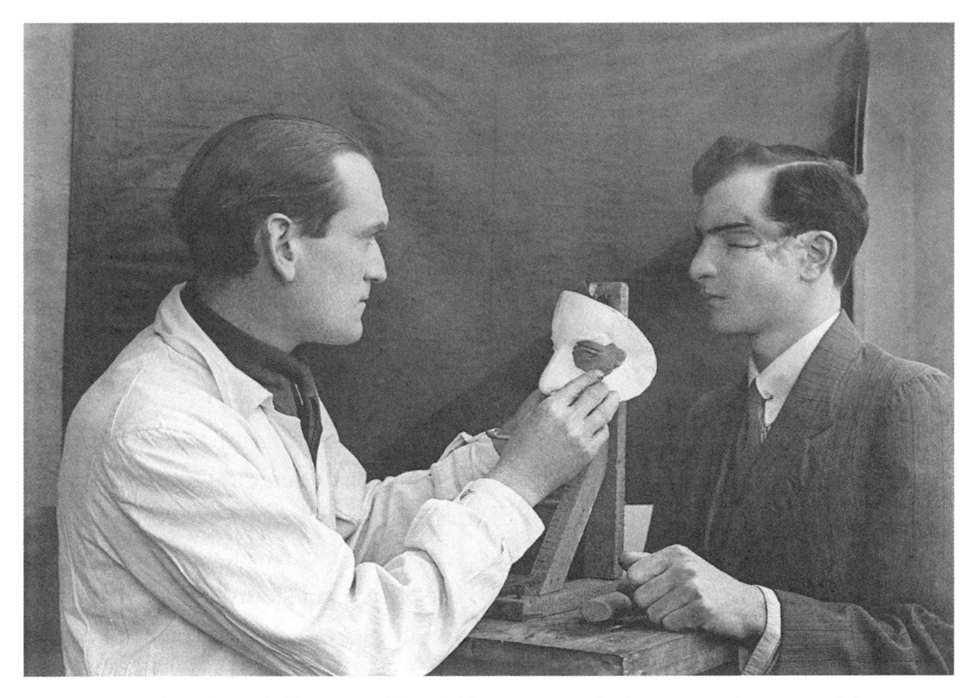

O capitão Francis Derwent Wood dá os toques finais a uma placa cosmética feita para um soldado britânico com um grave ferimento facial infligido durante a Primeira Guerra Mundial.

de Arlington (1618-1685) e depois secretário de Estado de Carlos II, foi ferido lutando do lado realista na Guerra Civil. Durante uma escaramuça em Andover, em 1644, ele teve um ferimento na ponta do nariz e passou a cobrir a cicatriz resultante com um curativo preto. Pensavam que ele fazia isso para enfatizar sua lealdade à causa realista e zombavam abertamente dele. No período que se seguiu à Primeira Guerra Mundial, muitos soldados sofriam por seu rosto estar desfigurado, e vemos o desenvolvimento de técnicas incríveis para reconstruir e mascarar as horríveis deformações desses homens. Esse era um desafio diferente de todos que já haviam sido encontrados. *Sir* Harold Gillies, que estava na vanguarda dessa cirurgia, observou que, "ao contrário do estudante de hoje, que é ensinado a fazer pequenas excisões de cicatrizes e se gradua em lábios leporinos, repentinamente nos pediram que consertássemos metade de um rosto". Uma das técnicas era a fabricação de máscaras, feitas a partir de moldes de gesso do rosto do paciente, um método desenvolvido por Francis Derwent Wood, um prolífico e talentoso escultor. Velho demais para se alistar, Wood adaptou suas habilidades e se voluntariou para ajudar vítimas de queimaduras que haviam perdido a confiança devido à deformação facial. A demanda foi tamanha que toda uma seção do Terceiro Hospital Geral de Londres tornou-se o Departamento de Máscaras para Deformação Facial, que os soldados ingleses, com seu peculiar humor de guerra, chamavam de "Oficina de Narizes de Lata".

Edifícios com cicatrizes

Não são apenas os seres humanos que ficam com cicatrizes. Nosso mundo moderno está rodeado por restos físicos que são, de um modo ou de outro, cheios de cicatrizes, e, exatamente como as marcas na nossa pele, essas cicatrizes em madeira, tijolo, pedra ou concreto contam uma história e têm um profundo valor histórico, como os buracos de balas que ainda marcam o prédio do Reichstag alemão, como ecos distantes da batalha por Berlim durante a Segunda Guerra Mundial. O valor desses tipos de cicatrizes é duplo. Por um lado, eles são uma janela para um evento específico, mas também são um lembrete de que os edifícios precisam ser lidos como um tipo de palimpsesto – um documento histórico que tem camadas múltiplas de escrita.

Um dos exemplos mais poderosos disso encontra-se nas igrejas britânicas. O que, você pode perguntar, é uma igreja se não um local de adoração? Isso depende muito de a quem e de quando você faz a pergunta. Se estivesse perguntando em 1643 em Devizes, Wiltshire, ou em Farndon, Cheshire, a resposta seria "uma fortaleza militar". Esse foi o segundo ano da Guerra Civil Inglesa (1642-1651), e o país estava agitado com o conflito entre dois lados opostos: os realistas e os parlamentaristas. Os dois lados procuraram as igrejas. Elas eram fortes, construídas com pedras sólidas; tinham portas robustas de madeira e poucas janelas; tinham campanários, que forneciam uma vista do alto das áreas adjacentes e abrigava atiradores. Resumindo, eram bases militares prontas.

Não era incomum que as igrejas se transformassem em centros de batalha ou em centros de poder militar de uma área. Um dos exemplos mais interessantes é Malmesbury Abbey, em Wiltshire, uma das sedes mais importantes do aprendizado europeu nos séculos XI e XII. Mas, quinhentos anos depois que a atual abadia foi concluída, Malmesbury se encontrava em um cruzamento estratégico da Guerra Civil Inglesa por estar localizada a meio caminho entre as fortalezas de Bristol e Oxford. Malmesbury mudou de mãos não menos que cinco vezes durante a guerra e sua identidade mudou de um local de aprendizado, empreendimento científico, tolerância e piedade para um local de preconceito e violência. Procure a parede voltada para o sul, ao lado do pórtico principal, e você verá as cicatrizes dos buracos do fogo de mosquete, pois essa era a parede de execução contra a qual os prisioneiros de guerra eram colocados para serem fuzilados.

Cicatrizes propositais em castelos

Um tipo especialmente interessante de cicatriz em edifícios eram as feitas deliberadamente em castelos britânicos, um processo que ficou conhecido como *slighting* em inglês. A ideia por trás disso era simples – danificar visivelmente um edifício que havia sido um forte do inimigo –, mas a motivação era surpreendentemente complexa. Em alguns casos, isso era feito para reafirmar o controle e a autoridade sobre um súdito rebelde; em outros, para evitar que o castelo fosse usado como um forte contra seu dono; e, depois da Guerra Civil Inglesa, foi feito como um meio de subverter a "ordem antiga", destruindo as estruturas literais e figurativas de sua base de poder.

Assim, em 1173, Henrique II marcou o Castelo de Framlingham, em Suffolk, para punir o conde de Norfolk, que tinha se rebelado contra seu governo; em 1314, o rei escocês Robert the Bruce destruiu castelos em Edimburgo, Roxburgh e Stirling para evitar que fossem usados contra ele; e, depois da Guerra

Civil, muitos castelos, como Kenilworth, Corfe e Pontefract, foram destruídos pelos parlamentaristas por estarem ligados aos realistas e serem expressões de seu poder e riqueza.

As técnicas usadas variaram de um local para o outro e também conforme o período. Às vezes, as fortificações eram simplesmente derrubadas à mão, com equipes de trabalhadores quebrando a pedra e levando o material para ser usado em outros locais; em outras ocasiões, armas de cerco eram usadas como uma dramática exibição de força, com trabucos e canhões lançando pedras e projéteis de ferro para estraçalhar muralhas e torres. O uso da pólvora como um explosivo era raro por causa do preço. Algumas vezes, como em uma guerra de cerco, muralhas e torres eram solapadas: túneis eram cavados e sustentados com traves de madeira como em uma mina e, depois, queimados. Algumas vezes, as torres e as muralhas desabavam, mas outras isso não acontecia. Com frequência, o resultado era uma parede ou uma torre rachadas e inclinadas dramaticamente. Um dos melhores exemplos é o Castelo de Corfe, em Dorset, onde a casa de guarda sudoeste e o muro oeste, semidesabados, inclinam-se em um ângulo impossível [*Fig. 39 do caderno de imagens*].

Um símbolo poderoso do poder perdido e da agitação política, os muros inclinados desse castelo também nos trazem a importante questão da história do desaprumo...

31. Papiro Oxyrhynchus 52. Relato de Aurélio, Dídimo e Silvano, médicos públicos, a Flávio Leocádio, um alto servidor municipal, afirmando que haviam visitado a filha de Aurélio Dióscoro e a encontraram sofrendo com ferimentos causados pelo desabamento da casa dele.

32. Anúncio britânico de Rowntree's Clear Gums, 1929.

33. Tatuagem de animais fabulosos no braço de uma criança cita, em Barrow 2 em Pazyryr, Altai, Sibéria, século V a.C.

34. Boneco de neve nas margens de um livro de horas (*c.*1380).

35. Afresco representando uma batalha de bolas de neve em janeiro no Castelo Buonconsiglio, Trento, Itália (*c.*1405-1410).

36. O gato Gayer-Anderson, uma estátua de um gato do antigo Egito datada de 664-332 a.C. e agora guardada no Museu Britânico.

37. Frans Hals, *Malle Babbe* (1633-1635).

38. Gerrit van Honthorst, *O violinista sorridente* (1624).

39. O Castelo de Corfe, em Dorset, foi parcialmente marcado ou demolido durante a Guerra Civil Inglesa, dando um desaprumo distinto às paredes.

40. The Shambles, York.

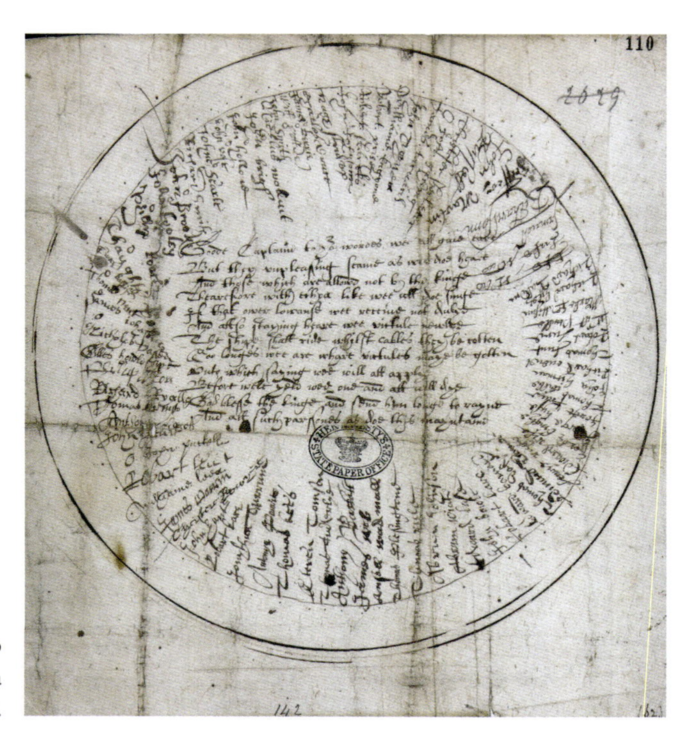

41. Assinaturas em círculo de marinheiros, década de 1620.

29

Desaprumo

A história do desaprumo tem tudo a ver com...
urbanização, pensionistas,
deficiência e extorsão.

O beco diagonal

The Shambles [O Matadouro], na cidade de York, é uma das ruas medievais mais bem preservadas da Europa e uma versão real do Beco Diagonal de Harry Potter – uma ruazinha escondida em que sempre há vento e muito movimento. Em York, as edificações com estrutura de madeira se aglomeram no espaço exíguo, lançando sombras longas mesmo quando o sol está em seu ponto mais alto. As construções avançam desaprumadas rua acima, rua abaixo, rua adentro e até sobre a rua [*Fig. 40 do caderno de imagens*]. O espaço, a luz e o ar são escassos, tanto dentro quanto fora dos imóveis. Todos têm inúmeros cantos escuros, apertados e desalinhados. A própria rua, com seu calçamento de pedras, é inclinada. Nenhuma linha, em lugar nenhum, é horizontal; nenhuma é vertical; tudo é desaprumado de algum modo ou de outro. Os edifícios cresceram organicamente acotovelando-se ao longo dos séculos, em vez de obedecerem a um plano que os ordenasse e uniformizasse. A rua foi mencionada pela primeira vez no Domesday Book, cadastro de terras compilado em 1086, mas muitos dos imóveis que ali vemos hoje datam do final do século XIV ao XV. Anteriormente conhecido como The Great Flesh Shambles [O Grande Matadouro de Carnes], o local esteve pontilhado de açougues – nada menos de 25 apertando-se nessas ruelas até 1872, entremeando-se com residências.

Ruas semelhantes podem ser hoje vistas em toda a Grã-Bretanha e Europa continental em cidades cujo centro medieval se preservou. Na Gamla Stan (ou Cidade Velha) de Estocolmo, encontra-se o Mårten Trotzigs Gränd, um beco estreito e afunilado que forma um gargalo de apenas noventa centímetros de largura, tão apertado que se você estiver no meio da rua conseguirá tocar nas paredes de ambos os lados. O magnífico centro medieval da cidade alemã de Rothenburg ob der Tauber, na Baviera, tem vielas como essas por quase toda parte.

Arquitetura medieval

Essa forma incomum de desaprumo arquitetônico não pode ser explicada como uma perda de habilidades arquitetônicas e construtivas no mundo medieval após a desintegração do Império Romano. O desaprumo foi, na verdade, elemento intencional: basta olhar para edifícios inspiradores como os castelos medievais ou construções românicas e góticas para perceber as imensas habilidades que estiveram por trás da construção medieval. Sabe-se que os mestres de obras da Idade Média dispunham de diversas ferramentas para garantir a obtenção de linhas retas onde necessárias, incluindo réguas de nível e de prumo, que têm longa história.

Embora os alicerces e paredes que iam cedendo pudessem com o tempo acentuar certas angulações, os edifícios medievais urbanos com estrutura de madeira eram construídos segundo um princípio chamado cantiléver, em que cada andar sobressai lateralmente um pouco mais que o de baixo, e é isso que dá a essas edificações uma aparência desaprumada. Construir casas cujos andares superiores eram mais largos que os inferiores era uma vantagem onde o espaço era limitado. Era também prática, uma vez que protegia os pisos inferiores das intempéries – e em termos de engenharia também fazia sentido, pois a parede contrabalançava as forças descarregadas pelas vigas, combinando tensões. Na York medieval, bem como em outros lugares, isso significava que as casas dos comerciantes e artesãos ocupavam terrenos tipicamente longos e estreitos, com a cumeeira voltada para a rua. Seja como for, essas casas ainda exibiam a riqueza e posição social de seus proprietários. No número 7 de The Shambles, por exemplo, que é posterior a 1450, os montantes verticais da tesoura do telhado eram destaques na fachada, para assinalar o caráter exclusivo da moradia ou para o que se poderia descrever como "encanto das calçadas". Os edifícios com estrutura de madeira eram também notavelmente flexíveis, podendo receber uma série de alterações, tanto internas quanto externas, com acréscimo de novos cômodos e com subdivisão ou mudança de finalidade em outros. Foi exatamente essa forma de ampliação orgânica, no entanto, que contribuiu ainda mais para a aparência algo improvisada e até desordenada de ruas como The Shambles.

Doença

No meio do calçamento de pedras de The Shambles há uma grande valeta por onde outrora corriam resíduos – e que resíduos terão sido... The Shambles era um nome comum dos mercados de carnes, que eram na verdade matadouros ao ar livre no centro da cidade. A valeta central não servia apenas para as torrentes pluviais, mas para rios de sangue. Barragens temporárias se formavam com as vísceras e outros resíduos animais, misturados com dejetos humanos que, apesar dos sistemas de esgoto e das latrinas públicas, eram simplesmente despejados nas ruas, aumentando o acúmulo de lixo. Essa pitoresca rua medieval, tão adorada pelos turistas, teria sido outrora um esgoto a céu aberto, e da pior espécie.

Tais condições de apinhamento e sujeira foram diretamente responsáveis por surtos periódicos de doenças – razão pela qual metade da população da Inglaterra morreu de peste entre 1348 e 1350, sem contar os que morreram de tuberculose, cólera, disenteria ou lepra, todas elas enfermidades que vicejam na imundície. Em alguns locais, a culpa foi atribuída às ruas e edificações. Na França do século XVI, os edifícios em cantiléver foram proibidos nas cidades de Rouen em 1523 e de Angers em 1541.

Paris

Foram essas as condições que os urbanistas dos séculos XVIII e XIX procuraram erradicar, e em lugar nenhum esse programa de "melhorias" é mais evidente e mais interessante para o historiador do que em Paris, cidade que fora assolada por doenças, superlotação e miséria. Em 1845, Victor Considerant, reformador social francês, escreveu:

> Paris é uma imensa oficina de putrefação, onde a miséria, a pestilência e a doença trabalham em conjunto, onde a luz do sol e o ar raramente penetram.

> Paris é um lugar terrível em que as plantas mirram e perecem, e onde, de cada sete bebês, quatro morrem no decorrer do ano.

A seus olhos, Paris era uma cidade purulenta. Além do mais, as estreitas ruas parisienses se prestavam à revolução, já que, em meio a tal apinhamento, levantar barricadas e bloquear ruas eram tarefas simples.

De 1853 a 1870, no rescaldo da Revolução de 1848, Paris tornou-se um sítio de obras diferente de tudo o que o mundo já vira, tendo à frente da guerra contra as construções medievais da cidade o administrador civil Georges-Eugène Haussmann (1809-1891). Os números são extraordinários ainda hoje: o projeto estendeu-se por dezessete anos; derrubaram-se 12 mil estruturas; os novos edifícios, avenidas, estações ferroviárias, parques e fontes construídos por Haussmann custaram a Napoleão III cerca de 2,5 bilhões de francos, equivalentes a cerca de 75 bilhões de euros em dinheiro de hoje; construiu-se um novo aqueduto, aumentando de 87 mil para 400 mil metros cúbicos diários o aporte de água ao coração da cidade. Haussmann impôs a Paris um traçado em grade, com ruas correndo de norte a sul e de leste a oeste, dividindo a antiga cidade medieval em novos setores que definiram vinte *arrondissements*, ou distritos administrativos. Toda uma cidade caótica, de ruelas escuras e construções desaprumadas foi demolida, substituída por avenidas amplas e retas e por longas sucessões de edifícios uniformes e parques, que

Rue de Rivoli em 1855: o primeiro *boulevard* construído por Haussmann em Paris.

hoje reconhecemos imediatamente como sendo Paris. Embora não isenta de críticas, a Paris de Haussmann tornou-se modelo de projeto urbano para capitais europeias, como Madri, Estocolmo, Roma, Bruxelas, Barcelona e Viena, com influências também nos Estados Unidos – em Nova York, Chicago e Washington. Ao remover o desaprumo medieval, portanto, Haussmann não só alterou o desenho e a ambiência de muitas de nossas grandes cidades, e a saúde de sucessivas gerações de seus habitantes, mas também deu forma ao mundo moderno.

Em outros lugares, nossas cidades medievais desapareceram por diferentes razões: o primoroso porto hanseático de Lübeck, Alemanha, foi incendiado por bombas britânicas em março de 1942; em represália, Exeter, uma cidade de origem romana em Devon, descrita por muitos contemporâneos como mais bela que York, foi arrasada pela Luftwaffe alemã. Um incêndio acidental destruiu a Londres medieval em 1666; um terremoto pôs abaixo a Lisboa medieval em 1755; e, por todo lado, os projetos substituíram o icônico desaprumo do madeirame medieval pelas linhas retas dos blocos de concreto e vigas de aço. Onde antes víamos um edifício desaprumado como uma ameaça a nossa saúde e símbolo do atraso, agora o vemos como símbolo raro e encantador do passado: algo a ser preservado.

Terremoto de Lisboa (1755) Um dos mais fortes sismos da história europeia e uma das catástrofes naturais com mais vítimas no mundo. Os historiadores acreditam haver chegado a 100 mil o número dos que morreram no terremoto e nos três descomunais maremotos que se seguiram.

Deficiência

O sentimento de culpa por não se haver valorizado e respeitado o passado é também um tema que acompanha de forma marcante outra história: a do desaprumo humano. No acervo do National Maritime Museum em Londres há uma esplêndida coleção de imagens em que figuram os Pensionistas de Greenwich.

Eram homens que haviam servido na Marinha Real e que por idade, enfermidade ou incapacitação não puderam prosseguir no serviço ativo. Em 1692, as atenções começaram a se voltar sobre esses homens desassistidos, quando a rainha inglesa Maria II viu marinheiros feridos serem trazidos a terra firme após a fragorosa vitória naval inglesa sobre os franceses em La Hogue, uma vitória que, depois de anos de tramas de invasão católica, finalmente garantiu o trono a seu marido protestante, Guilherme III. Maria tomou a seu encargo o cuidado desses homens que tanto haviam dado para garantir a segurança e riqueza do crescente Império Britânico, e designou o Palácio Real de Greenwich, originalmente construído para Carlos II, como futuro lar para eles.

Batalha de La Hogue (1692) Uma das maiores vitórias da Marinha Real inglesa. Com a derrota da frota francesa que fora enviada por Luís XIV para instaurar o católico Jaime II no trono da Inglaterra, a ameaça da invasão foi eliminada. Doze navios franceses foram destruídos; os ingleses não perderam nenhum.

Após anos de construção e de angariamento de recursos, o local foi inaugurado em 1705 e serviu de residência permanente para pensionistas navais até 1869. O palácio foi convertido em hospital e o atendimento prestado na casa foi financiado de forma bastante interessante. Mais da metade da dotação inicial proveio de fundos pagos por comerciantes flagrados e condenados por contrabando. Outros recursos vieram de uma campanha pública de arrecadação. Outra dotação veio de uma contribuição regular, mas modesta, do Tesouro. Pouco antes da inauguração, um pagamento extra, que permitiu concluir as obras e finalmente materializar a visão de sete anos que Maria cultivara sobre esse atendimento, proveio da liquidação das propriedades e tesouro do capitão William Kidd, pirata que pouco tempo antes havia sido capturado e executado.

William Kidd (1654-1701) Marinheiro escocês que foi executado por pirataria ao regressar de uma viagem ao oceano Índico. O mito do "tesouro enterrado" dos piratas tem origem em sua figura.

São muito poucas as imagens desses homens feitas antes que a rainha se interessasse por eles, mas, uma vez estabelecidos em sua nova residência palaciana, tornaram-se figuras familiares da vida londrina por mais de 150 anos, e sua memória ficou preservada em vasto material visual. Eram prontamente reconhecíveis. Trajavam uniforme – na verdade, já se vestiam assim muito antes que os uniformes fossem adotados pela Marinha Real em 1748. Nas imagens que chegaram até nós, todos portam casacos azuis e chapéus de três bicos e a maioria é mostrada com bengalas, alguns com muletas e muitos com pernas de pau. Suas idades e enfermidades são, na maioria das vezes, expressas na forma de um desaprumo lateral, dianteiro ou traseiro. O desaprumo que se vê nas imagens dos pensionistas de Greenwich é, portanto, um tipo específico de desaprumo de determinado grupo em determinado momento e local – pessoas que foram salvas por uma soberana solidária e receberam assistência em parte financiada por contrabandistas e piratas. Seu desaprumo físico foi uma deficiência que decorreu do poderio da Marinha Real e, como tal, foi historicamente singular. No entanto, esses homens não eram o conhecido estereótipo do pensionista idoso – muito pelo contrário. Apelidados "Gansos de Greenwich" pelos moradores locais, eram marujos durões, muitos dos quais regressaram ao mar como cozinheiros, e os registros judiciais mostram que se meteram em brigas e mostraram outros comportamentos antissociais: não nos deixemos enganar pelo desaprumo de sua trôpega aparência.

Uma caricatura dos Pensionistas de Greenwich, *c.*1800.

A bengala

Como mostram claramente as imagens de Greenwich, a bengala era a cultura material do desaprumo. Bastões ou bengalas eram comumente usados por pessoas com deficiência como adereço ortopédico que ajudava a caminhar, mas a bengala tinha também muitas outras funções – práticas, cerimoniais e da moda. Peregrinos e viajantes que não tinham deficiências usavam cajados quando percorriam terrenos acidentados; os bispos os utilizavam em cerimônias religiosas; e serviam como acessórios de moda para aqueles que não tinham nenhuma dificuldade em caminhar. O extravagante Oscar Wilde era bastante cioso de uma bengala com cabo de marfim, de valor tanto intrínseco quanto estético. Ao longo da história, figuras famosas foram associadas a bengalas, muitas vezes adotadas como apoio para a caminhada (em casos de desaprumo), como Franklin D. Roosevelt e Winston Churchill, este último descrito como um homem "caminhando com o destino".

Como objetos ligados tanto à deficiência quanto ao corpo plenamente apto, as bengalas têm uma história fascinante, inclusive por seus entalhes e pelos significados simbólicos muitas vezes a elas associados. O famoso biólogo e naturalista Charles Darwin gostava particularmente de caminhar e possuía uma bengala de osso de baleia, cujo cabo tinha a inusitada forma de um crânio com dois olhos de vidro verdes. Darwin dizia que essa bengala era seu *morituri*, uma espécie de *memento mori* – um lembrete da transitoriedade da vida.

Às vezes, as bengalas nem mesmo serviam à caminhada, chegando a prestar-se a dois usos. Quando nos séculos XVII e XVIII a bengala substituiu a espada como acessório indispensável, passou também a ser usada como arma, às vezes munida de uma ponta metálica afiada. Uma das mais notáveis dessas bengalas-arma está exposta na Torre de Londres. O objeto que ficou conhecido como "bengala de Henrique VIII" é um bastão de madeira de aspecto estranho, encimado por uma maça com cravos salientes, cujo interior oculta nada menos que três fechos de mecha (os predecessores do gatilho). Tal bengala não se destinava absolutamente a passar uma falsa impressão de deficiência; era, sim, uma arma aterradora, do tipo mais mortífero. No século XIX, a violência mostrou-se cada vez mais dissimulada, como no caso das chamadas "bengalas de lâmina", bastões que ocultavam uma haste cortante que precisava ser desembainhada para uso, e das "bengalas de tiro", em que o cano e o mecanismo de disparo ficavam disfarçados na haste e no cabo do bastão. A bengala-rifle Remington foi um dos primeiros exemplos desse tipo de arma. De 1858 a 1888, alguns poucos milhares desses artefatos foram produzidos, o que agora os torna muito procurados por colecionadores. Com cabos curvos e esculpidos, parecem bastante inofensivos à primeira vista – o que presumivelmente era seu propósito. O anúncio dessa arma destacava as seguintes "Instruções de uso":

> Para carregar – desaparafusar do corpo da bengala o cabo da culatra; inserir o cartucho e recolocar o cabo. Puxando-se a alavanca, a peça se armará. Pressionando-se o gatilho que está abaixo, disparar-se-á.

Eram dispositivos simples, de fácil utilização, que se valiam de associações entre o desaprumo e a bengala para parecerem inofensivos – mas disparavam sua carga mortal em caso de contenda.

James Dean

James Dean em *Juventude transviada*, filme de 1955.

Distinto do desaprumo do idoso e do enfermo era o desalinho displicente do jovem rebelde, exemplificado no desleixo orgulhoso dos rebeldes de Hollywood, como James Dean e Marlon Brando. James Dean aperfeiçoou a linguagem corporal do *cool*: a presunção de estar sempre em desaprumo escorando-se em algo – um muro, um balcão, um carro ou motocicleta: o desaprumo lateral, a mão despreocupadamente no bolso de trás; o desaprumo ao sentar-se, de modo a ficar quase horizontal em vez de inclinar-se à frente para ser ouvido na conversa. Quem poderia esquecer as imagens icônicas de um jovem Marlon Brando com roupa de couro, apoiado em sua motocicleta? Em Dean e Brando, e em muitos outros como eles, a linguagem corporal *ultra-cool* era bem encenada, bem masculina. Era bastante diferente da prontidão dos soldados, ou do ar dos filhinhos de papai que rondavam pelos clubes de campo dos Estados Unidos. Esse desaprumo desleixado masculino também passava longe da postura ereta que os manuais de boas maneiras prescreviam para as jovens, exigindo que se apresentassem bem aprumadas.

Etiqueta feminina

The Ladie's Book of Etiquette [O livro de etiqueta das damas] (1860), de Florence Hartley, recomendava uma série de exercícios preparatórios para se alcançar uma postura ereta. Ela aconselhava toda jovem senhora a

> aprender sucessivamente a assumir firme postura sobre ambos os pés, com os membros suficientemente estendidos e todo o corpo perfeitamente ereto, mas não rígido; depois, alçar um pé do chão e assim mantê-lo por algum tempo sem mover parte nenhuma do corpo.

A jovem senhora era então instruída a repor o pé no chão e elevar o outro da mesma maneira. Tais movimentos deveriam ser repetidos até que as praticantes estivessem bem familiarizadas.

> Orienta-se então que mantenham o corpo bem ereto, mas não rígido, e, sustentando-se com firmeza em uma perna, alcem do chão a outra, gradual e lentamente, dobrando a articulação superior do membro e ao mesmo tempo estendendo o joelho e colocando o dedo do pé em sua devida extensão, mas *não mais*.

Desse modo, as jovens eram treinadas a movimentar-se e caminhar de modo ereto e digno: desleixo e desaprumo estavam fora de cogitação.

As escolas de boas maneiras ofereciam às filhas das elites sociais do mundo o treinamento necessário para o ingresso na sociedade. Uma postura ereta, com costas retilíneas, era sinônimo de feminilidade e boa criação, e as

Uma mulher equilibrando um livro durante aulas de boas maneiras, em 1952.

fotografias da época mostram mulheres aprendendo a andar com um livro na cabeça para obterem postura correta.

É verdade que teoria não era sinônimo de prática: só porque se instruía às mulheres que agissem dessa maneira não significava que elas o fizessem.

Assim como havia homens rebeldes em Hollywood, também havia legiões de mulheres atrevidas e espirituosas – mulheres que certamente sabiam fazer pose – como Marilyn Monroe, Ava Gardner e Greta Garbo; mulheres que eram mais que páreo para seus colegas homens e podiam figurar em desaprumo na tela grande.

Extorsão e intimidação

Há também uma história fascinante de outro tipo de desaprumo: o de pessoas que se debruçaram sobre outras, seja para ajudar ou, pelo contrário, para pressioná-las – para arrancar algo delas ou forçá-las a agir contra a própria vontade. Nesse sentido, a história do desaprumo é a história da extorsão, do *bullying* e da chantagem. É a história da persuasão política, das tramas e das traições.

Esse debruçamento intimidante é belamente ilustrado com a carreira de um magnata do século XV, *Sir* John Cornewall (*c.*1364-1443), nos anos que precederam a Guerra das Rosas. Esse período de lutas e disputas na Inglaterra de 1455 a 1485 foi efetivamente uma guerra civil em que se assistiu ao colapso da autoridade e da justiça monárquicas. Cornewall era um bem-estimado cortesão, tendo servido como companheiro de combate do grande rei guerreiro inglês Henrique V, além de ser tio de Henrique VI, então no trono. Seu poder provinha de suas conexões com a realeza, do sucesso nas guerras na França e de seu matrimônio com Elizabeth de Lancaster, a irmã viúva de Henrique IV.

Em 1432, Cornewall recebeu o título de *Lord* Fanhope e adquiriu o Castelo de Ampthill, em Bedfordshire, de onde procurou estender sua influência política sobre todo o condado. Isso o levou a um confronto direto com outro proprietário local, *Lord* Grey de Ruthyn. Para fortalecer-se, Fanhope tentou conquistar apoio dos juízes de paz locais – por meios lícitos e sujos. Em 1439, as facções rivais entraram em contenda. Fanhope chegou a Bedford com mais de 140 vassalos armados, interrompeu os processos judiciais e insultou os juízes de paz aliados a Grey, que então deu as caras pessoalmente – com oitocentos homens – e intimidou os aliados de Fanhope. No tumulto que se seguiu, dezoito homens foram lançados escada abaixo e vários jurados foram "acidentalmente" mortos. A questão foi então levada ao tribunal do rei, onde Fanhope foi absolvido e os juízes locais expulsaram os apoiadores de Grey. Em uma sociedade clientelista em que as conexões pessoais e a riqueza praticamente equivaliam ao poder, e graças aos ganhos advindos de um casamento vantajoso, do sucesso na guerra e do generoso patrocínio real, Fanhope pôde adquirir uma vasta propriedade em Bedfordshire e alcançar o domínio de Ampthill.

Tortura

Nesse tipo de mundo político – que não está muito longe da extorsão praticada em períodos posteriores –, o sucesso dependia da influência, dos contatos e da capacidade de intimidar com contundência aqueles cuja vontade se desejava dobrar. No entanto, essa influência muitas vezes ultrapassou os limites do que era moral ou legalmente aceitável.

Isso se liga à história da tortura: juntamente com o ecúleo – instrumento que esticava braços e pernas do supliciado até as juntas se deslocarem –, o afogamento simulado, o bambu sob as unhas, os choques elétricos, a privação do sono e outros apetrechos e técnicas, um modo bastante eficaz de intimidação consistia no uso do então chamado "anjinho": uma pequena morsa de ferro fundido com parafuso-borboleta que, na Europa medieval, constituiu um recurso muito simples para aplicar pressão de modo a esmagar os polegares – também utilizada ao longo da história por proprietários de escravos, pela Gestapo e por mafiosos.

Uma das mais contundentes evidências históricas de tal tortura é o documento assinado por Guy Fawkes (1570-1606) após a Conspiração da Pólvora. Fawkes foi aprisionado em um porão sob a Câmara dos Comuns, cercado de pólvora. Para termos ideia do que foi o peso de uma nação despejando-se em desaprumo sobre um único indivíduo no início do século XVII, basta comparar a assinatura de Fawkes antes de seus interrogatórios com o garrancho quase ilegível após oito dias de tortura na Torre de Londres, o que incluiu o uso do ecúleo. A história do desaprumo, que inclui portanto a de pressionar pessoas para agirem contra a própria vontade, leva-nos assim à importante questão da história da assinatura...

30

Assinatura

A história da assinatura tem tudo a ver com...
poder, amputação, culpa, liderança,
guilhotinas, dano cerebral e roubo.

Sua assinatura sempre foi a mesma? Quando ela assumiu sua forma atual? Quando ela mudou? Por quê? Essas perguntas aparentemente simples abrem um mundo do passado porque sua assinatura – na verdade *qualquer* assinatura – tem sua própria história.

Nós dois nos lembramos claramente de praticar nossa assinatura quando éramos crianças e, de modo interessante, nós dois fomos influenciados pela maneira que nossos pais assinavam seus nomes. James, desde cedo, imitava a assinatura formal e elegante "R. J. T. Daybell", transpondo suas próprias iniciais para assinar "J. R. T. Daybell", com um floreio no "D" maiúsculo, que ele considerava um sinal de sofisticação adulta. Essa assinatura fixou-se relativamente cedo no ensino fundamental e permaneceu estática desde então, embora mude no dia a dia, dependendo do motivo de assinar: um contrato oficial recebe seu melhor esforço, uma assinatura para o correio é apenas um rabisco.

Sam também foi inspirado pela bela caligrafia de seu pai e, especialmente, por sua excelente assinatura. Ela era única, legal e, crucialmente, parecia divertida de escrever: uma mistura de linhas pontudas corridas e curvas elaboradas, uma assinatura que parecia moderna e histórica ao mesmo tempo. Além disso, o próprio ato de assinar era (e ainda é) um desempenho físico abrangendo sua personalidade e como ele deseja ser visto no mundo. Essa inspiração paterna, portanto, formou a base de sua assinatura, mas só quando Sam tinha 21 anos é que sua assinatura se firmou. Ele se lembra de desenhar ou praticar a assinatura desde os 8 anos, o que significa que sua assinatura teve sua própria cronologia, sua própria inesperada história paleográfica.

Em algum ponto, em 2005, Sam enfrentou um problema agradável. Ele publicou seu primeiro livro e, frequentemente, pediam que autografasse um exemplar. Ele viu isso como um desafio divertido e quis desenvolver uma versão mais "vistosa" de sua própria assinatura para aqueles que foram gentis o bastante para querer uma cópia autografada de um de seus livros. Aos 28 anos, então, Sam criou uma segunda assinatura – um tipo de assinatura profissional – que pode ser acrescentada ao cronograma de sua assinatura.

Doença

As experiências de Sam e de James não são, de modo algum, únicas, mas existem muitas maneiras de a assinatura de uma pessoa mudar durante a idade adulta e uma diversidade de motivos para essa mudança. O envelhecimento e a fragilidade podem alterar a escrita manuscrita, tornando-a mais tremida e menos controlada. De longe, o motivo mais comum é doença, que, pelo fato de a escrita exigir controle motor fino, boa visão e pensamento claro, pode rápida e facilmente afetar a escrita manuscrita de diversas maneiras. O impacto mais comum e súbito sobre a escrita é provocado pelo AVC, uma doença que afetou muitas pessoas famosas, entre elas Churchill, Stálin, Bach, Nixon, Dickens, Grace Kelly e Woodrow Wilson.

Outras doenças que acometem as mãos também podem afetar as assinaturas. O aristocrata elisabetano, George Talbot, conde de Shrewsbury (1528-1590) – que foi guardião de Maria, rainha dos escoceses, quando ela era prisioneira na Inglaterra –, tinha uma caligrafia terrível e uma assinatura quase ilegível, a ponto de ter sido descrita por um estudioso como um exemplo de "feiografia". Sua caligrafia tortuosa não se devia ao desprezo da classe alta pelo trabalho da composição, nem pela falta de prática, mas sim a gota na mão que, algumas vezes, era tão dolorosa que o conde empregava um secretário para escrever em seu nome.

Amputação

A forma mais extrema de deficiência física que pode afetar a caligrafia é a amputação. Um dos exemplos históricos mais famosos é o do herói naval inglês do século XVIII Horatio Nelson (1758-1805). No final de julho de 1797, Nelson participou de um ataque ao porto de Santa Cruz na ilha Tenerife, nas ilhas Canárias, ocupada pelos espanhóis. Quando foi à terra em um pequeno bote e se apressou a descer à praia, o osso úmero de seu braço direito foi fraturado em vários pontos por um projétil de mosquete. Ele foi levado de volta para o navio e o braço foi amputado imediatamente. "Ainda tenho minhas pernas e um braço", disse ele. "Digam ao cirurgião para se apressar e pegar seus instrumentos. Sei que devo perder meu braço direito, então quanto mais cedo melhor". O braço dele foi amputado dentro de trinta minutos e depois de apenas alguns dias ele já estava escrevendo cartas, mas, como era destro, teve de enfrentar o problema de reaprender a escrever com a mão esquerda. Uma parte significativa desse processo foi ter de reaprender sua assinatura. Em 27 de julho, dois dias após o ataque, ele escreveu ao oficial comandante, John Jervis, conde de St. Vincent.

A carta está cheia de autodepreciação e pesar: "Um almirante canhoto nunca será novamente considerado útil, portanto, quanto antes eu mudar para um humilde chalé, melhor..." e está assinada de um modo desajeitado, mas ainda assim impressionante, considerando-se a radicalidade da cirurgia pela qual ele passara recentemente. Embaixo do nome, ele escreveu: "Desculpe meus rabiscos e lembre que esta é minha primeira tentativa". Com o tempo, sua capacidade de escrever com a mão esquerda melhorou e sua assinatura se fixou novamente em um estado reconhecível como sendo dele.

Nelson é especialmente um bom exemplo para a história da assinatura porque ele era obcecado por sua identidade e, conforme sua fama crescia e a realeza europeia lhe outorgava mais e mais títulos e honrarias depois de suas vitórias navais, seu nome real também mudou, obrigando-o a repensar novamente sua assinatura. O momento que lhe causou a maior crise ocorreu depois da Batalha do Nilo, no verão de 1798, na qual ele aniquilou a frota de Napoleão, que fora reunida para a invasão francesa do Egito.

Batalha do Nilo (1798) O almirante britânico Nelson pegou a frota francesa, ancorada e despreparada, na foz do Nilo. Foi uma das batalhas navais mais decisivas da história e tornou Nelson muito famoso. Os franceses perderam treze navios. Os britânicos não perderam nenhum.

A primeira mudança veio como consequência de receber um título inglês sob a forma de barão Nelson do Nilo. Isso lhe permitiu assinar simplesmente como "Nelson", apropriado para um nobre inglês e diferente do "Horatio Nelson" de sua juventude. No verão seguinte, Fernando, o rei de Nápoles, criou Nelson, o duque de Bronte. Esse ducado siciliano foi o maior dos três títulos de nobreza que Nelson receberia na vida e veio com uma propriedade de 14 mil hectares, um castelo e uma abadia do século XII – nada mal para o filho de um sacerdote da área rural de Norfolk. Isso provocou uma crise de identidade. O simples "Nelson" primeiro mudou para o confuso "Bronte Nelson". Depois, mudou para o narcisista e elaborado "Bronte Nelson do Nilo" antes de se firmar no esquizofrênico "Nelson & Bronte", cuidadosa e deliberadamente usando o & como parte da assinatura. Sua assinatura nunca mudou novamente e, como sabemos, ele assinou a última carta de sua vida momentos antes do início da Batalha de Trafalgar como "seu pai, Nelson & Bronte". Essa foi uma carta para sua filha, Horatia, nascida de seu caso de amor com Emma Hamilton, e foi a primeira vez que ele disse a ela, explicitamente, que era seu pai.

É seguro dizer que poucos de nós terão tanta sorte (ou tanto azar) de enfrentar esses problemas específicos enfrentados por Nelson, mas o fenômeno da mudança da assinatura de uma pessoa no decorrer do tempo é importante para os historiadores, que podem usar essa mudança como uma janela para explorar e explicar o passado. Porém, isso é também algo que se mostrou muito útil para a polícia.

Falsificação

Em 1929, um norte-americano chamado Joseph Cosey (1887-1950), sem dinheiro, foi até a Biblioteca do Congresso e roubou uma ordem de pagamento assinada por Benjamin Franklin em 1786. Cosey então tentou vendê-la, mas não conseguiu porque o negociante que abordou achou que ela fosse falsa. Isso deu uma ideia a Cosey. Vários meses depois, ele voltou ao mesmo negociante de livros e lhe vendeu um pedaço de papel com as palavras "Yours Truly, A. Lincoln" por dez dólares, mas esse era realmente falso. Cosey havia passado meses praticando a caligrafia até deixá-la perfeita. Seu sucesso deu início a uma carreira de falsificação que o levou a ser reconhecido como um dos falsificadores mais influentes da história. Como um norte-americano com fácil acesso aos arquivos norte-americanos, ele se especializou em figuras masculinas norte-americanas, entre elas Thomas Jefferson, Mark Twain e George Washington. Conforme foi ficando mais audacioso, ele começou a inventar, em vez de simplesmente copiar, os textos históricos, e essa foi a sua ruína: ele usou a escrita de um jovem saudável para falsificar uma carta supostamente de Abraham Lincoln aos 50 anos, época em que a escrita de Lincoln tinha começado a se espalhar pela página devido à doença. Cosey foi detido e aprisionado, mas suas assinaturas falsificadas agora são colecionadas e cuidadas como artefatos históricos por direito próprio.

Mark Twain (1835-1910) O pseudônimo artístico do escritor norte-americano Samuel Longhorne Clemens. Famoso pelos livros *As aventuras de Tom Sawyer* (1876) e *As aventuras de Huckleberry Finn* (1885), em que usou sua experiência pessoal como piloto de barcos no rio Mississipi.

A prisão de Cosey em 1937 é interessante. Ele foi sentenciado a três anos, mas solto em menos de um. Essa punição para falsificação foi admiravelmente indulgente. Na Inglaterra do século XVII, a falsificação era um crime capital e houve uma sanção notavelmente enérgica entre 1795 e 1804, quando 66% dos condenados por falsificação foram executados, em contraste a apenas 14% dos condenados por roubo, que também era um crime capital. Falsificação – essencialmente o roubo e uso inapropriado da identidade de alguém – foi então tratada com a máxima seriedade pelo sistema de justiça inglês. A falsificação não era considerada igual a qualquer crime contra a propriedade; era algo mais *sinistro* do que uma simples apropriação indébita. A razão era que, no século XVIII, as assinaturas tinham um poder particular em relação à propriedade – elas facilitavam sua posse e transmissão ao autenticar documentos legais. Sem a crença, ou talvez a fé, na assinatura, todo o sistema legal, econômico e político do final do século XVIII teria desmoronado e, com a França em meio a sua revolução, com cabeças rolando nas ruas de Paris, transbordando do cesto da guilhotina, não havia nada mais aterrador para os ingleses do que o roubo de uma assinatura.

Alfabetização

Essa questão da assinatura como meio de identificação, autenticação ou aprovação tem sua própria história também. A história da assinatura como meio de identificação começa com a pré-assinatura ou marca. Uma prática comum em todo o mundo medieval, no caso das pessoas que não sabiam assinar seu nome, era autenticar documentos com o uso de símbolos. Essa prática continuou na Idade Moderna. O símbolo podia simplesmente ser uma cruz ou um círculo. Em alguns casos, as marcas eram bem mais elaboradas, como no caso dos comerciantes, em que elas funcionavam como representações simbólicas de ocupações. Assim, um ferreiro podia se identificar com uma ferradura, ou um fabricante de luvas com um par desses objetos. John e Mary Shakespeare, cujo filho William estudou até o que corresponderia ao ensino médio e se tornou um dos maiores escritores da história, selavam documentos com marcas em vez de assinaturas, um testemunho de sua incapacidade com caneta e tinta.

A assinatura está ligada à história da educação e da alfabetização, que também se relaciona com a surpreendente história da areia e do giz que eram usados nos primeiros ambientes pedagógicos para ensinar a escrever. A assinatura inscrita em papel e pergaminho indicava uma capacidade básica de alfabetização. Conforme as taxas de alfabetização aumentavam com a expansão da educação, a assinatura passou a ser cada vez mais usada como uma forma de identificação e autoridade, e quem era alfabetizado preferia assinar seu nome em vez de colocar uma marca. A assinatura foi considerada pelos historiadores sociais como uma medida universal da alfabetização, comparável em tempos e locais diferentes.

Os arquivos estão cheios de assinaturas históricas de pessoas de todas as camadas da sociedade. Os que depunham nos tribunais e os testamenteiros eram obrigados a endossar esses documentos legais, que são uma verdadeira mina de ouro para os historiadores interessados em mensurar a alfabetização – essencial para a compreensão das ideias que se espalhavam, e é por isso que tantos historiadores do período da Guerra Civil Inglesa, da Revolução Francesa e dos Estados Unidos da época colonial se interessaram pelo estudo da alfabetização, da educação e do comércio de livros. Eles estão interessados em conseguir uma imagem ampla de quantas pessoas podiam ler e escrever e tinham acesso a ideias radicais – e no centro desses estudos estão as humildes assinaturas, que podem ser coletadas aos milhares em incontáveis arquivos.

Um baú dos tesouros de assinaturas da Inglaterra do século XVII são os Protestation Oaths [juramentos protestantes] de 1641 a 1642. Eles eram organizados em nível local e registravam as assinaturas de todos os homens adultos com mais de 18 anos que juraram ou não um voto de lealdade de "viver e morrer pela verdadeira religião protestante, liberdades e direitos dos súditos e o privilégio dos Parlamentos". Juramentos protestantes similares foram realizados durante os séculos XVI a XVIII na Grã-Bretanha e mapeiam as mudanças nos padrões de alfabetização no país. Ao redor do mundo, diferentes formas de documentos coletivos permitiram que os historiadores estudassem a alfabetização de um país ou região, em períodos específicos e no decorrer do tempo. Na Rússia, por exemplo, os livros de pagamento nos registros militares são uma fonte excelente dos índices de alfabetização porque os soldados tinham de assinar para receber o pagamento. De modo mais geral, testametos, cartas de indigentes, registros de casamento e registros de tribunais contendo as assinaturas dos litigantes permitem que os historiadores explorem a posição na sociedade para avaliar os níveis da alfabetização popular entre homens *e* mulheres.

Henrique VIII

As assinaturas de pessoas comuns fornecem um instantâneo dos níveis de educação básica e alfabetização das populações em diferentes períodos, mas a própria assinatura também é significativa, dependendo de a quem pertence. Assinaturas reais, por exemplo, carregam autoridade, e não há melhor exemplo do relacionamento entre a assinatura e o poder político do que o reinado de Henrique VIII (1491-1547), o tirano do século XVI cujos principais interesses eram guerra, mulheres e religião. Ao contrário de seu burocrático pai, Henrique VII (1457-1509), cujas caligrafia e assinatura enchiam as páginas dos documentos do governo, Henrique VIII era famoso por ser alérgico à papelada do dia a dia. No início de seu reinado, o principal ministro de Henrique, o cardeal Wolsey, costumava persuadir e distrair o jovem rei com brinquedos e coisas sem importância conforme o guiava no trabalho de governar o reino e conseguir o consentimento do rei para políticas, cuidando pessoalmente da burocracia no lugar de Henrique.

Apesar de Henrique não gostar de cuidar da papelada de rotina no início do período Tudor, ele exerceu uma monarquia claramente pessoal. Henrique era a fonte da honra e do favor políticos. Todo o poder estava concentrado na pessoa e, mais importante, na "mão" do monarca. Henrique era um escritor relutante, preferindo confiar em secretários e escreventes para todas as tarefas de escrita, exceto as mais pessoais e íntimas. É interessante que suas cartas de amor a Ana Bolena sejam os poucos exemplos de correspondência totalmente com sua caligrafia e declarem esse amor com sua assinatura "Henry R.", sendo o "R" uma forma abreviada de Rex, rei em latim. Essas eram palavras poderosas, sem dúvida, com a plena autoridade emocional da mão real.

Ana Bolena (1501-1536) Rainha da Inglaterra e segunda esposa de Henrique VIII. Para se casar com ela, Henrique se divorciou de sua primeira esposa, a espanhola Catarina de Aragão, e rompeu com a Igreja Católica Romana, o que tornou esse casamento um dos mais significativos na história da Europa. Ana foi decapitada apenas três anos mais tarde.

A autoridade da assinatura real era exigida por todos os tipos de assuntos de Estado urgentes. Em vez de o monarca assinar fisicamente, a prática de usar um "sinal manual" (ou carimbo de assinatura) já era utilizada havia muito tempo para representar a assinatura do monarca. No exemplo da assinatura oficial de Henrique VIII, o sinal manual parece ter sido feito com um carimbo de madeira crua (o "carimbo molhado") que era pressionado primeiro em tinta e depois aplicado ao papel. Após 1545, nos últimos dias de seu reinado e com seus poderes minguando, esse sistema foi substituído pelo "carimbo seco", que era aplicado na página sem tinta, possivelmente com o uso de um mecanismo de prensa. Isso criava uma endentação da assinatura do rei na página do documento, à qual era aplicada tinta por um empregado profissional para formar um fac-símile quase perfeito da assinatura real.

A assinatura de Henrique era um instrumento crucial de governo, fundamental para que algo fosse feito durante esses anos selvagens e turbulentos. Ele era um homem de paixões mutáveis, gostos e aversões, e muitos amigos, conselheiros, esposas ou parentes próximos perderam literalmente a cabeça sob a pressão da corte de Henrique. Naturalmente, considerando a natureza das facções da cena política da época, a briga por poder entre ministros e grupos rivais muitas vezes envolvia lutas pelo controle da assinatura real e, portanto, controle sobre o poder. O poder no início da época Tudor na Inglaterra estava assim intimamente ligado à assinatura porque aqueles que controlavam o instrumento do governo – a assinatura do monarca – assumiam autoridade em nome do rei.

Posicionando uma assinatura

Por todo o decorrer dos séculos XVI a XVIII, na Inglaterra e na França, o significado de uma assinatura estava relacionado a sua posição física na página manuscrita. Onde você assinava seu nome, e não só se você o assinava ou não, era crucialmente importante em sociedades agudamente conscientes das hierarquias de *status*. A importância do espaço é explícita no manual de escrita de cartas de William Fulwood, *The Enemy of Idleness* [O inimigo da ociosidade] (1668), que esboça regras para o posicionamento e redação do subscrito e da assinatura em uma carta:

> o que deve ser feito de acordo com a posição do escritor e a qualidade da pessoa a quem escrevemos: Para nossos superiores precisamos escrever do lado direito em qualquer extremidade do papel, dizendo: Por seu mais humilde e obediente servo, ou servente etc. Ou, a seu serviço etc., e a nossos iguais devemos escrever na direção do meio do papel, dizendo: Por seu fiel amigo etc. Ou, seu leal etc. A nossos inferiores podemos escrever no alto no lado esquerdo, dizendo: Por seu etc.

John Donne (1572-1631) Poeta inglês e clérigo da Igreja da Inglaterra. Considerado um dos principais poetas metafísicos.

Um dos exemplos mais fascinantes dessa forma de assinatura significativa se relaciona ao poeta John Donne (1572-1631). Ao deixar a Oxford University, quando jovem, Donne foi empregado como secretário pelo lorde guardião, Thomas Egerton, um papel que o destinaria a uma vida como oficial do governo ou diplomata. Sua carreira mudou para pior, porém, quando se apaixonou pela sobrinha de Egerton, Anne More, com quem se casou logo depois do Natal de 1601, sem a bênção do tio nem do pai, George More, que era o segundo em comando na Torre de Londres. A descoberta do casamento clandestino fez com que Donne fosse preso na Fleet Prison, junto com Samuel Brooke, o ministro que celebrou o casamento e a testemunha do evento.

Foi durante esse período que Donne enviou uma série de cartas ao sogro e ao antigo empregador, implorando clemência. Além da retórica suplicante, Donne registrou sua contrição e auto-humilhação deixando um largo espaço em branco entre o corpo principal da carta e a assinatura, que ficou apertada no canto inferior direito da página. Como vimos, os guias para escrita de cartas do período recomendavam o uso significativo do espaço manuscrito para a assinatura da carta como uma exibição de deferência para com o destinatário. O local da assinatura era, assim, parte do que poderia ser descrito como a política material da página manuscrita, em outras palavras, as cartas comunicavam por meio de uma série de pistas visuais.

Motim

Um dos exemplos mais poderosos de que *onde* se assina um documento tem sua própria importância e até sua própria história vem de 1627, sob a forma de um *round robin* (assinaturas múltiplas em círculo) de marinheiros. Esse foi um documento criado pela tripulação de um navio e tinha o objetivo de expressar a insatisfação com seus superiores. Havia uma separação tênue, tecnicamente, entre esse tipo de comunicação e um motim, sendo que o motim era punido com a morte. A dificuldade da tripulação era que eles queriam demonstrar solidariedade uns com os outros, mas ninguém queria ser identificado como o líder e se arriscar à ira das autoridades. A solução foi compor um tipo de petição, mas, em vez de assinar uma lista na qual o primeiro nome teria maior importância, talvez até identificando essa pessoa como a origem do documento que desafiava as autoridades, eles o assinaram em um círculo [*Fig. 41 do caderno de imagens*].

Esse é o *oposto* histórico do que conhecemos hoje como "assinar na linha pontilhada". Nesse exemplo, os marinheiros não tinham sido pagos e a comida estava acabando. Há 76 assinaturas no círculo, e o texto central diz:

> Bom capitão, todos nós damos atenção a suas palavras
> Mas elas parecem desagradáveis ao ouvirmos...
> Que se nosso pagamento não recebermos como é devido
> E também ficarmos aqui sem novos mantimentos
> e sem recebermos mais alimentos

O navio navegará com cabos apodrecidos
Pois onde estaremos quando as provisões terminarem
E por esse motivo, todos pedimos
Antes que isso aconteça e todos nós morramos
Deus abençoe o rei e lhe dê um longo reinado...

Essa petição extraordinária assinada em círculo não só é uma evidência de que os marinheiros eram alfabetizados – já que a maioria deles parece ter conseguido assinar o nome –, mas também enfatiza que o ato básico de colocar um nome em um pedaço de papel pode ter enorme importância para o historiador. As muitas mãos – no sentido da caligrafia – que adicionaram assinaturas a essa petição traz a importante questão da história da mão... Então, retorne ao Capítulo 1.

Agradecimentos

Este livro pretende partilhar muita pesquisa e novas abordagens à história. Nosso primeiro agradecimento, portanto, deve ir a todos os historiadores brilhantes – profissionais e amadores – que estão escrevendo nos dias de hoje e mudando o modo como pensamos sobre o passado. Vocês estão fazendo um ótimo trabalho, que, muitas vezes, passa despercebido e não é recompensado. Obrigado a todos por seu tempo, esforço, energia e genialidade. Não poderíamos ter escrito este livro sem vocês.

Mais especificamente, gostaríamos de agradecer àqueles historiadores que nos inspiraram com seu pensamento criativo, apoio e incentivo no decorrer dos anos. Como este livro se destina a um público amplo e geral, optamos por não colocar extensas notas de rodapés. Reconhecemos nossa dívida com os colegas historiadores na seção de leituras recomendadas no final do livro, que também pretende estimular nossos leitores a fazer novas pesquisas.

Gostaríamos de agradecer aos muitos colegas e amigos que generosamente nos ofereceram ideias, orientação, apoio e suporte, intelectual e de outros tipos: Andy Gordon, Nadine Akkerman, Nick Barnett, Sue Broomhall, Anthony Caleshu, Erika Gaffney, Lee Jane Giles, James Gregory, Daniel Grey, Emma Haddon, Dan Maudlin, Angela McShane, Elaine Murphy, Svante Norrhem, *Lord* John Russell, a Worshipful Company of Glovers, Adam Smyth, Jacqueline Van Gent, Charlie e A. J. Courtenay, Suzie Lipscomb, Janina Ramirez, Phillip Northcott, Darius Arya, James Holland, Michael Duffy, Andrew

Lambert, Richard Nevell, Jennie Stogdon e, entre os tuiteiros mais influentes, @HunterS_Jones, @RedLunaPixie, @KittNoir e @Kazza2014.

Também devemos agradecimentos coletivos a Dan Snow, Dan Morelle, Tom Clifford, Natt Tapley e à fabulosa equipe do History Hit por todo o apoio e incentivo, bem como a Will Atkinson, James Nightingale, Kate Straker, Seán Costello e a todos na Atlantic Books.

Também gostaríamos de agradecer a todos (e vocês são milhares) que ouviram o podcast ou assistiram a um de nossos eventos ao vivo, e foram tão encantadores e entusiasmados.

Acima de tudo, porém, queremos agradecer a nossos familiares, jovens e velhos, por tudo que fizeram e continuam a fazer para lidar com – dentre *todas as outras coisas* – um historiador em sua vida.

Mas nós criamos este livro para vocês.

Sam e James

Isca – Escanceaster – Exeter

The Feast of St Eligius – 12 Rabī' al-'awwal I439 – I.XII.

MMXVII – 1º de dezembro de 2017

Leituras recomendadas

Capítulo 1 – Mão

Alpenfels, Ethel J. *The Anthropology and Social Significance of the Human Hand.* Disponível em: <http://www.oandplibrary.org/al/pdf/1955_02_004.pdf>. Acesso em: 16 nov. 2017.

Battersby, Matilda. "40,000-year-old Cave Paintings Include 'Oldest Hand Stencil Known to Science'". *Independent*, 9 out. 2014. Disponível em: <http://www.independent.co.uk/arts-entertainment/art/news/40000-year-old-cave-paintings-include-oldest-hand-stencil-known-to-science-9783840.html>. Acesso em: 13 nov. 2017.

Bloch, Marc. *The Royal Touch*: Monarchy and Miracles in France and England. Republicado. Londres: Routledge, 2015. [Ed. bras.: *Os reis taumaturgos*. 2ª ed. São Paulo: Companhia das Letras, 2018.]

Bremmer, Jan & Roodenburg, Herman (eds.). *A Cultural History of Gesture*: From Antiquity to the Present Day. Ithaca, Nova York: Cornell University Press, 1991.

Brogan, Stephen. "A Touch of Charles II". *History Today*, 66 (5), 2016.

______. *The Royal Touch in Early Modern England*: Politics, Medicine and Sin. Martlesham, Inglaterra: Boydell and Brewer, 2015.

______. "James I: The Royal Touch". *History Today*, 61 (2), 2011.

Cunnington, Phillis E. & Lucas, Catherine. *Costumes for Births, Marriages and Deaths*. Londres: Adam and Charles Black, 1972.

Daybell, James. *Women Letter-Writers in Tudor England.* Oxford: Oxford University Press, 2006.

Dowd, Marion & Hensey, Robert. *The Archaeology of Darkness*. Oxford: Oxbow Books, 2016.

Gardner, Arthur. *English Medieval Sculpture*. Cambridge: Cambridge University Press, 1951.

Gerard, John. *The Autobiography of an Elizabethan.* Trad. e ed. Philip Caraman. Londres: Longmans, Green and Co., 1951.

Guthrie, R. Dale. *The Nature of Paleolithic Art.* Chicago: University of Chicago Press, 2006.

Karim-Cooper, Farah. *The Hand on the Shakespearean Stage* (Arden Shakespeare). Londres: Bloomsbury, 2016.

Kellaway, Lucy. "The Invention of the Career Ladder". Extraído de *History of Office Life*, Radio 4, 24 jul. 2013. Disponível em: <http://www.bbc.co.uk/news/magazine-23419229>. Acesso em: 13 nov. 2017.

Kendon, Adam. "History of the Study of Gesture". Em Allan, Keith (ed.). *The Oxford Handbook of Linguistics.* Oxford: Oxford University Press, 2013, pp. 71-90.

Manhire, Anthony. "The Role of Hand Prints in the Rock Art of the South-Western Cape". *South African Archaeological Bulletin*, 53 (168), pp. 98-100, 1998.

Manning, John. *The Finger Book.* Londres: Faber and Faber, 2009.

Muir, Edward. *Ritual in Early Modern Europe.* 2ª ed. Cambridge: Cambridge University Press, 2005.

Pettitt, Paul B. "Darkness Visible: Shadows, Art and the Ritual Experience of Caves in Upper Palaeolithic Europe". Em Dowd, M. & Hensey, R. (eds.). *The Archaeology of Darkness.* Oxford: Oxbow Books, 2016, pp. 11-23.

______ *et al.* "Are Hand Stencils in Palaeolithic Cave Art Older than We Think? An Evaluation of the Existing Data and their Potential Implications". Em Bueno-Ramirez, P. & Bahn, P. (eds.). *Prehistoric Art as Prehistoric Culture*: Studies in Honour of Professor Rodrigo de Balbin-Behrmann. Oxford: Archaeopress, 2015, pp. 31-43.

Pike, Alistair W. G. *et al.* "Uranium-Series Dating of Upper Palaeolithic Art in Spanish Caves. U-Series Dating of Paleolithic Art in 11 Caves in Spain". *Science*, 336, pp. 1409-13, 2012.

Poyatos, Fernando (ed.). *Advances in Non-Verbal Communication*: Sociocultural, Clinical, Esthetic and Literary Perspectives. Amsterdã: John Benjamins Publishing Company, 1992.

Steane, John. *The Archaeology of the Medieval English Monarchy.* Londres; Nova York: Routledge, 1993.

Trumble, Angus. *The Finger*: A Handbook. Nova York: Farrar, Straus and Giroux, 2010.

Walter, John. "Gesturing at Authority: Deciphering the Gestural Code of Early Modern England". *Past & Present*, 203, pp. 96-127, 2009.

Willemsen, Annemarieke. "The Geoff Egan Memorial Lecture 2013: Taking Up the Glove: Finds, Uses and Meanings of Gloves, Mittens and Gauntlets in Western Europe, *c.*AD 1300-1700". *Post-Medieval Archaeology*, 49 (1), pp. 1-36, 2015.

Withey, Alun. "The Hand of History: Hands, Fingers and Nails in the Eighteenth Century". Disponível em: <https://dralun.wordpress.com/2014/06/13/the-hand-of-history-hands-fingers-and-nails-in-the-eighteenth-century/>. Acesso em: 16 nov. 2017.

Capítulo 2 – Luvas

A Handful of History. Catalogue of the exhibition of decorative gloves from the Spence Collection, arranged by the Worshipful Company of Glovers and the Museum of London at Austin Reed, Regent Street, London. Londres: Austin Reed, 1980.

Arquivo do autor. "The White Glove Myth". *Forbes*, 2012. Disponível em: <http://blogs.forbes.com/booked/author/raab/>. Acesso em: 14 ago. 2017.

Baker, Cathleen A. & Silverman, Randy. "Misperceptions about White Gloves". *International Preservation News*, 37, pp. 4-16, dez. 2005. Disponível em: <https://www.ifla.org/files/assets/pac/ipn/ipnn37.pdf>. Acesso em: 14 ago. 2017.

Beck, S. William. *Gloves, their Annals and Associations*: A Chapter of Trade and Social History. Londres: [s.n.], 1883.

Byrde, P. & Brears, P. "A Pair of James I's Gloves". *Costume*, 24, pp. 34-42, 1990.

Collins, Cody. *Love of a Glove*: The Romance, Legends and Fashion History of Gloves... Nova York: Fairchild Publishing Company, 1947.

Cumming, Valerie. *Gloves*. Londres: Batsford, 1982.

Doré, Judith. "Elizabeth Hammond's Collection and the Kent Costume Trust: An Appreciation". *Costume*, 49 (1), pp. 3-7, 2015.

Ellis, B. Eldred. *Gloves and the Glove Trade*. Londres: Sir Isaac Pitman and Sons, 1921.

Foster, Wanda. "'A Garden of Flowers': A Note on Some Unusual Embroidered Gloves". *Costume*, 14 (1), pp. 90-4, 1980.

Hands & their Handicraft: Gloves – Being a Brief Outline of the History & Manufacture of Fabric Gloves. Londres: [s.n., s.d.].

Hull Jr., William. *The History of the Glove Trade*... Londres: Effingham Wilson, 1834.

Lawson, Jane A. *The Elizabethan New Year's Gift Exchanges, 1559-1603*. Oxford: Oxford University Press, 2013.

May, Steven W. "Vavasour, Anne". *Oxford Dictionary of National Biography*. Oxford: Oxford University Press, 2004, fl. 1580-1621.

Pimlott, Jane. "The Use of White Cotton Gloves for Handling Collection Items". Disponível em: <https://www.bl.uk/aboutus/stratpolprog/collectioncare/publications/videos/whitegloves.pdf>. Acesso em: 14 ago. 2017.

Redfern, William Beales. *Royal and Historic Gloves and Shoes*. Londres: Methuen, 1904.

Redwood, Mike. *Gloves and Glove-Making*. Londres: Bloomsbury Shire Publications, 2016.

Robinson, Claire. "'An Old and Faithful Servand': A Pair of Early Seventeenth-Century Gauntlet Gloves Given by King Charles I to Sir Henry Wardlaw". *Costume*, 49 (1), pp. 8-31, 2015.

Stallybrass, Peter & Jones, Ann. "Fetishizing the Glove in Renaissance Europe". *Critical Inquiry*, 28 (1), pp. 114-32, 2001.

Tittler, Robert. "Freemen's Gloves and Civic Authority: The Evidence from Post-Reformation Portraiture". *Costume*, 40, pp. 13-20, 2006.

Willemsen, Annemarieke. "The Geoff Egan Memorial Lecture 2013: Taking Up the Glove: Finds, Uses and Meanings of Gloves, Mittens and Gauntlets in Western Europe, *c.*AD 1300-1700". *Post-Medieval Archaeology*, 49 (1), pp. 1-36, 2015.

Capítulo 3 – Perfume

Ashenburg, Katherine. *The Dirt on Clean*: An Unsanitized History. Nova York: North Point Press, 2008.

Bembibre, Cecilia & Strlič, Matija. "Smell of Heritage: A Framework for the Identification, Analysis and Archival of Historic Odours". *Heritage Science*, 5 (2), 2017.

Chiang, Connie Y. "The Nose Knows: The Sense of Smell in American History". *Journal of American History*, 95 (2), pp. 405-16, 2008.

Classen, Constance; Howes, David & Synott, Antony. *Aroma*: A Cultural History of Smell. Londres: Routledge, 1994.

De Feydeau, Elisabeth. *A Scented Palace*: The Secret History of Marie Antoinette's Perfumer. Londres: I. B. Tauris, 2006.

Dugan, Holly. *The Ephemeral History of Perfume*: Scent and Sense in Early Modern England. Baltimore, Maryland: Johns Hopkins University Press, 2011.

Friedman, Emily C. *Reading Smell in Eighteenth-Century Fiction.* Lanham, Maryland: Bucknell University Press, 2016.

Grossman Family Memories. "Auschwitz: The Beginning, June 1944". United States Holocaust Museum. Disponível em: <https://www.ushmm.org/remember/the-holocaust-survivors-and-victims-resource-center/benjamin-and-vladka-meed-registry-of-holocaust-survivors/behind-every-name-a-story/grossman-family/grossman-family auschwitz-part-3>. Acesso em: 23 nov. 2017.

Jenner, Mark S. R. "Follow your Nose? Smell, Smelling, and their Histories". *American Historical Review*, 116 (2), pp. 335-51, 2011.

Kemp, Christopher. *Floating Gold*: A Natural (and Unnatural) History of Ambergris. Chicago: University of Chicago Press, 2012.

Kiechle, Melanie A. *Smell Detectives*: An Olfactory History of Nineteenth-Century Urban America. Seattle: University of Washington Press, 2017.

May, Steven W. & Marotti, Arthur F. *Ink, Stink Bait, Revenge, and Queen Elizabeth*: A Yorkshire Yeoman's Household Book. Ithaca, NY: Cornell University Press, 2014.

Morris, Edwin T. *Fragrance*: The Story of Perfume from Cleopatra to Chanel. Londres: Scribner, 1984.

Nobel Prize Committee. "Press Release: The Nobel Prize in Physiology or Medicine 2004 to Richard Axel and Linda B. Buck". *The Nobel Prize.* Nobel Media AB 2014. Disponível em: <https://www.nobelprize.org/prizes/medicine/2004/7438-the-nobel-prize-in-physiology-or-medicine-2004-2004-5/>. Acesso em: 16 ago. 2017.

Oatman-Stanford, Hunter. "Our Pungent History: Sweat, Perfume, and the Scent of Death". *Collectors Weekly*, 8 mar. 2016. Disponível em: <http://www.collectorsweekly.com/articles/our-pungent-history/>. Acesso em: 16 ago. 2017.

Ostrom, Lizzie. *Perfume*: A Century of Scents. Londres: Hutchinson, 2015.

Perfume Society, The. "Louis XIV: The Sweetest-Smelling King of All". Disponível em: <https://perfumesociety.org/discover-perfume/an-introduction/history/louis-xiv-the-sweetest-smelling-king-of-all/>. Acesso em: 23 nov. 2017.

Piesse, G. W. Septimus. *The Art of Perfumery, and the Method of Obtaining the Odors of Plants.* Filadélfia: Lindsay and Blakiston, 1857.

Pouy, Jean-Bernard. *Perfume*: A Global History. Paris: Somogy Éditions d'Art, 2007.

Proust, Marcel. (1913). *The Remembrance of Things Past* [posteriormente *In Search of Lost Time*]. 7 vols. (1913-1927). v. 1: Swann's Way. Trads. C. K. Scott Moncrieff e Terence Kilmartin, rev. D. Enright. Nova York: The Modern Library, 1992. [Ed. bras.: *Em busca do tempo perdido*. v. 1: *No caminho de Swann*. Trad. Mario Quintana. 3ª ed. São Paulo: Globo, 2006-2013.]

Reinarz, Jonathan. *Past Scents*: Historical Perspectives on Smell. Chicago: University of Illinois Press, 2014.

Saint-Simon, Duque de. *Memoirs of Louis XIV and his Court and of the Regency*. Londres: [s.n.], 1958.

Schmidt, Louise Boisen. "The Perfumed Court". *This Is Versailles*, 28 abr. 2013. Disponível em: <http://thisisversaillesmadame.blogspot.co.uk/2013/04/the-perfumed-court.html>. Acesso em: 23 nov. 2017.

Tullet, William. "The Success of Sweet Smells". *History Today*, 65 (8), 8 ago. 2015.

Capítulo 4 – Bolha

Barber, Malcolm. *The Two Cities*: Medieval Europe 1050-1320. Londres; Nova York: Routledge, 1992.

Barker, Nancy N. "Let them Eat Cake: The Mythical Marie Antoinette and the French Revolution". *Historian*, 55 (4), pp. 709-24, 1993.

Beard, Daniel C. *The American Boy's Handy Book*: What to Do and How to Do It. Nova York: Charles Scribner's Sons, 1882.

Bubble Blowers Museum. "History of the Bubble Blower". Disponível em: <http://www.bubbleblowers.com/history.html>. Acesso em: 21 set. 2017.

Campbell, Gordon. *The Hermit in the Garden*: From Imperial Rome to Ornamental Gnome. Oxford: Oxford University Press, 2013.

Colegate, Isabel. *A Pelican in the Wilderness*: Hermits, Solitaries, and Recluses. Londres: HarperCollins, 2002.

Duby, Georges (ed.). *A History of Private Life*. v. II: *Revelations of the Medieval World*. Cambridge; Londres: Harvard University Press, 1988. [Ed. bras.: *História da vida privada*. v. II: *Da Europa feudal à Renascença*. São Paulo: Companhia de Bolso, 2009.]

E. F. A. "Bubbles". *Journal of the Royal Society of Arts*, 88 (4541), pp. 84-5, 1939.

Emmer, Michele. "Soap Bubbles in Art and Science: From the Past to the Future of Math Art". *Leonardo*, 20 (4), ed. esp. 20 anos: Art of the Future, pp. 327-34, 1987.

Eveleigh, David J. *Bogs, Baths and Basins*: The Story of Domestic Sanitation. Stroud, Inglaterra: Sutton, 2002.

Fraser, Antonia. *Marie Antoinette*: The Journey. Londres: Anchor, 2002. [Ed. bras.: *Maria Antonieta*. Rio de Janeiro: Record, 2006.]

______. *A History of Toys*. Londres: Weidenfeld & Nicolson, 1966.

Geary, Patrick (ed.). *Readings in Medieval History*. 3ª ed. Nova York: Broadview Press, 2003.

Gennes, Pierre-Gilles de. "Soft Matter". *Nobel Lecture*, 9 dez. 1991. Disponível em: <https://www.nobelprize.org/uploads/2018/06/gennes-lecture.pdf>. Acesso em: 24 out. 2017.

Gilchrist, John L. US Patent US1330701 for "Bubble-Pipe", 1918. Disponível em: <https://www.google.com/patents/US1330701>. Acesso em: 21 set. 2017.

Hollister, C. Warren & Bennett, Judith M. *Medieval Europe*: A Short History. 9ª ed. Nova York: McGraw-Hill Press, 2002.

Kubota, Taylor. "Engineers Stop Soap Bubbles from Swirling". *Physics.org*, 13 set. 2016. Disponível em: <https://phys.org/news/2016-09-soap-swirling.html#jCp>. Acesso em: 21 set. 2017.

Kumar, David Devraj. "Soap Bubbles: Not Just Kids' Stuff". *Chemist*, 88 (2), pp. 36-7, 2015.

Mundy, John H. *Europe in the High Middle Ages, 1150-1300*. 3ª ed. Londres; Nova York: Routlegde, 2000.

Quere, David; Brochard-Wyart, Françoise & Gennes, Pierre-Gilles de. *Capillarity and Wetting Phenomena*: Drops, Bubbles, Pearls, Waves. Nova York: Springer, 2003.

Rousseau Jr., Theodore. "A Boy Blowing Bubbles by Chardin". *Metropolitan Museum of Art Bulletin*, 8 (8), pp. 221-7, 1950.

Sitwell, Edith. *The English Eccentrics*. Londres: Faber & Faber, 1933.

Twain, Mark. *The Innocents Abroad*. Hartford, Connecticut: American Publishing Company, 1869.

Waugh, Evelyn. *Brideshead Revisited*. Londres: Chapman and Hall, 1945. [Ed. bras.: *Memórias de Brideshead*. São Paulo: Companhia das Letras, 1991.]

Capítulo 5 – Sombras

Barrie, James M. *Peter Pan*. Londres: Hodder and Stoughton, 1911. [Ed. bras.: *Peter Pan*. Rio de Janeiro: Zahar, 2014.]

Branch, J. E. & Gust, D. A. "Effect of Solar Eclipse on the Behavior of a Captive Group of Chimpanzees (*Pan troglodytes*)". *American Journal of Primatology*, 11 (4), pp. 367-73, 2005.

Chamberlain, Colby. "Five o'clock Shadows". *Cabinet Magazine*, 24, inverno 2006-2007. Disponível em: <http://www.cabinetmagazine.org/issues/24/chamberlain.php>. Acesso em: 5 out. 2017.

Classen, Constance. *Worlds of Sense*: Exploring the Senses in History and Across Cultures. Londres: Routledge, 1993.

Daniels, Cora Linn & Stevens, Charles M. (1903). *Encyclopedia of Superstitions, Folklore, and the Occult Sciences of the World*. v. 3. Honolulu: University Press of the Pacific, 2003.

Elworthy, Frederick Thomas. *The Evil Eye*: An Account of this Ancient and Widespread Superstition. Londres: John Murray, 1895.

Fagan, Brian. "Timelines: Dating by Solar Eclipse". *Archaeology*, 42 (5), pp. 22-3, 1989.

Fiorani, Francesca. "The Colors of Leonardo's Shadows". *Leonardo*, 41 (3), pp. 271-8, 2008.

Gil-Burmann, Carlos & Beltrami, Marcial. "Effect of Solar Eclipse on the Behavior of a Captive Group of Hamadryas Baboons (*Papio hamadryas*)". *Zoo Biology*, 22 (3), pp. 299-303, jan. 2003.

Grafton, Anthony. "Some Uses of Eclipses in Early Modern Chronology". *Journal of the History of Ideas*, 64 (2), pp. 213-29, 2003.

Gray, Richard. "Eclipse Maps". *Journal of African History*, 6 (3), pp. 251-62, 1965.

Henige, David. "'Day Was of Sudden Turned into Night': On the Use of Eclipses for Dating Oral History". *Comparative Studies in Society and History*, 18 (4), pp. 476-501, 1976.

Hsien-tzu, Wen. "A Statistical Survey of Eclipses in Chinese History". *Popular Astronomy*, 42, pp. 136-41, 1934.

Jones, Andrew & MacGregor, Gavin (eds.). *Colouring the Past*: The Significance of Colour in Archaeological Research. Oxford: Oxford University Press, 2002.

Lloyd, Steven; Gouk, Penelope & Turner, A. J. *Ivory Diptych Sundials*: A Catalogue of the Collection of Historical Scientific Instruments. Cambridge, MA: Harvard University Press, 1992.

Miller, Peter. "Henry VIII's Lost Warship". *National Geographic*, 163 (5), pp. 646-75, maio 1983.

Ozbey, O.; Aysondu, M. H.; Ozer, H. U.; Simsek, G. "The Effects of a Solar Eclipse on Animal Behaviour". *Turk Veterinerlik ve Hayvancik Dergisi*, 28, pp. 55-61, 2004.

Rule, Margaret. *The Mary Rose*: The Excavation and Raising of Henry VIII's Flagship. 2ª ed. Londres: Conway Maritime Press, 1983.

Schechner, Sara. "The Material Culture of Astronomy in Daily Life: Sundials, Science, and Social Change". *Journal for the History of Astronomy*, 32 (3), pp. 189-222, 2001.

Soreson, Roy. *Seeing Dark Things*: The Philosophy of Shadows. Oxford: Oxford University Press, 2008.

Stoichita, Victor I. *A Short History of the Shadow.* Londres: Reaktion, 1997.

Wheeler, William Morton *et al.* "Observations on the Behavior of Animals During the Total Solar Eclipse of August 31, 1932". *Proceedings of the American Academy of Arts and Sciences*, 70 (2), pp. 33-70, 1935.

Young, D. "The Colours of Things". Em Tilley, Christopher *et al.* (eds.). *Handbook of Material Culture.* Londres: Sage Publications, 2006.

Capítulo 6 – Barbas

Abassi, Lila. "Beard Microbiology: Grubby Hipsters May Be on to Something". *American Council on Science and Health*, 13 fev. 2016. Disponível em: <https://www.acsh.org/news/2016/02/13/beard-microbiology-grubby-hipsters-may-be-on-to-something>. Acesso em: 4 maio 2018.

"An English Chapbook, 'The History of Blue Beard; or, the Fatal Effects of Curiosity & Disobedience' (Londres: T. Evans, ca. 1805)". *Merveilles & Contes*, 5 (2), esp. sobre Charles Perrault, pp. 444-67, dez. 1991. Disponível em: <http://www.jstor.org/stable/41390307>. Acesso em: 26 mar. 2019.

Bacchilega, Cristina. *Postmodern Fairy Tales*: Gender and Narrative Strategies. Filadélfia: University of Pennsylvania Press, 1999.

Barzilai, Shuli. *Tales of Bluebeard and his Wives from Late Antiquity to Post-modern Times.* Nova York: Routledge, 2009.

_____. "The Bluebeard Barometer: Charles Dickens and Captain Murderer". *Victorian Literature and Culture*, 32 (2), pp. 505-24, 2004.

Blow, Douglas. *On the Importance of Being an Individual in Renaissance Italy.* Filadélfia: University of Pennsylvania Press, 2015.

Bulwer, John. *Anthropometamorphosis*: Man Transform'd: or, The Artificial Changeling. 2ª ed. Londres: William Hunt, 1653.

Church, Alfred John; Brodribb, William Jackson & Cerrato, Lisa (eds.). *Complete Works of Tacitus.* Nova York: Random House, 1942.

"Danger Found in the Beard". *Star*, 7399, 10 maio 1902. Disponível em: <https://paperspast.natlib.govt.nz/newspapers/TS19020510.2.10>. Acesso em: 8 set. 2017.

Davids, Abu Muneer Ismail. *Getting the Best out of Al-Hajj*: Pilgrimage. 2ª ed. Riade, Arábia Saudita: Dar-us-Salam, 2006.

Dickens, Charles. "Captain Murderer". *All the Year Round*, 8 set. 1860.

Fisher, Will. "The Renaissance Beard: Masculinity in Early Modern England". *Renaissance Quarterly*, 54 (1), pp. 155-87, 2001.

Furbank, P. N. & Owens, W. R. *Defoe De-Attributions*: A Critique of J. R. Moore's Checklist. Londres: Hambledon Press, 1994.

Gowing, T. S. *The Philosophy of Beards*: A Lecture Physiological, Artistic and Historic. Londres: J. Haddock, 1875.

Grimm, Jacob & Grimm, Wilhelm. "Bluebeard". Em *Kinder- und Hausmärchen*. Berlim: Erstdruck, 1812. [Ed. bras.: *Contos maravilhosos infantis e domésticos*: 1812-1815. São Paulo: Editora 34, 2018.]

Hanks, Merry Wiesner. *The Marvelous Hairy Girls*: The Gonzales Sisters and their Worlds. New Haven, Connecticut: Yale University Press, 2009.

Hawksley, Lucinda. "A Pogonophobe's View of Facial Hair in History". Disponível em: <http://blog.wellcomelibrary.org/2015/11/a-pogonophobes-view-of-facial-hair-in-history/>. Acesso em: 8 set. 2017.

_____. *Moustaches, Whiskers & Beards* (NPG Short Histories). Londres: National Portrait Gallery, 2014.

Hermansson, Casie. *Bluebeard*: A Reader's Guide to the English Tradition. Jackson, Mississippi: University of Mississippi; Association of American University Presses, 2009.

Johnston, Mark Albert. *Beard Fetish in Early Modern England*: Sex, Gender and Registers of Value. Farnham, Inglaterra: Ashgate, 2011.

Kim, Katherine J. "Corpse Hoarding: Control and the Female Body in 'Bluebeard', 'Schalken the Painter', and *Villette*". *Studies in the Novel*, 43 (4), pp. 406-27, 2011.

Lovell-Smith, Rose. "Anti-Housewives and Ogres" Housekeepers: The Roles of Bluebeard's Female Helper". *Folklore*, 113 (2), pp. 197-214, 2002.

MacCulloch, Diarmaid. *Thomas Cranmer*: A Life. New Haven: Yale University Press, 1996.

Middleton, Jacob. "Bearded Patriarchs". *History Today*, 56 (2), pp. 26-7, 2006.

Oldstone-Moore, Christopher. *Of Beards and Men*: The Revealing History of Facial Hair. Chicago: University of Chicago Press, 2015.

_____. "The Rise and Fall of the Military Moustache". *Wellcome Library*, 20 nov. 2015. Disponível em: <http://blog.wellcomelibrary.org/2015/11/the-rise-and-fall-of-the-military-moustache>. Acesso em: 28 nov. 2017.

Parker, Patricia. "Beards, Gender Ideology, Gender Change: The Case of Marie Germain". *Critical Inquiry*, 19 (2), pp. 337-64, 1993.

Patel, Samir S. & Blackburn, Marion P. "Blackbeard Surfaces". *Archaeology*, 61 (2), pp. 22-7, 2008.

"Report of Committee on Industrial Pathology on Trades Which Affect the Eyes". *Journal of the Royal Society of Arts*, 112 (3), pp. 119-27, 1855.

Rycroft, Eleanor. "Facial Hair and the Performance of Adult Masculinity on the Early Modern English Stage". Em Ostovich, Helen; Schott Syme, Holger & Griffin, Andrew (eds.). *Locating the Queen's Men, 1583-1603*: Material Practices and Conditions of Playing. Aldershot, Inglaterra: Ashgate Publishing, 2009, pp. 217-28.

Toner, Jerry. "Barbers, Barbershops and Searching for Roman Popular Culture". *Papers of the British School at Rome*, 83, pp. 91-110, 2015.

Warner, Marina. *From Beast to the Blonde*: On Fairy Tales and their Tellers. Londres: Chatto & Windus, 1994. [Ed. bras.: *Da fera à loira*. São Paulo: Companhia das Letras, 2000.]

Withey, Alun. "Beards in the Crimean". *Florence Nightingale Museum*, 13 jan. 2017. Disponível em: <http://www.florence-nightingale.co.uk/2017/01/13/guest-post-dr-alun-withey-beards-in-the-crimean/?v=79cba1185463>. Acesso em: 7 set. 2017.

_____. "A Brief History of Beards". *BBC History Magazine, History Extra*, 18 nov. 2016.

_____. "5 Things Beards Tell Us About History". *BBC History Magazine, History Extra*, 29 out. 2014.

_____. "Shaving and Masculinity in Eighteenth-Century Britain". *British Society for Eighteenth-Century Studies*, 36 (2), pp. 225-43, 2013.

Woodard, Colin. *The Republic of Pirates*. San Diego, Califórnia: Harcourt, 2007.

Zipes, Jack. *Why Fairy Tales Stick*. Nova York: Routledge, 2006.

_____. *Beauties, Beasts and Enchantments*: Classic French Fairy Tales. Nova York: New American Library, 1989.

Capítulo 7 – Nuvens

Anderson, Katharine. *Predicting the Weather*: Victorians and the Science of Meteorology. Chicago: University of Chicago Press, 2005.

Aristotle. *Meteorologica*. Trad. H. D. P. Lee. Cambridge, MA: Harvard University Press, 1952. [Loeb Classical Library 397.]

Burton, Jim. "Howard, Luke (1772-1864)". *Oxford Dictionary of National Biography*. Oxford: Oxford University Press, 2004.

Das Gupta, N. N. & Ghosh, S. K. "A Report on the Wilson Cloud Chamber and its Applications in Physics". *Reviews of Modern Physics*, 18 (2), pp. 225-365, 1946.

Day, J. A. & Ludlam, F. H. "Luke Howard and his Clouds". *Weather*, 27, pp. 448-61, 1972.

Dear, Ian C. B. & Kemp, Peter. *The Oxford Companion to Ships and the Sea*. 2ª ed. Oxford: Oxford University Press, 2006.

Dolan, Edward F. *The Old Farmer's Almanac Book of Weather Lore*. Dublin, New Hampshire: Yankee Publishing Inc., 1988.

Gooley, Tristan. *The Natural Navigator*. Londres: Random House, 2010.

Haber, Ludwig Fritz. *The Poisonous Cloud*: Chemical Warfare in the First World War. Oxford: Oxford University Press, 1986.

Hamblyn, Richard. *The Invention of Clouds*: How an Amateur Meteorologist Forged the Language of the Skies. Londres: Macmillan, 2002.

Hibberd, Dominic. *Wilfred Owen*: A New Biography. Londres: Weidenfeld & Nicolson, 2002.

Huth, John E. *The Lost Art of Finding Our Way*. Cambridge, MA: Harvard University Press, 2013.

International Meteorological Committee. *International Cloud Altas*. Publicado pela Order of the Committee, organizado por Hugo Hildebrandsson, Albert Riggenbach e Léon Teisserenc de Bort, membros do Cloud Commission. Paris: Gauthier-Villars, 1896.

Inwards, Richard. *Weather Lore*: A Collection of Proverbs, Sayings, and Rules Concerning the Weather. Londres: Elliot Stock, 1898.

Ludlum, David. "Weather Lore". Em Schneider, Stephen H.; Root, Terry L. & Mastrandrea, Michael D. (eds.). *Encyclopedia of Climate and Weather*. 2ª ed. Oxford: Oxford University Press, 2011.

McAdie, Alexander. *A Cloud Atlas*. Chicago: Rand, McNally & Company, 1923.

McWilliams, James L. & Steel, R. James. *Gas! The Battle for Ypres, 1915*. St. Catharines, Ontário: Vanwell Publishing, 1985.

Miller, Richard Lee. *Under the Cloud*: The Decades of Nuclear Testing. Woodlands, Texas: Two Sixty Press, 1991.

Mukharji, Projit Bihari. "The 'Cholera Cloud' in the Nineteenth-Century 'British World': History of an Object-Without-an-Essence". *Bulletin of the History of Medicine*, 86 (3), pp. 303-32, 2012.

"New German Weapon: The Gas Cloud". *The Great War*: 1914-1918. Disponível em: <http://www.greatwar.co.uk/battles/second-ypres-1915/prelude/gas-development.htm>. Acesso em: 7 out. 2017.

Oxford University. "The First World War Poetry Digital Archive". Disponível em: <http://ww1lit.nsms.ox.ac.uk/ww1lit/>. Acesso em: 7 out. 2017.

Pegis, Anton C. (ed.). *Basic Writings of Saint Thomas Aquinas*. v. 1. Londres: Random House, 1945. [Reimpr. Indianápolis, Cambridge: Hackett Publishing, 1997.]

Stallworthy, Jon. *Wilfred Owen*: A Biography. Oxford: Oxford University Press, 1977.

Thornes, John. E. *John Constable's Skies*. Birmingham: University of Birmingham Press, 1999.

Weart, Spencer R. *Nuclear Fear*: A History of Images. Cambridge, MA: Harvard University Press, 1989.

Wharton, W. J. L. *Captain Cook's Journal During his First Voyage Round the World Made in H. M. Bark "Endeavour" 1768-1781*. Londres: Elliot Stock, 1893.

Williams, Daniel. "Atmospheres of Liberty: Ruskin in the Clouds". *English Literary History*, 82, pp. 141-82, 2015.

Capítulo 8 – Pó

Amato, Joseph Anthony. *Dust*: A History of the Small and the Invisible. Berkeley; Londres: University of California Press, 2000.

Beal, Peter. *A Dictionary of English Manuscript Terminology, 1450-2000*. Oxford: Oxford University Press, 2008.

Bentlage, Björn *et al.* (eds.). *Religious Dynamics under the Impact of Imperialism and Colonialism*: A Sourcebook. Leiden, Holanda: Brill, 2017.

Day, Jasmine. *The Mummy's Curse*: Mummymania in the English-Speaking World. Londres: Routledge, 2006.

Ertel, Patrick W. *The American Tractor*: A Century of Legendary Machines. Minnesota: Voyageur Press, 2001.

Gallagher, Catherine. *The Body Economic*: Life, Death, and Sensation in Political Economy and the Victorian Novel. Princeton; Oxford: Princeton University Press, 2006.

Goudie, Andrew S. "Desert Dust and Human Health Disorders". *Environment International*, 63, pp. 101-13, 2014.

Gregory, James Noble. *American Exodus*: The Dust Bowl Migration and Okie Culture in California. Oxford: Oxford University Press, 1989.

Holmes, Hannah. *The Secret Life of Dust*: From the Cosmos to the Kitchen Counter, the Big Consequences of Little Things. Nova York: John Wiley, 2001.

Horne, Richard H. "Dust; or, Ugliness Redeemed". *Household Words*, 1 (16), pp. 379-84, 13 jul. 1850.

Hounsell, Peter. "Dodd, Henry (1801-1881)". Em *Oxford Dictionary of National Biography*. Oxford: Oxford University Press, 2004.

Jackson, Lee. *Dirty Old London*: The Victorian Fight Against Filth. New Haven: Yale University Press, 2014.

Library of Congress. "Interview about Dust Storms in Oklahoma", 5 ago. 1940. Disponível em: <https://www.loc.gov/item/toddbib000091/>. Acesso em: 14 set. 2017.

_____. "Voices from the Dust Bowl: the Charles L. Todd and Robert Sonkin Migrant Worker Collection, 1940 to 1941". Washington, DC. Disponível em: <https://www.loc.gov/collections/todd-and-sonkin-migrant-workers-from-1940-to-1941/about-this-collection/>. Acesso em: 1º set. 2017.

Lloyd, Helen *et al.* "The Effects of Visitor Activity on Dust in Historic Collections". *Conservator*, 26 (1), pp. 72-84, 2002.

Maidment, Brian. *Dusty Bob*: A Cultural History of Dustmen, 1780-1870. Manchester: Manchester University Press, 2007.

McIvor, Arthur & Johnston, Ronald. *Miners' Lung*: A History of Dust Disease in British Coal Mining. Londres: Routledge, 2007.

Marx, Karl (1867). *Capital*: Critique of Political Economy. Ed. Ernest Mandel, trad. Ben Fowkes. v. 1. Londres: Penguin, 2004. [Ed. bras.: *O capital*. Trad. Rubens Enderle. São Paulo: Boitempo, 2017.]

Michelet, Jules. *History of France, From the Earliest Period to the Present Time*. v. 1. Trad. G. H. Smith. Nova York: D. Appleton & Co., 1882.

Middleton, Nicholas J. & Goudie, Andrew S. "Saharan Dust: Sources and Trajectories". *Transactions of the Institute of British Geographers*, 26 (2), pp. 165-81, 2001.

"Oldest Book Jacket Found in the Bodleian". *Bodleian Library*, 27 abr. 2009. Disponível em: <http://www.bodleian.ox.ac.uk/news/2009/2009_apr_27>. Acesso em: 2 set. 2017.

Poirer, David A. & Feder, Kenneth L. (eds.). *Dangerous Places*: Health, Safety, and Archaeology. Santa Barbara, Califórnia: Greenwood Publishing Group, 2001.

Schrijver, Karel & Schrijver, Iris. *Living with the Stars*: How the Human Body is Connected to the Life Cycles of the Earth, the Planets and the Stars. Oxford: Oxford University Press, 2015.

Steedman, Carolyn. *Dust.* Manchester: Manchester University Press, 2001.

Steinbeck, John. *The Grapes of Wrath.* Nova York: The Viking Press, 1939. [Ed. bras.: *As vinhas da ira.* 10ª ed. Trad. Herbert Caro. Rio de Janeiro: Record, 2002.]

Winstone, Harry V. F. *Howard Carter and the Discovery of the Tomb of Tutankhamun.* Londres: Constable, 1991.

Worster, Donald. *Dust Bowl*: The Southern Plains in the 1930s. Oxford: Oxford University Press, 1979.

Capítulo 9 – Relógios

Black, Jeremy & MacRaild, Randall M. *Studying History.* Basingstoke, Inglaterra: Palgrave Macmillan, 2007.

Bruton, Eric. *The History of Clocks and Watches.* 2ª ed. Londres: Black Cat, 1989.

Cheney, Christopher R. & Jones, Michael. *Handbook of Dates*: For Students of British History. 2ª ed. Londres: Royal Historical Society Guides and Handbooks, 2008.

Cipolla, Carlo M. *Clocks and Culture, 1300-1700.* Londres: Collins, 1967.

Clutton, Cecil & Baillie, Granville H. *Britten's Old Clocks and Watches and their Makers*: A History of Styles in Clocks and Watches and their Mechanisms. Londres: Bloomsbury, 1986.

Dean, Darron; Hann, Andrew; Overton, Mark & Whittle, Jane. *Production and Consumption in English Households 1600-1750.* Londres: Routledge, 2004.

Dohrn-van Rossum, Gerhard. *History of the Hour*: Clocks and Modern Temporal Orders. Chicago: University of Chicago Press, 1996.

Duffy, Eamon. *Marking the Hours*: English People and their Prayers, 1240-1570. New Haven, Connecticut: Yale University Press, 2011.

Geary, Patrick J. *Readings in Medieval History.* 4ª ed. Toronto: University of Toronto Press, 2010.

Hale, John R. *Renaissance Europe, 1480-1520.* Berkeley; Los Angeles; Londres: University of California Press, 1971.

Houlbrooke, Ralph A. *English Family Life, 1576-1716*: An Anthology from Diaries. Oxford: Blackwell, 1989.

Ladurie, Emmanuel Le Roy. *Montaillou*: Cathars and Catholics in a French Village 1294-1324. Trad. Barbara Bray. Londres: Penguin Books, 1980. [Ed. bras.: *Montaillou*. São Paulo: Companhia das Letras, 1997.]

McCrossen, Alexis. *Marking Modern Times*: A History of Clocks, Watches, and other Timekeepers in American Life. Chicago: University of Chicago Press, 2013.

Moody, Joanna (ed.). *The Private Life of an Elizabethan Lady*: The Diary of Lady Margaret Hoby, 1599-1605. Stroud, Inglaterra: Sutton, 1998.

Sherman, Stuart. *Telling Time*: Clocks, Diaries, and English Diurnal Form, 1660-1785. Chicago: University of Chicago Press, 1997.

Thompson, Edward P. "Time, Work-Discipline and Industrial Capitalism". *Past & Present*, 38 (1), pp. 56-97, 1967. [Ed. bras.: *Costumes em comum*. São Paulo: Companhia das Letras, 1998.]

_____. *The Making of the English Working Class*. Londres: Victor Gollancz, 1963. [Ed. bras.: *A formação da classe operária inglesa*. 2ª ed. Trad. Denise Bottman. Rio de Janeiro: Paz e Terra, 2012.]

Weber, Max. (1905). *The Protestant Ethic and the Spirit of Capitalism*. 2ª ed. Londres; Boston: Unwin Hyman, 1930. [Ed. bras.: *A ética protestante e o "espírito" do capitalismo*. Trad. José Marcos Mariani de Macedo. São Paulo: Companhia das Letras, 2004.]

Webster, Tom. "Writing to Redundancy: Approaches to Spiritual Journals and Early Modern Spirituality". *Historical Journal*, 39 (1), pp. 33-56, 1996.

Capítulo 10 – Arte com tecidos

Bell, Susan Groag. *The Lost Tapestries of the City of Ladies*: Christine de Pizan's Renaissance. Oakland: University of California Press, 2004.

Benberry, Cuesta. *Always there*: The African-American Presence in American Quilts. Filadélfia: University of Pennsylvania Press, 1992.

Bouet, Pierre; Levy, Brian & Neveux, François. *The Bayeux Tapestry*: Embroidering the Facts of History. Caen, Normandia: Presses Universitaires de Caen, 2004.

Browne, Clare & Wearden, Jennifer. *Samplers from the Victoria and Albert Museum*. Londres: V&A Publications, 1999.

Crawford, Patricia. "'The Only Holy Ornament of a Woman': Needlework in Early Modern England". Em Blackburn, Jean *et al.* (eds.). *All her Labours II*: Embroidering the Framework. Sydney: Hale and Iremonger, 1984, pp. 7-20.

Frye, Susan. *Pens and Needles*: Women's Textualities in Early Modern England. Filadélfia: University of Pennsylvania Press, 2010.

_____. "Sewing Connections: Elizabeth Tudor, Mary Stuart, Elizabeth Talbot, and Seventeenth-Century Anonymous Needleworkers". Em _____ & Robertson, Karen (eds.).

Maids and Mistresses, Cousins and Queens: Women's Alliances in Early Modern England. Nova York; Oxford: Oxford University Press, 1999, pp. 165-82.

Henderson, Anna & Owen-Crocker, Gale (eds.). *Making Sense of the Bayeux Tapestry*: Readings and Reworkings. Manchester: Manchester University Press, 2016.

Jones, Ann Rosalind & Stallybrass, Peter. "The Needle and the Pen: Needlework and the Appropriation of Printed Texts". Em *Renaissance Clothing and the Materials of Memory*. Cambridge: Cambridge University Press, 2000, pp. 134-71.

Klein, Lisa M. "Your Humble Handmaid: Elizabethan Gifts of Needlework". *Shakespeare Quarterly*, 50 (2), pp. 459-93, 1997.

McEwan, Cheryl. "Building a Postcolonial Archive? Gender, Collective Memory and Citizenship in Post-Apartheid South Africa". *Journal of Southern African Studies*, 29 (3), pp. 739-57, 2003.

Orlin, Lena Cowen. "Three Ways to be Invisible in the Renaissance: Sex, Reputation, and Stitchery". Em Fumerton, Patricia & Hunt, Simon. *Renaissance Culture and the Everyday*. Filadélfia: University of Pennsylvania Press, 1999, pp. 183-203.

Parker, Rozika. *The Subversive Stitch*: Embroidery and the Making of the Feminine. Nova York: Routledge, 1989.

Prichard, Sue (ed.). *Quilts 1700-2010*: Hidden Histories, Untold Stories. Londres: V&A Publications, 2010.

Quilligan, Maureen. "Elizabeth's Embroidery". *Shakespeare Studies*, 28, pp. 208-14, 2000.

Styles, John. *Threads of Feeling*: The London Foundling Hospital's Textile Tokens 1740-1770. Londres: Foundling Museum, 2010.

Summit, Jennifer. *Lost Property*: The Woman Writer and English Literary History, 1380-1589. Chicago; Londres: University of Chicago Press, 2000, cap. 4.

"Susan Strong's 'Great Seal'". *National Museum of American History*, National Quilt Collection. Disponível em: <http://americanhistory.si.edu/collections/search/object/nmah_556469>. Acesso em: 22 nov. 2017.

Swain, Margaret. *The Needlework of Mary Queen of Scots*. Nova York: Van Norstrand Reinhold Co., 1973.

Capítulo 11 – Coceira

Arrizabalaga, Jon; Henderson, John & French, Roger Kenneth. *The Great Pox*: The French Disease in Renaissance Europe. New Haven: Yale University Press, 1997.

Atherton, Ian. "The Itch Grown a Disease: Manuscript Transmission of News in the Seventeenth Century". Em Raymond, Joad (ed.). *News, Newspapers, and Society in Early Modern Britain*. Londres: Frank Cass, 1999, pp. 39-65.

Bain, Allison. "Irritating Intimates: The Archaeoentomology of Lice, Fleas, and Bedbugs". *Northeast Historical Archaeology*, 33 (8), pp. 81-90, 2004.

Brandão, José António & Nassaney, Michael Shakir. "Suffering for Jesus: Penitential Practices at Fort St. Joseph (Niles, Michigan) During the French Regime". *Catholic Historical Review*, 94 (3), pp. 476-99, 2008.

Coster, Will. *Family and Kinship in England 1450-1800*. Londres: Longmans, 2001.

Crawford, Patricia & Gowing, Laura (eds.). *Women's Worlds in Seventeenth-Century England*: A Sourcebook. Londres: Routledge, 2000.

Crowley, John E. "The Sensibility of Comfort". *American Historical Review*, 104 (3), pp. 749-82, 1999.

Daybell, James. *Women Letter-Writers in Tudor England*. Oxford: Oxford University Press, 2006.

Ellison, David & Leach, Andrew (eds.). *On Discomfort*: Moments in a Modern History of Architectural Culture. Abingdon, Inglaterra: Routledge, 2017.

Ghesquier, Danièle. "A Gallic Affair: The Case of the Missing Itch-Mite in French Medicine in the Early Nineteenth Century". *Medical History*, 43 (1), pp. 26-54, 1999.

Graunt, John. *Natural and Political Observations Made upon the Bills of Mortality*. Londres: [s.n.], 1662.

Houlbrooke, Ralph. *The English Family 1450-1700*. Londres: Macmillan, 1984.

Ingram, Martin. *Church Courts, Sex and Marriage in England 1570-1640*. Oxford: Oxford University Press, 1987.

"Itching – Choices". *NHS Choices*. Disponível em: <http://www.nhs.uk/Conditions/Itching/Pages/Causes.aspx>. Acesso em: 10 out. 2017.

Linehan, Peter & Nelson, Janet L. *The Medieval World*. Abingdon, Inglaterra: Routledge, 2001.

Montaigne, Michel de. *The Complete Essays*. Ed. e trad. M. A. Screech. Londres: Penguin, 1993. [Ed. bras.: *Os ensaios*. Trad. Rosemary Costhek Abílio. São Paulo: Martins Fontes, 2002.]

Parascandola, John. *Sex, Science, and Sin*: A History of Syphilis in America. Santa Barbara, Califórnia: Praeger Publishing, 2008.

Riello, Giorgio. *Cotton*: The Fabric that Made the Modern World. Cambridge: Cambridge University Press, 2013.

Roberts, Jennifer Sherman. "Scratching 'The Itch Infalable': Johanna St John's Anti-Itch Cure". *The Recipes Project*. Disponível em: <https://recipes.hypotheses.org/5357>. Acesso em: 10 out. 2017.

Romm, Cari. "A New Skeleton and an Old Debate About Syphilis". *Atlantic*, 18 fev. 2016. Disponível em: <https://www.theatlantic.com/health/archive/2016/02/the-neverending-story-of-the-origins-of-syphilis/463401/>. Acesso em: 24 out. 2017.

Rouse, Lydia. "The Flea Trap". *Louth Museum*. Disponível em: <http://www.louthmuseum.org.uk/blog/louth_museum_opening_blog_2015.html>. Acesso em: 10 out. 2017.

Rublack, Ulinka. *Dressing Up*: Cultural Identity in Renaissance Europe. Oxford: Oxford University Press, 2010.

Shakespeare, William. *Troilus and Cressida*. Ed. Kenneth Muir. Oxford: Oxford University Press, 1982.

Shove, Elizabeth. *Comfort, Cleanliness and Convenience*: The Social Organization of Normality. Oxford: Berg, 2003.

Spooner, Thomas. *A Short Account of the Itch, Inveterate Itching Humours, Scabbiness and Leprosy*: Plainly Describing their Symptoms, Nature, Original Cause, and True Cure... Londres: [s.n.], 1718.

Stone, Lawrence. *Broken Lives*: Separation and Divorce in England 1660-1857. Oxford: Oxford University Press, 1993.

_____. *Road to Divorce*: England 1530-1989. Oxford: Oxford University Press, 1990.

_____. *The Family, Sex and Marriage in England 1500-1800*. Londres: Weidenfeld & Nicolson, 1977.

Tampa, Mircea *et al.* "Brief History of Syphilis". *Journal of Medicine and Life*, 7 (1), pp. 4-10, 2014.

Thomas, Keith. *The Ends of Life*: Roads to Fulfilment in Early Modern England. Oxford: Oxford University Press, 2009.

Thwaites, Reuben (ed.). *The Jesuit Relations and Allied Documents*. v. 39. Cleveland: Burrows Brothers, 1896-1901. [73 vols.]

Weisshaar, Elke *et al.* "The Symptom of Itch in Medical History: Highlights through the Centuries". *International Journal of Dermatology*, 48 (12), pp. 1385-94, 2009.

White, Carolyn L. (ed.). *The Materiality of Individuality*: Archaeological Studies of Individual Lives. Reno: University of Nevada Press, 2009.

Capítulo 12 – Buracos

Campbell, James (ed.). *The Anglo-Saxons*. Londres: Phaidon Press, 1982.

Caraman, Philip. *The Other Face*: Catholic Life under Elizabeth I. Londres: Longmans, 1960.

Cowell, Michael & Williams, Gareth. "Analysis of a Gold Mancus of Coenwulf of Mercia and other Comparable Coins". *British Museum Technical Research Bulletin*, 3, pp. 31-6, 2009.

Crawford, Patricia & Gowing, Laura (eds.). *Women's Worlds in Seventeenth-Century England*: A Sourcebook. Londres: Routledge, 2000.

Daybell, James. *The Material Letter*: Manuscript Letters and the Culture and Practices of Letter-Writing in Early Modern England. Basingstoke, Inglaterra: Palgrave Macmillan, 2012.

Haward, Winifred I. *Hide or Hang*: Priest Holes of North East England. Clapham, Inglaterra: Dalesman Publishing Company Ltd., 1966.

Hodgetts, Michael. "Owen, Nicholas (d.1606)". *Oxford Dictionary of National Biography*. Oxford: Oxford University Press, 2004.

_____. *Secret Hiding-Places*. Dublin: Veritas, 1989.

Hogge, Alice. *God's Secret Agents*. Londres: HarperCollins, 2005.

Keynes, Simon. "The Discovery and First Publication of the Alfred Jewel". *Somerset Archaeology and Natural History*, 136, pp. 1-8, 1992.

Kilroy, Gerard. *Edmund Campion*: Memory and Transcription. Aldershot, Inglaterra: Ashgate, 2005.

Kwakkel, Erik. "Medieval Book History". *Erik Kwakkel blog*. Disponível em: <http://erikkwakkel.tumblr.com/>. Acesso em: 9 nov. 2017.

_____. "Parchment (the Good, the Bad and the Ugly)". *Khan Academy*. Disponível em: <https://www.khanacademy.org/humanities/medieval-world/medieval-book/making-medieval-book/a/parchment-the-good-the-bad-and-the-ugly>. Acesso em: 9 nov. 2017.

Laslett, Barbara. "The Family as a Public and Private Institution: An Historical Perspective". *Journal of Marriage and the Family*, 35 (3), pp.480-92, 1973.

Leahy, Kevin & Bland, Roger. *The Staffordshire Hoard*. Londres: British Museum Press, 2009.

Locke, John L. *Eavesdropping*: An Intimate History. Oxford: Oxford University Press, 2010.

Lodge, Edmund. *Illustrations of British History, Biography, and Manners, in the Reigns of Henry VIII, Edward VI, Mary, Elizabeth & James I*. v. 1. 2ª ed. Londres: John Chidley, 1938.

Morris, John (ed.). *The Condition of Catholics under James I*: Father Gerard's Narrative of the Gunpowder Plot. 2ª ed. Londres: Longmans, 1872.

Orlin, Lena Cowen. *Locating Privacy in Tudor London*. Oxford: Oxford University Press, 2007.

Smith, James M. *Ireland's Magdalen Laundries and the Nation's Architecture of Containment*. Manchester: Manchester University Press, 2007.

Stenton, *Sir* Frank. *Anglo-Saxon England*. Oxford: Oxford University Press, 1943.

"The Magdalen Restorative Justice Ex-Gratia Scheme". Relatório do Inter-Departmental Committee para estabelecer os fatos de envolvimento do Estado com as Lavanderias de Madalena. fev. 2013. Disponível em: <http://www.idcmagdalen.ie/en/MLW/Magdalen%20Rpt%20full.pdf/Files/Magdalen%20Rpt%20full.pdf>. Acesso em: 5 dez. 2017.

Thomas, Keith. *The Ends of Life*: Roads to Fulfilment in Early Modern England. Oxford: Oxford University Press, 2010.

Capítulo 13 – Cama

Aston, Margaret. *The King's Bedpost*: Reformation and Iconography in a Tudor Group Portrait. Cambridge: Cambridge University Press, 1995.

Brawer, Nicholas A. *British Campaign Furniture*: Elegance under Canvas, 1740-1914. Nova York; Londres: Harry N. Abrams, 2001.

_____. "Georgian Campaign Furniture". *Magazine Antiques*, 157 (6), pp. 924-31, 2000.

_____. "Victorian Campaign Furniture". *Magazine Antiques*, 158 (3), pp. 346-53, 2000.

British Army War Diaries 1914-1922. *The National Archives*. Disponível em: <http://www.nationalarchives.gov.uk/help-with-your-research/research-guides/british-army-war-diaries-1914-1922/>. Acesso em: 8 dez. 2017.

Hamling, Tara. *Decorating the "Godly" Household*: Religious Art in Post-Reformation Britain. New Haven: Yale University Press, 2010.

Handley, Sasha. *Sleep in Early Modern England*. New Haven: Yale University Press, 2016.

_____. "Sociable Sleeping in Early Modern England, 1660-1760". *History*, 98 (329), pp. 79-104, 2013.

Harrison, William. *A Description of the Island of Britain, with a Brief Rehearsal of the Nature and Qualities of the People of England...* [S.l.: s.n.], 1577.

Hepplewhite, A. & Co. *The Cabinet-Maker and Upholsterer's Guide*. Londres: B. T. Batsford, 1897.

"Hospital Records Database". *The National Archives*. Disponível em: <nationalarchives.gov.uk/hospitalrecords>. Acesso em: 30 nov. 2017.

Houlbrooke, Ralph A. *Death, Religion and the Family in England, 1480-1750*. Oxford: Oxford University Press, 2000.

_____. "The Puritan Death-bed *c*.1560-*c*.1660". Em Durston, Christopher & Eales, Jacqueline (eds.). *The Culture of English Puritanism, 1560-1700*. Basingstoke, Inglaterra: Macmillan, 1996, pp. 54-75.

_____. *English Family Life, 1576-1716*: An Anthology of Diaries. Oxford: Blackwell, 1989.

Joint War Committee of the British Red Cross Society *et al*. *Reports by the Joint War Committee and the Joint War Finance Committee of the British Red Cross Society and the Order of St. John of Jerusalem in England on Voluntary Aid Rendered to the Sick and Wounded at Home and Abroad and to British Prisoners of War, 1914-1919*. Londres: His Majesty's Stationery Office, 1921. Disponível em: <https://www.worldcat.org/title/reports-by-the-joint-war-committee-and-the-joint-war-finance-committee-of-the-british-red-cross-society-and-the-order-of-st-john-of-jerusalem-in-england-on-voluntary-aid-rendered-to-the-sick-and-wounded-at-home-and-abroad-and-to-british-prisoners-of-war-1914-1919-with-appendices/oclc/18421489>. Acesso em: 28 mar. 2019.

Latham, Robert & Matthews, William (eds.). *The Complete Diaries of Samuel Pepys*. 11 vols. Londres: G. Bell, 1973-1983.

Metcalf, Priscilla. *The Halls of the Fishmongers' Company*: An Architectural History of a Riverside Site. Londres: Phillimore, 1977.

Moon, Iris. *The Architecture of Percier and Fontaine and the Struggle for Sovereignty in Revolutionary France*. Londres: Routledge, 2017.

Red Cross Society. *The County Branches [of the Red Cross]*: Their Organization and Work during the First Months of the War. v. I. Londres: [s.n.], 1917.

Strong, Roy. *Tudor and Jacobean Portraits*. Londres: H. M. Stationery Office, 1969.

Stubbes, Philip. *A Chrystall Glasse for Christian Women*: Containing a Most Excellent Discourse of the Godly Life and Christian Death of Mistris Katherine Stubbes. Londres: Impresso para John Wright, 1635. Disponível em: <https://www.worldcat.org/title/chrystall-glasse-for-christian-women-containing-a-most-excellent-discourse-of-the-godly-life-and-christian-death-of-mistris-katherine-suvbs-who-departed-this-life-in-burton-vpon-trent-in-stafford-shire-the-fourteenth-of-december-with-a-most-heauenly-confession-of-the-christian-faith-which-shee-made-a-little-before-her-departure-as-also-a-most-wonderfull-combat-betwixt-satan-and-her-soule-worthy-to-be-printed-in-letters-of-gold-and-to-be-engrauen-in-the-table-of-euerie-christian-heart-set-downe-word-for-word-as-shee-spake-as-neere-as-could-bee-gathered/oclc/606575216>. Acesso em: 28 mar. 2019.

Watson, Janet S. K. "Wars in the Wards: The Social Construction of Medical Work in First World War Britain". *Journal of British Studies*, 41 (4), pp. 484-510, 2002.

Capítulo 14 – Sonhos

Aikens, Kristina. *A Pharmacy of her Own*: Victorian Women and the Figure of the Opiate. Ann Arbor, Michigan: ProQuest, 2008.

Augustine, St. *The Confessions*. Ed. Henry Chadwick. Oxford: Oxford's World Classics, 2008. [Ed. bras.: *Confissões*. Trad. Lorenzo Mammi. São Paulo: Penguin, 2017.]

Berridge, Virginia & Edwards, Griffith. *Opium and the People*: Opiate Use in Nineteenth--Century England. Londres: Allen Lane, 1981.

Browne, *Sir* Thomas. *Collected Works of Sir Thomas Browne*. Ed. Simon Wilkin. Norwich, Inglaterra: Fletcher and Son, 1835-1836.

Crawford, Patricia & Gowing, Laura (eds.). *Women's Worlds in Seventeenth-Century England*. Londres: Routledge, 2000.

De Quincey, Thomas. *Confessions of an English Opium-Eater*. Londres: Taylor and Henry, 1822. [Ed. bras.: *Confissões de um comedor de ópio*. Trad. Ibañez Filho. Porto Alegre: L&PM, 2001.]

Dormandy, Thomas. *Opium*: Reality's Dark Dream. New Haven: Yale University Press, 2012.

Fellini, Federico. *The Book of Dreams*. Nova York: Rizzoli, 2008.

Freud, Sigmund. *The Interpretation of Dreams*. Leipzig; Vienna: Franz Deuticke, 1899. [Ed. bras.: *A interpretação dos sonhos*. Trad. Renato Zwick. Porto Alegre: L&PM, 2016.]

Greene, Graham. *A World of my Own*: A Dream Diary. Londres: Viking, 1992.

Houlbrooke, Ralph A. *English Family Life, 1576-1716*: An Anthology from Diaries. Oxford: Blackwell, 1989.

Kerouac, Jack. *Book of Dreams*. São Francisco: City Lights Books, 1961. [Ed. bras.: *Livro dos sonhos*. Trad. Milton Persson. Porto Alegre: L&PM. 2004.]

Levin, Carole. *Dreaming the English Renaissance*: Politics and Desire in Court and Culture. Nova York: Palgrave Macmillan, 2008.

Luther, Martin. *The Familiar Discourses of Dr. Martin Luther*. Trad. H. Bell. Londres: John Baxter, 1818.

MacFarlane, Alan. *The Diary of Ralph Josselin, 1616-1683*. Oxford: Oxford University Press, 1991.

Marinelli, Lydia & Mayer, Andreas. *Dreaming by the Book*: Freud's *The Interpretation of Dreams* and the History of the Psychoanalytic Movement. Nova York: Other Press, 2003.

Ramaiah, G. Sundara & Rao, S. D. A. Joga. "Buddhist Interpretation of Dreams". *Tibet Journal*, 13 (1), pp. 30-7, 1988.

Seaver, Paul S. *Wallington's World*: A Puritan Artisan in Seventeenth-Century London. Stanford: Stanford University Press, 1985.

Stott, G. S. J. "Jerome before the Judge: The Dialogic Nature of Reports of Dreams". *Dreaming*, 19 (1), pp. 7-16, 2009.

Swedenborg, Emanuel. *Emanuel Swedenborg's Journal of Dreams and Spiritual Experiences*. Trad. C. Th. Odhner. Bryn Athyn, Pensilvânia: Academy Book Room, 1918.

The Second Part of the Secrets of Master Alexis of Piedmont. Londres: Henry Bynneman para John Wyght, 1563.

Turner, David M. "'Secret and Immodest Curiosities?': Sex, Marriage and Conscience in Early Modern England". Em Braun, Harald E. & Vallance, Edward (eds.). *Contexts of Conscience in Early Modern Europe, 1500-1700*. Basingstoke, Inglaterra: Palgrave Macmillan, 2004, pp. 132-50, 215-8.

Capítulo 15 – Cabelo

Campbell, Sophie. *Nelson's Spyglass*: 101 Curious Objects from British History. Stroud, Inglaterra: The History Press, 2016.

Carocci, Max. *Ritual and Honour*: Warriors of the North American Plains. Londres: British Museum Press, 2011.

Catlin, George. *Letters and Notes on the Manners, Customs and Condition of the American Indians*. 2 vols. Londres, 1841.

Daybell, James. *Women Letter-Writers in Tudor England*. Oxford: Oxford University Press, 2006.

Good, Cassandra A. *Founding Friendships*: Friendships between Men and Women in the Early American Republic. Oxford: Oxford University Press, 2015.

Grass, Sean. "On the Death of the Duke of Wellington, 14 September 1852". *BRANCH: Britain, Representation and Nineteenth-Century History*. Ed. Dino Franco Felluga. Disponível em: <http://www.branchcollective.org/?ps_articles=-sean-grass-on-the-death-of-the-duke-of-wellington-14-september-1852>. Acesso em: 12 ago. 2017.

Griffin, Anastasia M. *Georg Friederici's* "Scalping and Similar Warfare Customs in America" *with a Critical Introduction*. Colorado, 2008. Dissertação (Mestrado) – University of Colorado.

Hiltunen, Juha. "Spiritual and Religious Aspects of Torture and Scalping among the Indian Cultures in Eastern North America, from Ancient to Colonial Times". *Scripta Instituti Donneriani Aboensis*, 23, pp. 115-28, 2011.

Iglikowski, Vicky. "A Lock of Love". *The National Archives*, 1º jun. 2015. Disponível em: <http://blog.nationalarchives.gov.uk/blog/lock-love>. Acesso em: 12 ago. 2017.

Le Faye, Deirdre. *Jane Austen's Letters*. Oxford: Oxford University Press, 2011.

Miller, Nancy K. "Family Hair Looms". *Women's Studies Quarterly*, 36 (1/2), pp. 162-68, primavera-verão, 2008.

Parker, Kenneth. *Dorothy Osborne*: Letters to Sir William Temple, 1652-1654: Observations on Love, Literature, Politics and Religion. Aldershot, Inglaterra: Ashgate, 2002.

Steele, Volney. "Survivors of Scalping: The Frontier". *Journal of the West*, 44 (1), pp. 72-7, 2005.

Van de Logt, Mark. "'The Powers of the Heavens Shall Eat of My Smoke': The Significance of Scalping in Pawnee Warfare". *Journal of Military History*, 72 (1), pp. 71-104, 2008.

Waters, Catherine. *Commodity Culture in Dickens's Household Words*: The Social Life of Goods. Londres: Routledge, 2008.

Wellesley, Jane. *Wellington*: A Journey through my Family. Londres: Weidenfeld & Nicolson, 2008.

Capítulo 16 – Clipe de papel

"Basic Preservation for Library and Archive Collections". Preservation Advisory Centre, British Library. Disponível em: <https://www.bl.uk/aboutus/stratpolprog/collection care/publications/booklets/basic_preservation.pdf>. Acesso em: 8 dez. 2017.

Beale, Robert. "A Treatise of the Office of a Councellor and Principall Secretarie to her Ma[jes]tie [1592]". Em Read, Conyers. *Mr. Secretary Walsingham and the Policy of Queen Elizabeth*. v. 1. Oxford: Clarendon Press, 1925, pp. 423-43.

Bell, Henry E. *An Introduction to the History and Records of the Court of Wards and Liveries*. Cambridge: Cambridge University Press, 1953.

Breitman, Richard; Goda, Norman J. W.; Naftali, Timothy & Wolfe, Robert. *U.S. Intelligence and the Nazis*. Cambridge: Cambridge University Press, 2004.

Bruce, Gary. *The Firm*: The Inside Story of the Stasi. Oxford: Oxford University Press, 2010.

Childs, David. *The Fall of the GDR*. Essex, Inglaterra: Pearson Learning, 2001.

_____ & Popplewell, Richard. *The Stasi*: The East German Intelligence and Security Service. Nova York: New York University Press, 1996.

Clanchy, Michael. *From Memory to the Written Record, England 1066-1307*. 3ª ed. Oxford: Wiley-Blackwell, 2013.

Daybell, James. *The Material Letter in Early Modern England*: Manuscript Letters and the Culture and Practices of Letter-Writing, 1512-1635. Basingstoke, Inglaterra: Palgrave Macmillan, 2012.

Dennis, Mike. *The Stasi*: Myth and Reality. Londres: Pearson Education, 2003.

Early Office Museum. "History of the Paper Clip". Disponível em: <http://www.officemuseum.com/paper_clips.htm>. Acesso em: 19 out. 2017.

Farquharson, John. "Governed or Exploited? The British Acquisition of German Technology, 1945-1948". *Journal of Contemporary History*, 32 (1), pp. 23-42, 1997.

Gimbel, John. "German Scientists, United States Denazification Policy, and the 'Paperclip Conspiracy'". *International History Review*, 12 (3), pp. 441-65, 1990.

Gosnell, Harold F. "Symbols of National Solidarity". *Annals of the American Academy of Political and Social Science*, 223, pp. 157-61, 1942.

Hughes, Charles. "Nicholas Faunt's Discourse Touching the Office of the Principal Secretary of Estate, & *c*.1592". *English Historical Review*, 20, pp. 499-508, 1905.

Hunt, Linda. *Secret Agenda*: The United States Government, Nazi Scientists, and Project Paperclip, 1945 to 1990. Nova York: St. Martin's Press, 1991.

Jacobsen, Annie. *Operation Paperclip*: The Secret Intelligence Program that Brought Nazi Scientists to America. Nova York: Back Bay Books, 2015.

Koehler, John. *Stasi*: The Untold Story of the East German Secret Police. Boulder, Colorado: Westview Press, 1999.

Penn, Arthur. *The Home Library*. Nova York: D. Appleton and Company, 1883.

Petroski, Henry. *The Evolution of Useful Things*: How Everyday Artifacts – from Forks and Pins to Paper Clips and Zippers – Came to Be as They Are. Nova York: Knopf Doubleday, 2010. [Ed. bras.: *A evolução das coisas úteis*. Rio de Janeiro: Zahar, 2007.]

_____. "Polishing the Gem: A First-year Design Project". *Journal of Engineering Education*, 87 (4), pp. 445-9, 1998.

Sander, Anna. "Paper Clips". *Balliol College Archives and Manuscripts*, 15 abr. 2004. Disponível em: <https://balliolarchivist.wordpress.com/tag/paper-clips/>. Acesso em: 20 out. 2017.

Schroeder-Hildebrand, Dagmar & Schroeder, Peter W. *Six Million Paper Clips*: The Making of a Children's Holocaust Memorial. Minneápolis: Kar-Ben Publishing, 2004.

Smith, A. G. R. *Servant of the Cecils*: The Life of Sir Michael Hicks. Londres: Jonathan Cape, 1977.

_____. "The Secretariats of the Cecils, *c.*1580-1612". *English Historical Review*, 83, pp. 481-504, 1968.

Soll, Jacob. *The Information Master*: Jean-Baptiste Colbert's Secret State Intelligence System. Ann Arbor, Michigan: University of Michigan Press, 2011.

Stewart, Alan. "Familiar Letters and State Papers: The Afterlives of Early Modern Correspondence". Em Daybell, James & Stewart, Alan (eds.). *Cultures of Correspondence in Early Modern Britain*. Filadélfia: University of Pennsylvania Press, 2016, pp. 237-52.

_____. *Shakespeare's Letters*. Oxford: Oxford University Press, 2008.

Sutton, Peter C. *et al. Love Letters*: Dutch Genre Paintings in the Age of Vermeer. Greenwich, Connecticut; Dublin: Frances Lincoln, 2003.

Tannhof, Angelika. "The Stasi Puzzle with 600 Million Pieces". *Deutsche Welle*. Disponível em: <http://www.dw.com/en/the-stasi-puzzle-with-600-million-pieces/a-17039143>. Acesso em: 20 out. 2017.

Vivo, Filippo de. *Information and Communication in Venice*: Rethinking Early Modern Politics. Oxford: Oxford University Press, 2007.

Ward, James. *The Perfection of the Paper Clip*: Curious Tales of Invention, Accidental Genius, and Stationery Obsession. Nova York: Simon and Schuster, 2015.

Wingate, Charles F. & Geyer, Andrew. *Who Makes it and Where*: The Stationers' Book of Knowledge, 1916. Nova York: A. Geyer, 1916.

Capítulo 17 – Cartas

Abelard, Peter. *The Letters of Abelard and Heloise*. Ed. Michael Clanchy, trad. Betty Radice. Londres: Penguin Classics, 2003.

Ahrendt, Rebekah & Van der Linden, David. "'The Postmasters' Piggy Bank: Experiencing the Accidental Archive". *French Historical Studies*, 40 (2), pp. 189-213, 2017.

Beal, Peter. *A Dictionary of English Manuscript Terminology, 1450-2000*. Oxford: Oxford University Press, 2008.

Beale, Philip. *England's Mail*: Two Millennia of Letter Writing. Stroud, Inglaterra: Tempus, 2005.

Brant, Clare. *Eighteenth-Century Letters and British Culture*. Basingstoke, Inglaterra: Palgrave Macmillan, 2006.

Constable, Giles. *Letters and Letter Collections*. Turnhout, Bélgica: Brepols, 1976. [Typologie des Sources du Moyen Age Occidental, 17.]

Couchman, Jane & Crabb, Anne (eds.). *Women's Letters across Europe, 1400-1700*: Form and Persuasion. Aldershot, Inglaterra: Ashgate, 2005.

Cressy, David. *Coming Over*: Migration and Communication between England and New England in the Seventeenth Century. Nova York: Cambridge University Press, 1987.

Daybell, James. *The Material Letter*: Manuscript Letters and the Culture and Practices of Letter-Writing in Early Modern England. Basingstoke, Inglaterra: Palgrave Macmillan, 2012.

_____. *Early Modern Women's Letter-Writing, 1450-1700*. Basingstoke, Inglaterra: Palgrave Macmillan, 2001.

_____ & Gordon, Andrew. *Cultures of Correspondence in Early Modern Britain, 1580-1690*. Filadélfia: University of Pennsylvania Press, 2016.

_____ & _____. *Women and Epistolary Agency in Early Modern Culture, 1450-1690*. Londres: Routledge, 2016.

_____ & _____. *Women Letter-Writers in Tudor England*. Oxford: Oxford University Press, 2006.

Earle, Rebecca (ed.). *Epistolary Selves*: Letters and Letter-Writers, 1600-1945. Aldershot, Inglaterra: Ashgate, 1999.

Golden, Catherine. *Posting it*: The Victorian Revolution in Letter Writing. Gainesville, Flórida: University Press of Florida, 2010.

Jardine, Lisa. *Erasmus, Man of Letters*: The Construction of Charisma in Print. Princeton, NJ: Princeton University Press, 1993.

Lerer, Seth. *Courtly Letters in the Age of Henry VIII*: Literary Culture and the Arts of Deceit. Cambridge: Cambridge University Press, 1997.

Mitchell, Linda C. & Green, Susan (eds.). *Studies in the Cultural History of Letter Writing*. Berkeley: University of California Press, 2005.

Moran, William L. *The Amarna Letters*. Baltimore, Maryland: Johns Hopkins University Press, 1992.

Rule, John C. & Trotter, Ben S. *A World of Paper*: Louis XIV, Colbert de Torcy, and the Rise of the Information State. Montreal: McGill-Queen's University Press, 2014.

Saint-Simon, Duque de. *Historical Memoirs of the Duc de Saint-Simon*. v. 1-3: 1691-1723. Ed. e trad. Lucy Norton. Londres: Hamish Hamilton, 1967-1972.

Schneider, Gary. *Culture of Epistolarity*: Vernacular Letters and Letter Writing in Early Modern England, 1500-1700. Newark: University of Delaware Press, 2005.

Stewart, Alan. *Shakespeare's Letters*. Oxford: Oxford University Press, 2008.

_____ *et al. Letterwriting in Renaissance England*. Washington, DC: Folger Shakespeare Library, 2004.

Sutton, Peter C. *et al. Love Letters*: Dutch Genre Paintings in the Age of Vermeer. Greenwich, Connecticut; Dublin: Frances Lincoln, 2003.

Usher, Sean. *Letters of Note*: Correspondence Deserving of a Wider Audience. Edimburgo: Canongate Unbound, 2013.

Wall, Alison D. "Elizabethan Precept and Feminine Practice: The Thynne Family of Longleat". *History*, 75, pp. 23-38, 1990.

_____ (ed.). *Two Elizabethan Women*: Correspondence of Joan and Maria Thynne, 1575-1611. v. 38. Londres: Wiltshire Record Society, 1982.

Wecker, Johann Jacob. *Eighteen Books of the Secrets of Art & Nature, Being the Summe and Substance of Naturall Philosophy, Methodically Digested.* Londres: Impresso por Simon Miller, 1660.

Whyman, Susan. *The Pen and the People*: English Letter Writers 1660-1800. Oxford: Oxford University Press, 2011.

Capítulo 18 – Caixas

Barrett, Michèle & Stallybrass, Peter. "Printing, Writing and a Family Archive: Recording the First World War". *History Workshop Journal*, 75 (1), pp. 1-32, 2013.

Campbell-Smith, Max. *Letters and the Second World War.* Inglaterra, 2016. Dissertação (Bacharelado) – University of Plymouth.

"Caring for your Photographs". *National Archives.* Disponível em: <http://www.nationalarchives.gov.uk/documents/archivesconservation_photo.pdf>. Acesso em: 4 ago. 2017.

Colvin, Clare. "Forms of Documentation and Storage in the Tate Gallery Archive". *Archives*, 17 (75), pp. 144-52, 1986.

Defoe, Daniel. *A Journal of the Plague Year.* Londres: Impresso para E. Nutt at Royal Exchange; J. Roberts at Warwick Lane; A. Dodd without Temple Bar; and J. Graves in St. James's Street, 1722. [Ed. bras.: *Um diário do ano da peste.* Porto Alegre: Artes e Ofícios, 2002.]

Frye, Susan. *Pens and Needles*: Women's Textualities in Early Modern England. Filadélfia: University of Pennsylvania Press, 2013.

Hadgraft, Nicholas. "Storing and Boxing the Parker Library Manuscripts". *Paper Conservator*, 18, pp. 20-9, 1994.

Honey, Andrew. "Housing Single-Sheet Material: Fisherizing at the Bodleian Library, Oxford". *Paper Conservator*, 28, pp. 99-104, 2004.

Landers, John. *Death and the Metropolis*: Studies in the Demographic History of London, 1670-1830. Cambridge: Cambridge University Press, 1993.

Lindsay, Helen & Clarkson, Christopher. "Housing Single-Sheet Material: The Development of the Fascicule System at the Bodleian Library". *Paper Conservator*, 18, pp. 40-8, 1994.

Moote, A. Lloyd. & Moote, Dorothy C. *The Great Plague*: The Story of London's Most Deadly Year. Baltimore, Maryland; Londres: Johns Hopkins University Press, 2008.

Penfold-Mounce, Ruth. "Corpses, Popular Culture and Forensic Science: Public Obsession with Death". *Mortality*, 21 (1), pp. 19-35, 2016.

Pepys, Samuel. *The Diary of Samuel Pepys*. Eds. R. Latham e W. Matthews. 11 vols. Londres: Bell and Hyman, 1970-1983.

Quigley, Christine. *The Corpse*: A History. Jefferson, Carolina do Norte; Londres: McFarland and Co., 1996.

Tebb, William & Vollum, Edward P. *Premature Burial, and How it May Be Prevented, with Special Reference to Trance, Catalepsy, and other Forms of Suspended Animation*. Londres: Swan Sonnenschein & Co., 1905.

Wrigley, Edward A. & Schofield, Roger. *The Population History of England 1541-1871*. Cambridge: Cambridge University Press, 2010.

Capítulo 19 – Coragem

Anônimo. "The Edward Medal". *British Medical Journal*, 1 (2578), pp. 1310-1, 1910.

Avramenko, Richard. *Courage*: The Politics of Life and Limb. Notre Dame, Inglaterra: University of Notre Dame Press, 2011.

Byrne, Eugene. "What Is the Origin of the Phrase 'Dutch Courage'?". *BBC History Extra*. Disponível em: <http://www.historyextra.com/qa/dutch-courage>. Acesso em: 18 set. 2017.

Clendinnen, Inga. *The Cost of Courage in Aztec Society*: Essays on Mesoamerican Society and Culture. Cambridge: Cambridge University Press, 2010.

Delap, Lucy. "'Thus Does Man Prove his Fitness to Be the Master of Things': Shipwrecks, Chivalry and Masculinities in Nineteenth- and Twentieth-Century Britain". *Cultural and Social History*, 3 (1), pp. 45-74, 2006.

Elinder, Mikael & Erixson, Oscar. "Gender, Social Norms, and Survival in Maritime Disasters". *Proceedings of the National Academy of Sciences of the United States of America*, 109 (33), pp. 13220-4, 2012.

Elizabeth I. *Elizabeth I*: Collected Works. Eds. Leah S. Marcus, Janel Mueller e Mary Beth Rose. Chicago; Londres: Chicago University Press, 2000.

Evans, Phil D. & White, David G. "Towards an Empirical Definition of Courage". *Behaviour Research and Therapy*, 19, pp. 419-24, 1981.

Ford, Worthington C. *et al.* (eds.). *Journals of the Continental Congress, 1774-1789* (Washington, DC), 11, p. 732, 1904-1937.

Fowler, William M. "Esek Hopkins: Commander-in-Chief of the Continental Navy". Em Bradford, J. C. (ed.). *Command under Sail*: Makers of the American Naval Tradition. Annapolis, Maryland: Naval Institute Press, 1985, pp. 3-17.

Frye, Susan. "The Myth of Elizabeth at Tilbury". *Sixteenth Century Journal*, 23, pp. 95-114, 1992.

Garber, Megan. "The 'Leak' in the Age of Alternative Facts: From Ben Franklin to *Uncle Tom's Cabin* to H. R. McMaster, a Brief History of a Weaponized Word". *The Atlantic*,

16 maio 2017. Disponível em: <https://www.theatlantic.com/entertainment/archive/2017/05/the-leak-in-the-age-of-the-alternative-fact/526914/>. Acesso em: 20 set. 2017.

Green, Janet M. "'I my Self': Elizabeth I's Oration at Tilbury Camp". *Sixteenth Century Journal*, 28, pp. 421-45, 1997.

Guthrie, Neil. *The Material Culture of the Jacobites.* Cambridge: Cambridge University Press, 2013.

Henderson, D. V. *Heroic Endeavour*: Complete Register of the Albert, Edward and Empire Gallantry Medals and How They Were Won. Londres: J. B. Hayward, 1988.

Jones, Edgar & Fear, Nicola T. "Alcohol Use and Misuse within the Military: A Review". *International Review of Psychiatry*, 23, pp. 166-72, 2011.

Kamienski, Lukasz. *Shooting Up*: A Short History of Drugs and War. Oxford: Oxford University Press, 2016.

Larabee, Ann E. "The American Hero and his Mechanical Bride: Gender Myths of the Titanic Disaster". *American Studies*, 31 (1), pp. 5-23, 1990.

Mattingly, Garrett. *The Defeat of the Spanish Armada.* Londres: Reprint Society, 1961.

Maxfield, Valerie A. *The Military Decorations of the Roman Army.* Berkeley: University of California Press, 1981.

Miller, William Ian. *The Mystery of Courage.* Cambridge, MA: Harvard University Press, 2000.

Mountain Rescue. "The History of Mountain Rescue". Disponível em: <https://www.mountain.rescue.org.uk/files.php?file=The%20Oracle/History%20and%20 people/HistoryMREW.pdf>. Acesso em: 1º dez. 2017.

Osho. *Courage*: The Joy of Living Dangerously. Londres: Macmillan, 1999. [Ed. bras.: *Coragem.* São Paulo: Cultrix, 2001.]

Pogăcias, Andrei. "The Dacian Society: Fierce Warriors and their Women, Sources and Representations". *Revista Hiperboreea*, 1, pp. 5-22, 2017.

Pury, Cynthia L. S. & Lopez, Shane J. "Courage". Em Lopez, Shane J. & Snyder, Charles R. (eds.). *The Oxford Handbook of Positive Psychology.* 2ª ed. Oxford: Oxford University Press, 2011, pp. 375-82.

Redmayne, Richard A. S. "Report on the Causes of and Circumstances Attending the Explosion and Underground Fire which Occurred at the Wellington Pit Whitehaven Colliery, on the 11th May 1910". *Durham Mining Museum*, 1911. Disponível em: <http://www.dmm.org.uk/reports/5524-01.htm>. Acesso em: 8 dez. 2017.

Saunders, Nicholas J. & Cornish, Paul (eds.). *Contested Objects*: Material Memories of the Great War. Abingdon, Inglaterra: Routledge, 2009.

Scarre, Geoffrey. *On Courage.* Londres: Routledge, 2010.

Smith, Samantha. *Unlocking Cabala, Mysteries of State and Government*: The Politics of Publishing. Londres, 2017. Tese (Doutorado) – Birkbeck, University of London.

Spencer, William. *Medals*: The Researcher's Guide. Kew, Inglaterra: National Archives, 2006.

Spink and Son (Leilão). *Catálogo de vendas*, 19 nov. 2015. Disponível em: <https://www.aditnow.co.uk/documents/Wellington-Pit-Hugh-McKenzie.pdf>. Acesso em: 20 set. 2017.

Tacitus. *The Agricola and Germania*. Trads. A. J. Church e W. J. Brodribb. Londres: Macmillan, 1877.

Tsur, Semyon. "Nazis Attempted to Make Robots of their Soldiers". *Pravda*, 14 fev. 2003. Disponível em: <http://www.pravdareport.com/science/tech/14-02-2003/1872-nazi-0/>. Acesso em: 20 set. 2017.

Ulrich, Andreas. "The Nazi Death Machine: Hitler's Drugged Soldiers". *Der Spiegel*, 6 maio 2005. Disponível em: <http://www.spiegel.de/international/the-nazi-death-machine-hitler-s-drugged-soldiers-a-354606.html>. Acesso em: 20 set. 2017.

Willis, Sam. *The Fighting Temeraire*: Legend of Trafalgar. Londres: Quercus, 2009.

Woolf, Virginia. *A Room of One's Own*. Londres: Hogarth Press, 1929. [Ed. bras.: *Um quarto só seu*. Trad. Denise Bottman. Porto Alegre: L&PM, 2019.]

Capítulo 20 – Montanhas

Bergh, Stefan. "Transforming Knocknarea: The *Archaeology of a Mountain*". *Archaeology Ireland*, 14 (2), pp. 14-8, 2000.

Bird, Isabella. *A Lady's Life in the Rocky Mountains*. Estes Park, Colorado: John Murray, 1879.

Braudel, Fernand. *The Mediterranean and the Mediterranean World in the Age of Philip II*. Trad. Siân Reynolds. Londres: HarperCollins, 1992. [Ed. bras.: *O Mediterrâneo e o mundo mediterrâneo na época de Filipe II*. São Paulo: Edusp, 2016.]

Carreño, Guillermo Salas. "Mining and the Living Materiality of Mountains in Andean Societies". *Journal of Material Culture*, 22 (2), pp. 133-50, 2017.

Debarbieux, Bernard & Rudaz, Gilles (eds.). *The Mountain*: A Political History from the Enlightenment to the Present. Chicago: University of Chicago Press, 2015.

Edwards, Jacob. "The Irony of Hannibal's Elephants". *Latomus*, 60 (4), pp. 900-5, 2001.

Galop, Didier & Catto, Norm. "Environmental History of European High Mountains". *Quaternary International*, 353, pp. 1-2, 2014.

Green, Anna & Troup, Kathleen. *The Houses of History*: A Critical Reader in Twentieth--Century History and Theory. Nova York: New York University Press, 1999.

Gregorovius, Ferdinand. *Wanderings in Corsica*: Its History and Its Heroes. v. 1. Edimburgo: Thomas Constable and Co., 1855.

Gunya, Alexey. *Yagnob Valley*: Nature, History, and Chances of a Mountain Community Development in Tajikistan. Moscou: Scientific Press, 2002.

Hobsbawm, Eric. *Bandits*. Londres: Abacus, 2001. [Ed. bras.: *Bandidos*. Trad. Donaldson M. Garschagen. São Paulo: Paz e Terra, 2012.]

Khromov, A. L. "Idioms in Spoken Yaghnobian". *Acta Orientalia Academiae Scientiarum Hungaricae*, 23 (2), pp. 189-203, 1970.

Ladurie, Emmanuel Le Roy. *Montaillou*: Cathars and Catholics in a French Village 1294-1324. Trad. Barbara Bray. Londres: Penguin Books, 1980. [Ed. bras.: *Montaillou*. São Paulo: Companhia das Letras, 1997.]

Loy, Thomas. "Yaghnob 1970: A Forced Migration in the Tajik SSR". *Central-Eurasia-L Announcement Archive*, 18 jul. 2005.

National Park Service. Fotografias de Civilian Conservation Corps (CCC). Disponível em: <https://www.nps.gov/media/photo/gallery.htm?id=C27A6BCE-1DD8-B71C-07E804E0164E3E31>. Acesso em: 10 jul. 2017.

Nourzhanov, Kirill & Bleuer, Christian. *Tajikistan*: A Political and Social History. Austrália: ANU Press, 2013.

Scullard, Howard H. *The Elephant in the Greek and Roman World*. Ithaca, NY: Cornell University Press, 1974.

Shean, John F. "Hannibal's Mules: The Logistical Limitations of Hannibal's Army and the Battle of Cannae, 216 BC". *Historia: Zeitschrift für Alte Geschichte*, 45 (2), pp. 159-87, 1996.

Siehl, George H. *The Policy Path to the Great Outdoors*: A History of the Outdoor Recreation Review Commissions. *Resources for the Future*, 15 out. 2008. Disponível em: <https://www.rff.org/publications/working-papers/a-history-of-the-outdoor-recreation-review-commissions/>. Acesso em: 10 jul. 2017.

Sims-Williams, Nicholas. "The Sogdian Fragments of the British Library". *Indo-Iranian Journal*, 18 (1/2), pp. 43-82, 1976.

Stewart, Elinore Pruitt. *Letters of a Woman Homesteader*. Boston: Houghton Mifflin Co., 1914.

Stoianovich, Traian. *French Historical Method*: The Annales Paradigm. Ithaca, NY: Cornell University Press, 1976.

Tarifa, Fatos. "Of Time, Honor, and Memory: Oral Law in Albania". *Oral Tradition*, 23 (1), pp. 3-14, 2008.

Wilson, Stephen. *Feuding, Conflict and Banditry in Nineteenth-Century Corsica*. Cambridge: Cambridge University Press, 1988.

Capítulo 21 – Chaminés

Bailey Slagle, Judith. "Literary Activism: James Montgomery, Joanna Baillie, and the Plight of Britain's Chimney Sweeps". *Studies in Romanticism*, 51 (1), pp. 59-76, primavera 2012.

Barton, D. Bradford. *A History of Copper Mining in Cornwall & Devon.* 3ª ed. Truro, Reino Unido: Truro Bookshop, 1978.

Briggs, Katharine. *An Encyclopedia of Fairies, Hobgoblins, Brownies, Bogies, and Other Supernatural Creatures.* Londres: Penguin, 1977.

Burt, Roger; Burnley, Raymond; Gill, Michael & Neill, Alasdair. *Mining in Cornwall & Devon*: Mines and Men. Exeter, Inglaterra: University of Exeter Press, 2014.

Cornish Mining World Heritage. "Working Conditions". Disponível em: <http://www.cornish-mining.org.uk/sites/default/files/3%20-%20Working%20conditions.pdf>. Acesso em: 30 ago. 2017.

Craske, Matthew. "Conversations and Chimneypieces: The Imagery of the Hearth in Eighteenth-Century English Family Portraiture". *British Art Studies*, 2, 4 abr. 2016. Disponível em: <https://doi.org/10.17658/issn.2058-5462/issue-02/mcraske>. Acesso em: 30 ago. 2017.

Crowley, John E. *The Invention of Comfort*: Sensibilities and Design in Early Modern Britain and Early America. Baltimore, Maryland: Johns Hopkins University Press, 2001.

Dresbeck, LeRoy. "The Chimney and the Social Change in Medieval England". *Albion*, 3 (1), pp. 21-32, 1971.

Foster, Donald. *Author Unknown*: On the Trail of Anonymous. Nova York: Henry Holt, 2000.

Great Britain Commissioners for Inquiring into the Employment and Condition of Children in Mines and Manufactories. *The Condition and Treatment of the Children Employed in the Mines and Collieries of the United Kingdom.* Londres: William Strange, 1842.

Hatcher, John. *English Tin Production and Trade Before 1550.* Oxford: Clarendon Press, 1973.

Houlbrook, Ceri. "Home Is Where the Hearth Is". *Concealed Revealed Project*, University of Hertfordshire, 8 ago. 2016. Disponível em: <https://theconcealedrevealed.wordpress.com/2016/08/08/home-is-where-the-hearth-is/>. Acesso em: 30 ago. 2017.

Hutton, Ronald (ed.). *Physical Evidence for Ritual Acts, Sorcery and Witchcraft in Christian Britain*: A Feeling of Magic. Basingstoke, Inglaterra: Palgrave Macmillan, 2015.

Illes, Judika. *Encyclopedia of Spirits*: The Ultimate Guide to the Magic of Fairies, Genies, Demons, Ghosts, Gods & Goddesses. Londres: HarperCollins, 2009.

Jenkin, Kenneth Hamilton. *Mines and Miners of Cornwall.* 16 vols. Truro, Reino Unido: Truro Bookshop, 1961.

Lewis, Jim. "Cornish Copper Mining 1795-1830: Economy, Structure and Change". *Cornish Archaeology*, 14 (2), pp. 164-86, 2006.

Lynch, Alison. "91-year-old Letter to Santa Found up Family's Chimney, Reveals the Must-have Toys of Christmas 1925". *Metro*, 6 jun. 2016. Disponível em: <http://metro.co.uk/2016/06/06/91-year-old-letter-to-santa-found-up-familys-chimney-reveals-the-must-have-toys-of-christmas-1925-5926286/>. Acesso em: 30 ago. 2017.

Mayhew, Henry. *London Labour and the London Poor.* Londres: George Woodfall and Son, 1851.

Miles, Clement A. *Christmas in Ritual and Tradition, Christian and Pagan.* Estados Unidos: Zhingoora Books, 2008.

Moore, Clement C. "Twas the Night Before Christmas". *New York Sentinel*, 23 dez. 1823.

National Library of Scotland. "From Rags to Riches – Restored Map Goes on Display". Disponível em: <https://www.nls.uk/news/press/2017/03/chimney-map-display>. Acesso em: 30 ago. 2017.

Nissenbaum, Stephen. *The Battle for Christmas*: A Social and Cultural History of Christmas that Shows How It Was Transformed from an Unruly Carnival Season into the Quintessential American Family Holiday. Nova York: Alfred A. Knopf, 1997.

Norton, George. "William Blake's Chimney Sweeper Poems: A Close Reading". *British Library*. Discovering Literature: Romantics and Victorians. Disponível em: <https://www.bl.uk/romantics-and-victorians/articles/william-blakes-chimney-sweeper-poems-a-close-reading>. Acesso em: 31 ago. 2017.

"Report from the Committee of the… House of Commons on the Employment of Boys in Sweeping of Chimneys". Londres, 1817. Disponível em: <https://www.bl.uk/collection-items/report-into-employing-boys-as-chimney-sweeps>. Acesso em: 3 abr. 2019.

Rule, John. "The Misfortunes of the Mine: Coping with Life and Death in Nineteenth-Century Cornwall". *Cornish Studies*, 9, pp. 127-44, 2001.

Seal, Jeremy. *Nicholas*: The Epic Journey from Saint to Santa Claus. Nova York: Bloomsbury USA, 2005.

Shuffrey, L. A. *The English Fireplace*: A History of the Development of the Chimney, Chimney-Piece and Firegrate with their Accessories, from the Earliest Times to the Beginning of the XIXth Century. Londres: B. T. Batsford, 1912.

Siefker, Phyllis. *Santa Claus, Last of the Wild Men*: The Origins and Evolution of Saint Nicholas, Spanning 50,000 Years. Jefferson, Carolina do Norte: McFarland and Co., 1996.

Stanier, Peter. *Mines of Cornwall and Devon*: An Historic Photographic Record. Truro, Reino Unido: Twelveheads Press, 1998.

Strange, Kathleen H. *Climbing Boys*: A Study of Sweeps' Apprentices, 1772-1875. Londres: Allison & Busby, 1982.

Unesco. "World Heritage List". Disponível em: <http://whc.unesco.org/en/list/>. Acesso em: 30 ago. 2017.

Willis, Sam. "The Archaeology of Smuggling and the Falmouth King's Pipe". *Journal of Maritime Archaeology*, 4 (1), pp. 51-65, jun. 2009.

Capítulo 22 – Lágrimas

Ashton, John. *Curious Creatures in Zoology.* Londres: John C. Nimmo, 1890.

Astbury, Leah. *Breeding Women and Lusty Infants in Seventeenth-Century England.* Cambridge, 2015. Tese (Doutorado) – University of Cambridge.

Bladen, Teri. "'Haile': A Discussion of Grief in Ethiopia". *Grief in a Family Context, HPER F460*, Indiana University, verão 1999. Disponível em: <http://www.indiana.edu/~famlygrf/culture/bladen.html>. Acesso em: 17 out. 2017.

Brombert, Victor. "Camus and the Novel of the 'Absurd'". *Yale French Studies*, 1, pp. 119-23, 1948.

Brophy, Christina S. *Keening Community*: *Mná caointe*, Women, Death, and Power in Ireland. Boston, 2010. Tese (Doutorado) – Boston College.

Camus, Albert. *L'Étranger.* Paris: Gallimard, 1942. [Ed. bras.: *O estrangeiro.* Trad. Valerie Rumjanek. Rio de Janeiro: Bestbolso, 2010.]

Capp, Bernard. "'Jesus Wept' But Did the Englishman? Masculinity and Emotion in Early Modern England". *Past & Present*, 224 (1), pp. 75-108, 2014.

Collier, Lorna. "Why We Cry: New Research Is Opening Eyes to the Psychology of Tears". *American Psychological Association*, 45 (2), p. 47, 2014.

Dixon, Thomas. *Weeping Britannia*: Portrait of a Nation in Tears. Oxford: Oxford University Press, 2016.

Ford, Gina. *The New Contented Little Baby Book*: The Secret to Calm and Confident Parenting. [s.L.]: Vermillion, 2006.

Gertsman, Elina (ed.). *Crying in the Middle Ages*: Tears of History. Londres: Routledge, 2012.

Gildea, Robert. *Marianne in Chains*: Daily Life in the Heart of France during the German Occupation. Londres: Macmillan, 2002.

Halevi, Leor. "Wailing for the Dead: The Role of Women in Early Islamic Funerals". *Past & Present*, 183 (1), pp. 3-39, 2004.

Harvey, Katherine. "Episcopal Emotions: Tears in the Life of the Medieval Bishop". *Historical Research*, 87 (238), pp. 591-610, nov. 2014.

Hook, Philip. *Breakfast at Sotheby's*: An A-Z of the Art World. Nova York: The Overlook Press, 2014.

Houlbrooke, Ralph. *Death, Religion and the Family in England, 1480-1750.* Oxford: Oxford University Press, 1998.

Hu, Elise. "Campaign Trail Tears: The Changing Politics of Crying". *NPR*, 25 nov. 2011. Disponível em: <http://www.npr.org/2011/11/25/142599676/campaign-trail-tears-the-changing-politics-of-crying>. Acesso em: 17 out. 2017.

Lorpiola, Mia & Lahtinen, Anu. "Cultures of Death and Dying in Medieval and Early Modern Europe". *Collegium: Studies across Disciplines in the Humanities and Social Sciences*, 16, 2015.

Lutz, Tom. *Crying*: The Natural and Cultural History of Tears. Nova York: Norton, 2001.

Newton, Hannah. *The Sick Child in Early Modern England, 1580-1720.* Oxford: Oxford University Press, 2012.

Pease, Anna S. *et al.* "Swaddling and the Risk of Sudden Infant Death Syndrome: A Meta--Analysis". *Pediatrics*, 137 (6), jun. 2016. Disponível em: <https://pediatrics.aappublications.org/content/137/6/e20153275.info>. Acesso em: 17 out. 2017.

Shaner, D. Malcolm & Vliet, Kent A. "Crocodile Tears: And Thei Eten Hem Wepynge". *BioScience*, 57 (7), pp. 615-7, 2007.

Sharp, Jane. *The Midwife's Book*. Londres: John Marshall, 1671.

"The Last Lap". *Punch Digital Image Library*. Disponível em: <http://punch.photoshelter.com/image/I00003dXyAKMfoOg>. Acesso em: 17 out. 2017.

Viggiani, Carl A. "Camus' *L'Étranger*". *Modern Language Association*, 71 (5), pp. 865-87, 1956.

Capítulo 23 – Leões

Arnold, Benjamin. "Henry the Lion and his Time". *Journal of Medieval History*, 22, pp. 379-93, 1996.

Attebery, Brian. *The Fantasy Tradition in American Literature*: From Irving to Le Guin. Bloomington: Indiana University Press, 1980.

Baum, L. Frank. *The Wonderful Wizard of Oz*. Chicago: Geo. M. Hill Co., 1900. [Ed. bras.: *O mágico de Oz*. Rio de Janeiro: Zahar, 2013.]

Bolgiano, Chris. *Mountain Lion*: An Unnatural History of Pumas and People. Mechanicsburg, Pensilvânia: Stackpole Books, 2001.

Calder, William A. *et al.* "Man and the Mountain Lion in the Early 1900s: Perspectives from a Wildcat Dump". *Journal of the Southwest*, 32 (2), pp. 150-72, 1990.

Cederlund, Carl Olof. *Vasa I*: The Archaeology of a Swedish Warship of 1628. Estocolmo: National Maritime Museums of Sweden, 2006.

Clark, Hugh & Planché, J. R. *An Introduction to Heraldry*. 18ª ed. Londres: Bell & Daldy, 1866.

Durden, Robert F. *The Climax of Populism*: The Election of 1896. Lexington, Virgínia: University Press of Kentucky, 1965.

Fox-Davies, Arthur Charles. (1909). *A Complete Guide to Heraldry*. Londres: T. C. and E. C. Jack, 2008.

Geer, John G. & Rochon, Thomas R. "William Jennings Bryan on the Yellow Brick Road". *Journal of American Culture*, 16 (4), 1993.

Gillingham, John. "Richard I (1157-1199)". *Oxford Dictionary of National Biography*. Oxford: Oxford University Press, 2004.

_____. *Richard I*. New Haven: Yale University Press, 1999.

_____. *Richard Coeur de Lion*: Kingship, Chivalry and War in the Twelfth Century. Londres: Hambledon Continuum, 1994.

Hocker, Frederick M. *Vasa, A Swedish Warship*. Estocolmo: Medstroms Bokforlag, 2011.

Jensen, Richard. *The Winning of the Midwest*: Social and Political Conflict, 1888-1896. Chicago: University of Chicago Press, 1971.

Kirby, David. *Northern Europe in the Early Modern Period*: The Baltic World, 1492-1772. Londres; Nova York: Longmans, 1990.

Littlefield, Henry M. "The Wizard of Oz: Parable on Populism". *American Quarterly*, 16, pp. 47-58, 1964.

Magnusson, Magnus. *Scotland*: Story of a Nation. Londres: HarperCollins, 2001.

Matz, Erling. *Vasa*. Estocolmo: Vasa Museum, 2012.

McGee Morganstern, Anne. *Gothic Tombs of Kinship in France, the Low Countries, and England.* Filadélfia: Pennsylvania State University Press, 2000.

Parker, David B. "The Rise and Fall of *The Wonderful Wizard of Oz* as a 'Parable on Populism'". *Journal of the Georgia Association of Historians*, 15, pp. 49-63, (1994).

Ritter, Gretchen. "Silver Slippers and a Golden Cap: L. Frank Baum's *The Wonderful Wizard of Oz* and Historical Memory in American Politics". *Journal of American Studies*, 31 (2), 1997.

Roberts, Michael. *Gustavus Adolphus* (Profiles in Power). 2ª ed. Londres: Longmans, 1992.

______. *Gustavus Adolphus and the Rise of Sweden.* Londres: English Universities Press, 1973.

Rockoff, Hugh. "The 'Wizard of Oz' as a Monetary Allegory". *Journal of Political Economy*, 98 (4), pp. 739-60, 1990.

Runciman, Steven. *A History of the Crusades.* 3 vols. Cambridge: Cambridge University Press, 1951-1954. [Ed. bras.: *História das Cruzadas.* 3 vols. Rio de Janeiro: Imago, 2002.]

Svanberg, Ingvar. *Svenska lejon.* Estocolmo: Dialogos Förlag, 2017.

Ziaukas, Tim. "Baum's *Wizard of Oz* as Gilded Age Public Relations". *Public Relations Quarterly*, 43 (3), 1998.

Capítulo 24 – Lixo

"Ancient Lives and the Zooniverse". Disponível em: <https://www.ancientlives.org>. Acesso em: 18 set. 2017.

Beckett, Andy. *When the Lights Went Out*: Britain in the Seventies. Londres: Faber and Faber, 2009.

Belolan, Nicole. "'L'Imagerie sucrée': Challenges in Cataloging and Researching Nineteenth-Century French Candy Wrappers". *Art Documentation: Journal of the Art Libraries Society of North America*, 29 (1), pp. 16-22, primavera 2010.

Bowman, Alan K. (ed.). *Oxyrhynchus*: A City and its Texts. Londres: Publicado para o Arts and Humanities Research Council pela Egypt Exploration Society, 2007.

"Britain Destroyed Records of Colonial Crimes". *Guardian*, 18 abr. 2012.

Daybell, James. "Gendered Archival Practices and the Future Lives of Letters". Em Daybell, James & Gordon, Andrew (eds.). *Cultures of Correspondence in Early Modern Britain, 1580-1690.* Filadélfia: University of Pennsylvania Press, 2016, pp. 210-36.

Eagan, Jane. "An Unexpected Discovery: Early Modern Recycling". Merton College, Oxford. Disponível em: <https://www.merton.ox.ac.uk/library-and-archives/conservation/ream-wrapper>. Acesso em: 19 set. 2017.

Emmerson, Allison. "Repopulating an 'Abandoned' Suburb: The Case of Pompeii's Tombs". Documento de 2012 para Archaeological Institute of America, American Philological Association Conference. Disponível em: <http://tulane.academia.edu/AllisonEmmerson>. Acesso em: 8 nov. 2017.

Feldman, Gerald D. *The Great Disorder*: Politics, Economics, and Society in the German Inflation, 1914-1924. Nova York: Oxford University Press, 1996.

Gonis, Nikolaos & Colomo, Daniela (eds.). *The Oxyrhynchus Papyri*. Londres: Publicado para o Arts and Humanities Research Council pela Egypt Exploration Society, 2008. [Graeco-Roman Memoirs, n.92.]

Grenfell, Bernard P. & Hunt, Arthur S. *Oxyrhynchus Papyri*. Londres: Egypt Exploration Society, 1914.

Hay, Colin. "The Winter of Discontent Thirty Years On". *Political Quarterly*, 80 (4), pp. 545-52, 2009.

"Hundreds of Liquor Bottles from World War I Were Exposed Near Ramle". Friends of the Israel Antiquities Authority. Disponível em: <http://www.archaeology.org. il/news/news.php?id=212>. Acesso em: 8 nov. 2017.

Hunt, Arnold. "'Burn this Letter': Preservation and Destruction in the Early Modern Archive". Em Daybell, James & Gordon, Andrew (eds.). *Cultures of Correspondence in Early Modern Britain, 1580-1690*. Filadélfia: University of Pennsylvania Press, 2016, pp. 189-209.

Jarrin, William Alexis. *The Italian Confectioner; or, Complete Economy of Desserts, Containing the Elements of the Art According to the Most Modern and Approved Practice*. Londres: John Harding, 1820.

Lopez, Tara Martin. *The Winter of Discontent*: Myth, Memory, and History. Liverpool: Liverpool University Press, 2014.

Moon, Antonia. "Destroying Records, Keeping Records: Some Practices at the East India Company and at the India Office". *Archives*, 33 (119), pp. 110-21, 2008.

"Nestlé Reminiscence Pack". *Nestlé Good Food, Good Life*. Disponível em: <https://www.nestle.co.uk/aboutus/history/reminiscence-pack>. Acesso em: 8 nov. 2017.

Orme, Nicholas. "The Culture of Children in Medieval England". *Past & Present*, 148 (1), pp. 48-88, 1995.

Petrie, Flinders. *Tombs of the Courtiers and Oxyrhynkhos*. Londres: British School of Archaeology in Egypt, 1925.

Rathbone, D. W. "Grenfell and Hunt at Oxyrhynchus and in the Fayum". Em Spencer, Patricia (ed.). *The Egypt Exploration Society*: The Early Years. Londres: Egypt Exploration Society, 2007, pp. 195-229.

Rathje, William & Murphy, Cullen. *Rubbish! The Archaeology of Garbage.* Nova York: Harper-Collins, 2001.

"Revealed: The Bonfire of Papers at the End of Empire". *Guardian*, 29 nov. 2013.

Shepherd, John. *Crisis? What Crisis?*: The Callaghan Government and the British Winter of Discontent. Manchester: Manchester University Press, 2013.

Smyth, Adam. *Autobiography in Early Modern England.* Cambridge: Cambridge University Press, 2010.

University of Oxford. "Papyrology at Oxford". *Oxyrhynchus Online.* Disponível em: <http://www.papyrology.ox.ac.uk/POxy/>. Acesso em: 18 set. 2017.

"Using Banknotes as Wallpaper during German Hyperinflation, 1923". *Rare Historical Photos.* Disponível em: <https://rarehistoricalphotos.com/banknotes-german-hyperinflation-1923/>. Acesso em: 28 nov. 2017.

Capítulo 25 – Neve

Appleby, Andrew B. "Epidemics and Famine in the Little Ice Age". *Journal of Interdisciplinary History*, 10 (4), pp. 643-63, 1980.

Briggs, Raymond. *The Snowman.* Londres: Hamish Hamilton, 1978.

Dickert, D. Augustus. *History of Kershaw's Brigade, with Complete Roll of Companies, Biographical Sketches, Incidents, Anecdotes, etc.* Newberry, Carolina do Sul: E. H. Aull Company, 1899.

Dixon, E. James; Callanan, Martin; Hafner, Albert & Hare, P. Greg. "The Emergence of Glacial Archaeology". *Journal of Glacial Archaeology*, 1 (1), pp. 1-9, 2014.

Eber, Dorothy. *Encounters on the Passage*: Inuit Meet the Explorers. Toronto: University of Toronto Press, 2008.

Eckstein, Bob. *The History of the Snowman*: From the Ice Age to the Flea Market. Nova York: Simon Spotlight Entertainment, 2007.

Eksteins, Modris. *Rites of Spring*: The Great War and the Birth of the Modern Age. Boston: Houghton Mifflin, 1999. [Ed. bras.: *A sagração da primavera.* Rio de Janeiro: Rocco, 1991.]

Engel, Claire E. *Mountaineering in the Alps*: An Historical Survey. Londres: George Allen & Unwin, 1971.

Evelyn, John. "An Abstract of a Letter from the Worshipful John Evelyn Esq; Sent to One of the Secretaries of the R. Society Concerning the Dammage [*sic*] Done to his Gardens by the Preceding Winter". *Philosophical Transactions* (1683-1775), 14 (155-166), pp. 559-63, 1684.

Fagan, Brian M. *The Little Ice Age*: How Climate Made History, 1300-1850. Nova York: Basic Books, 2001.

Franklin, Sir John. *Arctic Miscellanies*: Souvenir of the Late Polar Search by the Officers and Seamen of the Expedition. Londres: Colburn and Co., 1852.

Gravino, Michele. "A Century Later, Relics Emerge from a War Frozen in Time". *National Geographic*, 18 out. 2014. Disponível em: <http://news.nationalgeographic.com/news/2014/10/141017-white-war-first-world-war-italy-austro-hungarian-mountains-history/>. Acesso em: 2 out. 2017.

Hudson, Roger. *Londres*: Portrait of a City. Londres: The Folio Society, 1998.

Keller, Tait. *Apostles of the Alps*: Mountaineering and Nation Building in Germany and Austria, 1860-1939. Chapel Hill, Carolina do Norte: University of North Carolina Press, 2016.

Ladurie, Emmanuel Le Roy. *Times of Feast, Times of Famine*: A History of Climate since the Year 1000. Garden City, Nova York: Doubleday, 1971.

Mann, Michael. "Little Ice Age". Em MacCracken, Michael C. & Perry, John S. (eds.). *Encyclopedia of Global Environmental Change*. v. 1: The Earth System: Physical and Chemical Dimensions of Global Environmental Change. Londres: John Wiley, 2003.

Mergen, Bernard. *Snow in America*. Londres: Smithsonian Institution Press, 1997.

Morosini, Stefano. *Sulle vette della Patria*: Politicia, guerra e nazione nel Club alpino italiano (1863-1922). Milão: Franco Angeli, 2009.

Neal, Avon. *Ephemeral Folk Figures*: Scarecrows, Harvest Figures and Snowmen. Nova York: Clarkson N. Potter, 1969.

Nobbs, Patrick. "Six of the Most Catastrophic Weather Events in British History". *BBC History Magazine*, History Extra, 3 jun. 2015. Disponível em: <http://www.historyextra.com/article/medieval/6-most-catastrophic-weather-events-british-history>. Acesso em: 2 out. 2017.

______. *The Story of the British and their Weather*. Stroud, Inglaterra: Amberley Publishing, 2015.

Peverley, Sarah. "Medieval Winter Sports". Disponível em: <https://sarahpeverley.com/tag/snowballing/>. Acesso em: 3 out. 2017.

Pleij, Herman. "Urban Elites in Search of a Culture: The Brussels Snow Festival of 1511". *New Literary History*, 21 (3), pp. 629-47, 1990.

Simpson, St. John & Pankova, Dr. Svetlana. *Scythians*: Warriors of Ancient Siberia. Londres: Thames and Hudson for the British Museum, 2017.

Suchtelen, Arianne van. *Holland Frozen in Time*: The Dutch Winter Landscape in the Golden Age. Zwolle, Holanda: Waanders Publishers, 2001.

Van Dam, Raymond. *Kingdom of Snow*: Roman Rule and Greek Culture in Cappadocia. Filadélfia: University of Pennsylvania Press, 2002.

Willemsen, Annemarieke. "The Geoff Egan Memorial Lecture 2013: Taking Up the Glove: Finds, Uses and Meanings of Gloves, Mittens and Gauntlets in Western Europe, *c.*AD 1300-1700". *Post-Medieval Archaeology*, 49 (1), pp. 1-36, 2015.

Capítulo 26 – Gatos

Buglass, John & West, Jennifer. "Pet Cats in Roman Villas: A North Yorkshire Candidate". *Archaeological Forum Journal: CBA Yorkshire 3*, 2014.

Darnton, Robert. *The Great Cat Massacre*: And Other Episodes in French Cultural History. Nova York: Vintage Books, 1984. [Ed. bras.: *O grande massacre dos gatos*. Trad. Sonia Coutinho. Rio de Janeiro: Paz e Terra, 2014.]

Davis, Simon J. M. *The Archaeology of Animals*. Londres: Routledge, 1995.

Hoggard, Brian. "The Archaeology of Counter-Witchcraft and Popular Magic". Em Davies, Owen & Blécourt, William (eds.). *Beyond the Witchtrials*: Witchcraft and Magic in Enlightenment Europe. Manchester: Manchester University Press, 2004.

Hollister, C. Warren & Bennett, Judith M. *Medieval Europe*: A Short History. Nova York: McGraw-Hill Press, 2002.

Howard, Margaret M. "Dried Cats". *Royal Anthropological Institute of Great Britain and Ireland*, 51, pp. 149-51, 1951.

Hu, Yaowu *et al.* "Earliest Evidence for Commensal Processes of Cat Domestication". *Proceedings of the National Academy of Sciences of the United States of America*, 111 (1), pp. 116-20, 2014.

Lewis, Val. *Ships' Cats in War and Peace*. Shepperton, Inglaterra: Nauticalia, 2001.

Luff, Rosemary M. & Moreno-Garcia, Marta. "Killing Cats in the Medieval Period: An Unusual Episode in the History of Cambridge, England". *Archaeofauna*, 4, pp. 93-114, 1995.

Marchini, Lucia. "The Archaeology of the Domestic Cat". *Current Archaeology*, 318, 5 ago. 2016.

Moran, N. C. & O'Connor, Terry P. "Bones that Cats Gnawed Upon: A Case Study in Bone Modification". *Circaea*, 9 (1), pp. 27-34, 1992.

O'Connor, Terry. *The Archaeology of Animal Bones*. Stroud, Inglaterra: Sutton Publishing, 2000.

Rothwell, Tom; Vigne, J. D. & Guilaine, J. "Evidence for Taming of Cats". *Science*, New Series, 305 (5691), pp. 1714-5, 2004.

Swan, Madeline. *A Curious History of Cats*. Brentford, Inglaterra: Max Press, 2015.

Tanner, Ron. "Cats as Tuna". *Iowa Review*, 39 (1), pp. 53-5, 2009.

Vocelle, Laura A. *Revered and Reviled*: A Complete History of the Domestic Cat. Great Cat Publications, 2016. [eBook.]

Warner, Mark S. & Genheimer, Robert A. "'Cats Here, Cats There, Cats and Kittens Everywhere': An Urban Extermination of Cats in Nineteenth-Century Cincinnati". *Historical Archaeology*, 42. Living in Cities Revisited: Trends in Nineteenth- and Twentieth-Century Urban Archaeology (número temático), pp. 11-25, 2008.

Capítulo 27 – Sorriso

Bartie, Angela. "Moral Panics and Glasgow Gangs: Exploring 'the New Wave of Glasgow Hooliganism', 1965-1970". *Contemporary British History*, 24 (3), pp. 385-408, 2010.

Davies, Andrew. *City of Gangs*: Glasgow and the Rise of the British Gangster. Londres: Hodder and Stoughton, 2013.

_____. "Glasgow's 'Reign of Terror': Street Gangs, Racketeering and Intimidation in the 1920s and 1930s". *Contemporary British History*, 4, pp. 405-27, 2007.

Delaporte, François. *Anatomy of the Passions*. Stanford: Stanford University Press, 2008.

Ekman, Paul. "Duchenne and Facial Expression of Emotion". Em Duchenne de Boulogne, G. B. *The Mechanism of Human Facial Expression*. Cambridge: Cambridge University Press, 1990, pp. 270-84.

Finnegan, Cara A. "Recognizing Lincoln: Portrait Photography and the Physiognomy of National Character". Em *Making Photography Matter*: A Viewer's History from the Civil War to the Great Depression. Champaign, Illinois: University of Illinois Press, 2015, pp. 51-80.

Freitas-Magalhães, Armindo & Castro, Érico. "The Neuropsychophysiological Construction of the Human Smile". Em Freitas-Magalhães, Armindo (ed.). *Emotional Expression*: The Brain and the Face. Porto, Portugal: University Fernando Pessoa Press, 2009, pp. 1-18.

Holzer, Harold. "The 'Gettysburg' Lincoln: The Back Story of a Full-Frontal Photograph". Em Gallman, J. Matthew & Gallagher, Gary W. *Lens of War*: Exploring Iconic Photographs of the Civil War. Athens, Georgia: University of Georgia Press, 2015, pp. 7-16.

Jeeves, Nicholas. "The Serious and the Smirk: The Smile in Portraiture". *Public Domain Review*. Disponível em: <http://publicdomainreview.org/2013/09/18/the-serious-and-the-smirk-the-smile-in-portraiture/>. Acesso em: 25 nov. 2017.

Jones, Colin. *The Smile Revolution in Eighteenth Century Paris*. Oxford: Oxford University Press, 2014.

Long, H. Kingsley & McArthur, Alexander. *No Mean City*: A Story of the Glasgow Slums. Londres: Longman, Green and Co., 1935.

McCarthy, Edwin. "Reflections on the Rules of Christian Decorum and Civility". Ed. William Mann. *AXIS: Journal of Lasallian Higher Education*, Institute for Lasallian Studies at Saint Mary's University of Minnesota, 6 (1), 2015.

Milano, Ronit. *The Portrait Bust and French Cultural Politics in the Eighteenth Century*. Leiden, Holanda: Brill, 2015.

Parry-Giles, Shawn J. & Kaufer, David S. "Lincoln Reminiscences and Nineteenth-Century Portraiture: The Private Virtues of Presidential Character". *Rhetoric and Public Affairs*, 15 (2), pp. 199-234, 2012.

Pim, Keiron. *Jumpin' Jack Flash*: David Litvinoff and the Rock'n'Roll Underworld. Londres: Penguin Random House, 2016.

Simkins, Anthony. "Sillitoe, Sir Percy Joseph (1888-1962)". *Oxford Dictionary of National Biography*. Oxford: Oxford University Press, 2004.

Trachtenberg, Alan. *Lincoln's Smile and other Enigmas*. Nova York: Hill and Wang, 2008.

Trumble, Angus. *The Brief History of the Smile*. Nova York: Basic Books, 2004.

Van der Pol, Lotte C. "The Whore, the Bawd, and the Artist: The Reality and Imagery of Seventeenth-Century Dutch Prostitution". *Journal of Historians of Netherlandish Art*, 2 (1-2), verão 2010.

Capítulo 28 – Cicatriz

Brady, Ciaran (ed.). *A Viceroy's Vindication?* Sir Henry Sidney's Memoir of Service in Ireland, 1556-1578. Cork, Irlanda: Cork University Press, 2002.

Camphausen, Rufus. *Return of the Tribal*: Celebration of Body Adornment: Piercing, Tattooing, Scarification, Body Painting. Rochester, Nova York: Inner Traditions, 1998.

Gersons, Berthold P. & Carlier, Ingrid V. "Post-Traumatic Stress Disorder: The History of a Recent Concept". *British Journal of Psychiatry*, 161 (6), pp. 742-8, 1992.

Hodge, Bernulf. *A History of Malmesbury*. 5ª ed. Minety, Inglaterra: Friends of Malmesbury Abbey, 1990.

Knight, Roger J. B. *The Pursuit of Victory*: The Life and Achievement of Horatio Nelson. Londres: Penguin, 2005.

Lévi-Strauss, Claude. *Structural Anthropology*. Nova York: Basic Books, 1963. [Ed. bras.: *Antropologia estrutural*. Trad. Beatriz Perrone-Moisés. São Paulo: Ubu, 2017.]

Lock, Margaret & Farquhar, Judith (eds.). *Beyond the Body Proper*: Reading the Anthropology of Material Life. Durham, Inglaterra: Duke University Press, 2007.

Luce, Richard H. *The History of the Abbey and Town of Malmesbury*. Minety, Inglaterra: Friends of Malmesbury Abbey, 1979.

McAleer, Kevin. *Dueling*: The Cult of Honor in Fin-de-Siècle Germany. Princeton: Princeton University Press, 1994.

Marshall, Alan. "Bennet, Henry, First Earl of Arlington (bap.1618, d.1685)". *Oxford Dictionary of National Biography*. Oxford: Oxford University Press, 2004.

Motley, John Lothrop. *Morton's Hope, or the Memoirs of a Provincial*. Nova York: Harper and Brothers, 1839.

Northup, Solomon. *Twelve Years a Slave*. Auburn, Nova York: Derby & Miller, 1853. [Ed. bras.: *Doze anos de escravidão*. Trad. Caroline Chang. São Paulo: Penguin, 2014.]

Rubin, Arnold (ed.). *Marks of Civilization*: Artistic Transformations of the Human Body. Los Angeles: University of California Museum of Cultural History, 1988.

Scarry, Elaine. *The Body in Pain*: The Making and Unmaking of the World. Nova York: Oxford University Press, 1985.

Silkenat, David. "'A Typical Negro': Gordon, Peter, Vincent Colyer, and the Story behind Slavery's Most Famous Photograph". *American Nineteenth Century History*, 15 (2), pp. 169-86, 2014.

Taylor, Alan John P. *Bismarck*: The Man and the Statesman. Londres: Hamish Hamilton, 1955.

Tomalin, Claire. *Samuel Pepys*: The Unequalled Self. Londres: Penguin, 2002.

Trimble, M. D. "Post-Traumatic Stress Disorder: History of a Concept". Em Figley, Charles R. (ed.). *Trauma and its Wake*: The Study and Treatment of Post-Traumatic Stress Disorder. Nova York: Brunner; Mazel, 1985, pp. 5-14.

Turner, Terence. "Social Body and Embodied Subject: Bodiliness, Subjectivity, and Sociality among the Kayapo". *Cultural Anthropology,* 10 (2), pp. 143-70, 1995.

Whitehead, Colson. *The Underground Railroad.* Nova York: Doubleday, 2016.

Wolfe, Michael. "Pain and Memory: The War Wounds of Blaise de Monluc". Em Lorcin, Patricia M. E. & Brewer, Daniel. *France and its Spaces of War*: Experience, Memory, Image. Nova York: Palgrave Macmillan, 2009, pp. 105-19.

Capítulo 29 – Desaprumo

Abbate, Francesco. "The Planning and Building of Architects in the Late Middle Ages". *Proceedings of the Second International Congress on Construction History*, 1, pp. 111-25, 2006.

Alcock, Nathaniel A. & Laithwaite, Michael. "Medieval Houses in Devon and their Modernization". *Medieval Archaeology*, 17, pp. 100-25, 1973.

Bloom, Harold. *Oscar Wilde.* Nova York: Infobase Publishing, 2008.

Boehm, Eric H. *We Survived*: The Stories of Fourteen of the Hidden and the Hunted of Nazi Germany. [s.L.]: Lucknow Books, 2015.

Boothroyd, A. E. *Fascinating Walking Sticks.* Londres; Nova York: White Lion Publishers, 1973.

Burka, Elliott L. "Remington Rifle Cane". Disponível em: <http://americansocietyofarmscollectors.org/wp-content/uploads/2012/11/85_burka_cane.pdf>. Acesso em: 13 nov. 2017.

Crawford, Patricia & Gowing, Laura (eds.). *Women's Worlds in Seventeenth-Century England*: A Sourcebook. Londres: Routledge, 2000.

Dike, Catherine. *Cane Curiosa*: From Gun to Gadget. Paris: Les Editions de l'Amateur; Genebra: Dike Publications, 1983.

Ehrman, John. *The Navy in the War of William III 1689-1697*: Its State and Direction. Cambridge: Cambridge University Press, 1953.

Forbes, Allyn. "Greenwich Hospital Money". *New England Quarterly*, 3 (3), pp. 519-26, 1930.

Grenville, Jane. "Out of the Shunting Yards: One Academic's Approach to Recording Small Buildings". Em Pearson S. & Meeson, B. (eds.). *Vernacular Buildings in a Changing World*. York, Pensilvânia: Council for British Archaeology, 2001, pp. 22-4.

_____. "Urban and Rural Houses and Households in the Late Middle Ages". Em Kowaleski, M. & Goldberg, P. J. P. (eds.). *Medieval Domesticity*. Cambridge: Cambridge University Press, 2008, pp. 119-22.

Harris, Richard. *Discovering Timber-Framed Buildings*. 2ª ed. Aylesbury, Inglaterra: Shire Publications, 1979.

Jones, Karen R. "'The Lungs of the City': Green Space, Public Health and Bodily Metaphor in the Landscape of Urban Park History". *Environment and History*, 24, pp. 39-58, 2018.

Jordan, David P. "Haussmann and Haussmannisation: The Legacy for Paris". *French Historical Studies*, 27 (1), pp. 87-113, 2004.

Klever, Ulrich. *Walking Sticks*: Accessory, Tool and Symbol. Atglen, Pensilvânia: Schiffer, 1984.

Nevell, Richard. *The Archaeology of Castle Slighting in the Middle Ages*. Exeter, Inglaterra, 2017. Tese (Doutorado em Arqueologia) – University of Exeter.

Newell, Philip. *Greenwich Hospital*: A Royal Foundation 1692-1983. Londres: The Trustees of Greenwich Hospital, 1984.

Palliser, David M. *Medieval York, 600-1540*. Oxford: Oxford University Press, 2014.

Payling, S. J. "Cornewall, John, Baron Fanhope (d.1443)". *Oxford Dictionary of National Biography*. Oxford: Oxford University Press, 2004.

Quiney, Anthony. *Town Houses in Medieval Britain*. New Haven; Londres: Yale University Press, 2003.

Science Museum, London. "Whalebone Walking Stick, owned by Charles Darwin, England, 1839-1881". Disponível em: <http://www.sciencemuseum.org.uk/broughttolife/objects/display?id=92610>. Acesso em: 8 set. 2017.

Schofield, John. "The Construction of Medieval and Tudor Houses in London". *Construction History*, 7, pp. 3-28, 1991.

_____. "Urban Housing". Em Gerrard, Christopher & Gutierrez, Alejandra. *The Oxford Handbook of Later Medieval Britain*. Oxford: Oxford University Press, 2018.

Sen, Sambudha. "Hogarth, Egan, Dickens, and the Making of an Urban Aesthetic". *Representations*, 103 (1), pp. 84-106, 2008.

Shelby, Lonnie R. "Medieval Masons' Tools: The Level and Plumb Rule". *Technology and Culture*, 2 (2), pp. 127-30, 1961.

Smith, Lacey Baldwin. *This Realm of England*. v. 2: 1399-1688. 8ª ed. Boston: Cengage Learning, 2001.

Stein, Kurt. *Canes and Walking Sticks*. York, Pensilvânia: Liberty Cap Books, 1974.

Sutcliffe, Anthony. *Paris*: An Architectural History. New Haven: Yale University Press, 1993.

Taylor, Adam. "It's Guy Fawkes Day: Here's his Signature before and after He Was Tortured". *Business Insider*, 5 nov. 2015. Disponível em: <http://uk.businessinsider.com/guy-fawkes-signature-before-and-after-he-was-tortured-2015-11>. Acesso em: 1º dez. 2017.

Taylor, Craig. "The Disposal of Human Waste: A Comparison between Ancient Rome and Medieval London". *Past Imperfect*, 11, pp. 53-72, 2005.

Thornwell, Emily. *The Lady's Guide to Perfect Gentility, in Manners, Dress, and Conversation… Also a Useful Instructor in Letter Writing…* Nova York: Derby & Jackson, 1859.

Ubmach, Maiken. "Memory and Historicism: Reading between the Lines of the Built Environment, Germany *c.*1900". *Representations*, 88 (1), pp. 26-54, 2004.

Wall, Cynthia. "Novel Streets: The Rebuilding of London and Defoe's *A Journal of the Plague Year*". *Studies in the Novel*, 30 (2), pp. 164-77, 1998.

Wilcox, Martin. "The 'Poor Decayed Seamen' of Greenwich Hospital, 1705-1763". *International Journal of Maritime History*, 25 (1), pp. 65-90, 2013.

Willis, Sam. *The Admiral Benbow*: The Life and Times of a Naval Legend. Londres: Quercus, 2011.

Wilson, Van. "Butchers, Bakers and Candlestick Makers: The Shambles and Colliergate". York, Pensilvânia: York Archaeological Trust, 2014.

Capítulo 30 – Assinatura

Adamson, John W. "The Extent of Literacy in England in the Fifteenth and Sixteenth Centuries: Notes and Conjectures". *The Library*, 4ª série, 10, pp. 163-93, 1929.

Collinson, Patrick. "The Significance of Signatures". *Times Literary Supplement*, p. 31, 9 jan. 1981.

Cressy, David. *Literacy and the Social Order*: Reading and Writing in Tudor and Stuart England. Cambridge: Cambridge University Press, 1980.

_____. "Literacy in Seventeenth-Century England: More Evidence". *Journal of Interdisciplinary History*, 8, pp. 141-50, 1977.

Daybell, James. *The Material Letter in Early Modern England*: Manuscript Letters and the Culture and Practices of Letter-Writing, 1512-1635. Basingstoke, Inglaterra: Palgrave Macmillan, 2012.

_____. *Women Letter-Writers in Tudor England.* Oxford: Oxford University Press, 2006.

_____. "Henry VIII's Sign Manual". Em *The Pen's Excellencie*: Manuscript Treasures at the Folger Shakespeare Library, a Festschrift on the Retirement of Laetitia Yeandle. Washington, DC: Folger Shakespeare Library, 2002.

Fremantle, Sydney. "Nelson's First Writing with the Left Hand". *Mariner's Mirror*, 36 (3), pp. 205-11, 1950.

Furet, François & Ozouf, Jacques. *Reading and Writing*: Literacy in France from Calvin to Jules Ferry. Cambridge: Cambridge University Press, 1982.

Gawthrop, Richard & Strauss, Gerald. "Protestantism and Literacy in Early Modern Germany". *Past & Present*, 104, pp. 31-55, 1984.

Gilreath, James. "Guilt, Innocence, Faith, Forensic Science, and the Lincoln Forgeries". *Journal of the Abraham Lincoln Association*, 17 (1), pp. 27-38, 1996.

Goody, Jack (ed.). *Literacy in Traditional Societies.* Cambridge: Cambridge University Press, 1968.

Graff, Harvey J. *Legacies of Literacy*: Continuities and Contradictions in Western Culture and Society. Bloomington, Indiana: Indiana University Press, 1987.

Hamilton, Charles. *Great Forgers and Famous Fakes*: The Manuscript Forgers of America and How They Duped the Experts. Lakewood, Colorado: Glenbridge, 1996.

Houston, Rab A. *Literacy in Early Modern Europe*: Culture and Education, 1500-1800. Londres: Longmans, 1988.

_____. "The Literacy Myth? Illiteracy in Scotland 1630-1760". *Past & Present*, 96, pp. 81-102, 1982.

Kobler, John. "Yrs. Truly, A. Lincoln". *New Yorker*, 25 fev. 1956.

Lang, Andrew. *Shakespeare, Bacon and the Great Unknown.* Londres: Longmans, 1912.

Lacqueur, Thomas W. "The Cultural Origins of Popular Literacy in England, 1500-1850". *Oxford Review of Education*, 2, pp. 255-75, 1976.

_____. "Literacy and Social Mobility in the Industrial Revolution in England". *Past & Present*, 64, pp. 96-107, ago. 1974.

McGowen, Randall. "The Punishment of Forgery in Eighteenth-Century England". *IAHCCJ Bulletin*, Processes of Criminalization and Decriminalization, 17, pp. 29-45, inverno 1992-1993.

Monaghan, Jay. "Lincolniana: Autographs: Real and Forged". *Journal of the Illinois State Historical Society*, 42 (1), pp. 80-3, 1949.

Munby, Alan Noel L. *The Cult of the Autograph Letter in England.* Londres: The Athlone Press, 1962.

Ong, Walter J. "Writing is a Technology that Restructures Thought". Em Baumann, Gerd (ed.). *The Written Word*: Literacy in Transition. Oxford: Clarendon Press, 1986, pp. 23-50. [Wolfson College Lectures 1985.]

_____. *Orality and Literacy*: The Technologizing of the Word. Londres: Methuen, 1982.

Rylands, Paul J. "Merchants' Marks and other Mediaeval Personal Marks". *Transactions of the Historic Society of Lancashire and Cheshire*, 62, pp. 1-34, 1911.

Schofield, Roger S. "The Measurement of Literacy in Pre-Industrial England". Em Goody, Jack (ed.). *Literacy in Traditional Societies.* Cambridge: Cambridge University Press, 1968, pp. 311-25.

Sisson, Charles. "Marks as Signatures". *The Library*, 4ª série, 9 (1), pp. 1-34, 1928.

Starkey, David. *The Reign of Henry VIII*: Personalities and Politics. Londres: Collins & Brown, 1985.

Sugden, John. *Nelson*: The Sword of Albion. Londres: Random House, 2012.

Thomas, Keith. "The Meaning of Literacy in Early Modern England". Em Baumann, Gerd (ed.). *The Written Word*: Literacy in Transition. Oxford: Clarendon Press, 1986, pp. 97-131. [Wolfson College Lectures 1985.]

Williams, Graham. "'My Evil Favoured Writing': Uglyography, Disease, and the Epistolary Networks of George Talbot, Sixth Earl of Shrewsbury". *Huntington Library Quarterly*, 79 (3), pp. 387-409, 2016.

Créditos das ilustrações

Imagens em preto e branco

p. 14 Cueva de las Manos del Río Pinturas, Argentina (*Iakov Filimonov/Shutterstock.com*).

p. 19 Carlos II da Inglaterra aplicando o toque real, em gravura de Robert White (1684) (*Wellcome Collection*).

p. 40 Anúncio de Listerine na revista *The Sketch*, 21 de maio de 1930 (© *Illustrated London News Ltd/Mary Evans*).

p. 46 Crianças soprando bolhas, xilografia do século XVI (*Cópia fotográfica, Universal History Archive/Getty Images*).

p. 53 Eclipse do Sol de 1842, no livro *L'Espace céleste et la nature tropicale: description physique de l'univers* (1866), de Emmanuel Liais (*Domínio público*).

p. 61 Anúncio da lâmina de barbear Gem, Estados Unidos, 1937 (*Domínio público*).

p. 64 Soldados do 72º Regimento de Highlanders, 1856 (*Military History Collection/Alamy Stock Photo*).

p. 69 Ilustração de Edward Teach (Barba Negra, o Pirata), gravura da Escola Inglesa, século XIX (*Hulton Archive/Getty Images*).

p. 73 "Old Man with a Beard", em *A Book of Nonsense* (1846), de Edward Lear (*Domínio público*).

p. 80 Fotografia de nuvens "mamato-cúmulos", do *International Cloud Atlas* (Paris, 1896) (*Domínio público*).

p. 84 O bombardeio atômico de Nagasaki, 9 de agosto de 1945 (*US National Archives and Records Administration*).

p. 90 *View of a Dust Yard*, em *London Labour and the London Poor* (1851), de Henry Mayhew (*Granger Historical Picture Archive/Alamy Stock Photo*).

p. 93 Dust Bowl, Dallas, Dakota do Sul, 1936 (*United States Department of Agriculture*).

p. 125 William Hogarth, *A Harlot's Progress*, prancha 5 (1731-1732) (*Domínio público*).

p. 139 Great Dixter, Northam, East Sussex (*English Heritage/Heritage Images/Getty Images*).

p. 161 *Onania: Or, the Heinous Sin of Self-Pollution* (1756) (*Domínio público*).

p. 167 A cabeça escalpada de William Thompson, 1867 (*Nebraska State Historical Society, RG2411-5587*).

p. 187 Anthony Babington, acusando recebimento de correspondência que expõe escrita cifrada, 1586. Documentos de Estado 12/193/54 & 53/18/55 (*The National Archives*).

p. 199 Caixão de segurança vitoriano (*Domínio público*).

p. 206 "Come Youngster – Another Glass of Grog Before You Go on Deck" (1840) (*Archivist 2015/Alamy Stock Photo*).

p. 211 A Cruz de Ferro, 1813 (*severesid/Shutterstock.com*).

p. 230 Carta infantil ao Papai Noel, escrita por Alfred ou Hannah Howard em outubro de 1911 (*Domínio público*).

p. 240 Frontispício de *The Midwife's Book* (1671), de Jane Sharp (*Domínio público*).

p. 244 Charge de Ulysses S. Grant, feita por Bernard Gillam, 1884 (*Domínio público*).

p. 249 O escudo dos Howard e o brasão real da Inglaterra (*Domínio público*).

p. 254 "Who Cares for the Chorus. The Dog Which Barks Doesn't Bite". Charge sobre William Jennings Bryan publicada no *Rocky Mountain News* em 15 de agosto de 1896 (*Domínio público*).

p. 257 Coloman Jonas, 1932 (*Denver Post via Getty Images*).

p. 268 Pipa feita de cédulas de dinheiro durante a hiperinflação em Weimar, Alemanha, 1922 (*Cópia fotográfica, Keystone/Getty Images*).

p. 269 Lixo no centro de Londres durante o Inverno do Descontentamento, 1979 (*Janine Wiedel Photolibrary/Alamy Stock Photo*).

p. 280 Xilogravura representando a Feira do Gelo de Londres de 1608 (*Domínio público*).

p. 288 Estela funerária, século II, Bordeaux, França (*Granger Historical Picture Archive/Alamy Stock Photo*).

p. 289 O gato do navio no *HMS Encounter*, Segunda Guerra Mundial (*Domínio público*).

p. 294 William Hogarth, *The Four Stages of Cruelty*; gravura 1: "The First Stage of Cruelty" (1751) (*Domínio público*).

p. 303 Experimentos faciais de Guillaume Duchenne (*The History Collection/Alamy Stock Photo*).

p. 305 À esquerda: Abraham Lincoln, 5 de fevereiro de 1865 (*Library of Congress*). À direita: Abraham Lincoln, "Retrato de Gettysburg", 1863. Ambas são de Alexander Gardner, (*Domínio público*).

p. 312 Whipped Peter, 1863 (*National Portrait Gallery, Smithsonian Institution*).

p. 315 Jovem africano com escarificação facial, *c.*1930 (*Cópia fotográfica, General Photographic Agency/Getty Images*).

p. 317 Capitão Francis Derwent Wood, Primeira Guerra Mundial (*Military History Collection/Alamy Stock Photo*).

p. 324 Rue de Rivoli, 1855 (*Coleção de imagens históricas, Bildagentur-online/Alamy Stock Photo*).

p. 327 Uma caricatura dos Pensionistas de Greenwich, *c.*1800. (*National Maritime Museum, Greenwich, Londres*).

p. 329 James Dean em *Juventude transviada*, 1955 (*Everett Collection Inc/Alamy Stock Photo*).

p. 331 Mulher em aula de boas maneiras, 1952 (*Trinity Mirror/Mirrorpix/Alamy Stock Photo*).

Primeira seção em cores

1. Thomas Eakins, *The Writing Master* (1882), óleo sobre tela, 76,2 × 87 cm (*The Metropolitan Museum of Art, Nova York*).
2. Luva imperial adornada, Palermo, *c.*1220 (*Michal Maňas*).
3. Albrecht Dürer, *Imperador Carlos Magno* (1511-1513), óleo e têmpera sobre madeira, 215 × 115 cm (*Germanisches Nationalmuseum*).
4. Jean-Siméon Chardin, *Bulles de savon* (1733-1734), óleo sobre tela, 61 × 63,5 cm (*The Metropolitan Art Museum, Nova York*).
5. Dosso Dossi, *Allegoria della Fortuna* (1530), óleo sobre tela, 181,3 × 194,9 cm (*The J. Paul Getty Museum*).
6. *Sir* John Everett Millais, *Bubbles* (1890) (*Peter Barritt/Alamy Stock Photo*).
7. Retrato do papa Sisto V (pontificado: 1585-1590) (*SuperStock/Alamy Stock Photo*).
8. Lavinia Fontana, *Ritratto di Antonietta Gonzales* (1595), óleo sobre tela, 57 × 46 cm (*Musée du Château de Blois/Web Gallery of Art*).
9. John Singer Sargent, *Gassed* (1919), óleo sobre tela, 231 × 611,1 cm (*Imperial War Museum*).
10. Fotografia de uma tempestade de poeira no Texas, 1936 (*NOAA George E. Marsh Album*).

Segunda seção em cores

11. Relógio de algibeira do *RMS Titanic* (*National Maritime Museum, Greenwich, Londres*).
12. Capa bordada de *Le Miroir de l'âme pécheresse*, 1544 (*Domínio público*).
13. Thomas Rowlandson, *An Old Maid in Search of a Flea* (1794), gravura colorida à mão (*The Elisha Whittelsey Collection, The Elisha Whittelsey Fund, 1959*).

14. Albrecht Dürer, *O sifilítico* (1496), gravura para "Vaticinium in epidemicam scabiem", do frísio Dirk van Ulsen (Theodoricus Ulsenius em latim; 1460-1508) (*Nuremberg, 1496*) (*Wellcome Collection*).
15. Imagens em laser tridimensionais do buraco de padre em Coughton Court, Warwickshire (*University of Nottingham*).
16. Joia de Alfredo (*Heritage Image Partnership Ltd/Alamy Stock Photo*).
17. Imagem de dragão, século IX, em Msc. Nat. 1, f. 25v-26v (detalhe) (*Staatsbibliothek Bamberg, foto: Gerald Raab*).
18. Buraco reparado com bordadura em manuscrito do século XIV, C 371 (*University Library Uppsala*).
19. A Grande Cama de Ware, *c.*1590 (© *Victoria and Albert Museum, Londres*).
20. Matteo di Giovanni (*c.*1430-1495), *Sogno di san Girolamo* (1476), têmpera sobre painel de madeira, 37,4 × 65,7 cm (*Art Institute Chicago*).
21. Hans Holbein, o Jovem, *Retrato do comerciante Georg Gisze* (1532), óleo sobre madeira, 96 × 86 cm (*Staatliche Museen, Berlim*).

Terceira seção em cores

22. Baú do século XVII contendo 2.600 cartas não abertas datadas de 1689-1706 (*COMM – Museum voor Communicatie, Haia*).
23. Lápide de Marco Célio, *c.*9 d.C. (*Agnete*).
24. Edwin Landseer (1802-1873), *Neptune, a Newfoundland Dog, the property of W. E. Gosling Esq.* (1824), óleo sobre tela (*Coleção particular/Foto © Christie's Images/ Bridgeman Images*).
25. Sam Willis nas montanhas Zarafshan, 2015 (*Cortesia de Sam Willis*).
26. Wheal Coates, Cornualha (*Ian Woolcock/Shutterstock.com*).
27. Cachimbo do Rei, Falmouth (*Southimages/Alamy Stock Photo*).
28. Restauração de um mapa holandês do século XVII na Biblioteca Nacional da Escócia (*Trina McKendrick, Written in Film*).
29. Giotto di Bondone (*c.*1266-1337), Cappella Bardi (*c.*1325), afresco (*Santa Cruz, Florença, Itália/Bridgeman Images*).
30. Figura de proa em forma de leão, no navio de guerra *Vasa*, de Gustavo Adolfo, Vasa Museum, Estocolmo (*Cortesia de James Daybell*).

Quarta seção em cores

31. Papiro Oxyrhynchus 52 (*University of Glasgow Library, Special Collections*).

32. Anúncio britânico de Rowntree's Clear Gums, 1929 (© *Illustrated London News Ltd/Mary Evans*).
33. Tatuagem no braço de uma criança cita, Rússia, século V a.C. (*Museu Hermitage, São Petersburgo/Foto: CM Dixon/Print Collector/Getty Images*).
34. Boneco de neve nas margens de um livro de horas, *c.*1380 (*KB, National Library*).
35. Afresco retratando uma batalha de bolas de neve em janeiro no Castelo Buonconsiglio, Trento, Itália, *c.*1405-1410 (*The Picture Art Collection/Alamy Stock Photo*).
36. O gato Gayer-Anderson, 664-332 a.C. (*Adam Eastland/Alamy Stock Photo*).
37. Frans Hals, *Malle Babbe* (1633-1635), óleo sobre tela, 75 × 64 cm (*Gemäldegalerie, Berlim*).
38. Gerrit van Honthorst, *O violinista sorridente* (1624), óleo sobre tela, 81,3 × 63 cm (*Coleção particular/Johnny Van Haeften Ltd., Londres/Bridgeman Images*).
39. Castelo de Corfe, Dorset (*P. Phillips/Shutterstock.com*).
40. The Shambles, York (*D. K. Grove/Shutterstock.com*).
41. Petição de marinheiros com assinaturas em círculo, década de 1620. Documentos de Estado 16/88 f. 110 (*The National Archives*).

Índice remissivo

D

E

H

I

J

K

L

M

N

O

P

T

U

V

W

Y

Z

Sobre os autores

O dr. **Sam Willis** é um dos historiadores mais famosos da Inglaterra. O trabalho o leva em aventuras por todo o mundo. Ele fez doze séries de TV para a BBC e para a National Geographic, entre elas *The Silk Road*, e escreveu catorze livros, sendo os mais recentes *The Struggle for Sea Power: The Royal Navy vs the World, 1775-1782* e *The Spanish Armada*, um livro da série Ladybird Expert Book.

James Daybell é professor de História Britânica Moderna Inicial na University of Plymouth e um Fellow da Royal Historical Society. Escreveu oito livros e apareceu em diversos documentários históricos da BBC TV.